선진
민주국군을
향해

문재인 정부의 국방정책

송 영무 저

박영사

선진 민주국군을 향해

문재인 정부의 국방정책

송 영무 저

박영사

책머리에

2017년 7월 13일 오후 청와대에서 장관 임명장을 받은 후 차담회에서 문재인 대통령님의 첫 당부말씀은 다음과 같았습니다.

"국방장관은 우리 국군을 환골탈태(換骨奪胎)하여 새로운 국군으로 재탄생하도록 국방개혁을 완수해 주시기를 당부합니다."

이에 대해 본인은

"대통령님의 국군통수이념을 잘 받들어 국방개혁에 분골쇄신(粉骨碎身) 다 하겠습니다."라고 답변 드렸습니다.

그 이튿날인 2017년 7월 14일 오전 국방부 본청에서 거행된 취임식에서 본인은 다음과 같이 예하 지휘관들에게 당부했습니다.

"북한은 물론 한반도를 둘러싼 주변국들은 자국이익을 위한 경제적, 군사적 주도권 확보를 위해 무한경쟁의 시대로……"

"국민은 軍을 믿고, 軍은 국민위에 군림하지 않는 온 국민의 희망이 문재인 정부 시대를 열었습니다."

"우리는 이러한 국민의 열망에 부응하여 군을 새롭게 건설한다는 각오로 국방개혁에 임해야 합니다."

우리 대한민국은 1950년 북한의 남침으로 풍전등화 같던 시기에 미국이 주축이 된 UN군이 참전하여 국체를 보전하였고, 한국전쟁 이후 공산주의 팽창에 대비하기 위해 1953년 한미상호 방위조약을 체결하였습니다. 1975년 베트남전 종전이후 한반도 안보위협을 대비하기 위해 한국과 미국은 1978년 한·미 연합사를 공동 창설하였습니다. 이러한 역사적 배경으로 우리 국군은 UN군이나 미군 사령관의 작전통제를 받으면서 지나온 과거 70년의 역사이었다고 요약할 수 있습니다.

2차 대전 이후 세계의 역사는 동서냉전의 시대가 지나가고, 동·서독의 통일로 동구권이 대거 EU에 가입하는 등 민주주의의 다원적 가치가 보편화 되고 있습니다. 이와 더불어 동북아에서도 미·일·중·러 등 한반도 주변국들도 외교, 경제, 문화 등 다양한 교류협력을 이루고 있습니다. 그러나 안보 면에서는 민간 교류에 비교해 미흡하여 부분적으로 인적 교류만 이루어지고 있습니다.

그러나 우리에게 염려되는 안보위협이 크게 두 가지가 있는데,

첫째는 미국이 주도적으로 추진하는 인도-태평양 전략과, 중국이 지속해 온 제1·2·3도련의 태평양 진출 전략 및 일대일로로 일컬어지는 인도양-지중해 진출 전략이 상호간 충돌할 수 있다는 위협입니다.

둘째는 북한이 그들의 생존을 보장 받으려고 핵무기 개발을 위해 계속 노력해 왔으며, 이제는 한국, 일본, 미국에게 실질적 위협으로 대두되었습니다.

우리 국군은 이 두 가지 큰 위협에 대비하기 위해 제일 앞장서서 준비하여야만 할 것입니다. 준비함에 있어 크게 고려하여야 할 세 가지 사안은

첫째, 과거 우리 한국은 국력이 약해 강대국들에게 짓밟히는 힘 없는 나라에서 이제는 중견강국으로 발전해 온 우리의 국가위상에 걸맞는 안보정책을 수립해서 세계 각국과 주변국들에게 우리 의견을 정확히 제시하고 협조해 나아가야 할 시기가 도래하였다는 점입니다.

둘째, 북한과의 체제 경쟁, 군비경쟁을 넘어 이제는 북한 핵에 대해 남·북한 간, 또한 동맹국 및 주변국과 긴밀한 공조로 해결해 나가고 남·북 공히 평화적으로 협력하여 반도국가의 유리점을 백분 활용해야만 한다는 것입니다.

셋째, 국가의 안보정책은 여·야, 보수·진보가 따로 주장하는 개념의 국가정책이 아니라, 국가의 미래와 모든 국민의 안전을 위해 일관되고 통합된 국가정책이어야 한다는 점입니다.

이러한 두 가지 큰 위협과 세 가지 고려사항을 바탕으로 국방개혁 2.0을 계획하였습니다. 개혁계획을 수립하기 위해서는 위협과 고려사항을 분석·판단하여 전략 및 작전계획을 수립하여야 했습니다. 참여정부의 국방개혁 2020의 '어떻게 싸울 것인가?(How to Fight?)'를 뛰어 넘어 이제는 '어떻게 싸워 이길 것인가?(How to Fight for a Victory?)'에 집중하였고, 이기기 위해서는 '어떻게 준비하여야 하는가?(How to be Ready?)'를 구분하여 계획을 수립하였습니다.

물론 전쟁을 예방 및 억제하여 한반도에 평화와 안정을 유지하겠다는 전략을 기본으로 생각했습니다. 싸워서 이길 수 있는 만반의 능력을 갖추어야 전쟁을 성공적으로 예방 및 억제할 수 있습니다.

특히, 국방개혁 2.0의 기반이 되었던 작전계획은 한국전쟁 수행방식을 바탕으로 한 기존 작전계획에서 ① 예상되는 위협의 변화, ② 무기체계의 발전, ③ 작전지역/해역의 환경 변화, ④ 지휘체계의 변경 등을 면밀히 분석해 보니 완전히 새롭게 작성해야만 하였습니다.

새로운 작전계획을 성공적으로 시행시키기 위한 국방개혁으로서

첫째, 군 구조 개혁분야는 지휘체계, 부대체계, 병력체계, 전력체계 등 4가지 분야를 검토 발전시켰습니다.

둘째, 국방운영 개혁분야는 민과 군이 어떻게 협조하고 예산을 어떻게 절약하며 선진 민주국가의 문민통제를 완성시키는 것인가에 대한 개혁 계획입니다.

셋째, 병영문화 개혁분야는 군인은 군복 입은 민주시민으로서 군인의 임무를 완수하고, 민간시민은 군인의 명예심과 애국심을 존중하는 문화를 정립하고, 군인들간에는 엄정한 군기유지상태 하에서 상하 인격동일체의 사랑과 존경을 바탕으로 한 병영문화를 만드는 대책을 수립하였습니다.

넷째, 방위사업 개혁분야는 내 자식, 내 형제가 전투에서 승리하기 위해서 신뢰성 있는 무기체계를 비리 없이 신속하게 만들어내고, 또한 이를 해외에 수출하여 미래 먹거리 산업으로 발전시킬 수 있는 개혁을 수립하였습니다.

이러한 4대 개혁분야 중 '어떻게 싸워 이길 것인가?(How to Fight for a Victory)' 분야는 군 구조 개혁분야인데 1,000쪽이 넘게 작전계획과 세부개혁계획을 작성하였으나, 군사비밀 내용이기 때문에 구체적으로 기술을 할 수 없었습니다.

다음은 '어떻게 준비하여야 하는가?(How to be Ready?)' 분야는 국방운영, 병영문화, 방위사업 개혁분야로 비밀 사항이 아닌 분야는 비교적 상세하게 기술하였습니다.

이러한 4개 분야 16개 대과제를 총 42개 소과제로 세분하여 국방부 실장, 국장과 실무자들이, 또한 합참의 본부장, 부장과 실무장교들이 철야 작업을 하면서 완성하였음을 밝혀둡니다.

국방개혁 2.0이라고 명명하게 된 이유는 2006년 참여정부 시절 '어떻게 싸울

것인가?(How to Fight?)'를 기반으로 한 국방개혁 2020 계획을 국방개혁 1.0으로 다시 명명하였고, '어떻게 싸워 이길 것인가?(How to Fight for a Victory)'를 기반으로 한 현재의 계획을 국방개혁 2.0으로 명명하였습니다. 왜냐하면 본 국방개혁 2.0은 국방개혁 2020을 바탕으로 하였으나 근본적으로 대폭 변경시켰기 때문이며, 향후 본 개혁을 부분적으로 수정하거나 발전시킬 경우에는 국방개혁 2.1 → 2.2 → 2.3으로 명명 가능토록 하였습니다.

1975년 베트남 전쟁 이후 한국군은 많은 국방개혁을 추진하였으나, 계획대로 완벽하게 실현시키지 못해왔지만, 나름대로 시대변화에 맞추어 발전해 왔습니다. 따라서 현재까지 국군역사 70년을 반추하면서 앞으로 한세대 후인 국군역사 100년을 대비하여 장기계획을 수립하고자 하였습니다. 그러므로 향후 상황과 여건이 변화되면 수정과 보완이 필요할 것입니다. 그때를 대비하여 참고할 자료(Bench Mark)이자 역사적 기록으로 남기도록 정리하였습니다.

본인의 집필에 적극적으로 토의하고 수정·보완해준 박창권 박사에게 진심으로 감사를 표하고, 편집과 정리에 수고한 박남태, 김기주 박사에게도 감사의 말씀을 드립니다. 또한 책을 발간하는데 많은 협조와 지원을 아끼지 않은 박영사 안종만 대표님에게도 감사드립니다.

이제 마지막 말씀을 드리고자 합니다.
문 대통령님은 여섯 번의 국방개혁에 관한 보고를 받으면서 마지막 질문은 "장관님, 그렇다면 국방개혁 2.0의 End State가 무엇입니까?" 이었습니다.
그 질문에 대해 본인은
"금년 2018년에 우리 대한민국은 드디어 선진 민주국가 대열인 30-50 Club에 진입합니다. 그렇기에 선진 민주국가에 걸맞은 선진 민주국군을 만들고자 하는 계획입니다."라고 답변을 드렸습니다.
국방개혁 2.0은 문재인 대통령님이 확고한 국군 통수권을 행사하여 승인하였음을 말씀드립니다.

2019년 12월
한국국방연구원에서
송 영 무

목차

제2부 9.19 남북군사 합의

제3부 군사안보지원사 창설

제 .1.부

1

국방개혁 2.0

제1장

국방개혁 2.0의 필요성과 중요성

국방개혁의 역사, 보다 적극적인 개혁 추진을 요구

국방개혁 2.0이 왜 필요하고 중요한가? 우리는 국방의 합동성과 효율성, 군사력의 현대화와 혁신을 위해 오랜 기간 국방개혁을 추진하였다. 1974~1986년간 율곡사업을 추진하여 방위산업 능력을 강화하고 현대적 군사장비를 갖춘 군사력을 갖추기 위해 노력하였다. 1988년 노태우 대통령의 지시에 따라 군구조의 개혁을 위한 8.18 계획에 대한 연구를 착수하여 1990년 국군조직법을 개정하고, 현재의 합동군제 조직을 발전시켰다. 합동군제는 합참의장이 국방부 장관의 지휘·감독 하에 군령권을 갖고 각군 작전사령부를 작전통제토록 하였다. 이에 따라 국방부는 필수 정책기능 위주로 통·폐합하고, 각 군의 작전부대에 대한 작전지휘와 합동 및 연합작전 수행을 보장하기 위해 합동참모본부를 설치하였다. 합동참모본부는 육·해·공군의 비율을 2:1:1로 편성토록 하였다. 각 군 참모총장은 국방부 장관의 지휘 하에 군정업무에 책임을 지도록 하였으며, 각군 본부는 각군의 필수 정책업무 수행위주로 감축하였다. 8.18 계획은 양병과 용병에 대한 지휘관계와 국방조직의 대폭적인 변혁을 추진시킨 중요한 국방개혁이었다.[1]

이후 국방부는 김영삼 정부에 '국방개혁위원회'와 '21세기 위원회'를, 김대중 정부에서 '국방개혁추진위원회'와 '군사혁신기획단'을 발족시켜 국방개혁 방안을 연구하고 추진하였다. 노무현 정부는 2006년 12월 국방개혁을 법제화하여 실질적이고 구속력 있게 추진하기 위해 '국방개혁에 관한 법률'을 제정하였으며, 국

---

1 국방부 군사편찬연구소, 「국방정책변천사: 1988-2003」(서울,2016), pp. 145-159, 319-331.

방개혁실을 국방부 본부의 상설조직으로 설치토록 제도화하였다.

노무현 정부는 중장기적인 국방개혁 계획인 '국방개혁 기본계획(2006~2020)'을 설정하고 군 병력을 2005년 68만 명 규모에서 2020년까지 50만 명으로 감축토록 하였으며, 예비군 규모도 300만 명에서 150만 명 규모로 감축토록 하였다. 국방개혁 2020은 안보환경 변화에 부응토록 국방개혁 계획을 3년 주기로 수정·보완토록 하는 유연성을 보장하였다. 그러나 국방개혁을 위한 실질적인 방안은 노무현 정부 후반기에 마련됨으로써 실제로 이행하기가 어려웠다. 이명박 정부는 천안함 폭침 및 연평도 포격 사건 이후 2011년 3월 국방개혁 2020을 '국방개혁 2011~2030'으로 보완하여 긴급히 발표하였으며, 2012년 8월 '국방개혁 2012~2030'을 발표하였다. 국방개혁 목표를 2020년에 달성하기 어렵다고 판단하고 목표 연도를 2030년으로 변경하였다. 박근혜 정부는 이명박 정부의 국방개혁 방안을 이어받아 일부 수정하여 '국방개혁 기본계획 2014~2030'으로 발표하였다.

기존 국방개혁의 핵심 내용은 다음과 같다. 1990년대는 국방부 및 합참, 각군 조직을 8.18 계획에서 정립된 새로운 임무와 기능에 맞도록 조직을 개편하고 간편하기 위한 노력이 대대적으로 추진되었다. 이후 국방개혁 방안들은 국방의 문민화와 효율성 강화를 위한 노력을 강조하였으며, 이는 비록 속도는 늦지만 지속적으로 추진되었다. 또한 합참 조직은 합동성 강화를 위해 3군 균형을 달성하기 위한 노력들이 중점 강조되었으나 실질적인 속도는 느린 편이었다.

대량 병력위주의 군사력 구조를 질적 기술집약형 구조로 전환하기 위한 노력이 강조되고 예산 여건을 반영하여 추진되었다. 이에 따라 첨단 전력을 도입하고 예비전력을 정예화하기 위한 노력 등이 중시되었다. 특히, 북한의 2009년 2차 핵실험을 시작으로 한 연이은 핵실험은 우리가 북한의 핵·미사일 위협을 우선적으로 중시하고 대응하기 위한 전력발전을 국방개혁의 우선순위에 놓도록 하였다. 또한 지휘구조의 단순화, 효율화를 통해 현대전 수행에 적합한 지휘통제 구조를 발전시키고자 하였다. 이외에도 국방은 선진국방의 모습을 구현하기 위해 병들의 복지와 사기를 진작시키고, 군 인권을 개선하기 위한 노력 등을 추진하였다.

또한 노무현 정부는 한미연합작전 지휘구조를 미군 사령관 주도에서 한국군 사령관 주도로 변화시키기 위한 계획을 세웠으며, 이에 대해 한미가 합의하여 전작권 전환일정을 합의하였다. 전작권 전환은 최초 2012년 4월 17일에서 2015년 12월 1일로, 그리고 조건에 기초한 전작권 전환(2020년대 초)으로 연기되는 과정을 겪었다.

국방개혁을 위한 그동안의 노력에도 불구하고 우리의 국방개혁은 아직도 많은 도전과 문제점을 안고 있으며, 목표를 달성할 수 있을지가 불확실하다. 우리의 국방개혁은 그동안 국방예산의 제약, 북한의 핵개발과 같은 많은 안보적 여건의 변화 때문에 계획 내용과 일정을 조정하는 과정을 겪었다. 그럼에도 불구하고 국방개혁은 정책결정자, 관료집단 및 군간 이해 차이로 인해 제대로 이루어지지 않은 측면도 많이 있다. 일반적으로 국방은 변화요구에 둔중하게 반응하는 편이기 때문에 변화의 속도가 매우 늦다. 우리의 국방개혁 모습도 예외가 아니다. 1990년대부터 국방개혁을 추진하였지만 아직도 선진국 형의 강한군대 모습과 비교하면 매우 미흡한 상태이다. 특히, 국방의 대폭적인 변화를 요구하는 분야에 대한 개혁 속도는 아직도 늦으며, 관련 이해집단들은 소극적인 태도를 갖고 있다. 그러나 현재 안보환경의 변화가 매우 빠르게 진행되고 있으며, 국방이 이에 부응토록 요구받고 있다. 우리가 우리의 독자적인 힘으로 국방을 지킬 수 있는 수 있는 자위적 군사력을 갖추기 위해서는 국방개혁을 보다 적극 추진하고 국방 패러다임의 전환을 신속히 달성할 수 있어야 한다.

문재인 정부의 국방개혁 2.0은 과거 국방개혁의 미진함을 완전히 탈피하여 국군 역사 70년에서 시작하여 100년이 될 때까지 한 세대 전체를 아우르는 장기 발전의 토대를 마련하고자 설계하였다. 현재까지의 국방개혁이 미비하였던 이유는 '우리가 어떻게 싸우고 준비해야 할 것인가'에 대한 고민 하에 독자적인 전략과 작전계획을 수립하지 못하고 미군이 작성한 방안과 계획에 참여하는 수동적인 형태의 자세에서 비롯되었다. 군 조직과 군사력 운영도 이러한 틀에 맞춰졌기 때문에 국방개혁은 미진할 수밖에 없었다.[2]

---

2 그렇기 때문에 국방개혁 2.0은 전략 및 작전계획을 수립하여 이를 시행할 수 있는 능력을 갖출 수 있도록 국방개혁 법령의 제·개정과 국방예산 증액을 중시하고 추진하였다. 문재인 정부 5년간 추진된 국방개혁이 우리 군의 혁신적 발전을 위한 토대가 될 수 있도록 하고자 하였다. 국방개혁과 관련된 법령 제·개정을 추진하여 일관되고 지속적인 개혁 실행을 보장하기 위해 61개의 법령 제·개정 소요를 식별하였다. 이 중에서 법률은 17개 중 현재 14개의 개정을 추진하고 있으며, 2019년 말을 목표로 모든 법령의 제·개정을 추진하고자 계획하였다. 법령 개정 지연에 대비하여 법령 개정 전에도 국방부 훈령이나 운영 개선 등을 통해 착

이에 더하여 국방개혁 2.0을 성공시키기 위하여 국방의 문민화 및 전문화, 3군 균형을 실질적으로 달성하기 위한 혁신적인 방안을 찾고자 하였다. 또한 북한의 핵·미사일 위협에 대응할 수 있는 전략적, 작전적 접근방안을 새롭게 정립하고자 하였고, 국방의 선진화를 위해 요구되는 각종 국방운영의 병폐를 과감히 수술하고 바꾸고자 하였다. 특히, 국방의 투명성과 책임성을 증대하여 국민으로부터 신뢰받는 국방이 되고자 하였다. 이를 통해 '유능한 안보, 튼튼한 국방'의 모습을 국민들이 체감하고 국방을 지원할 수 있는 문화를 만들고자 하였다.

제 2 절 | 대외적 안보여건의 불확실성 및 불안정성 증대, 미래를 대비한 방위능력 강화 및 전략적 선택 중요

지역 안보의 불확실성과 불안정성이 높은 기간이 상당히 오랫동안 지속될 것으로 예상된다. 냉전체제 붕괴 이후 미국 주도의 국제질서가 약화되고 미·중 경쟁이 본격화되면서 새로운 질서 체제가 아직 정착되지 못하고 있다. 미·중 경쟁은 지역질서의 미래 모습이 어떻게 변화될지 가늠하기 어렵게 하는 핵심 요소이다. 미·중 경쟁에서 현상유지 세력인 미국이 승리할 경우, 현재와 유사한 모습의 지역 질서가 유지될 가능성이 높다. 그렇지만 중국이 승리하거나 미국과 중국이 서로 간의 영향권을 양분하는 양자체제가 형성될 수 있는 가능성도 배제할수 없다. 이러한 상황이 도래될 경우, 기존의 미국을 중심으로 한 동맹 및 우방국체제의 커다란 변화를 요구하고, 이에 따른 많은 안보적 위험과 어려움이 발생할수 있다. 또한 미·중 경쟁을 계기로 지역 강대국들인 러시아, 일본, 호주, 인도등이 영향력을 확대할 경우, 미·중 주도의 질서가 아닌 다자체제로의 발전을 촉발시킬 수 있다. 즉, 미·중의 영향력이 상대적으로 쇠퇴하면서 지역 강대국들의역할과 위상을 무시할 수 없는 상호 간 협력을 요구하는 체제로 발전될 수 있다.

수 가능한 개혁과제는 우선 추진할 예정이다. 또한 국방예산은 2018~2019년간에는 8% 이상, 「2020~2024 국방중기계획」 동안에는 연평균 국방비 증가율을 7.1% 증대토록 계획하였다.

이러한 지역 안보체제의 불확실성은 향후 많은 갈등과 대결을 야기하고, 안보에 대한 위험을 증폭시킬 수 있다. 미국은 중국의 영향력 확장을 견제하고 저지하기 위해 이미 무역전쟁, 기술전쟁, 군사력 경쟁과 같은 대중국 공세정책을 이행하기 시작하였다. 중국은 자신의 경제력을 기반으로 지역국가들에 대해 변화된 정책을 행사하고 있으며, 군사력 현대화를 통해 미국의 우세를 따라잡고자 한다. 양국은 지역국가들에게 미·중 사이에서 보다 확실한 입장을 선택하도록 요구하고, 자국에 대한 지원과 협력을 증대할 것을 요구한다. 또한 남중국해, 동중국해 등 지역 내 주요 분쟁지역에서 자국의 우위를 확보하고자 노력하는 가운데 우발적인 군사적 충돌 가능성도 상존한다. 이러한 지역질서 주도국간의 대립과 갈등은 지역 국가 모두의 행동에 대한 선택 폭을 축소하고 안보적 위험을 함께 껴안아야 할 어려운 도전도 제기한다.

또한, 지역 각국은 국익중심의 실용주의적, 공세적 정책을 보다 강화하고 있다. 트럼프 행정부는 과거 민주당 행정부의 국제적 협력주의 정책을 탈피하고 '미국 우선주의' 정책을 선택하고 있다. 1990년대 이후 세계질서의 주도국으로 많은 비용과 노력을 지불한 미국은 이제 이러한 역할을 포기하고 자국의 국익을 기반으로 선택적 개입을 하고자 한다. 또한 중국에 대한 강력한 공세적 정책으로 아시아에서 주도적 영향력을 행사하고자 하며, 이를 위해 지역국가들의 보다 적극적인 협력과 지원을 요구하고 있다.

중국은 시진핑 주석 체제에서 중국이 세계적인 강대국이 되기 위한 중국의 '위대한 부흥', 즉, '중국몽(夢)'을 위한 장기적인 정책을 추진하고 있다. 이는 미국 주도의 질서를 변화시키고, 미국 및 지역국가들에게 전략적 선택을 요구하고 있다. 중국의 강대국화 전략은 우선 인도-태평양 지역에서 미국의 영향력을 약화시키거나 밀어내고 중국이 주도적 영향력을 행사하는 것이며, 이를 기반으로 세계적인 강대국으로 발전하는 것이다.

미·중의 자국 이익중심의 실용주의적 대외정책은 지역 국가들도 이와 유사한 정책을 통해서 대응하도록 하고 있다. 예를 들면, 일본은 미국과 동맹관계를 긴밀히 유지하여 자국의 안보 목적을 위해 미국을 활용하면서도 위상을 강화하고 역할을 확대하기 위해 보다 공세적인 정책을 펼치고 있다. 자국의 방위력을 강화하여 중국과의 동중국해 분쟁에서 독자적인 능력으로 대처할 수 있는 능력을 갖추고자 헌법을 개정하여 군사적 영향력을 확대하고자 한다.

러시아는 중국과 긴밀히 협력하여 미국을 견제하면서도 지역국가들과 다양한 형태의 융통성 있는 협력을 추진하고 있다. 특히, 중·러 간 경제적 협력뿐만 아니라 군사협력을 대폭 강화하고 있다. 향후 미국의 중거리 핵전력 조약(INF: Intermediate-range Nuclear Forces Treaty) 미사일 배치 등 공세적 정책에 대응하기 위해 러시아는 중국과의 협력을 보다 효과적으로 활용하고자 할 것이다.[3]

이러한 지역 국가들의 정책기조는 현재 정부가 향후 다른 정부로 교체되어도 바뀔 가능성은 크지 않다. 이는 미·중 간 전략적 경쟁 상황 속에서 야기되는 대외정책의 특성으로 지역 안보질서가 새롭게 정착되기까지는 일반적인 현상이 될 것이다. 즉, 지역 각국은 이념적, 협력적 관계보다는 자신의 이익을 기반으로 서로 경쟁하는 상황이 보다 치열해질 가능성이 크다.

이러한 새로운 지역질서는 동맹의 신뢰성을 감소시킬 가능성이 크며, 동맹유지를 위한 비용을 증대시킬 것이다. 트럼프 행정부는 한국, 일본 및 북대서양 조약기구(NATO: North Atlantic Treaty Organization) 동맹국들에게 미군 지원과 역할에 대한 방위비 분담을 대폭 증대시킬 것을 요구한다. 미국이 자유민주주의 체제의 수호자로서 대가없이 제공하였던 안보보장에 대한 새로운 접근을 추진하고 있다. 미국은 중국과의 경쟁에 대응하기 위해 동맹국들이 실질적인 미군 주둔 비용을 보다 많이 분담토록 압박할 뿐만 아니라 지역안보를 위한 미군 작전에 대한 직접적인 협력을 보다 증대할 것을 요구한다. 이는 현상유지세력으로서 중국의 도전에 대응하기 위한 자연스런 정책의 결과로 생각할 수 있다. 그렇지만 미국의 정책변화는 한국을 비롯한 지역국가들의 안보부담을 증대시킬 것이며, 이와 관련한 갈등은 새로운 안보적 불안정성을 야기할 수 있다.

대외적 안보여건의 불확실성과 불안정성이 증대되면서 한국을 비롯한 지역국가들은 독자적 방위능력과 주요 이슈에 대한 전략적 선택을 보다 강하게 요구받게 될 것이다. 무엇보다 미국의 동맹국에 대한 안전보장의 신뢰성을 강화시키고 이에 따른 비용분담이 증대되면서 각국은 자신의 방위능력을 강화하고자 하고 있다. 동아시아 모든 국가들은 군사력 현대화 및 증강을 강력히 추진하고 있다.

---

3 INF미사일은 INF조약(1987년 12월 미소 정상간 체결되었으며, 2019년 8월 트럼프 행정부는 이를 공식 탈퇴하였다.)에서 개발, 생산, 배치를 금지하고 있는 사정거리 500~5,500km의 지상배치 미사일을 말한다.

한미연합방위체제에 방위를 의존하고 있는 한국 역시 안보환경의 변화에 능동적으로 대처할 수 있어야 한다. 독자적 방위능력은 한국이 주요 이슈에 대해 보다 융통성 있는 선택을 할 수 있는 전략적 공간을 넓혀준다. 한국은 새로운 방위능력을 통해서 한미동맹 틀 속에서 국제평화와 안정을 위한 역할과 기여를 확대할 수 있다. 한 세기 반 이전, 조선조 말 우리가 겪었던 역사적 치욕을 거울삼아야 한다. 즉, 강대국의 탁상에서 우리의 이익이 무시되고, 우리 운명과 관련된 대화에 참여하지 못하는 약소국의 군사력이 아니라 중견 강국, 선진국의 일원으로 당당하게 취급받을 수 있는 능력이 필요하다. 우리는 국방개혁을 통해 군사력을 국력에 걸맞게 건설하여 미래의 불확실성에 대비해야 한다.

제 3 절 국방에 대한 대내적 도전 및 요구 증대, 국방정책에 대한 국민적 신뢰 확보 긴요

우리 국방이 현재 직면하고 있는 많은 대내적 도전과 요구는 향후 보다 크게 증대할 것으로 예상된다. 국방에 대한 주요 도전 요인은 출산율 저하에 따른 징집자원의 급격한 감소, 낮은 경제성장률의 지속에 따른 국방예산 증액의 제한, 인구의 도시집중에 따른 국방태세의 변화 요구 등을 포함한다. 또한 국방은 이러한 도전에 대처하면서도 국민들의 국방에 대한 요구에 적극 부응할 수 있어야 한다. 국민들은 국방이 본연의 역할과 임무를 완벽하게 수행할 뿐만 아니라 자신의 소중한 자녀들이 군복무를 안전하게 마치고 가정으로 복귀할 것을 보다 강하게 요구한다. 나아가 디지털 사회로 변화되면서 국방 업무 전반에 대한 투명성을 요구한다. 국방은 이러한 국민적 요구에 효과적으로 부응해야 하는 정치적 과제를 안고 있다.

출산율 저하는 군사력 규모 유지에 대한 직접적인 영향 요인이다. 한국은 OECD 국가중 합계출산율이 1미만인 유일한 국가이며, 20세 남자 추계 인구를 보면 상황은 보다 심각하다. 2017년 20세 남자 인구가 34.8만 명이나 2025년에는 22.5만 명으로 줄어들 것이며, 2036년 이후는 14.1∼20.0만 명 사이가 될 것으로 평가된다.[4] 국방개혁에서 설정하고 있는 50만 명 병력규모를 유지하고, 징집제도 등의 변화를 추구하는데 많은 한계가 있다. 이는 병력의 양적규모보다는 질적 능력을 중심으로 한 군사력 발전을 요구하면서 병력자원의 대폭적인 감소에 따른 실질적인 정책방안을 장기적으로 마련할 것을 필요로 한다.

국방예산은 통상 정부 총 지출예산의 약 10%내외에서 설정된다.[5] 2019년 정부 총지출 예산 469.6조 대비 국방예산은 46.7조원을 편성하고 있다.[6] 즉, 국방비는 정부의 총지출 예산에 연동되어 있으며, 우리의 경제규모가 성장하지 않으면 국방비 규모의 증액도 크게 제약될 수밖에 없다. 현재 우리의 경제성장률이 빠르게 둔화되는 상황이기 때문에 국방개혁 계획을 이행하기 위한 적정 국방비 확보에는 항상 불확실성이 존재한다.

인구의 도시집중 문제는 국방태세에 또 다른 도전을 야기한다. 예를 들면, 남북 군사분계선과 인접한 서울 이북지역에 인구가 집중하면서 이 지역이 전쟁이나 군사충돌의 장으로 변화될 수 있는 가능성을 근본적으로 배제시키는 것이 군사전략과 국방태세의 주요한 요구조건으로 변화하였다. 서울은 우리의 인구와 자원이 밀집되어 있는 지역이기 때문에 안정적으로 보호할 수 있어야 한다. 우리의 인구가 서울 등 대도시, 산업단지에 밀집되고 있기 때문에 이를 보호하고 안정적으로 지키기 위한 방안이 필요하다. 국방은 국민들에게 단순한 전쟁승리 전략이 아니라 우리의 피해와 손실을 최소화하고, 국민들의 생명과 자산을 보호할 수 있다는 자신감을 전달할 수 있는 전략과 태세를 요구받고 있다.

국방이 국민들의 지원과 협력을 받는 신뢰받는 집단이 되기 위해서는 국민들의 요구에 능동적으로 대응하고 부응할 수 있어야 한다. 군은 국토를 방위하고 국민의 생명과 재산을 지키기 위해 자신의 생명이 위협받는 전장에서 임무를 수행해야 하는 특성을 갖고 있다. 이러한 임무 수행능력을 완벽하게 갖추면서 국민들의 요구에 부응해야 하는 어려움과 도전이 매우 크다. 출산율 저하에 따라 부모들은 자식들의 군복무 여건에 대한 관심이 보다 높아질 것이다. 국민들은

---

4 이현지, "인구감소에 따른 국방인력 구조 및 제도 개선방향." 국방부 및 KIDA 주관 국방인력발전세미나 발표자료, 2019년 9월 4일.

5 최수동 외, 「국방개혁 2.0 중장기 소요재원 판단 및 합리적 배분체계 구축 방안」 KIDA 연구보고서, 2017년 12월, p. 32.

6 기획재정부 보도자료, "2019년 총지출은 정부안 대비 0.9조원 감액된 469.6조원," 2018년 12월 8일.

자신의 자녀들이 군 복무를 보람 있고 안전하게 마치고 가정에 돌아오길 희망한다. 국방은 군복무 여건을 개선하고, 인권 존중의 문화를 정착시켜 이러한 요구에 부응하고자 하고 있다. 나아가 국민들은 디지털 시대의 변화에 맞도록 국방 운영의 투명성을 보다 요구하고, 국방 정책 이슈에 보다 적극 참여하고 다양한 의견을 개진할 것이다. 국방은 이러한 새로운 국민적 요구에 대응하기 위한 준비와 능력이 필요하다. 이러한 노력은 국방이 국민들의 신뢰를 받는 선진국방의 모습으로 탈바꿈하기 위한 기본적인 요건이다.

이러한 제반 여건변화에 능동적으로 대응하고 국민의 신뢰를 얻기 위해 국방 개혁 2.0은 전략 및 작전계획의 새로운 정립뿐만 아니라 국방운영, 군 문화 개선 등을 포함토록 하였다.

제4절 위협 및 전쟁 패러다임 변화, 군사변혁 또는 혁신의 시급성

안보위협 환경의 변화와 군사기술의 혁신적 발전은 각국에 군사변혁 또는 군사혁신을 거세게 압박하고 있다. 군사변혁과 혁신은 이제 선택의 문제가 아니라 반드시 성공적으로 추진해야 국가의 안위를 보장받을 수 있는 상황으로 변화하였다. 한국이 막대한 국방비를 사용하면서도 이러한 위협의 변화, 군사기술 발전에 부응할 수 없는 국방발전을 추진한다면 안보적 위험은 보다 커질 것이고, 국익을 보호하기가 어려워질 것이다. 우리 국방이 국방개혁을 위해 고려하고 반영해야 할 위협 및 전쟁패러다임 변화를 추동하는 변수는 다음 다섯 가지이다.

첫째, 위협의 대상이 북한위협 중심에서 해양위협, 초국가적·비군사적 위협을 포함하는 전방위적 위협으로 변화하였다. 우리 국방은 과거 북한위협 중심의 군사력 건설 및 국방태세를 유지하였다. 이제는 북한위협 이외에도 해양으로부터의 위협도 간과할 수 없게 되었다. 지역 국가국들의 팽창적 해양정책은 우리의 해양영토에 대한 위협을 증대하고 있다. 이를 보호하기 위한 준비와 능력이 보다 요구된다. 또한 미·중 경쟁 등 안보적 불확실성이 높아짐에 따라 우리의 에너지자원의 수출입 항로 보호 즉, 해상교통로 보호를 위한 역할도 요구받게 되었다. 과거 국제질서의 보호자 역할을 담당하였던 미국은 동맹국들의 무임승차가 아니라 역할분담과 비용분담을 적극 요구하고 있다. 우리 해군함정이 소말리아 해역에 출동하여 대해적 작전을 수행하고 있는 것이 좋은 사례이다. 나아가 초국가적·비군사적 위협은 우리 국민의 생활에 다양한 형태로 영향을 미치고 위협하고 있다. 국경을 초월하여 발생하는 해적·재난·테러·고전염성 질병 등과 같은 초국가적·비군사적 위협에 대한 적극적인 역할 수행이 필요하다.

둘째, 전쟁수행 공간이 지·해·공의 3차원 전장공간에서 지·해·공·심해저·우주·사이버·전자기를 포함하는 7차원 전장공간으로 변화하였으며, 디지털 시대에 들어서면서 이들 모든 전장공간의 작전요소를 네트워크 체계로 통합하여 시너지 효과를 창출하는 작전능력이 보다 중요해졌다. 전쟁수행 공간의 확대와 모든 작전요소의 통합적 능력은 사실 가장 중요한 군사혁신 요구사항이다. 과거 3차원 공간을 활용한 전쟁과는 완전히 판이한 전쟁방식이 발전되고 있다. 각종 정보자산을 활용한 정보우세, 원거리 화력의 통합적 운용, 신속한 기동능력, 사이버 공격능력 등을 활용하여 상대의 중심에 대한 직접적인 공격을 일시에 수행할 수 있는 능력을 발전시키고 있다. 과거에는 생각하기 어려웠던 전쟁방식이 발전되고 실제화하였다. 미국이 냉전붕괴 이후 수행하였던 1991년 걸프전, 1999년 코소보전, 2001년 아프간전, 2003년 이라크전은 각각 매우 다른 전쟁수행방식을 선보였다. 미국은 새로운 첨단무기를 기반으로 한 전쟁방식의 변혁을 통해서 최단 기간에 최소의 비용으로 전쟁을 승리로 이끌었다. 이라크전이 끝난지 벌써 거의 20년이 가까워오고 있다. 기술발전의 속도가 매우 빠르게 진행되고 있다는 사실을 고려하면 7차원 전장공간을 활용한 혁신적 전쟁방식이 우리의 생각보다 빠르게 진전되고 있다고 판단해야 한다. 강대국들은 7차원 전장공간을 통합적으로 활용하기 위한 군사능력을 경쟁적으로 발전시키고 있다. 우리 국방도 이러한 전쟁패러다임의 변화에 부응할 수 있는 능력을 갖출 수 있도록 해야 한다.

셋째, 전쟁형태가 전통적인 국가 간 전쟁인 고강도 분쟁뿐만 아니라 저강도 분쟁, 회색지대 도발, 하이브리드 전쟁 형태로 다양해졌다. 각국은 미국의 첨단 기술능력을 바탕으로 한 새로운 전쟁방식에 대응하기 위해 다양한 비대칭적 방안을 강구하고 있다. 또한 국제분쟁도 국가 간 고강도 영토분쟁의 형태뿐만 아니라 종족·민족·종교 등의 문제로 인한 내전형태의 분쟁이 빈번히 발생하고 있다. 이는 기술강대국들에 대한 도발 방식으로 저강도 분쟁, 회색지도 도발, 하이브리드 전쟁 방식을 적극 도입하고 활용토록 한다. 따라서 군사력 건설의 전략적 사고가 필요하다. 전략가들은 보다 다양한 분쟁요소를 고려하여 군사력 건설방안 및 사용 방식을 결정하고 집행해야 한다. 새로운 방식의 미래전쟁 양상은 고강도 분쟁 대응방식의 군사력뿐만 아니라 저강도 분쟁, 회색지대 도발, 하이브리드 선쟁에 대응할 수 있는 군사능력을 요구한다. 또한 국방은 경찰 등 새로운 전쟁방식 수행과 관련된 다른 임무 수행주체들과 긴밀히 협력할 수 있는 체제를 발전시킬 수 있어야 한다.

넷째, 4차 산업혁명 등 새로운 기술발전을 활용하는 군사변혁의 속도를 주시하고 대응할 수 있어야 하며, 재래식 군사력과 핵능력을 복합적으로 운용하고자 하는 전략적 추세를 고려해야 한다. 2019년 8월 미국은 INF 조약을 파기하고 지상기반 중장거리 미사일을 개발·배치하고자 하는 방침을 공식화하였다. 이는 INF 조약에 의해서 개발·배치가 어려운 극초음속 무기개발에 대한 미국의 의도를 반영하고 있다. 미국은 중러가 극초음속 무기를 개발하여 미사일 방어체계를 무력화시키고, 미국의 군사력 우세를 상쇄시킬 수 있다는 두려움을 갖고 있다. 미국은 중러보다 우세한 극초음속 무기를 개발·배치하여 중러의 의도를 저지하고자 한다. 미래 신기술은 속도의 전쟁뿐만 아니라 해·공군의 무인체계, 스텔스 체계, 육군의 드론봇 체계 등 새로운 능력을 선보이고 발전시킬 것이다. 나아가 러시아 및 파키스탄과 같은 국가들은 자신의 재래식 군사력 열세를 만회하기 위해 전술핵무기 사용을 위협하여 상대의 우세한 군사력 사용을 제한하고 억제함으로써 자신의 이익을 유지하고자 하는 전략을 공식화하였다. 한국은 기술발전에 따른 작전개념의 변화, 핵능력의 사용과 관련한 전략적·작전적 영향들에 대비하고 대응할 수 있어야 한다.

다섯째, 우리는 우리 단독작전뿐만 아니라 한미 연합작전, 그리고 우방국들과 군사작전을 함께 수행할 수 있는 능력을 갖추어야 한다. 이미 언급하였듯이 국방의 임무지역은 한반도뿐만 아니라 전 지역 및 전 지구적 범위로 확대되고 있다. 이러한 작전은 우리 군사력에 의한 단독작전뿐만 아니라 한미 연합작전, 우방국과의 협력작전도 효과적으로 수행할 것을 요구한다. 한반도 지역을 벗어난 군사작전은 해·공군 중심의 작전이나 평화작전 중심의 작전이 될 가능성이 크다. 그럼에도 불구하고 이러한 군사적 임무는 원정작전을 효과적으로 수행할 수 있는 다각적인 능력을 필요로 한다.

이상과 같은 다섯 가지 고려요소는 국방개혁을 위한 군의 사고방식 전환을 요구한다. 우리 국방이 3차원 전장공간에서의 지상군 중심 한반도 전역에서의 전략 및 작전개념을 벗어나 기술혁신, 최소의 희생과 비용, 전장공간의 확대, 지리적 영역의 확장을 동시에 고려해야 한다는 것을 말한다. 그러나 이러한 다양한 요구를 하나의 바구니에 담아 일시에 국방개혁을 추진하고 달성하기는 어렵다. 우리는 국방개혁이 지향해야 할 방향을 명확히 인식하고, 우리의 여건과 능력에 맞은 단계적 국방개혁 방안과 우선순위를 선택 및 설정하여 노력을 집중함으로써 국방개혁을 성공적으로 추진할 수 있을 것이다. 우리는 기존의 관념을 깨뜨리고 벗어날 수 있는 국방의 변혁 및 혁신을 위한 생각을 가져야 한다. 이를 위한 국민적 지원과 협력, 그리고 국방개혁을 이끌기 위한 리더십이 매우 중요하다.

우리는 베트남전이 종결된 1975년부터 '자주국방' 기치를 내걸고 각 정권마다 나름대로 추진하였던 과거의 국방개혁 노력을 모두 잘못되었다고 평가해서는 안된다. 그러한 국방개혁의 총체적 결과물들을 아우르고 보완한 후 현 시점에서 제기된 새로운 안보적 요구사항을 아우를 수 있는 방안을 국방개혁 2.0이 제시하고 있다. 이제는 국방개혁이 정권마다 바뀌는 개혁이 아니라 지속성을 보장하면서도 안보여건을 신속하고 능동적으로 반영하여 끊임없이 보완되고, 발전적으로 추진되는 정책이 될 수 있도록 접근해야 한다.

제2장

국방개혁 2.0의 목표와 추진 개념, 중점 과제

제1절 | 국방개혁 2.0의 목표와 추진기조

국방개혁 2.0의 목표는 "평화와 번영의 대한민국을 힘으로 뒷받침하는 강한 군대를 조기에 구현하는 것이다." 여기서 '강한군대'란 ① 전방위 안보위협에 주도적 대응이 가능한 군, ② 첨단 과학기술 기반의 정예화된 군, 그리고 ③ 선진화된 국가에 걸맞게 운영되는 군을 의미한다.[7]

이를 달성하기 위한 국방개혁 2.0의 추진기조는 다음과 같다.[8] 첫째, 주도적 방위역량 확충을 위한 체질과 기반을 강화하는 것이다. 미래 전장환경의 변화에 효율적으로 대응하기 위해 군 간, 병과 간 균형발전을 추구하고, 군인과 국방관련 공무원·민간 인력의 직업 전문성 강화를 위해 국방부의 문민화를 지속 이행하며, 전시작전통제권 전환에 대비하여 핵심역량을 체계적으로 확보할 것이다.

둘째, 자원제약 극복과 미래 전장환경 적응을 위한 4차 산업혁명 시대의 과학기술을 적극 활용하는 것이다. 빅데이터, 인공지능, 네트워크 등 4차 산업혁명 기술 기반의 유·무인 복합체계, 지능화된 감시-타격체계, 과학화 훈련체계, 스마트 병영관리 시스템을 구현하고, 부대 및 전력구조 정예화는 물론 국방운영과 병영문화를 포함한 국방 전 분야의 효율성을 획기적으로 개선할 것이다.

셋째, 국가 및 사회 요구에 부합하는 개혁 추구로 범국민적 지지를 확보하는 것이다. 국가 생산가능 인구 확보에 기여하고, 과학기술 선도와 방위산업 증진 등을 통해 국가 경제 활성화에 기여할 것이다. 또한 민·군 협력 등을 통한 국가

---

7 국방부, 「2018 국방백서」 (서울, 2018. 12), p. 38.
8 앞의 책, p. 39.

자원을 국방에 적극 활용함으로써 국방재원의 제한을 완화할 것이며, 국민 눈높이에 맞는 인권 및 복지 구현과 국방 전반에 대한 개방성 제고 등으로 국민의 신뢰를 회복할 것이다.

국방개혁 2.0의 목표와 추진기조는 문재인 정부의 국가안보전략, 국방정책, 군사전략을 실질적으로 구현하는 것이다. <그림 I-1>는 문재인 정부의 국가안보전략과 국방정책의 지향방향 및 상호관계를 잘 보여준다. 국방정책은 국가비

그림 I-1 | 문재인 정부의 국가안보전략과 국방정책

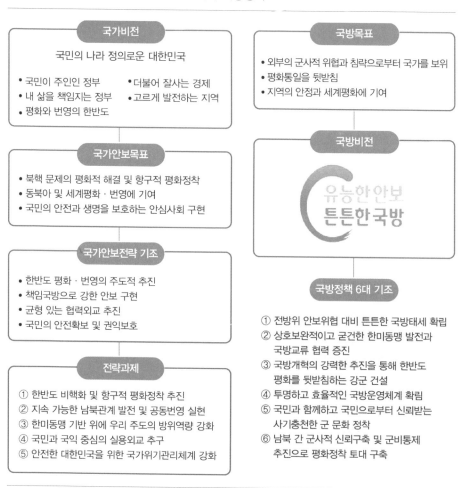

출처: 국방부, 「2018 국방백서」(서울, 2018), p. 34.

전이며 안보분야 국정목표인 '평화와 번영의 한반도'를 창출하고, 이를 위해 '책임국방으로 강한 안보 구현'을 추진하는 것이다. 국방비전인 '유능한 안보, 튼튼한 국방'을 달성하기 위한 국방정책 6대 기조는 문재인 정부가 국방개혁을 통해 달성하고자 하는 정책적 방향을 잘 말해준다.[9]

제 2 절 | **국방개혁 2.0의 추진 개념**

국방개혁 2.0은 기존의 국방태세 발전 및 군사력 건설, 국방운영 방식에 대한 문제의식을 갖고 국방의 혁신을 추구하고자 모색하였다. 무엇보다 싸우는 방법에 대한 인식과 접근방식의 혁신이 필요하다. 우리 군의 싸우는 방법은 한국전쟁 시 방법에서 실질적인 패러다임 전환을 하지 못하였다. 물론 그동안 우리 군은 군사력 현대화를 통해서 확보한 첨단 기술전력을 효과적으로 사용하기 위해 군사전략 및 작전개념의 변화를 점진적으로 추진하였다. 2000년대 초 군사전략을 적극방위 전략으로 전환하여 가급적 우리 영토를 전장화하지 않고 전쟁 승리를 달성하는 방법을 강구하였다. 또한 북한 핵위협을 억제하고 효과적으로 대응하기 위한 전략 및 작전개념을 발전시키고 있다. 현 우리의 군사전략은 도발과 침략을 우선적으로 억제하고 억제 실패시 '최단 시간 내 최소 희생'으로 전쟁에서 조기에 승리하는 목표를 설정하고 있다.[10]

그럼에도 불구하고 아직 이러한 전략목표를 이행하고 달성하기 위한 구체적인 전략 및 작전개념, 군사력 건설 방식의 실질적인 패러다임 전환을 못하고 있다. 예를 들면, 기존의 싸우는 방법과 사고를 대체로 아직 그대로 유지하고 있다. 우리는 합동작전·7차원 통합작전을 강조하면서도 지상군 보병 중심의 군사력 운용전략을 유지하고 있다. 군사전략 및 군사작전 개념, 군사력 건설 방식은 이러한 보병 위주의 모습을 탈피하지 못하고 있다. 우리는 전쟁발생시 비용과 피해를 최소화하기 위한 전략이 요구되지만 전 국토를 전장화할 수 있는 작전개

9 앞의 책, pp. 34~36.
10 앞의 책, p. 36.

념을 상당부분 수용하고 있다. 상대의 중심에 대한 직접적인 작전보다는 선형적이고 점진적인 지형 확보작전을 중시하였다. 북한의 핵능력을 감안한 전략 및 작전개념은 아직 실질적으로 싸우는 방법에 반영하지 않고 있다. 북한 비핵화를 위해 최선의 노력을 추진하면서도 우리는 나쁜 상황을 상정한 이중적 접근방식이 필요하다. 사실 무기체계나 장비의 교체보다 더 어렵고 많은 시간을 요구하는 것이 이를 운용하는 사람들과 사고의 전환이다. 국방개혁 2.0은 이러한 사고의 혁신을 추구한다.

전시작전통제권 전환을 위한 보다 적극적인 준비와 노력이 요구된다. 이를 위해서는 무기와 장비의 현대화뿐만 아니라 우리의 독자적인 지휘통제 능력과 작전능력의 발전, 그리고 한국주도의 한미 연합작전능력이 필요하다. 한미는 2020년 대 초 조건에 기반한 전작권 전환을 추진하기로 합의하였다. 한미는 현재 전작권 전환을 위해 요구되는 제반 능력을 공동으로 평가하고 있다. 전작권 전환은 모든 분야에 있어 한국군의 패러다임 전환을 필요로 한다. 우리는 한국전쟁 이후 70년이 넘는 기간 동안 미국 주도의 한미 연합지휘체제 틀 속에서 전략 및 작전개념, 군사능력을 유지했다. 오랜 기간의 몸에 맞았던 편안하고 익숙한 옷을 벗어버리고 새로운 옷으로 갈아입어야 한다. 매우 많은 어려운 도전과 과제가 우리 앞에 놓여 있다. 이는 단순히 전작권 전환의 조건을 충족시키기 위한 군사능력의 확보뿐만 아니라 우리의 군사적 자신감, 그리고 소프트 파워적인 능력을 필요로 한다. 즉, 군사적 혁신을 필요로 한다.

군사력 구조의 전환을 위한 새로운 접근이 필요하다. 우리의 군사력 건설방식은 기존의 군사력을 개선 및 개량하고, 군사기술 발전을 적용하여 새로운 장비와 무기체계를 획득하는 점진적인 접근방식이다. 국방재원을 육·해·공군에 일정한 비율로 기존의 방식에 따라 배분하여 군사력을 건설하고 운영하는 안정적인 방법을 유지하고 있다. 육·해·공군 간 상호 경쟁하고 있지만 지상군 중심의 사고와 전력건설 방식의 틀은 근본적으로 변화되지 않았다. 새로운 전략 및 작전개념을 적용하거나 새로운 임무능력을 발전시키기 위한 노력이 지속적으로 이루어졌으나 근본적인 변화를 위한 노력은 매우 미흡하였다.

물론 군사변혁 및 혁신은 매우 어렵기 때문에 많은 국가들이 안정적인 방법을 선택한다. 그럼에도 불구하고 선진국 및 강대국들은 보다 혁신적인 개혁방법을 선택하고 추구하기 위해 노력하고 있다. 1990년대 이후 미국이 주도하였던 군사혁신(RMA: Revolution in Military Affairs) 개념은 이미 각국이 자신의 여건에 맞도록 적용하는 보편적인 전략적 사고와 군사력 건설방식으로 일반화되었다. 우리가 군사전략 및 군사력 건설방식의 패러다임 전환을 위해서는 점진적인 방식을 뛰어넘을 수 있는 보다 혁신적인 사고와 접근을 필요로 한다. 그러나 우리는 북한과 대립하고 있는 상황이기 때문에 안정적인 전환도 중시해야 한다. 이를 위해서는 우리의 전략과 작전 개념, 군사력 건설방식에 대한 심층적인 논의와 검토가 필요하다. 국방개혁 2.0은 싸우는 방법의 혁신적 접근을 중시하고 이러한 개념 속에서 군사력 건설 방식을 대폭 변화시키고자 하였다.

제3절 국방개혁 2.0의 추진 방향 및 중점과제

국방개혁 2.0은 다음과 같은 네 가지 분야에 대한 국방혁신을 추구한다.[11] 첫째, 군 구조를 전방위 안보위협에 대응이 가능한 첨단 과학기술 기반의 군구조로 발전시킨다. 국방개혁 2.0이 제시하는 우리 육·해·공군 군 구조의 미래 모습은 <그림 I-2>에서 보는 바와 같다. 군구조의 대폭적인 전환을 모색하고 있으며, 군의 실질적인 모습도 발전적으로 혁신하고자 한다.

미래 우리 군은 합동 및 통합작전 능력을 효과적으로 활용하여 속도와 기민성을 중시하고, 중심에 대한 효과적인 작전과 임무를 수행할 수 있도록 한다. 지상군의 기동작전과 원거리 통합화력을 중시하고 적극 활용하여 피해를 최소화하고 효과적인 작전을 수행할 수 있는 능력을 추구한다. 북한위협뿐만 아니라 해양위협에 적극 대처할 수 있는 능력을 갖추고자 한다. 비군사적·초국가적 위협에 대한 능력도 동시에 발전시키고자 한다. 징집자원의 급격한 축소 및 재정여건의 제한성을 고려한 적정 군사력 구조를 유지하고 첨단 기술장비를 구비한 선진국형 강한 군대를 만들고자 한다. 물리적이고 가시적인 능력뿐만 아니라 소프

---

11 합참, "국민의 명령, 시대적 소명, 국방개혁 2.0 총론,"「합참」, 제81호, 2019년 가을호, pp. 12~15.

그림 Ⅰ-2 | 국방개혁 2.0의 2030년 육·해·공군 군 구조 발전 계획

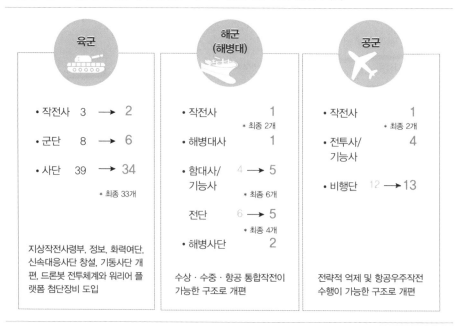

트파워인 인적, 질적능력을 보다 중시하고 이를 위해 장병들을 정예화하고 간부들의 자질을 개선하며, 교육훈련을 중시토록 한다.

또한 예비전력을 정예화하여 예비전력이 상비군을 보다 효과적으로 보완할 수 있도록 한다. 장기적으로 우리는 상비군 규모가 축소됨에 따라 유사시나 필요에 따라 소집되어 운용될 수 있는 예비전력에 국방의 역할과 임무를 보다 많이 의존해야 한다. 군사력 구조의 전환을 위해서는 지금부터 예비전력 정예화를 위한 노력에 보다 많은 투자를 하고, 관심을 갖도록 해야 한다. 이를 위해서는 예비전력의 처우, 교육훈련 등 많은 문제들에 대한 국민적 지원과 협력이 필요하다.

국방개혁 2.0의 주요 추진과제는 군구조, 국방운영, 병영문화, 방위사업 분야로 구분되어 있으며, 이에 대한 핵심적인 개혁 추진방향은 다음과 같다.[13] 군구

---

12 출처에서 해군, 공군 작전사 최종 2개는 추가하였다.

13 국방부 국방개혁실, "국방개혁 2.0 보도자료: 문재인 정부의 「국방개혁 2.0」 평화와 번영의 대한민국을 책임지는 '강한 군대', '책임국방' 구현," 2018년 7월 27일.

조 분야의 개혁 추진방향은 <표 I-1>에서 보는 바와 같다. 현재 우리 군의 전쟁수행방식과 작전개념은 그동안의 군사력 발전에도 불구하고 한국전쟁 당시의 모습을 근본적으로 뛰어넘지 못하고 있다. 그러나 21세기 우리의 안보여건과 새로운 군사력은 전쟁수행개념과 작전개념의 혁신적 변화를 요구한다. 국방개혁 2.0은 우리의 전략 및 작전개념을 새롭게 정립하고, 이를 실제로 이행하기에 부합한 군구조 발전을 추진하고자 한다. 무엇보다 현존위협을 포함한 다양한 전방위 안보위협에 동시에 대비할 수 있는 첨단 과학기술 기반의 미래지향적 군구조로 발전시키는 데 중점을 두고 개혁을 추진한다. 또한 한반도 안보상황의 변화에 따라 현존 위협의 현저한 증가나 감소가 가시화되는 상황에 대해서도 대비하고자 한다.

군구조 개혁은 지휘구조, 부대구조, 병력구조, 전력구조의 개혁으로 구분된다. 지휘구조는 지휘통제 체제 구조를 의미하며, 현대전 수행에 있어서 중요성이 보다 커지고 있다. 우리 국방은 전시작전통제권 전환을 위한 필수능력을 조기에 확보하여 우리 군이 주도하는 지휘구조로 개편을 추진한다. 합동참모본부는 작전기능 배분을 통해 전구작전 수행에 최적화하도록 개편할 것이다. 부대구조는 육·해·공군 부대 및 국방부 직할부대의 조직 구조를 말한다. 부대구조는 전방위 다양한 위협에 신속한 대응이 가능한 형태로 개편을 추진한다. 병력구조는 현재 61.8만 명의 상비병력을 2022년까지 50만 명 규모로 감축하며, 국방인력 대비 민간인력을 대폭 확대하고자 한다. 전력구조는 전방위 다양한 위협에 탄력적으로 대비할 수 있는 전력과 전시작전통제권 전환을 위한 필수능력을 우선 확보한다.

국방운영 분야 개혁은 국민과의 소통을 강화하고, 국방부의 실질적인 문민화를 구현하며, 3군 균형발전을 제도적으로 확립하고, 군의 정치적 중립이 확고히 준수되도록 제도 및 의식을 개선토록 하였다. 첨단 정보과학기술을 국방에 신속히 적용하고, 사이버 안보역량을 강화하며, 군수 개혁 등을 통한 전쟁수행능력 기반을 체계적으로 발전시키고자 한다. 또한 투명하고 청렴한 개방형 국방운영과 지역사회와 상생하는 군사 시설 조성 등 국민에게 신뢰받는 투명하고 청렴한 국방운영체제를 발전시키고자 한다. 국방운영 예산을 철저히 절약하여 전력증강 예산의 증가폭을 늘리고자 하였다.

표 Ⅰ-1 │ 국방개혁 2.0의 군구조 분야 개혁 추진방향

분 야		현재의 모습	개혁 추진방향
군구조 분야	지휘구조	• 미군 주도, 한국군 지원 • 지상군 위주, 해·공군 지원 • 북한위협 방어형 작전, 전통적인 수직적·다층적 구조	• 한국군 주도, 미군지원 • 3군 균형의 합동작전 구조 • 입체기동작전, 속도 중시의 병렬형·단순화 구조
	부대구조	• 보병위주, 행군형 전투 부대 • 한반도 위주, 부분적 국제작전 • 전술항공 작전 위주 부대	• 7차원 전장공간 통합작전, 신속·기동·공정작전부대 • 한반도 포함, 주변 해역 기동·상륙작전 부대 • 전술＋전략공군, 우주작전 수행 부대
	병력구조	• 대규모 인력 중심, 전문성 미흡 • 군복 입은 군인이 군 전체 운영 • 피라미드형 인력구조	• 병력절감형, 질적 능력 중심으로 전문성 강화 • 군복 입은 군인은 전투부대 중심 근무, 비전투분야 민간인 중심 조직 • 제한적 항아리형 인력구조
	전력구조	• 보병·포병·기갑 중심 전통적 전력 구조 • 대북위주, 연근해작전 중심 • 전술임무, 기본작전 중심 전력 • 비군사적, 초국가적 위협 대응 미비 • 전 국민 및 장비, 시설 동원체제	• 전통적 전력＋항공기(유무인)·미사일 등 신형 기술 전력과의 균형된 구조 • 연근해＋원해작전, 입체적 균형 전력 • 전술임무＋종심타격(전략공군), 우주작전 수행전력 • 비군사적, 초국가적 위협 대응 완비 • 상비예비군 중심 동원체제(상비예비군 정예화)

※ 목표: 전쟁의 우선 억제, 전쟁 발발시 최단시간내 최소 희생으로 전승달성

　　병영문화 분야 개혁은 사회발전과 국민의 눈높이에 부합하는 인권 및 복지를 구현하며, 개인의 희생을 강요하는 군 복무가 아니라 국가에 봉사하면서도 개인의 미래를 설계하는 군복무가 되도록 개선하고자 한다. 국방운영과 병영문화의 개혁은 국민을 주인으로 섬기고 국민이 신뢰하는 진정한 국민의 군대로 체질을 개선하는데 기여할 것이다. 특히, 장병에 대한 공정한 재판과 인권을 보장하기 위한 군 사법제도를 개선하는 등 장병들의 인권을 강화한다. 또한 병들의 봉급을 연차적으로 인상하고 장병들의 자기개발 기회를 확대하는 등 장병들의 복지를 향상시키고 복무여건을 개선하고자 한다.

방위사업 분야 개혁은 비리·부실의 근본원인을 원천적으로 차단하고, 안보환경과 기술의 변화에 즉응할 수 있는 진화적 국방획득을 구현하고자 한다. 국방 연구개발 역량과 방산경쟁력을 강화하기 위해, '방위산업법'의 전면적 개정 등 법적기반 정비, 복잡한 절차의 간소화와 과감한 규제개선, 방위사업청 조직개편 등 방위사업 시스템 전반을 혁신할 것이다. 이를 위해 방위산업의 투명성을 제고시키고, 무기체계의 부실을 방지하며 적기에 전력화를 보장할 수 있는 국방획득체계의 개선을 위한 개혁과제를 중시한다. 또한 방위산업을 기술품질 중심, 수출기반 체제로 전환하여 국내, 국제 경쟁력을 제고하고자 한다.

표 Ⅰ-2ㅣ국방개혁 2.0의 국방운영, 병영문화, 방위사업 분야 개혁 추진방향

분 야	현재의 모습	개혁 추진방향
국방운영 분야	• 군인 중심 국방운영 • 합참 및 국직/합동부대 특정군 중심 운영 • 여성/예비전력 활용 제한 • 폐쇄형 국방운영 • 군수지원 체제의 혁신 미흡	• 국방부 문민화, 민간·군무원 활용 적극 강화 • 합참 및 국직/합동부대 3군 균형 편성 • 여성/예비전력 활용확대 및 내실화 • 개방형 국방운영 • 4차 산업혁명 기술적용, 군수지원 체제 역량 확대 및 효율화
	※ 목표: 군인은 작전·전투부대에, 민간인은 군수·행정·교육부대에	
병영문화 분야	• 권위주의 병영문화 • 장병 기본권/인권 소홀 • 국민요구와 사회발전에 부응하지 못한 군 복무여건 • 전투준비 이외의 업무 과다	• 선진 민주화된 병영문화 • 장병 기본권/인권 중시 • 군 복무여건 획기적 개선 • 교육훈련, 전투준비에 전념할 수 있는 여건보장
	※ 목표: 이병부터 대장까지 동등한 인격의 군인신분 인식 정착	
방위사업 분야	• 방위사업 비리의 부정적 영향 • 방위사업체계의 비효율성·비전문성·불투명성 잔존 • 군 중심 국방연구 개발 • 내수형 방위산업	• 방위사업의 투명성, 신뢰성 확보 • 방위사업체계의 효율성·전문성·투명성 강화 • 민군 융합형 국방연구개발 • 내수형＋수출형 방위산업
	※ 목표: 국가 미래 먹거리 중심 산업으로 방위산업 육성	

<표 I-3>은 국방개혁 2.0에서 설정하고 있는 과제 목록으로 4개 분야 16개 대과제와 42개 소과제로 구성되어 있다. 문재인 정부 기간 동안 이들 과제를 연도별로 추진하여 완료하기 위한 구체적인 일정표를 마련하고 있다. 그러나 국방개혁 2.0은 중장기적으로 우리가 달성해야 할 목표와 방향을 포함하고 있기 때문에 많은 과제들은 문재인 정부 이후에도 지속적인 추진이 필요하다. 우리는 1990년대 이후 국방개혁을 중단없이 지속적으로 추진하였다. 비록 추진 개념과 생각에는 일부 차이가 있었지만 우리 국방이 국익을 보호하고 국가발전을 지원하기 위해 요구되는 군사력의 현대화, 국방 운영의 효율화를 달성하고, 독자적인 방위력을 구축하기 위한 목표와 방향에는 차이가 없었다. 국방개혁 2.0은 새로운 안보여건과 도전에 능동적으로 부응할 수 있는 정책을 제시하고 추진토록 하였다. 이를 통해 국방의 선진화를 달성하고, 튼튼한 국방태세를 완비하고자 한다.

표 I-3 | 국방개혁 2.0 과제 목록

분 야	대과제	소과제
군구조 (12)	① 핵·WMD 대응체계 발전 및 미래합동작전 개념 정립	1. 핵·WMD 대응체계 발전
		2. 미래합동작전개념 정립
	② 작전개념 구현을 위한 부대구조 개편	3. 입체기동부대 창설
		4. 각 군 부대구조 개편
		5. 국직/합동부대 개편
	③ 개념과 소요에 기반한 전력구조 개편	6. 미래합동작전개념 소요전력 확보
		7. 군구조 개편 필수전력 확보
	④ 한국군 주도의 연합·합동 지휘구조 개편	8. 미래 지휘구조 발전과 연계한 합참 개편
		9. 전략사령부 창설 검토
		10. 전작권 전환과 연계한 연합군사령부 창설
	⑤ 병역자원 및 부대구조를 고려한 병력구조 개편	11. 상비병력 50만 명으로 감축
		12. 국방인력구조 재설계

국방 운영 (11)	⑥ 문민통제 확립	13. 국방문민화 실질적 추진
		14. 군의 정치적 중립 보장을 위한 제도·의식 개선
	⑦ 군구조 개편과 연계한 국방인력운영체계 개선	15. 병 복무기간 단축
		16. 여군 비중 확대 및 근무여건 보장
		17. 장군정원 조정 및 계급 적정화
		18. 합동성 강화 및 군 전문인력 양성·운영 여건 보장
	⑧ 전쟁수행 기반능력의 체계적 발전	19. 예비전력 내실화
		20. 첨단 ICT 기반의 군사력 운용능력 및 사이버안보역 량 강화
		21. 국방환경 변화를 선도하는 군수개혁
	⑨ 국민에게 신뢰받는 투명하고 청렴한 국방 운영	22. 투명성·청렴성 제고를 위한 개방형 국방운영
		23. 지역사회와 상생하는 군사시설 조성
병영 문화 (9)	⑩ 장병 인권보호 강화	24. 군 의문사 진상규명 및 근원적 해결을 위한 제도 개선
		25. 군 사법제도 개혁
		26. 인권존중의 군 문화 조성
	⑪ 장병 복지향상 및 복무여건 개선	27. 병 복무에 대한 합리적 보상
		28. 군내 불합리한 관행 및 부조리 척결
		29. 직업군인 주거지원제도 발전
		30. 제대군인 일자리 확보 및 취업지원 강화
		31. 군 의료시스템 개편
		32. 장병 사역임무 대체 근무지원 확대
방위 사업 (10)	⑫ 방위사업 투명성 제고	33. 군·산 유착 근절 및 비리예방대책 고도화
		34. 방위사업 비리 제재 실효성 강화 및 상·벌의 균형
	⑬ 효율적 국방획득 체계로 개선	35. 총 수명주기와 신속획득을 고려한 소요·계획·예산 관리
		36. 합리적 의사결정 및 협업체계 구축
	⑭ 전문역량 강화와 사업관리 유연성 확보	37. 국방획득 전문역량 강화
		38. 사업관리 유연성 확보
	⑮ 국방 R&D 역량 강화	39. 국방 R&D 기획 및 수행 체계 개선
		40. 국가 R&D 역량의 국방분야 활용 확대
	⑯ 방위산업 경쟁력 확보 및 산업구조 전환	41. 기술·품질 중심의 방산기업 경쟁력 강화
		42. 수출형 산업구조 전환 및 일자리 창출 지원

제3장
군구조 개혁 추진계획

제1절 군구조 개혁 추진방향

군구조 개혁은 우리 군을 강한 군, 정예군으로 혁신하기 위한 국방개혁 2.0의 가장 핵심적이고 중요한 과제이다. 우리 군은 1990년 대 이후 군구조 개혁을 추진하여 선진국형 군사력 모습을 만들기 위해 노력하였다. 그럼에도 불구하고 아직 선진국형 군구조의 모습과는 많은 차이가 있다. 우리의 군사능력 발전이 군구조 개혁을 위한 모습을 뒷받침하지 못하였던 문제점, 군구조 변혁을 이끌 수 있는 지도력의 의지와 열정이 미흡한 측면 등 다양한 이유가 있다. 오늘 우리는 군구조 개혁에 대한 요구의 목소리를 다시 듣고 있다. 북한을 포함한 안보여건의 변화와 군사과학기술의 획기적 발전 등은 우리가 미래 전장에서 승리를 달성하기 위해 군의 모습을 혁신적으로 변화시킬 것을 필요로 한다.

우리 군은 다양한 안보위협을 사전에 효과적으로 예방 및 억제하고, 만약 이러한 억제노력이 실패하고 전쟁이 발생할 경우, 최단기간에 최소의 희생으로 전승을 달성할 수 있는 군사력을 갖추어야 한다. 현재 북한은 핵을 포함한 대량살상무기를 기반으로 한 전략을 추구하고 있는데, 이는 한미의 우세한 첨단 군사력에 대응하기 위해 비대칭적 재래식 군사력을 갖추고자 하는 것이다. 주변국인 중국은 중국 특색의 군사혁신을 오랫동안 추진하고 있으며, 일본도 지역 내 최강의 질적능력을 갖춘 방위능력을 갖추고자 한다. 우리는 우선 독자적 억제력과 미국의 확장억제 보장 체제를 기반으로 전방위 위협을 적극 예방 및 억제할 수 있어야 한다. 강한 군, 정예군 건설을 위한 군사적 혁신노력은 이제 속도를 중시하여 안보적 요구에 적시에 대응할 수 있도록 해야 한다.

그렇다면 미래 한국군 군구조를 구성하는 지휘구조, 부대구조, 병력구조, 전력구조는 어떠한 모습을 가져야 하며, 어떻게 추진해야 하는가? 이는 앞 장의 <표 I-1>, <표 I-2>에서 보여주듯이 다음과 같은 혁신적 변화와 발전을 필요로 한다. 지휘구조의 개혁 추진방향은 다음과 같다. 현재 한국군의 지휘구조는 미군 주도, 한국군 지원의 모습을 갖고 있다. 우리는 전작권 전환을 통해서 한국군 주도, 미군지원의 형태로 이를 변화시키되 연합작전을 효과적으로 수행할 수 있도록 강화해야 한다. 현재의 지상군 위주 및 해·공군 지원 방식의 작전에서 3군이 균형을 이루어 임무에 적합한 효과중심의 합동작전을 수행할 수 있도록 발전시켜야 한다.

　　또한, 지휘구조는 군사력 운용의 기본인 기동과 화력의 효과와 이점을 최대한 활용할 수 있도록 발전되어야 한다. 현재 우리 군은 남북 간 군사분계선인 북방한계선(NLL: Northern Limit Line)과 비무장지대(DMZ: Demilitarized Zone)를 중심으로 한 북한위협 대응 방어작전 중심의 구조, 전통적인 방식의 수직적·다층적 지휘구조를 갖고 있다. 미래의 우리군 지휘구조는 입체기동작전을 효과적으로 수행하고, 속도를 중시하는 병렬형·단순화 지휘구조로 발전해야 한다. 우리의 새로운 군사능력은 군사분계선에서 수행하는 평시 경계작전 방식을 확장하여 수행하는 선형적 작전보다는 우리가 갖출 7차원 작전공간의 전투력을 최대한 활용하여 위협의 중심에 대한 직접적인 작전을 수행하는 비선형적, 입체적 기동작전을 신속히 수행할 수 있는 지휘구조 체제를 갖추어야 한다. 정밀타격 능력 및 항공기를 활용한 수직기동능력은 이러한 새로운 방식의 작전을 수행할 수 있는 여건을 보장할 것이며, 우리의 지휘구조는 이를 뒷받침할 수 있어야 한다. 이러한 새로운 작전방식은 속도중시의 보다 수평적인 병렬형 지휘구조, 그리고 지휘체계를 보다 단순화하여 의사결정과 행동의 속도를 배가시킬 수 있는 구조로 변화를 필요로 한다.

　　특히, 전작권 전환은 우리 군의 사고와 전략 및 작전개념, 능력, 업무수행 방식의 패러다임을 전환시키는 중요한 변곡점이 될 것이다. 전작권 전환시 연합지휘체계는 기존 연합사를 그대로 존속시키되, 한국군 4성 장군이 연합사령관이 되고, 미군 4성 장군이 연합사 부사령관과 유엔군사령관 직책을 겸임하는 것으로 바뀐다. 한미가 하나의 지휘체계 내에서 전장상황을 신속히 판단하고, 작전

수행을 결심하여 지휘하는 구조이다. 연합사 지휘부는 용산 미군기지에서 국방부 영내로 이전하여 지금의 국방부 건물을 중심으로 합참-국방부-연합사가 어깨를 맞대고(shoulder to shoulder) 근무할 수 있도록 계획하였다.

부대구조는 지휘구조 및 우리의 새로운 군사능력에 적합하도록 발전이 필요하다. 무엇보다 화력과 기동성을 효과적으로 활용할 수 있는 새로운 작전수행개념을 이행하고 과학기술능력을 접목시킬 수 있어야 한다. 현재 우리 군은 그동안 많은 발전에도 불구하고 보병위주, 행군형 부대구조를 여전히 유지하고 있다. 우리는 이러한 부대구조를 7차원 전장공간 통합작전을 수행하고, 신속·기동·공정 작전 능력을 갖춘 모습으로 발전시켜야 한다. 특히, 전통적인 형태의 고강도 전쟁위협이 낮아지고, 보다 다양한 형태의 전쟁수행 방식이 발전됨에 따라 새로운 형태로의 부대구조 발전은 보다 중요해지고 있다. 우리는 현재 한반도 위주의 군사작전을 수행하고 주로 평화유지작전(PKO)을 수행하는 부분적인 국제적 임무수행 능력 구조를 갖고 있다. 향후 우리는 한반도를 포함하면서도 주변 해역에서 기동 및 상륙작전을 수행하고, 국제적 평화작전을 보다 확대할 수 있는 구조로 발전을 이루어야 한다. 또한 현재 우리 군은 주로 전술항공작전 임무중심의 부대구조를 갖고 있다. 미래에는 이러한 전술항공작전 임무뿐만 아니라 종심타격 등 임무를 수행할 수 있는 전략공군, 우주작전을 수행할 수 있는 부대구조로 발전시켜야 한다.

병력구조 개혁은 우리 국방이 현재 가장 큰 도전을 받고 있는 영역이다. 우리 국방은 대규모 인력중심, 전문성이 미흡한 병력구조를 갖고 있다. 우리는 이를 인구절감 대응 및 첨단전력 확보라는 안보적 요구에 부응할 수 있는 구조로 발전시켜야 한다. 즉, 병력절감형 구조, 전문성을 갖춘 질적능력 구조로 변혁시켜야 한다. 현재 우리 군의 특성인 군복 입은 군인이 군 전체를 운영하는 구조를, 군복 입은 군인은 전투부대 중심으로 근무하고, 비전투 분야에서는 민간인 중심으로 조직을 운용하는 병력구조로의 발전이 필요하다. 나아가 현재의 수직형 피라미드 형 인력구조를 제한적인 항아리형 인력구조로 개선해야 한다. 군의 전문성이 보다 요구됨에 따라 이에 필요한 병력을 유지하기 위해서는 장병들이 직업적인 전문성을 갖고 임무에 임할 수 있는 인력구조가 요구된다. 그러나 급격한 간부증원은 병력구조의 왜곡을 심화시키고 국방운영의 비효율을 증폭시킬 수 있다. 따라서 여건에 맞도록 인력구조를 변화시키는 제한적 항아리형 인력구조로 발전이 중요하다.

전력구조 개혁은 우리 군의 장비와 무기체계 현대화를 달성하고 정예 강군을 건설하기 위한 핵심적인 변수이다. 합동작전 및 7차원 통합작전 능력의 발전 등 새로운 전장여건의 변화에도 불구하고 우리 육군은 아직도 보병·포병·기갑 중심의 전통적 전력구조를 갖고 있다. 우리는 이러한 전통적 전력을 필요한 수준 유지하면서도 유무인 항공기, 미사일 등 신형 기술전력과 균형을 갖추도록 능력을 발전시켜야 한다. 특히, 보병의 경우도 육군에서 추진하고 있는 드론봇·워리어 플랫폼과 같은 새로운 형태의 보병으로 혁신이 필요하다.

해군은 대북위주 및 연근해 중심의 작전능력에서 연근해뿐만 아니라 원해작전, 입체적 작전수행을 위한 균형 잡힌 전력을 갖추도록 발전되어야 한다. 공군은 전술임무 및 기본임무 중심의 전력구조에서 전략공군 임무와 우주작전 수행 능력도 동시에 갖출 수 있도록 발전이 되어야 한다.

비군사적·초국가적 위협에 대한 대응능력의 지속적인 발전도 중요하다. 동원 체제는 현재의 전국민 및 장비·시설 동원 체제를 즉각적으로 동원하여 효과적으로 운용할 수 있는 상비예비군 및 상비 예비전력 중심의 동원체제로 발전을 추구한다. 이를 위해서는 상비예비군 전력을 정예화 시키기 위한 제도적 조치와 대폭적인 예산 증액이 필요하다.

"평화는 우리의 힘이 바탕이 될 때 지속될 수 있다는 사실을 잊어서는 안 될 것입니다. 이제 우리 군이 한반도 평화의 맨 앞자리에 서야 할 때입니다."

(2018.10.1. 제70주년 국군의 날 기념식)

"국방개혁 2.0의 비전과 목표는 명확합니다. 전방위적 위협에 대응할 수 있는 강한 군대, 국민에게 신뢰받는 국민의 군대로 거듭나는 것입니다."

(2018.7.27. 전군주요지휘관 회의)

※ 제2절 내용은 대부분 기밀사항이므로 공개된 사항만 기술하였음을 참고 바랍니다.

1. 핵·대량살상무기(WMD) 대응체계 발전(개혁과제 01-42)

우리는 국가전략으로 북한 비핵화를 우선적으로 추진하여 한반도에 안정과 평화를 달성하고자 한다. 그러나 군사적으로는 북한의 핵·대량살상무기체계에 대한 억제능력을 갖추어 북한의 위협을 억제하고 국민들의 안보적 불안감을 해소하며 군사적 안정을 유지해야 한다. 북한 핵·대량살상무기 위협이 해소될 때까지는 이중적 접근이 필요하다. 북한 핵·대량살상무기 위협은 한국의 군사적 능력뿐만 아니라 미국의 맞춤형 억제전략[14]을 기본으로 한 확장억제 보장에 기반을 두고 있다.

우리는 그동안 북한의 핵·미사일 위협에 대비한 대응능력을 확보하기 위해 한국형 3축체계(Kill Chain, KAMD, KMPR)[15]를 발전시켰다. 고도화되고 현실화되고 있는 북한 핵·미사일 위협에 대비하여 한국형 3축체계 개념을 발전시켰다. 우리

---

14 맞춤형 억제전략은 북한 지도부 특성과 핵·WMD 특성 등을 고려, 한반도 상황에 맞도록 최적화한 한미 공동의 억제 및 대응전략이다.

15 Kill Chain은 적의 미사일 위협을 실시간에 탐지하여 표적 위치를 식별하고 효과적으로 파괴할 수 있는 타격수단을 결심한 후 타격하는 일련의 공격체계이며, KAMD(한국형 미사일 방어체계: Korea Air & Missile Defense)는 적의 미사일을 공중에서 요격하기 위한 체계이다. KMPR(한국형 대량응징보복체계: Korea Massive Punishment & Retaliation)은 적의 미사일 공격을 응징하기 위한 능력이다.

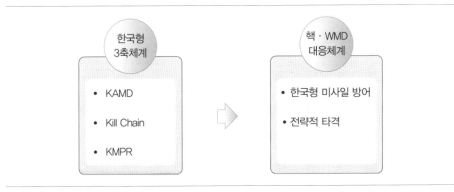

는 이를 <그림 I-3>에서 보는 바와 같이 북한의 핵·미사일 위협에 대비할 뿐만 아니라, 전작권 전환과 미래의 전방위 위협을 포함하는 다양한 위협에 대응하는 능동적이고 탄력적인 대응체계로 수정하여 추진토록 하고 있다.

한국형 미사일 방어체계는 <그림 I-4>에서 보는 바와 같이 미사일 및 장사정포 요격을 위한 광역다층방어체계로 발전시키고자 한다. 현재는 수도권 핵심시설 및 주요 비행기지 방어가 가능한 대응체계이다. 이를 우리는 전방위 위협에 대비가 가능하도록 방어가능 지역을 확대한다. 요격능력 향상으로 다층방어

그림 Ⅰ-4 | 한국형 미사일 방어체계 발전방향

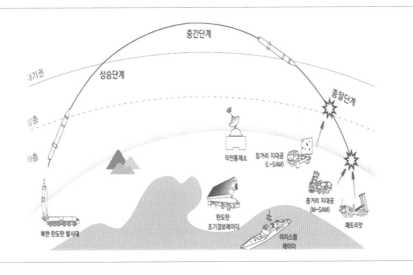

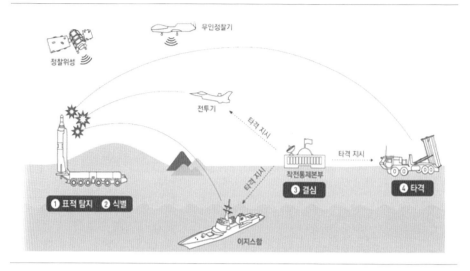

능력을 구비토록 한다. 또한, 미국의 7함대 이지스함 등과 북한의 핵·미사일에 관련된 정보 교환을 통해서 상호운용성을 강화하도록 하고 있다. 이를 통해 전방위 위협에 대응이 가능한 탐지, 요격, 지휘통제 능력을 확충 중이다.

전략적 타격은 탄도미사일 작전구역 내 이동식 발사대 등 주요표적을 신속하게 탐지 및 식별하여 적시에 타격하고자 하는 것이다. 적의 비대칭 위협에 대한 억제 및 대응을 위해 거부적 억제와 응징적 억제를 통합하여 구현토록 한다. 이는 기존의 Kill Chain 체계와 대량응징보복(KMPR) 체계를 포괄하는 개념이다. 우리 군은 원거리 감시능력과 정밀타격 기반 전력을 확충 중이다.

핵·대량살상무기 대응체계 발전 과제는 북한의 비핵화 추진 등 변화된 안보 상황을 고려하여 추진할 필요가 있다. 즉, 북한의 핵·대량살상무기(WMD) 대응 체계발전은 안보상황 변화에 따라 정책 집행의 융통성을 부여하기 위해 Two-Track 전략으로 대응한다. 북한의 비핵화 이행이 가시화될 때까지 기존의 한국형 3축 체계의 주요전력 구축은 기존대로 정상적으로 추진이 필요하고, 만약 북한 비핵화가 정상적으로 추진되면 비핵화 단계별 위협 축소변화에 부합하는 핵·대량살상무기 대응 개념으로 변화시킬 수 있도록 해야 한다.

2. 미래합동작전개념 정립(개혁과제 02-42)

본 과제는 미래합동작전개념 정립 과제로서 북한, 잠재적 및 비군사 위협 등 다양한 안보위협에 효과적으로 대응할 수 있는 작전수행개념을 정립하여 국방개혁 2.0의 기초와 논리적 근거를 제시한다.

국방개혁 2.0의 근본적인 목적은 싸워서 이기는 군대를 만들기 위함이다. 따라서 먼저 어떻게 싸울 것인가에 대한 작전개념을 정립하고 이를 지원하고 보장하기 위한 지휘구조, 부대구조 및 전력구조를 갖추어야 한다. 즉, 우리의 미래합동작전개념은 우리의 작전수행방식뿐만 아니라 군사능력 발전을 위한 방향을 제시토록 한다. 따라서 새로운 안보환경과 전장환경, 그리고 과학기술을 반영한 미래합동작전개념의 정립은 무엇보다도 중요하다.

우리의 합동작전 개념은 '최소의 희생으로 최단기간 내에 전승을 달성'하기 위한 방식을 추구한다. 현대전의 개념은 네트워크 중심전, 비선형전, 중심 마비전, 효과중심전, 병렬전, 비대칭전 등의 개념을 자국의 여건에 적합하게 수용하여 발전시키고 있다. 미군은 1991년 걸프전에서 공지기동전투(Air-Land Battle), 1999년 코소보전에서 공중 미사일 정밀타격작전, 2001년 아프간전에서 지상 및 공중전력을 결합한 네트워크전과 특수전, 그리고 2003년 이라크전에서 신속결정적 작전과 효과중심전의 방식으로 전쟁을 수행하였다.

정보통신능력과 정밀타격능력을 통합한 전쟁수행개념의 발전은 기존의 전선을 중심으로 한 선형적 작전개념의 패러다임을 바꾸었다. 과거에는 상상하지 못하였던 적의 중심과 핵심표적에 대한 실시간 직접적인 타격과 기동, 임무를 수행할 수 있는 개념과 작전능력이 발전되었다. 현재 각국은 7차원 전장공간인 지상, 수상, 수중, 공중, 사이버, 우주, 전자기 영역을 통합하여 활용하는 작전개념을 발전시키고 있다. 어느 한 영역에서의 우세한 능력을 활용하여 비대칭적인 작전적 우세를 점하고자 한다. 미군이 발전시키고 있는 다영역작전(Multi-Domain Operations), 치명성·기민성·유연성·기동성·회복성을 중시하는 작전개념은 이를 잘 말해준다.

우리의 미래합동작전개념은 위협을 예방 및 억제하기 위한 최대한의 노력이 실패하였을 경우에 우리 군이 '최단 시간 내에 최소한의 희생'으로 전쟁을 종결시킬 수 있도록 방향을 정립하였다. 우리는 억제전략에 의해서 최대한 위협을 억제하고 국지전 등에서 확전을 방지하고 억제체제를 유지하고자 한다. 북한의 핵·대량살상무기 능력은 전쟁의 각 단계에서도 우리가 억제를 중시해야 한다는 사실을 말해준다.

그러나 우리의 억제노력이 실패할 경우, 상대의 전쟁수행의지와 능력을 최단 시간 내에 마비 및 무력화시키고, 전승을 달성하며 전쟁을 종결시킬 수 있도록 작전을 수행해야 한다. 이를 위해서 정보능력, 화력과 기동력을 최대한 활용하여 적의 중심에 대한 직접적인 작전을 수행할 수 있도록 한다. 7차원 통합전력을 최대한 활용하여 우리의 비대칭적인 우세를 적극 활용하고 속도와 효과를 기반으로 한 작전을 수행할 수 있는 방안을 추구한다. 우선 적의 중심을 마비 및 무력화시키기 위한 작전을 집중적으로 수행하고, 이에 뒤이은 중심에 대한 속도에 기반을 둔 전격적인 기동강습 작전을 수행하기 위한 방안을 중시한다. 또한 7차원 통합작전 수행을 위해 각 전장영역에서의 고유의 임무능력을 발전시키고 적극 활용한다.

3. 입체기동부대 창설(개혁과제 03-42)

본 과제는 미래 합동작전개념을 뒷받침할 수 있는 군사능력을 실제로 구축하기 위한 방안이다. 이는 우리의 군사력이 지상, 해상, 공중으로 기동하여 작전을 수행하는 입체기동작전 부대를 편성하기 위한 과제이다. 즉, 새로운 작전수행 개념에 따라 각각의 부대는 신속하게 목표지역으로 기동하여 부여된 임무를 수행할 수 있도록 장비와 무기체계를 전력화하고 이와 연계한 부대구조를 발전시킨다. 독일은 1, 2차 세계대전에서 기동부대 및 기동작전을 중심으로 한 작전술을 통해서 프랑스 및 러시아 군을 지상전투에서 효과적으로 패배시켰다. 또한, 미군의 이라크전은 기동부대의 작전적 효과를 잘 설명해 준다.

입체기동부대는 공중·지상·해상으로 신속하게 기동 할 수 있는 부대를 의미한다. 우리의 입체기동부대는 화력과 기동력, 전자기 및 사이버 능력을 효과적으로 활용한 작전을 수행할 수 있도록 한다. 해군과 공군은 이미 기동성을 기반으로 작전을 수행할 수 있는 능력을 갖추고 있으며, 이를 발전시키고 있다. 이러한 능력을 보다 새로운 작전개념에 부합하도록 체계적으로 지속 발전시키도록 한다. 반면에 지상군의 기동작전능력은 아직도 매우 미흡하다. 지상군의 기동성을 향상시키기 위해서는 지상군의 공정부대 및 기동부대화를 위한 노력을 중점적으로 추진한다. 이러한 새로운 능력과 부대구조로 조직된 입체기동부대는 적의 종심지역으로 신속하게 기동하여 임무를 완벽히 수행할 수 있도록 보장한다. 또한 입체기동부대는 우리가 국가 위상에 걸맞은 국제적 임무 수행에 필요한 능력도 구비할 수 있도록 해야 한다.

특히, 공정부대는 특전사를 발전시켜 헬기 등의 수단을 이용하여 공중으로 기동할 수 있는 능력을 갖추도록 한다. 기동부대는 전차나 장갑차 등 기계화된 수단을 활용하여 신속히 기동하여 주어진 임무를 수행해야 한다. 상륙부대는 해상을 통해서 상륙작전을 실시하여 해안 및 지상 목표지역 어느 장소라도 신속한 상륙작전을 수행할 수 있도록 한다. 바다에서 지상 목적지로 직접 공중 기동하여 신속히 임무를 수행할 수 있는 능력은 삼면이 바다로 둘러싸인 한반도 전장 특성상 매우 유리한 이점을 제공한다. 입체기동부대, 상륙부대는 지상군이 속도의 작전, 중심에 대한 효과중심의 작전을 수행할 수 있는 기반을 제공한다.

4. 각 군 부대구조 개편(개혁과제 04-42)

본 과제는 미래합동작전개념 구현과 전방위 다양한 위협에 신속대응이 가능하도록 각 군의 부대구조를 최적화하기 위한 과제이다. 또한 상비병력 감축과 연계하여, 4차 산업혁명 기술에 기반한 미래 지향적 병력절감형 부대구조를 발전시켜야 한다.

현재의 육군 부대구조는 축차적 방어선을 형성하여 공세로 전환하는 작전 개념을 지원하기 위한 구조이다. 또한 1개 부대가 많은 전투기능을 보유하고 있어, 전장에서 신속한 기동능력이 제한되었다. 이렇게 많은 전투기능이 요구되는 임무 특성상 부대는 규모가 커지고 많은 인력을 필요로 하는 부대구조로 유지되었다.

해군은 한반도 해역에서 각종 성분작전 위주로 발전시켜 왔고, 이에 더하여 해안방어, NLL 근해 경비, 대간첩 작전 등 한반도 해역에 적합한 규모로 발전해 왔다. 이는 미래 해양안보를 위해 요구되는 능력에 비추어 볼 때 매우 미흡한 수준의 부대구조이다.

공군은 공중 요격작전과 지상작전 근접지원 등 전술공군 임무 위주의 전력을 중심으로 발전해 왔다. 그러나 우리 공군은 원거리 종심타격과 같은 전략공군 임무, 미래의 새로운 전장공간인 우주전장에서의 임무 수행 능력은 부족하다.

새로운 작전개념을 구현하기 위해 적합한 부대구조 개편을 위한 접근법은 기존의 부대를 기반으로 능력을 보완하여 개편하는 것이다. 우리의 미래 새로운 합동작전 능력을 갖추기 위해서는 많은 시간과 노력이 필요하다. 따라서 부대구조 개편은 우리의 능력을 갖추기 위한 재정적 여건과 기술능력을 반영하여 혁신적 방안을 강구토록 한다.

육군의 부대구조는 기존의 기동군단을 보다 신속하고 유연하게 기동작전을 수행할 수 있는 부대로 개편한다. 우선 육군은 DMZ 위주로 배치된 경계임무의 부대들은 효율적이고 과학적인 장비로 편제하여 기본 임무에 빈틈이 없도록 보강한다. 반면에 기갑, 포병을 포함한 기동부대는 실제 능력을 발휘하도록 기동부대화, 기계화할 수 있도록 발전시킨다. 육군 항공부대는 부분적인 지상 이동이나 지상전 지원 임무에서 탈피하여 합동전장에서 주역을 담당할 수 있도록 대폭 확대하고 보강한다. 유도탄 부대는 종심타격 임무 등을 수행하기 위한 핵심적인 전략타격 부대로 발전시키고, 핵·대량살상무기 위협을 고려하여 한국의 핵심적인 전쟁억제 전력으로 발전시킨다. 이를 위해 필요한 유도탄 전력과 병력을 집중적으로 증편토록 한다. 육군 모든 제대들은 드론봇 전투체계 등 4차산업 혁명 기술을 적용하여 병력을 절감하는 방향으로 부대를 개편한다.

　해군은 기존에 유지되어왔던 연근해 해역 방어 임무 부대는 중·소형함 위주로 부대를 편성하되 현대화된 장비체제를 갖추도록 한다. 잠재적 위협에 대응하고 국제적 임무를 수행하기 위한 부대는 장기간 독자적인 해상작전을 수행할 수 있는 첨단 중·대형함정과 이를 지원하기 위한 대형 지원함정으로 편성하고 능력을 발전시키도록 한다. 첨단 장비가 이용된 비군사적 위협에 대응하기 위한 부대구조도 함께 발전시킨다.

　해병대는 기존 능력에 대비하여 기동, 화력, 정보 기능이 보강된 부대체제로 개편한다. 즉, 기존 상륙사단의 상륙능력을 보강하고, 예하의 연대는 기동, 화력, 정보 기능이 보강된 여단급의 상륙부대 형태로 개편되어야 한다.

　공군은 기존의 공중전투사령부를 중심으로 한 전구내 공중작전과 기동, 정찰, 우주력 강화 등 전방위 포괄적 공중위협에 대응하는 부대로 구분한다. 즉, 기존 한반도 전구 내 공중전투와 대공방어 임무를 중심으로 하는 부대와 정보 수집 정찰, 무인타격, 전구작전 지원 및 우주력 역량강화를 위한 부대들로 개편한다.

5. 국직/합동부대 개편(개혁과제 05-42)

　본 과제는 기존의 국방부 직할 부대(이하 국직부대)와 합동부대를 개편하기 위한 과제이다. 현대사회의 자율형, 전문형 조직발전과 문민통제의 원칙, 3군 균형발전을 고려하여, 장관의 지휘감독 범위를 초과하는 국직/합동부대를 임무수행의 효과성, 조직 및 예산의 효율성 등을 고려하여 개편한다. 특히 그동안 여러 가지 문제점이 제기된 국군 기무사령부의 개편도 조속히 단행한다.

　국직부대/합동부대 개편은 군정과 군령의 효율적인 구분을 기본 원칙으로 한다. 각 군의 참모총장은 합참의장과 동격이다. 그러나 합참의장은 군사력의 운용에 중점을 둔 군령의 임무가 주로 부여된 반면에 각 군의 참모총장은 인사, 군수 등의 군정 임무를 수행하게 되어 있다. 그런데 군령, 군정부대를 막론하고 27개 국직, 합동부대들이 국방부, 합참 예하에 편제되어 있어, 각군 및 합참의 고유 업무를 국방부에서 간섭 또는 통제하고 있다. 따라서 지휘공백이 발생하여 책임소재도 확실하지 않고 업무 분장도 분명하지 않아 소신껏 능력을 발휘하는 조직으로 탈바꿈 되어야 한다.

　이에 더하여 군복 입은 군인은 전투부대 위주로 운영하고, 비전투분야에 대해서는 민간 인력을 적극 활용해야 한다. 국직부대는 대부분 행정, 교육, 지원 분야의 비전투부대이나, 현역 중심으로 편성되어 전투부대 위주의 인력 운영에 역행하고 있다. 공무원, 군무원 등 민간인력 활용을 확대하고 책임운영을 강화해 자율적인 조직 운영을 보장한 가운데 조직 및 예산 효율화를 달성해야 한다. 특히 대표적인 사례로 국군 기무사령부는 그동안 장관의 직할부대로서 존재하였다. 그러나 그동안 기무사령부의 업무가 군의 위계질서를 문란케 하고, 민간인을 사찰하는 등 정치에 개입하여 문제점이 많았다. 이를 시정하기 위해서 국군 기무사령부의 개편은 필수적이다.

　국방부 직할 부대 중에 반드시 필요하다고 판단되는 부대는 최적의 조직으로 국직부대를 유지하되, 장관의 직접적인 지휘감독을 강화하는 방향으로 개편한다. 또한, 부대의 책임운영을 강화하고 민간 인력을 적극 활용하기 위해 군 책임운영기관으로 전환하여 조직과 예산의 효율화를 추구한다. 국직부대들은 유사한 성격의 부대끼리 통합하고, 불필요한 행정지원조직을 삭감하여 조직을 효율적으로 개편한다. 각 군 참모총장의 군정 임무에 해당되는 일부 부대는 각 군으로 전환하는 군별 전문성과 특성을 강화한다. 국군기무사령부는 장관이 직접 지휘하는 군사안보지원사령부로 개편한다.

6. 미래 합동작전개념 소요전력 확보·군구조 개편 필수전력 확보 (개혁과제 06/07-42)

본 과제는 새로운 미래합동작전개념 수행을 위한 능력을 확보하고, 전시작전통제권 전환 등 변화되는 안보환경에 부합하는 우리군 능력을 확보하기 위한 과제이다. 따라서 병력 및 부대감소 등 군구조 개편과 연계하여 유무인 복합무기체계 등 기술 집약형 첨단 전력을 확보한다.

현재 및 미래의 안보상황 변화에 따라 우리군이 확보해야할 전력은 크게 다음과 같다. 먼저 현존하는 핵·WMD 위협에 대비한 능력보강이다. 이는 기존의 3축제계의 능력을 더욱 보강해야한다. 특히 한국형 미사일 방어체계(KAMD)를 강화해야 한다. 두 번째는 전작권 전환을 위해 우리군이 필요한 능력을 확보해야 한다. 전작권 전환을 위해서 우리군이 확보할 수 있는 능력은 완벽히 확보하고, 시간, 예산 및 과학기술의 제한으로 충분히 확보가 어려운 부분은 동맹의 능력을 활용해야 할 것이다.

세 번째로는 새로운 합동작전수행개념의 실현을 위해 필요한 전력들이다. 새로운 작전개념의 수행을 위한 전력은 지상분야는 상대의 종심지역으로 신속하게 기동하여 타격하는 능력이다. 해상분야는 장기간 원거리에서 융통성 있게 다양한 위협에 대응할 수 있는 능력이고, 공중분야는 정밀 타격능력과 우주분야 등의 능력이 필요하다.

이를 실행하기 위해 방위력 개선비는 총 94.1조 원의 예산 소요를 계획하였다. 방위력개선비 증가율은 2019~2023년 간 연평균 10.8%로 국방비 전체 증가율 7.7%를 상회하고, 점유율은 2018년 현재 31%에서 2022년은 36%로 증가시키도록 계획하였다. 또한 우리는 미래 첨단 군사과학기술 연구 개발 및 확보를 위한 예산을 대폭 증액하여 미래의 기술전쟁에 대비토록 하였다.

7. 미래 지휘구조 발전과 연계한 합참 개편(개혁과제 08-42)

본 과제는 미래 지휘구조 발전과 연계하여 전방위 안보위협에 대응하는 작전 수행능력을 강화할 수 있도록 합참의 개편을 추진하기 위한 과제이다.

합참은 우리군의 작전을 직접 지휘하는 최고 기관으로 군사력 운용의 핵심조직이다. 1963년 합참이 창설된 이후에 1990년 8.18계획에 따라 현재의 합동군제를 유지하고 있다. 그러나 전작권 전환과 동북아 안보정세 변화 등 새로운 안보환경은 합참의 새로운 변화를 요구하고 있다.

합참은 상부 지휘구조 발전, 전시작전통제권 전환, 연합군사령부 지휘관 변경 등 미래 지휘구조와 연계하여 개편이 필요하다. 미래 작전환경을 고려하여 한반도 전구의 모든 작전요소를 통합하여 운용할 수 있는 지휘조직의 개편이 요구된다. 또한 전시작전통제권 전환에 대비하여 전쟁기획 및 수행능력 배양을 위해 현행작전과 장차작전 기능의 편성을 최적화하여야 한다. 부가하여 합참의 주요 임무 및 기능수행을 고려하여 통합방위 기능을 보강하고, 합참 및 각 군간 중복된 기능의 조정이 필요하다. 이러한 모든 필요를 고려할 때 현재의 합참 작전기능을 강화해야 한다. 즉, 기존의 합참 작전 본부를 두 개로 증편하여 다양한 작전적 필요에 대응해야 한다.

국방개혁 2.0은 합참의 작전기능을 평시 및 전시로 구분하여 편성하고 강화한다. 즉, 기존 작전본부는 국지도발 대응, 통합방위, 연합연습 등 평시 작전 및 훈련을 위주로 담당한다. 이에 비하여 추가된 작전본부는 입체기동작전, 전시 항공작전 등 전시 작전기획 및 시행을 중점적으로 수행한다.

8. 전략사령부 창설 검토(개혁과제 09-42)

본 과제는 북한의 핵·대량살상무기(WMD) 위협에 대비하여 전략자산을 통합적이고 체계적으로 관리하고 운용할 수 있는 지휘조직인 전략사령부 창설을 검토하기 위함이다.

북한의 5차 핵실험(2016년 9월 9일) 이후 NSC 상임위에서 북한 핵·미사일 대응 전담조직 편성을 논의(2016년 9월)하였다. 이에 따라 합참은 핵·WMD대응센터를 편성(2017년 1월)하여 북한의 핵·WMD 위협에 대한 대응개념을 발전시키고, 국방부는 정책실 내에 '대북정책관실'을 새롭게 편성하여 북한 핵·WMD 위협을 평가하고 미국과 협력 업무를 수행하고 있다. 추가하여 정부는 북한 핵·WMD 위협에 대응할 수 있도록 '북핵 등 비대칭 위협 대응능력 강화'를 위해 '전략사령부 창설 검토'를 국정과제로 선정하여 국방개혁 2.0에 과제화 하였다.

이에 대한 심층적인 검토결과 별도의 전략사령부를 창설 할 경우에는 과도한 지휘부대가 중첩될 것이 우려되었다. 따라서 합동참모본부의 기존 작전본부에 추가로 작전본부를 신편하여 전략사령부 역할을 수행하는 방향으로 검토하여 대체토록 하였다.

9. 전작권 전환과 연계한 연합군사령부 이전(개혁과제 10-42)

본 과제는 전작권 전환 이후 한국군 사령관이 지휘하는 한미연합군사령부를 이전하기 위한 과제이다.

전작권 전환과 연계하여 연합군사령부(이하 연합사)의 이전 문제에 대해서는 역대정부에서도 지속적으로 검토되어 왔다. 특히 박근혜 정부는 용산에 위치한 연합사를 전작권 전환 전까지 존치하는 것으로 검토하였다. 지휘체계도 최초에는 한국국과 미군이 별도의 독립적인 지휘체계인 병립형 지휘체계로 추진하였으나, 이후 많은 논의를 거쳐 현재의 단일형 지휘체계로 변경하였다.

단일형 지휘체계는 기존 연합사의 모습을 그대로 유지하면서 단지 연합사령관은 한국군 4성 장군이 임무를 수행하고 부사령관은 미군 4성 장군이 맡는 것으로 바뀐 것이다. 하나의 지휘체계 내에서 한미가 공동으로 정확히 적의 상황을 평가하고 신속히 의사결정을 내릴 수 있을 것이다. 따라서 단일형 지휘체계는 신속하고, 효율적이며 따라서 작전의 안정성이 보장되리라 기대되었다.

장관으로 부임한 후 이러한 전작권 전환 이후 연합사령관에 한국군 4성 장군이 취임하는 것에 대비하여 한미 연합방위체계의 작전적 효율성을 제고시키는 방안으로 연합사의 국방부 영내 이전을 추진하였다. 미래 한미연합사의 지휘부를 국방부 영내로 이전하여 국방부를 중심으로 합참-국방부-연합사의 모습으로 한미 군간 어깨를 맞대고(Shoulder to Shoulder) 근무할 수 있도록 계획하였다.

현재까지 한국군의 국방부·합참과 연합사는 도로 하나를 사이에 두고 있었다. 그러나 작전 협조를 하기 위해서는 출장을 요청하고, 까다로운 보안절차를 거쳐서 상대방의 영문을 통과해야 했다. 즉, 신속하고 효율적인 공조체제에 제한이 되었다. 만약 전작권 전환이후 연합사가 국방부 영내로 이전하게 되면 언제라도 필요하면 즉시 얼굴을 맞대고 회의를 할 수 있을 것이다. 이러한 철학을 가지고 기본 방침을 정하고 전작권 전환이후 연합사의 국방부 영내 이전에 관해 미국 매티스 국방장관과 양해각서(MOU: Memorandum of Understanding)까지 체결하였다.

전작권 전환과 연계한 연합군사령부의 새로운 편성은 기존과 대비하여 크게 달라지지 않는다. 앞서 설명한 대로 다만 사령관과 부사령관이 한국군과 미군으로 교체되는 것만 달라진다. 그래서 참모조직은 수십년간 유지되고 숙달된 참모조직을 그대로 유지하고 활용하면 될 것이다. 연합사령부의 국방부 영내이전을 위해서는 이전에 필요한 사무실 공간을 검토하고, 특별히 연합사 지휘부가 필요한 지휘통제 시설이 갖추어져야 한다. 이를 위해서 기존 국방부 시설들의 활용성을 검토하고 필요한 지휘통제 시설에 대한 소요와 예산을 최소화해 반영 한다.

또한 연합사 이전시까지 용산의 미군이 이용한 Main Post와 South Post가 연결되지 않아서, 용산기지 공원화를 늦출 수밖에 없었다. 그러나 국방부 영내로 이전하는 것으로 결정되어서 용산 공원 조성을 신속히 착수할 수 있게 되었다.

10. 상비병력 50만 명으로 감축(개혁과제 11-42)

본 과제는 병력자원 수급 전망 등 가용병력 자원, 부대 개편계획 등과 연계하여 상비병력을 50만 명 수준으로 감축하기 위함이다.

미래 병력자원 수급 전망을 예측하기 위한 한국국방연구원(KIDA) 정책연구 결과에 따르면 상비병력 규모 50만 명, 복무기간을 18개월로 단축시, 2024년부터 연평균 1.1만 명이 부족할 것으로 예상된다. 이는 우리 사회의 저출산 및 급격한 노령화로 가용 병력자원 부족이 현실화 되고 있기 때문이다. 따라서 상비병력의 감축은 불가피 한 것으로 예상되고, 이에 부가하여 적정 병력자원을 확보하기 위해 전환복무 폐지와 대체복무 감축 등 다양한 노력이 필요하다.

우리군은 2022년 말까지 상비병력을 50만 명으로 변화시킨다. 육군은 2022년까지 11.8만 명을 감축하여 36.5만 명을 유지한다. 해군, 해병대, 공군은 정원의 변화 없이 부대개편을 추진한다. 추진계획으로는 육군의 부대개편 계획과 연계하여 단계적으로 병력을 감축하고, 4차 산업혁명에 기반한 드론봇 전투체계, 워리어 플랫폼 등을 적용한 병력절감형 부대구조를 검토한다. 상비병력 감축을 고려, 민간인력 확대 등 국방인력구조 재설계를 통해 병력 감축의 보완대책을 수립하고 시행한다.

표 Ⅰ-4 | 각 군별 병력 감축 계획

구 분	계	육군	해군(해병대)	공군
2017년 말	61.8만 명	48.3만 명	7만 명(2.9만)	6.5만 명
2022년 말	50만 명 (-11.8만)	36.5만 명 (-11.8만)	7만 명(2.9만)	6.5만 명

11. 국방인력구조 재설계(개혁과제 12-42)

　본 과제는 상비병력 감축, 병력수급 전망, 부대개편 계획 등을 고려하여 국방인력구조를 재설계하기 위함이다. 비전투분야는 전문성을 갖춘 민간인력을 증원하여 현역을 대체하고, 전투부대는 숙련된 간부를 충원하여 전투력을 보장하는 방향으로 재설계를 추진한다.

　우리 군의 인력구조는 현대전에 부합한 군사적·작전적 필요에 의해 개편이 요구되며, 동시에 인구 감소라는 사회적 여건으로 인해 개편이 불가피한 상황이다. 이를 구체적으로 살펴보면 다음과 같다.

　첫째, 빠르게 변화하고 있는 현대전의 양상을 고려할 때 군 인력구조 개편이 반드시 필요하다. 북한의 도발은 핵·미사일, 사이버전, 생물학전 등으로 계속 진화하고 있으며, 이제 '백만대군' 식의 병력집약형 군은 더 이상 중요하지 않게 되었다. 우리 군을 기술 집약형으로 재설계하면서 병력규모는 슬림화·효율화하고, 핵심전력을 확보하고 유지하는 데 보다 투자할 필요가 있다.

　둘째, IMF 이후 급격한 출생률 저하로 병역자원이 감소되기 때문에 군 인력구조 개편이 불가피하다. 우리는 20세 남성인구가 2020년 33만 명에서 2025년 22만 명으로 단기간에 급감하는 인구절벽을 목전에 두고 있다. 제한된 병역자원을 효율적으로 활용하여 군의 전투력을 유지할 수 있도록 군 인력구조를 서둘러 재설계해야 한다.

　현재 우리 군의 인력구조를 살펴보면 총 65만 명 중 군인이 약 62만 명이며, 군인의 5% 수준인 3만여 명을 군무원 또는 민간근로자로 활용하고 있다. 군인은 다시 장교·부사관 20만 명과 병사 42만 명으로 구분된다. 인력의 대부분이 군인으로 구성되어 있으며, 특히 지금까지는 풍부한 병역자원을 활용하여 군수·행정 같은 비전투 임무까지 군인이 직접 수행하여 왔다. 그러나 앞으로는 인력의 규모, 신분별 구성비와 임무 등 전반에 걸쳐 큰 폭의 변화가 있을 예정이다.

　우선, 군인의 규모가 대폭 축소된다. 앞서 살펴본 바와 같이 현대전 양상 및 병역자원 감소를 고려할 때 더 이상 많은 수의 병력(특히 병사)은 필요하지 않으며, 충원이 가능하지도 않다. 따라서 새로운 작전개념과 부대구조에 따라 현재 62만 명인 군인을 2022년까지 50만 명으로 감축할 계획이다. 또한, 군인의 규모가 축소됨에 따라 군인은 전투 직위에 배치하여 전투임무에 전념하도록 할 계획이다. 군수·행정·교육 등 비전투부대에서 근무하거나 또는 전투부대라 하더라도 행정·근무지원 등 임무를 수행하는 군인은 최대한 전투 직위로 전환한다. 비전투분야는 꼭 필요한 직위인지 재판단하여 효율화하고, 군인이 아니라 군무원 또는 민간근로자가 수행하도록 한다.

따라서 2022년에는 군 전체 인력규모가 65만 명에서 55만 명 수준으로 감축될 것이다. 군인은 62만 명에서 50만 명으로 대폭 줄어드는 한편, 군무원과 민간인 규모는 3만여 명에서 5만여 명으로 일부 증가하여, 군무원·민간인이 차지하는 비중이 군인의 5%에서 10% 수준으로 높아신다. 또한 여군 비율도 현재 5.5% 수준에서 8.8% 수준으로 증가시키고 전환복무 및 대체복무 인원을 대폭 축소하여 약 6만여 명에서 1~2만 명 수준으로 축소토록 한다.

비전투분야 민간인력 활용 확대[16]

　　국방부는 상비병력 감축에 따른 전투력 손실을 방지하기 위하여 국방인력[17] 중 민간인력이 차지하는 비중을 현재 5%에서 10%로 대폭 확대하는 것을 핵심으로 하는 「국방인력구조 개편」을 추진할 것이다. 국방부는 2006년 국방개혁 추진 이후 6.4만 명의 상비병력을 감축하고, 숙련도와 전문성이 요구되는 직위에 부사관 위주의 간부증원을 추진해 왔다. 그러나 1990년대 이후 급격한 저출산으로 인해 우수한 간부 충원에 어려움을 겪고 있으며, 2020년대 중반 이후에는 더 심화될 것으로 예상되고 있다. 이에 따라 양적(量的)으로 간부를 계속 늘려가는 기존의 계획은 인력획득 측면에서 실현 가능성이 낮다는 평가가 많다. 특히, 앞으로는 주요 외국 사례와 같이 비전투 분야에는 운영비용이 적게 들면서도 전문성이 높은 민간인력을 적극 활용해야 할 필요도 있다.

　　이에 따라 국방부는 기존의 간부증원 중심의 병력구조 개편계획을 수정하여 향후에는 군무원 등 민간인력을 중심으로 증원하고 군내 인력을 효율적으로 재배치하는 계획을 수립, 추진하고 있다.

　　국방인력구조 개편의 주요 방향은 다음과 같다.

　　첫째, 군수·행정·교육 등 비전투 분야는 군무원 등 민간인력이 중심이 되도록 개편한다. 비전투 분야에서 정보분석, 보안, 정비, 예산 편성 등 업무의 전문성·연속성이 필요한 직위는 군무원으로 대체한다. 또한 전산, 시설관리, 어학 등 민간 전문성 활용이 용이한 분야는 민간근로자로 대체한다. 민간인력으로 전환되는 직위 중 일부는 해당분야 경험과 전문성을 갖춘 예비역을 활용할 계획이다.

　　둘째, 비전투분야에서 민간인력으로 대체된 군인정원은 전투부대로 전환하여 전투력을 보강한다. 국방부는 GOP사단, 기계화사단, 동원·향토사단, 특전사, 해

---

16 국방부 보도자료, "軍, 비전투분야 민간인력 활용 확대: 군인은 전투부대로 전환, 상비병력 감축에도 전투력은 보강," 2018년 8월 1일.
17 민간인력 비율: 한국 5.5%, 미국 52%, 영국 38%, 프랑스 30%.

군 함대사, 공군 비행단 등 전투부대 유형별로 적정 간부비율을 검토, 차등화하여 편성할 계획이다.

셋째, 장교와 부사관의 계급구조를 피라미드형에서 항아리형으로 개편한다. 우수한 간부 충원은 점점 어려워지는 반면 숙련 간부 필요성은 높아지고 있으나, 현재 우리의 인력운영은 '대량 획득-단기 활용'의 비효율적인 구조로 되어 있다. 장교와 부사관의 단기 활용은 숙련된 전투력과 기술력의 손실을 의미한다. 따라서 하위계급을 줄이고, 중간계급을 늘려 '소수 획득-장기 활용'이 가능한 항아리형 계급구조로 전환이 필요하다. 다만, 과도한 계급 상향은 억제하여 신분별 최상위 계급인 대령·원사 등은 효율화를 통해 감축하거나 현 수준을 유지하도록 할 것이다.

「국방개혁 2.0」 추진과 함께 국방인력구조 개편이 2022년에 완료되면 우리 군의 병력구조는 상당한 변화가 예상된다. 상비병력이 현재 61.8만 명에서 50만 명으로 11.8만 명 감축되지만 병 위주로 감축되며, 간부는 현 수준이 유지된다. 군무원 등 민간인력은 현재 3.4만 명에서 5.5만 명으로 2.1만 명이 증원되어 우리 군의 신분별 구성비는 아래와 같이 변화될 것이다.

전투부대는 숙련된 장교, 부사관 중심으로 개편되어 간부비율이 현재보다 대폭 증가되며, 비전투 부대는 전문성을 갖춘 군무원 등을 중심으로 보다 효율화될 것이다. 한편, 국방부는 군인 직위를 군무원 등 민간인력으로 전환하는 과정

그림 Ⅰ-6 | 국방 인력구조 변화 전망

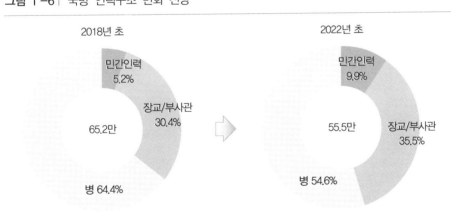

에서 발생할 수 있는 현직자의 인사상 불이익 등을 최소화 하기 위하여 다양한 제도 개선도 병행하여 추진한다. 감축된 군인이 군무원으로 재채용될 수 있는 기회를 확대하기 위하여 예비역에 대한 경력직 채용, 임기제 비율 확대를 검토 중에 있으며, 군무원의 교육·근무여건 개선 등도 추진할 예정이다.

이번 2.0 계획은 미래 전장환경 변화, 가용 병역자원 감소, 상비병력 감축 등 상황 변화에 적극 대응하여 민간인력 활용과 효율적인 재배치를 통해 예산소요 증가는 최소화하면서 전투력은 오히려 보강했다는 점에서 의미가 크다. 특히, 군무원 증원은 정부의 일자리 만들기 노력에 부응하여 보다 양질의 일자리를 제공할 것으로 기대된다.

외국군 상비병력 대비 군무원 등 민간인력 비율

국가명	한국	미국	일본	프랑스	영국	대만	터키
비율	5.5%	52%	8%	30%	38%	8%	7.6%

* 미국 Defense Manpower Requirement Report, 일본 방위백서 등

국방인력구조 개편(안))   단위: 만 명

구 분	2018년초	2022년 설계(안)	2018년초 대비
군 인	61.8만	50.0만	△11.8만
간 부 (장교, 부사관)	19.8만	19.7만	△0.1만
병	42.0만	30.3만	△11.7만
군무원	2.7만	4.4만	+1.7만
민간근로자	0.7만	1.1만	+0.4만

국방운영 개혁 추진계획

제4장

┌─ 대통령님 말씀 ─┐

"인력구조도 개혁이 필요하면 부사관 중심구조로 간다던 지, 여군 비중도 더 높인다던지 해서 군을 더욱 전문화하는 노력을 해야 됩니다."

(2017. 8. 28. 국방부 핵심정책토의)

"복무기간 단축과 직업군인의 확대, 병사 봉급인상, 군의 사기를 떨어뜨리는 모든 병폐 근절, 자기개발 지원대책 등 복무여건을 개선하기 위한 과제들을 적극 추진할 것입니다."

(2017. 9. 28. 제69주년 국군의 날 기념사)

제1절 국방운영 개혁 추진방향

국방운영 개혁의 추진 목표는 군복 입은 군인은 작전·정보부대에 보직하고 사복 입은 공무원/군무원은 군수, 교육, 행정부대에 보직하여 국방예산을 절약하며, '민·군 융합의 효율적 국방인력 운영'과 '국민과 소통하는 개방형 국방운영'을 하는데 있다. 국방운영 개혁은 ① 실질적인 문민화 및 3군 균형편성 강화, ② 군의 정치적 중립 보장을 위한 법·제도·의식 개선, ③ 청년 경력단절의 최소화와 국가경쟁력 제고, ④ 군무원 및 여군확대로 인구감소에 대비, ⑤ 첨단과학기술 기반의 정예화된 군구조로 전환, ⑥ 청렴성 강화, 개방형 국방운영으로 대국민 신뢰도 제고와 같은 배경하에 추진되고 있다.

① 실질적인 문민화 및 3군 균형편성 강화

문민통제는 民은 법과 규정에 따라 軍을 통제하고 軍의 명예를 존중하며, 軍은 제복입은 민주시민으로서 법과 규정을 준수하면서 軍 본연의 임무에 전념하는 것이다. 그동안 국방부는 문민화를 지속적으로 추진하여 2017년에 국방부의 공무원 비율이 70%를 넘어서게 되었다. 그러나 실·국장급 직위에 예비역 장성 출신을 다수 보임하는 등 실질적 문민화 수준이 미흡하다는 평가를 받고 있다.

3군 균형발전은 새로운 전쟁 패러다임의 변화 속에서 각 군이 역량을 최대한 발휘할 수 있도록 합동성을 극대화함으로써 '최단시간 내 최소희생'으로 전승을 달성토록 하는 것이다. 이를 위해 법에도 합참 및 국직부대의 각 군 편성 비율을 명시하고 있으나 실제적으로 잘 지켜지지 못하고 특정군에 편중되어 있어 개선이 필요하다.

② 군의 정치적 중립 보장을 위한 법·제도·의식 개선

우리군은 사이버사령부·기무사령부의 정치 댓글 사건과 같은 초유의 사태로 인해 국민들의 군에 대한 불신이 심화되어 있는 상태다. 군의 정치개입은 정치개입을 지시하는 외부 및 상급자의 압력에서 자유로울 수 없는 상명하복의 군 특수성에서 비롯되며 이를 근절하기 위해서는 근본적인 법 및 제도 기반 구축이 필요하다.

③ 청년 경력단절의 최소화와 국가경쟁력 제고

병역의무는 매우 고귀하고 신성한 민주시민의 의무이다. 그러나 한창 학업과 취업준비에 집중해야할 젊은 나이에 사회와 전혀 다른 환경에서 수행하는 병역의무는 장병에게 커다란 사회적 경력단절을 야기한다. 또한 하루가 다르게 빠르게 변화하는 사회환경은 단절되는 기간이 길수록 장병들에게 더 큰 불안감으로 다가오고 있다.

이러한 병역의 의무에 대해 국가는 군사적으로 필요한 최소한의 수준에서 국민이 병역의무를 이행한 뒤 사회에 복귀토록 해야 한다. 이에 따라 병 복무기간 단축은 우리군이 첨단 전력과 간부중심의 인력구조를 통해 정예화된 군대로 전환되는 상황에서 국방임무 달성이 가능한 최소한의 기간을 고려하고 국가 인적 자원 활용 및 국가경쟁력향상에 이바지하는 방향으로 단축이 필요하다.

④ 군무원 및 여군확대로 인구감소에 대비하고 운영예산 절약

우리군의 병력운영은 모두 군복 입은 군인이 모든 업무를 해야 한다는 관습에 따라 전투, 정보부대가 아닌 군수, 교육, 행정부대에서도 군인들이 제반 업무를 수행해왔는데 이제는 장교, 부사관들의 전역 후 직업보장 및 민·군 협력체제를 강화하는 측면에서 군무원의 정원을 대폭 증강하고 군인 정원을 줄여 인구감소에도 대비하고 예산을 대폭 줄이도록 정책을 전환해야 한다.

또한, 여성의 사회적 역할 증대 등 사회 변화 추세에 부응하여 우수한 여군 인력의 활동이 그 어느 때보다 중요하게 고려되어야 할 시점이며, 여군이 차별받지 않고 본연의 임무에 전념할 수 있도록 근무여건 개선이 필요하다.

⑤ 첨단과학기술 기반의 정예화된 군구조로 전환

걸프전 이후 많은 현대전 사례를 살펴보면 병력위주의 군 보다 적정수준의 병력과 함께 첨단화된 감시정찰 및 지휘통제체계를 기반으로 한 무기와 시스템으로 무장한 군이 전승의 핵심임을 명확하게 알 수 있다. 우리군도 이제는 현대전의 양상에 부합하는 첨단과학기술 기반의 정예화된 군구조로 전환하여야 한다. 이를 위해 4차 산업혁명 첨단 ICT의 적기 국방 적용을 통해 군사력의 첨단·과학화 건설과 국방자원 제약을 극복하고 스마트한 군사력 운용능력을 보장하며 미래 전쟁수행능력을 강화해나가야 한다.

⑥ 청렴성 강화, 개방형 국방운영으로 대국민 신뢰도 제고

반부패·청렴이 시대정신으로 부각되고, 국가경쟁력의 핵심지표로 인식되어 정부는 '반부패 개혁으로 청렴한국 실현'을 핵심 국정과제로 설정하고, 범정부 차원에서 강력 추진하고 있다. 국방업무 전반에 대한 국민의 감시와 참여를 확대하고, 민군협력형 부패방지체계를 구축한다. 국방정책에 대한 국민의 이해도 제고와 공감대를 확산하기 위해 시민단체, 학계인사 등이 참여하는 열린 행정을 추구한다.

이에, 국방운영 개혁은 '첫째, 국방부 문민화를 내실 있게 추진하여 문민기반을 강화하고, 합참 및 국직/합동부대의 3군 균형편성 강화, 군의 정치적 중립이 확고히 준수되도록 제도 및 의식을 개선한다. 둘째, 상비병력 규모 등을 고려하여 병 복무기간을 18개월(육군 기준)로 단축하고, 여군 비중 확대 및 장군 정원

감축 등 국방인력운영구조를 최적화 한다. 셋째, 첨단 정보과학기술의 국방 적용 및 사이버 안보역량 강화, 군수개혁 등을 통한 전쟁수행능력기반을 발전시킨다. 넷째, 투명하고 청렴한 개방형 국방운영과 지역사회와 상생하는 군사시설 조성 등 국민에게 신뢰받는 군 건설을 추진한다.'를 추진중점으로 설정하였다.

1. 국방부 문민화 실질적 추진(개혁과제 13-42)

국방부 문민화의 실질적 추진은 문민통제의 원칙을 확립하여 군의 정치적 중립을 보장한 가운데, 국방부는 정부 차원의 국가안보전략 하 국민의 눈높이에 맞는 국방업무를 추진하고, 군은 본연의 전투임무에 전념하는 여건을 마련하는 것이다. 주요한 추진 목표는 국방부 주요 직위의 민간공무원 대체, 예비역 문민 간주 기준 설정, 문민 국방부장관 임명을 위한 기반 조성, 국방부 소속 공무원의 전문역량 강화로 실질적인 국방부 문민화를 달성하는 것이다. 이러한 국방부 문민화의 실질적 추진은 국방운영의 문민기반 확립이 필요하고 실질적인 국방부 문민화를 완성하는 차원에서 추진되고 있다.

국방운영의 문민기반 확립

문민통제의 원칙과 군의 정치적 중립은 헌법과 법률에 명확히 규정되어 있다. 국방 역시 경제·사회·문화 등 다른 분야와 마찬가지로 정부 정책의 큰 틀에서 민주적 통제를 받아야 한다는 점에서 문민통제는 중요한 의미를 가진다. 그럼에도 불구하고 과거 국방부는 주요 직위에 특정군을 위주로 임명하고, 민간 국방전문가의 참여가 부족하여 국방운영을 위한 문민기반은 취약한 상황이었다.

또한, 각 군에서 파견되어 국방부에 근무하는 군인들은 자군의 입장에서 완전히 자유롭기 어려워, 편중되지 않은 객관적이고 합리적인 의사결정을 제한하는 요인으로 작용하였다. 이에 2005년부터 국가의 안보목표 달성을 위해서는 민주주의에 상응하는 민군관계 정립이 중요하다는 인식 하에 국방운영의 문민기반 확대를 추진하였다. 문민 중심에 입각한 국방정책의 결정과 집행이 가능하도록 조직·제도를 개선하고, 전문성을 갖춘 민간인력을 적극 육성·활용하여 현역군인과 조화를 이루고자 하였다.

⬢ 2004 국방백서 중 문민통제 관련 내용

> 문민통제 체제의 발전
> 국방부 본부는 정부와 국민을 대표하여 군을 효율적으로 관리·통제·지원한다는 원칙하에 정부정책과 국가전략을 군사적 차원에서 구현하고 뒷받침하며, 민간관료와 현역군인 간의 특수성·전문성이 상호 균형과 조화를 이룸으로써 국방운영의 승수효과 달성

    2007년 「국방개혁에 관한 법률」에 '문민기반의 조성'을 명확히 규정함으로써 국방부 문민화가 본격적으로 추진되었다. 같은 법 시행령에 국방부 본부 내 군인이 아닌 공무원의 직급별 비율을 70% 이상으로 확대하도록 제도화하고, 현역군인의 전문성이 요구되는 직위를 제외한 국방부 직위에 공무원의 비율을 지속 확대하였다.

⬢ 국방개혁에 관한 법률 시행령

> 제7조【군인이 아닌 국방부 소속 공무원의 충원 확대】① 국방부장관은 법 제11조에 따라 군인이 아닌 국방부 소속 공무원의 비율을 연차적으로 확대하며, 2009년까지 직급별로 각각 해당 국방부 정원(국방부 소속기관의 정원을 제외한다)의 100분의 70이상을 목표로 한다.
> ② 제1항에 따른 직급은 국장급, 팀장급 및 담당자급으로 구분하되, 그 범위는 국방부장관이 정한다.
> ③ 국방개혁 추진 담당기구에 대하여는 제1항 및 제2항을 적용하지 아니한다.

실질적인 국방부 문민화 완성

    2017년 초 국방부 본부 내 군인이 아닌 공무원의 직급별 비율이 법령상 목표 수준인 70%를 넘어섰다. 그러나 실·국장급 직위에 예비역 장성 출신을 다수 보임하였고, 현역군인이 보임하는 직위도 특정군 중심으로 임명하여 실질적 문민화 수준은 미흡하다는 평가를 받았다.

    2017년 5월 현 정부는 문민통제 원칙 확립과 군의 정치적 중립 보장을 전제로 국방부와 각 군 간의 역할을 재정립하여 '국민이 신뢰하는 선진 민주국군'으로 거듭날 것을 강조하였다. 이에 따라 '국방부 문민화 적극 추진'을 국정과제로

표 Ⅰ-5 | 국방부 본부 문민화 비율

구 분	2017년 8월 기준 비율(%)		2018년 4월 기준 비율(%)	
	공무원	군인(예비역포함)	공무원	군인(예비역 포함)
실장급	25.0	75.0	100	0
국장급	47.1	52.9	64.7	35.3
과장급	70.0	30.0	69.0	31.0
담당급	70.0	30.0	70.2	29.8

* 국방개혁법령에 의거, 국방개혁실 제외

선정하여 국방부 본부 실·국장급 직위에 대한 문민직위 식별 및 조기대체, 임기 내 문민 국방부장관 임명을 위한 기반 조성, 국방 교육·연구기관 주요 직위 문민 대체 등을 계획하였다. 아울러, '문민통제의 확립과 3군 균형발전'을 국방개혁 2.0의 핵심가치로 규정하고 실질적인 국방부 문민화를 적극 추진하였다. 이에, 2017년 12월까지 실장급 직위 전체를 민간공무원으로 대체, 민간 출신여성 대변인 최초 임명, 현역장성이 보임해 온 정책기획관을 민간공무원으로 보임하는 등 실질적 문민화 성과를 창출하였다.

향후 국방부 문민화가 안정적으로 정착할 수 있도록 예비역의 문민간주 기준을 설정하고, 장관의 군사보좌 기능을 강화하는 등 제도적 기반을 마련해야 한다. 이와 함께 문민화된 국방부가 최적의 군사력 발휘를 위한 국방정책을 수립하고 군이 전투임무에 전념하는 여건을 조성하기 위해서는 국방부소속 공무원들이 야전 현장의 애로사항을 이해·공감하고 군사분야 전문역량을 강화하는 노력을 병행할 필요가 있다.

국방부 문민화의 실질적 추진목표는 다음과 같다. 첫째, 예비역으로 보임해 온 국방부 본부의 실·국장급 직위를 민간 공무원으로 대체를 추진하고, 예비역의 문민간주 기준을 검토한다. 둘째, 민간인 출신 국방부장관 임명을 위해 국방·군사에 관한 임무를 원활하게 수행할 수 있는 기반체계를 조성한다. 셋째, 국방 교육·연구 분야 주요직위 중 문민화 필요직위를 식별·대체한다. 넷째, 국방부 소속 공무원의 안보·군사 분야 전문성을 강화하여 문민화기반을 조성한다. 다섯째, 장기적으로 국방부 문민화의 제도화를 통해 군에 대한 문민통제원칙을 확립하고, 문민화의 안정적 정착을 유도한다.

국방부 문민화의 실질적 추진계획은 ① 예비역 보임 국방부 실·국장급 문민 직위를 민간공무원으로 대체, ② 민간 출신 국방부장관이 임명될 수 있는 기반 조성, ③ 국방 교육·연구 분야 전문성 제고를 위한 주요 직위 문민 대체, ④ 국방부 공무원 국방·군사 분야 직무역량 강화를 포함하고 있다.

예비역 보임 국방부 실·국장급 문민직위를 민간공무원으로 대체

예비역이 보임된 국방부 국장급 문민직위를 대상으로 문민 대체(예 인사기획관 직위에 대한 문민 대체추진)를 지속하고 예비역에 대한 문민간주 기준 마련을 검토한다. 특히, 문민간주 기준 관련 내·외부 의견을 지속적으로 수렴하고, 예비역의 공무담임권 보장 등을 종합적으로 고려하여 기준을 마련할 것이다.

● 주요 선진국가 사례

- 미 국: 국방부장관, 부장관, 군수차관, 정책차관은 전역 후 7년 이내 임용제한
- 프랑스: 민간 정치인을 국방부장관으로 임명
- 일 본: 민간 국회의원을 방위청장으로 임명

민간 출신 국방부장관이 임명될 수 있는 기반 조성

민간 출신 국방부장관이 임명되더라도 임무에 지장이 없도록 장관에 대한 군사 보좌기능 강화를 위한 군사보좌관실의 조직을 개편(국방부 조직개편 종합계획에 반영하여 행정안전부와 협의·반영)하고 필요한 경우, 문민 국방부장관 임명 필요성에 대한 공감대 확산을 추진한다.

국방 교육·연구 분야 전문성 제고를 위한 주요 직위 문민 대체

한국국방연구원 원장으로 민간출신 임명(2017년) 이후 문민화를 유지하고 국방대학교 총장직위는 '장군정원조정계획'과 연계하여 문민으로 대체한다(총장 직위: '장성급 ⇨ 군무원'으로 조정).

국방부 공무원 국방·군사 분야 직무역량 강화

분야별·수준별 과정을 통한 군사전문성 교육을 내실화하고 군사 전문자료

접근성 확보 및 군사 관련 정보 생산·공유 활성화를 위해 다각적으로 지원한다. 또한, 각 군 및 기관 정책현장 체험기회를 확대하고 전문직위제 및 경력개발체계 보완·개선을 통한 실효성 있는 인사관리체계를 구축한다.

　　국방부 문민화의 실질적 추진을 위한 법령 제·개정 소요로 예비역 문민간주 기준 마련을 위해 「국방개혁에 관한 법률」 개정(제11조의 2 신설)을 추진할 필요가 있다. 특히, 국방부 본부 및 소속기관의 국장급 이상 직위에 군인이었던 사람(영관·장성급 장교로 전역 또는 제적된 사람)을 임명하기 위해서는 전역 또는 제적된 날로부터 일정기간 경과토록 설정하는 것을 검토할 필요가 있다. 국방부 문민화 실질적 추진 과제에 대한 책임은 국방부 국방개혁실 국방개혁실장 예하 국방운영 개혁추진관 및 인사교육개혁담당관 등과 국방부 기획조정실 기획조정실장 예하 조직관리관 및 조직관리담당관 등이 맡고 있다.

2. 군의 정치적 중립 보장을 위한 제도 개선(개혁과제 14-42)

군의 정치적 중립 보장을 위한 제도 개선은 군 내·외부에서 발생할 수 있는 군인의 정치개입 행위를 근절하고, 정치적 중립을 확고히 보장 할 수 있는 환경을 조성하여 군이 본연의 임무수행에 전념할 수 있도록 제도·의식 개선을 추진하는 것이다. 특히, 법률안 제정, 관련법령 정비 등을 통해 군 내·외부적으로 정치개입이 불가능하도록 법적 기반을 마련하는데 중점을 두고 있다.

군의 정치적 중립 보장을 위한 제도 개선은 사이버사·기무사의 정치 댓글 사건이라는 초유의 사태로 인해 국민들의 군에 대한 불신이 심화되었고, 이를 조속히 해결하여 군이 외압 없이 본연의 임무를 충실히 수행할 수 있는 제도·의식 개선 필요성이 대두되었다. 이에, 국방장관은 국회 법사위원회(2017.10.30.)에서 "전투임무에 전념하는 새로운 강군의 건설은 군의 정치적 중립 의무 준수에서 출발한다는 점을 깊이 인식하고, 과거의 잘못된 관행을 바로잡아 국민의 신뢰를 회복할 수 있도록 모든 조치를 다할 것"이라고 강조했다. 또한, 군 적폐청산위원회는 군의 정치개입 근절을 위해 아래와 같이 군의 정치개입 금지 법제화를 권고(2017.12.14.)하였으며, 권고안의 주요내용은 다음과 같다.

• 정치관여 지시자는 중형 처벌한다.

  군의 정치개입을 금지하기 위해, 우선 상관·외부인사가 정치개입을 지시하지 않도록 유도하는 것이 중요하므로 정치개입을 지시한 자에 대해 중형 처벌할 것을 권고한다.

• 정치개입 지시 거부를 의무화하고 포상 제도를 법제화한다.

  상관·외부인사의 부당한 정치개입 지시에 대해 하급자가 적극적으로 이를 거부하고 포상 받는 조직문화를 조성하기 위해 정치개입 지시에 대한 거부권 및 포상 제도를 법제화할 것을 권고한다.

이에, 군의 정치적 중립 보장을 위한 제도 개선의 추진 목표는 다음과 같다. 첫째, 「군인의 정치적 중립 준수 및 보장에 관한 법률」을 제정한다. 특히, 1) 군의 정치개입 등을 지시한 상관에 대한 처벌 규정을 강화하고, 2) 군에 정치개입 등을 지시·요청·권고한 공직자에 대한 처벌 규정을 신설하며, 3) 상관의 정치개입 지시에 대한 하급자의 거부·신고 규정을 신설하고, 4) 불법 정치개입 지시 거부·신고자 불이익 금지 및 신고시 포상규정을 신설한다. 둘째, 군의 정치적 중립 「행동수칙」 및 「세부 행동기준」을 재정립한다. 셋째, 군 장병의 '제복 입은 민주시민의식'과 '강인한 군인정신 함양'을 위한 교육을 강화한다.

군의 정치적 중립 보장을 위한 제도 개선의 추진 계획은 ① 입법추진방향 확정(2018.8.2, 장관보고), ② 국회 입법절차에 따라 추진(법안 심의·의결 등), ③ 부대관리 훈령 개정 및 관련 행정규칙 정비(법률 제·개정 완료 후, ~2019년), ④ 「제복 입은 민주시민의식」과 「군인정신 함양」을 위한 교육 강화를 포함한다.

입법추진방향 확정(2018. 8. 2, 장관보고)

* 「군인의 정치적 중립 준수 및 보장에 관한 법률안」(2018.7.17, 이철희 의원 대표발의)
국방부 제정안과 의원입법안이 유사하여 법률 제정목적 달성이 가능하고 신속한 입법과 후속조치를 위해 국방위와 협의하여 의원입법으로 추진하도록 결정하였다.

국회 입법절차에 따라 추진(법안 심의·의결 등)

「군인의 정치적 중립 준수 및 보장 등을 위한 법률」 제정 및 「군인의 지위 및 복무에 관한 기본법」, 「군형법」 등 관련 법령 정비(~2019년)한다.

부대관리 훈령 개정 및 관련 행정규칙 정비(법률 제·개정 완료 후, ~2019년)

군의 정치적 중립 「행동수칙」 및 「세부 행동기준」을 재정립하고 인사관리, 징계·처벌, 대국회·정당업무 분야 등 훈령을 정비한다.

「제복 입은 민주시민의식」과 「군인정신 함양」을 위한 교육 강화

헌법가치, 법치주의, 민주가치 교육 등 제복 입은 민주시민의식 교육을 강화(2018~2022년)하기 위하여 장병 『정신전력교육기본교재』를 개편(2018년 10월)시 '제복 입은 민주시민' 추가 반영하고 장병 정신전력교육시 '제복 입은 민주시민의식' 가치교육을 강화(주간교육, 특별정신전력교육)한다. 또한, 군인의 롤모델 습득과 강한 정신력 배양을 위한 정신전력교육을 개설한다. 특히, '영화 속 군인정신' 교육프로그램을 신설(2018년, 월 1회)하고 국방정신전력원 '군인정신 리더과정' 프로그램을 개선(강의식 ⇨ 참여·토론형 교육)하며, 교육과정을 확대(병사 2개기 60명 추가, 연간과정: 장교 8개기 320명, 부사관 7개기 280명, 병사 2개기 60명)한다. 더불어, 올바른 역사인식과 애국심·자긍심 고양을 위한 역사교육을 확대(2018~2022년)한다.

　군의 정치적 중립 보장을 위한 제도 개선을 위한 법령 제·개정 소요는 다음과 같다. 첫째, 「군인의 정치적 중립 준수 및 보장에 관한 법률」을 제정한다(이철희 의원 대표발의안). 특히, 1) 군의 정치개입 등을 지시한 상관에 대한 처벌 규정 강화, 2) 군에 정치개입 등을 지시·요청·권고한 공직자에 대한 처벌 규정 신설, 3) 상관의 정치개입 지시에 대한 하급자의 거부·신고 규정 신설, 4) 불법 정치개입 지시 거부·신고자 불이익 금지 및 신고시 포상규정 신설에 중점을 둔다. 둘째, 「군인의 지위 및 복무에 관한 기본법」 제33조(정치운동의 금지)를 삭제한다. 셋째, 「군형법」 제94조(정치관여)를 삭제한다. 특히, '나', '다'항은 이철희 의원이 대표발의한 「군인의 정치적 중립 준수 및 보장에 관한 법률안」의 의결을 전제로 한다. 군의 정치적 중립 보장을 위한 제도 개선 과제에 대한 책임은 국방부 국방개혁실 국방개혁실장 예하 국방운영개혁추진관 및 인사교육개혁담당관 등과 국방부 인사복지실 인사복지실장 예하 정책기획관 및 병영정책과장 등이 맡고 있다.

군구조 개편과 연계한 국방인력운영체계 개선

1. 병 복무기간 단축(개혁과제 15-42)

병 복무기간 단축은 병력 위주의 군을 과학 기술군으로 정예화하기 위하여 상비병력 규모를 감축하고 병 복무 기간을 18개월(육군 기준)로 단축하는 것이다. 또한, 병 복무기간 단축을 통해 청년들의 병역의무 부담을 완화하고, 사회진출 시기를 앞당겨 국가 인적자원을 효율적으로 활용하도록 하기 위함이다.

병 복무기간 단축은 국방개혁 2.0의 일환으로 과거 국방개혁 및 인구감소 대책으로 참여정부 시절 6개월 단축(24→18개월)이 추진되어 21개월까지 단축되었으나, 2011년 천안함 피격, 연평도 포격 도발 등으로 중단 되었다. 병 복무기간 단축은 핵·미사일·사이버 위협 등 현대전 양상의 변화를 고려할 때, 병력집약형 군을 과학기술 군으로 탈바꿈하는 국방개혁은 매우 시급하고 중요한 과제이다. 또한, 국방개혁 2.0을 수립하면서 과거 추진이 중단된 병 복무기간 단축을 완료하여 국민과의 약속을 이행하도록 하였으며 첨단전력 증강, 간부중심의 인력구조 정예화 등 종합적인 개혁을 통해 병 복무기간을 단축하더라도 군의 전력은 오히려 강화될 것이다.

또한, 병 복무기간 단축은 인적자원의 효율적 활용이라는 국가차원의 정책방향과 장기적 비전을 제시하는 대책이다. 병 복무기간 단축은 ① 개인 병역의무 부담 완화 ② 조기 사회진출 여건 조성, ③ 국가 생산가능인구의 증가 등 일석삼조의 효과를 유발한다. 더불어, 병 복무기간 단축은 병역의무에 대한 부담을 완화하여 청년들의 생애 설계를 용이하게 하고, 취업 등 경제활동 참여 시기를 앞당길 수 있으며, 이에 따라 경제성장가 사회 할력 제고에 보탬이 될 수 있다 (복무기간이 3개월 줄어들면, 복학 및 취업시기는 6개월에서 1년 단축 가능). 또한, 전환·대체 복무를 감축·폐지하면서 양질의 일자리를 창출할 수 있는데 경찰의 경우 공공 부문 일자리 창출 정책과 연계하여 의무경찰을 폐지하면서 경찰관 1만 명을 증원하도록 추진 중이다. 이와 같이, 병 복무기간 단축으로 다수의 병역부담은 완화하면서 대체복무를 감축함으로써 병역을 고르게 분담하도록 하여 병역의무의 형평성을 제고할 수도 있다.

병 복무기간 단축의 추진목표는 다음과 같다. 첫째, 입대시기에 따른 복무기간 편차가 최소화 되도록 단계적으로 병 복무기간을 단축하여 2021년까지 18개월 단축(육군 기준)을 완료한다. 둘째, 원활한 병력충원에 문제가 없도록 병력수급 전망을 고려, 전환·대체복무 감축·폐지 등 단계적 병력충원 대책을 시행한다. 셋째, 인력 획득환경 변화를 고려, 간부 복무제도(장기복무 전제 부사관 선발제도, 복무연장 기간 제한 완화) 등 간부 획득정책을 개선하여 우수인력 획득을 보장한다. 넷째, 숙련도가 요구되는 직위는 부사관으로 대체하고, 병사들의 비전투임무 최소화, 신병교육체계 개선 등을 통해 병의 전투력을 제고한다.

병 복무기간 단축의 추진 계획은 ① 병 복무기간 단축 계획 시행, ② 병력 충원대책: 병력수급 선방을 고려 단계적 시행, ③ 간부 획득정책 개선(2019~2023년), ④ 「병 숙련도 향상 대책」을 포함한다.

병 복무기간 단축 계획 시행

병 복무기간 단축 규모는 아래와 같다. 병 복무기간 단축은 2018년 10월 1일 전역자부터 복무기간을 2주 단위로 1일씩 단계적으로 단축하여 2021년 12월 14일 전역자까지 단축을 완료(육군 기준)할 예정이며 병 진급 최저복무기간(이병/일병/상병) 조정을 검토(3/7/7 → ○/○/○ 개월)하고 있다.

표 Ⅰ-6 | 병 복무기간 단축

구 분	육군	해 군(해병대)	공 군
법상 복무기간	24개월	26개월(24)	28개월
현행 복무기간	21개월	23개월(21)	24개월
단축 복무기간	18개월(△3월)	20개월(△3월)(18)	22개월(△2월)

* 공군은 병역법 개정으로 1개월 추가 단축 추진

병력 충원대책: 병력수급 전망을 고려 단계적 시행

병 복무기간 단축시 2023년 이후 연평균 병력 6.8만 명이 부족할 것으로 전망된다. 이에, 병력 충원은 병력수급 전망을 고려하여 단계적으로 시행할 것이며 충원대책 추진상황 평가에 따라 부족병력 발생시, '병 ⇨ 군무원·민간근로자 등'으로 추가 전환할 예정이다.

표 Ⅰ-7	단계적 병력 충원 계획	단위 : 만 명, ( ) : 누적병력
충 원 대 책	확보 가능 병력
① 전환복무 폐지(2018~2022년)	2.6 (2.6)
② 대체복무 감축(2022~2024년)	1.0 (3.6)
③ 항아리형 인력구조로 개선(2021~2023년)	0.5 (4.1)
④ 신체검사 기준(BMI, 시력 등) 정상화 (2022년~) * 심리검사는 강화	1.9 (6.0)
⑤ 상근예비역 축소(2023년~) * 예비군중대 행정병 등 사회복무요원으로 대체	0.8 (6.8)

간부 획득정책 개선(2019~2023년)

획득환경 변화를 고려하여 복무제도를 검토 및 개선할 것이다. 특히, 장기 선발 확대, 복무제도 개선 등으로 직업 안정성을 제고('장기복무 전제 부사관 선발제도' 시범 운영 등)하고 복무연장 기간 제한을 완화할 것이다. 예를 들어, 복무기간(장교 10년, 부사관 7년)을 제약하지 않는 유연한 복무관리 방안을 통해 장기 활용 기반을 조성하고자 한다.

또한, 우수인재 선발 시스템을 구축하기 위하여 우수간부 획득을 위한 선발 평가체계를 개선하고 빅데이터(Big-Data) 활용 인력획득시스템을 구축할 예정이다. 이는, 간부선발 DB를 인사정보체계와 연계, 인력획득시스템을 구축, 선발결과 분석 및 환류를 통한 과학적 인재선발 기반을 마련하고자 함이다. 우수인력 확보를 위한 중·단기복무 간부에 대한 인센티브(단기복무 간부 장려금·군가산복무지원금 증액, 복무연장 장려수당 신설 등)도 강화할 예정이다.

병 숙련도 향상 대책

병 숙련도 향상을 위해 기갑·정비 등 숙련도가 필요한 병 직위는 부사관으로 대체하고, 청소, 제초 등 사역임무는 민간으로 전환하여 현역병은 훈련에 전념할 수 있는 여건을 보장할 계획이다. 또한, 신병 교육체계를 개선(~2019년)하기 위해 병 복무기간 단축 시 신병교육에 고려되어야 할 요소(병 임무/역할을 고려한 적정 신병 양성교육기간, 훈련과제 등)에 대한 선행연구를 실시하여 연구결과를 반영한 군별 신병 교육체계를 개선할 계획이다. 특히, 불필요 과목을 폐지·조정하고, 필수과목 위주의 집중 교육을 실시할 예정이며 야전에서 숙련도 조기 향상을 위한 훈련방법을 개선할 계획이다.

더불어, 과학화 교육훈련체계 보강을 위해 소대급 마일즈 장비를 확보할 계획(2019~2023년: 42식/육군 35, 해군(해병대) 3, 공군 4, 필수 소요부대 우선 보급/활용 후 성과 고려 확대 추진 예정)이고 교량전차 시뮬레이터 등 신규 훈련용 시뮬레이터 개발(2019~2020년)과 자주포·전차, 차량운전 등 기전력화된 시뮬레이터 성능 개선(지속)과 같은 시뮬레이터 개발 및 성능개선을 추진할 계획이다. 또한, 가상현실(VR), 증강현실(AR) 기반의 전투모의훈련체계 개발을 위해 개인화기 정밀사격, 전술훈련 등 개인 및 소대급 통합전투훈련체계 컨텐츠 개발 및 적용을 검토(2019년 체계개발)하고 육군 포사격 모의훈련시스템(개념연구중), 공군 기지작전훈련체계(2019~2020년) 등 군별 임무 특성을 고려하여 개발할 계획이다. 실기동 전투사격에 과학화 장비와 시스템을 적용하여 훈련 효과를 향상시킬 수 있도록 군단·사단급 과학화훈련장(군단급: 6, 사단급: 10 등 16개소 구축/~2029년)도 조성할 계획이다.

병 복무기간 단축을 위한 법령 제·개정 소요는 다음과 같다. 첫째, 상근예비역의 복무기간을 현역병과 동일하게 18개월로 단축하기 위해 「병역법시행령」 제37조(상근예비역소집 대상자의 현역복무기간 등)를 개정해야 한다. 상근예비역의 복무기간을 현역병과 동일하게 18개월로 단축하기 위해 '상근예비역의 복무기간 단축 범위를 4개월에서 6개월'로 수정할 필요가 있다. 둘째, 복무기간 단축 시 병 계급별 적정 인력 구성을 위해 진급 최저복무기간을 규정한 「군인사법시행규칙」 제32조(병 진급 최적복무기간)를 개정해야 한다. 즉, 복무기간 단축 시 병 계급별 적정 인력 구성을 위해 '병 진급 최저복무기간(이병/일병/상병)을 3/7/7개월에서 ○/○/○개월'로 수정할 필요가 있다. 셋째, 병력 충원대책 시행을 위한 법령을 개정해야 하는데 전환복무 폐지, 대체복무 감축 결정시 「병역법」 및 「동법 시행령」 개정과 상근예비역 축소 및 사회복무요원으로 대체 시 「병역법」 개정이 필요하다. 공군병 복무기간 1개월 추가 단축 결정시, 「병역법」 제18조(현역의 복무) 개정이 포함되어야 한다. 병 복무기단 단축 과제에 대한 책임은 국방부 국방개혁실 국방개혁실장 예하 국방운영개혁추진관 및 인사교육개혁담당관 등과 국방부 인사복지실 인사복지실장 예하 인사기획관 및 인력정책과장 등이 맡고 있다.

2. 여군 비중 확대 및 근무여건 보장(개혁과제 16-42)

여군 비중 확대 및 근무여건 보장은 여성의 사회적 역할 증대와 기술 집약형 국방 환경변화에 부응하여 여군 비중을 확대하고 우수한 여군 인력을 효율적으로 활용하며 여군이 차별받지 않고 본연의 임무에 전념할 수 있도록 근무 여건을 획기적으로 개선하는 것이다.

여군 비중 확대 및 근무여건 보장은 ① 군내 우수 여성인력 활용 확대를 위해 여군인력 확대, ② 미래지향적 양성평등한 인사관리 제도개선, ③ 남·녀 모두가 혜택을 누리는 '일-가정' 양립 지원제도, ④ 성범죄 근절을 위한 끊임없는 노력, ⑤ 여군이 안정적으로 근무할 수 있는 여성 편의시설 개선 차원에서 추진되고 있다.

군내 우수 여성인력 활용 확대를 위해 여군인력 확대 필요

선진 외국군의 여성인력 활용 및 병과개방 추세 및 여성의 사회적 역할 증대 등 사회 변화추세에 부응하여 군내 우수 여성인력 활용 확대가 필요하다. 선진 외국군의 여성인력 활용 사례를 살펴보면, 전 병과 개방 국가(여군 활용도)의 경우 미국(17.7%), 영국(10.2%), 독일(11.5%), 프랑스(15.3%), 캐나다(15.0%)인데 우리군은 5.5% 수준이다. 특히, 미래 기술집약형 군구조 하에서는 전 병과에 우수한 여군을 적극 활용할 수 있을 것이며, 여군 확대는 양성 평등한 병영문화 조성에도 기여할 것이다.

미래지향적 양성평등한 인사관리 제도개선 요구

여군의 신체·체력적 특성과 부대환경 등을 고려하여 여군의 보직을 제한하고 있는 현실이 여군 인력 확대에 걸림돌이 되고 있어 양성평등을 기반으로 한 여군 인사권리 제도 개선이 요구된다. 이에, 여군 보직을 제한하는 제도를 개선하여 남·녀 동등한 인사관리제도와 여군의 임신·출산·육아를 고려하여 양성평등한 대책 마련이 필요하다.

남·녀 모두가 혜택을 누리는 '일-가정' 양립 지원제도 필요

임신·출산·육아 지원 등 '일-가정' 양립을 위한 제도 등이 구축되어 있으나 제도를 당연한 권리로써 활용할 수 있는 여건 마련이 필요하다. 남·녀 모두가 혜택을 누리는 '일-가정' 양립 지원을 위해 관련 제도개선과 육아 여건보장을 위한 대책이 요구된다.

성범죄 근절을 위한 끊임없는 노력 필요

군내 성폭력 근절을 위한 다양한 활동에도 불구하고 성폭력이 지속 발생함에 따라 보다 효율적인 「성폭력 근절 강화 방안」 추진이 필요하다. 성폭력으로부터 안전하고 피해자가 두려움 없이 문제를 제기할 수 있는 군 조직문화를 조성하는 것이 시급하다.

여군이 안정적으로 근무할 수 있는 여성 편의시설 개선 필요

여성 편의시설은 2014년 전군 차원의 실태조사를 통해 3년에 걸쳐 조치하였으나, 여군 인력확대에 따라 보완이 필요하다. 특히, 여성 편의시설 미설치로 여군보직이 제한되지 않도록 해야 한다. 여군 비중 확대 및 근무여건 보장을 위한 추진목표는 다음과 같다. 첫째, 여군 비중을 2017년 군 간부의 5.5%에서 2022년까지 8.8% 이상으로 우선 확대하고, 이후에도 여군인력 확충을 위해 적극적으로 노력하여 2030년까지 20~25%로 증원할 것이다. 둘째, 우수한 여성인력이 차별없이 진출할 수 있는 인사관리제도를 마련한다. 셋째, 임신·출산·육아에 대한 국가적인 지원체계와 병행하여 '일-가정' 양립정책을 추진한다. 넷째, 전 장병의 성인지 감수성을 향상시키고 성폭력으로부터 안전한 군 문화를 정착시킨다. 다섯째, 성 차이와 여군 인력 확대를 고려하여 편의시설을 개선한다.

여군 비중 확대 및 근무여건 보장의 추진 계획은 ① 여군 인력 확대목표 상향 조정, ② 미래 지향적이고 양성평등한 여군 인사관리 제도 마련(지속), ③ 남·녀 모두가 혜택을 누리는 '일-가정' 양립 지원, ④ 성폭력으로부터 안전한 조직문화 조성, ⑤ 여군 인력확대와 성 차이를 고려한 근무환경 개선(지속)을 포함한다.

여군 인력 확대목표 상향 조정

2017년기준 5.5%인 여군 비율을 아래 표에서 보는바와 같이 2022년에 8.8% 이상까지 확대할 계획이다. 2022년 이후에도 여군을 지속적으로 확충하기 위해 적극적으로 노력할 계획이다.

표 Ⅰ-8 | 여군 인력확대 목표   단위: 명,(%)

구 분	2017년	2018년	2019년	2020년	2021년	2022년
계	10,097 (5.5)	11,400 (6.2)	12,495 (6.7)	13,891 (7.4)	15,478 (8.1)	17,043 (8.8)
장교	4,591 (7.1)	5,113 (7.9%)	5,513 (8.6)	5,866 (9.2)	6,356 (10.0)	6,856 (10.9)
부사관	5,506 (4.6)	6,287 (5.3)	6,982 (5.8)	8,025 (6.5)	9,122 (7.2)	10,187 (7.9)

또한, 향후 5년간 여군 초임획득 규모를 단계적으로 확대할 계획이다.

표 Ⅰ-9 | 여군 초임획득 규모 단계적 확대 계획   단위: 명,(%)

구 분	2017년	2018년	2019년	2020년	2021년	2022년
초임획득 (비율)	1,116 (6.5)	1,537 (9.1)	1,832 (10.8)	1,965 (11.6)	2,134 (12.6)	2,255 (13.3)

미래 지향적이고 양성평등한 여군 인사관리 제도 마련(지속)

지휘관 직위를 필수직위로 지정하고 지상 근접 전투부대 보직 제한 기준을 개선하며 여군 배치 제한부대 및 직위를 폐지(GOP 및 해·강안 경계담당 대대 등의 지휘관(자) 여군 보직 제한 폐지/2018년 1월)할 계획이다. 또한, 남군과 동일한 보직규정과 지휘관(자)에 대한 자격기준을 마련하고 주요직위에 대한 여군 보직을 확대할 계획이다. 특히, 정부의 '여성 고위공무원 목표제' 제도와 병행한 목표를 선정하여 추진할 계획이다.

남·녀 모두가 혜택을 누리는 '일-가정' 양립 지원

군 부대 가족친화 인증제도를 도입하여 단계적으로 확대(2018년~)할 계획이다.

또한, 군 어린이집 확충으로 양육여건을 지속적으로 개선할 계획이다. 더불어, 「군인의 지위 및 복무에 관한 기본법 시행령」 개정을 추진하여 임신·출산·육아 지원 확대를 위한 제도를 개선할 계획이다.

표 Ⅰ-10	군 부대 가족 친화 인증제도 확대 계획				단위: 부대수
구 분	2018년	2019년	2020년	2021년	2022년
계	18	18	18	24	20
육 군	7	3	6	13	5
해 군	7	6	2	7	6
공 군	4	9	10	4	9

* 가족친화인증제도: 가족친화제도(자녀출산 및 양육지원 등)를 모범적으로 운영하는 공공기관 및 기업에 대하여 심사를 통해 인증을 부여하는 제도

표 Ⅰ-11	군 어린이집 확충 계획					단위: 개소
구 분		2018년	2019년	2020년	2021년	2022년
계		163(＋13)	170(＋7)	179(＋9)	186(＋7)	199(＋13)
어린이집	소계	133(＋5)	137(＋4)	144(＋7)	151(＋7)	164(＋13)
	일반	114	115(＋1)	119(＋4)	121(＋2)	128(＋7)
	소규모	19(＋5)	22(＋3)	25(＋3)	30(＋5)	36(＋6)
공동육아나눔터		30(＋8)	33(＋3)	35(＋2)	35	35

* 어린이집: 2018년 133개소 ⇨ 2022년 164개소(＋31개소)
* 공동육아나눔터: 2018년 30개 ⇨ 2022년 35개소(＋5개소)
* 당직·훈련 등 야간보육 필요시, 직장 내 어린이집 탄력적 운영 검토(교사수당 추가지급 등)

성폭력으로부터 안전한 조직문화 조성

맞춤형 성 인지력 교육 강화를 위해 핵심계층(영관급 이상 장교 및 원·상사) 대상 맞춤형 집중교육을 확대할 계획이며 40명 이내 소규모 토론식 교육(3H), 미이수 시 인사관리 불이익(지휘관보직 및 진급심사 대상에서 제외)을 부여할 계획이다. 또한, 병 대상 민간전문 강사 교육을 지속 확대하고 양질의 교육 콘텐츠 개발을 통한 교육효과를 제고(예 계층별 맞춤형 성폭력예방 교육모델 개발/5개 유형)하며 사관학교 정규교육 과정에 성 인지교육(2학점)을 반영(2019년 시행)할 계획이다.

현장중심의 성폭력 예방시스템 보완을 위해 성폭력 예방·대응 전담조직을 보강(~2019년)할 계획인데 특히, 양성평등센터 기능 강화(~2018년 12월), 성고충전문상담관 인력 확대(지속), 「국방부 성폭력 예방·대응 전담기구」 신설을 추진(~2019년)할

표 Ⅰ-12 | 성폭력 사건처리 관계자 현황

여성정책관계관	양성평등담당관	성고충전문상담관	수사관	군법무관
10명(신규)	85명(신규/계속)	44명(신규/계속)	30명(신규)	60명(신규)
작전사급 이상	사·여단급 이상	민간 상담관	헌 병	법 무

* 교육기관: 양성평등교육진흥원, 한국여성인권진흥원

표 Ⅰ-13 | 상담 및 신고시스템 현황

구 분	국방부		각군본부	군사령부	군단급	사(여)단급
창구	헬프콜 (조사본부)	여성 정책과	양성 평등센터	여성고충 관리장교	성고충 전문상담관	양성평능 담당관
비고	☎1303	각 부대별 ☎1365			각 부대별 ☎1366	

* 제대별 양성평등 업무 계선 상담 및 신고전화·이메일, 홈페이지 배너, 신고용 '스마트폰어플리케이션' 활용

계획이다.

성폭력 사건처리 관계자의 직무역량 강화를 위해서 전문기관 대외 위탁교육을 연 2회(9개 기수, 1박2일) 실시하고 성폭력 피해자 지원 연계 강화를 위한 민·관·군 워크숍을 연 2회(전반기-국방부, 후반기-여성가족부 주관) 실시하며 성폭력 피해지원 슈퍼비전(민간 전문가에 의한 성고충전문상담관 및 양성평등담당관 상담지도 평가)을 연 2회 실시할 계획이다.

선제적 현장점검 및 지도활동 강화하여 장병 경각심 고취 및 지휘조언을 실시하고 성폭력 실태조사(예 2019년 군 성폭력 실태 연구조사/연구용역 및 설문조사)를 정례 및 신고시스템을 활성화할 계획이다.

표 Ⅰ-14 | 성폭력 피해자 통합지원시스템 현황

구 분	상담/신고	진 료	법 률

군내	• 국방헬프콜/국방여성정책과
	• 여성고충관리장교
	• 성고충전문상담관
	• 양성평등담당관
		• 수도병원정신건강 증진센터
		  * 수도병원: 성폭력피해자
		    의료지원 전담병원
			• 국선변호인
			• 증인지원관

군외	• 해바라기센터(30개소) * 상담·진료(비급여 치료 일부 유료)·법률 무료지원 • 성폭력상담소(전국 166개 상담소)		

또한, 피해자 보호 및 지원 강화를 위해 상담 성폭력 피해 지원제도 교육 및 홍보도 강화할 계획인데 학교기관(양성＋보수) 성폭력 예방교육 시 제도홍보를 병행하고 육군 5개 과정, 해군(해병대) 5개 과정, 공군 5개 과정, 국직 1개 과정을 활용할 계획이다. 가해자 처벌도 강화할 계획인데 성범죄자 '원스트라이크 아웃 제도'를 엄중 적용할 계획이다. 성범죄자는 기본 중징계, 현역복무부적합심의 결과에 따라 전역, 처벌기록 전역시까지 말소 금지, 진급 낙천처분, 장기선발/파병/위탁교육 등 선발 시 감점·비선할 계획이다. 또한, 성폭력 사실 신고를 받은 업무관계관이 묵인·방조 시 강력 처벌할 계획이며 가해자와 동일한 징계양정 기준을 적용할 것이다. 디지털 성범죄(카메라 등을 이용한 촬영죄) 처벌도 강화하고 성폭력 징계 시 외부전문가 참여를 의무화할 계획이다.

여군 인력확대와 성 차이를 고려한 근무환경 개선(지속)

각 군 병과별·양성기관별 획득규모 판단에 근거한 시설을 확충할 계획이며 기존 시설은 리모델링(제한 시 조립식·컨테이너 형태), 신축 건물은 여성인력 확대 전망을 고려하여 편의시설을 사전 설계에 반영(국방·군사시설기준」의 여군 편의시설 설치 기준 준수 및 전수조사 실시/2018년)할 것이다. 또한, 국방 성별영향평가 관련 훈령을 제정(2019년)하여 무기체계 ROC 및 장비, 물자 도입 시 성별·체형차이를 고려한 지침을 반영할 계획이다.

여군 비중 확대 및 근무여건 보장을 위한 법령 제·개정 소요는 다음과 같다. 첫째, 「국방개혁에 관한 법률」상 명시된 2020년까지의 여군 비중 확대목표(장교 7%, 부사관 5%)를 새로운 확대목표로 개정(2018년 12월)하고 2022년 확대 목표 달성 이후에도 여군확대를 위해 적극적인 조치 의무를 명시한다. 둘째, 「군인의 지위 및 복무에 관한 기본법 시행령」을 개정(2018년 11월)하여 임신·출산·육아지원 강화를 위해 모성보호시간·육아시간·자녀 돌봄휴가·배우자 출산휴가 등을 확대한다.

표 Ⅰ-15 │ 모성보호시간·육아시간·자녀 돌봄휴가·배우자 출산휴가 등을 확대 계획

구 분	내 용
모성보호시간 확대	임신 후 12주 이내, 임신 36주 이상 이용 ⇨ 임신 전(全) 기간
육아시간 확대	1세 미만 유아, 1일 1시간 ⇨ 만 5세 이하, 1일 2시간, 24개월 범위내
자녀 돌봄휴가 확대	병원진료(검진, 예방접종 포함) 사유 추가, 세자녀 이상은 연간 3일
배우자 출산휴가 확대	자녀수에 따라 5~9일 ⇨ 10일
출산휴가 분할사용 대상 확대	40세 이상 ⇨ 35세 이상

　　여군 비중 확대 및 근무여건 보장 과제에 대한 책임은 국방부 국방개혁실 국방개혁실장 예하 국방운영개혁추진관 및 인사교육개혁담당관 등과 국방부 인사복지실 인사복지실장 예하 보건복지관 및 국방여성가족정책과장 등이 맡고 있다.

3. 장군정원 조정 및 계급 적정화(개혁과제 17-42)

장군정원 조정 및 계급 적정화는 상비병력 감축, 부대구조 개편, 비전투부대 효율화 등 국방개혁 2.0 추진방향과 연계하여 장군정원 조정 및 계급 적정화를 추진하는 것이며 '싸우면 이기는 군대' 건설을 위하여 전투부대의 장군 직위는 보강하고, 비전투부대 장군 직위는 감축 또는 계급 하향을 추진하는 것이다.

장군정원 조정 및 계급 적정화는 상비병력 감축, 부대수 축소에도 불구하고 장군정원 감축이 미미하고 상비병력 규모 및 부대수 축소, 조직의 효율화 차원에서 추진되고 있다.

상비병력 감축, 부대수 축소에도 불구하고 장군정원 감축 미미

우리 군은 1970년대 「한국군 현대화 계획(1971~1977년)」을 추진하면서 1971년 329명이던 장군정원을 1979년 442명까지 증원하였다. 이후 1982년부터 1986년까지 「간부삭감계획(1982~1986년)」을 통해 장군정원을 60여명 감축하였으나, 다음 해부터 1988년 올림픽 대비 전력증강이 추진되면서 다시 50여명을 증원하였다. 이후 일부 부대 창설로 장군도 증원되어 국방개혁이 시작되기 직전인 2005년에는 442명이 되었다.

국방개혁 추진 초기 장군이 지휘하는 10여 개의 부대가 해체되었으나 장군정원을 감축하지는 않았다. 당시 안보상황에 따라 전투부대 부지휘관, 합참 및 육군본부의 필수 참모직위 보강에 해체된 부대의 장군정원을 활용한 것이다. 2007년에는 당시 군 의료체계 개선에 대한 요구에 맞춰 의무분야 장군을 2명 증원하였다. 이에 장군정원은 444명으로 창군 이래 최대규모를 기록하게 된다. 그러나 부대해체에도 장군정원을 유지하는 것은 국방개혁취지에 맞지 않는다는 비판이 제기되었고, 장군정원 감축에 대한 국민적 요구가 커지는 계기가 되었다.

장군정원 감축이 본격화된 것은 2010년 대통령 직속으로 운영된 국방선진화 추진위원회에서 "장군 10% 이상 감축"을 건의하면서부터였다. 위원회는 전체 장군수가 많고 육군 편중 현상이 심하다는 점을 지적하면서 장군정원 감축, 장군계급 하향 조정, 3군 균형편성 등을 건의하였다. 이에 국방부는 「장군정원 감축 및 계급 적정화 방안」을 마련하고, 2012년 8월 장군정원 60명을 2030년까지 감축하겠다는 계획이 포함된 「국방개혁 기본계획 2012~2030」을 수립하였다.

표 Ⅰ-16 | 장군정원 변천 현황 단위: 명

연도	장군정원	상비병력	기간 중 주요 이슈
1953	109	70.6만	육군 1군 창설
1957	333	72.0만	美 핵무기 배치 및 상비병력 감축(1957년~1959년)
1961	239	60.0만	상비병력 감축
1969	329	60.0만	청와대 습격·푸에블로호 사건(1968년) 이후 자주국방 표방, 동원·향토사단 창설
1975	360	60.0만	한국군 현대화 계획 추진(1971년~1977년)
1979	442	60.8만	율곡계획에 의한 전력 증강(1977년~1986년), 한미연합사 창설(1978년)
1986	387	63.0만	간부삭감 계획(1982년~1986년)
1989	434	65.5만	88 올림픽 대비 전력 증강(1987년~1988년)
2007	444	66.9만	평시 작전권 환수(1994년), 국방개혁 추진(2006년~추진 중)
2013	441	63.3만	장군정원 감축계획 수립(2012~2030, 60명)
2017	436	61.8만	장군정원 감축계획 수정(2014~2030, 46명)

그러나 2013년 상부지휘구조 개편이 무산되고 국방개혁 기본계획이 2차례 수정되면서 장군정원 감축은 난항을 겪게 된다. 안보여건 변화에 따라 증·창설 부대가 증가되면서 장군정원은 2017년까지 8명만 감축하는 데 그쳤다. 특히, 2017년초 「국방개혁 기본계획 2014~2030(수정1호)」 수립 시에는 장군정원 감축 규모를 60명에서 40여 명 수준으로 축소 조정하여 당초 계획보다 후퇴했다는 대내·외 비판을 불러왔다.

상비병력 규모 및 부대수 축소, 조직의 효율화 차원에서 장군정원감축 필요

국방개혁에 따라 상비병력이 감축되는 만큼 장군정원도 감축이 필요하다. 국방개혁 2.0에 따라 우리 군의 병력은 50만 명으로 감축되고, 장군이 지휘하는 부대수도 상당히 축소될 것이다. 또한 병력이 줄어드는 만큼 교육 및 근무지원 부대 등의 장군직위도 감축되거나 계급을 하향하는 것이 바람직하다. 각 군의 비전투부대나 국방부 직할부대 등을 중심으로 부대의 규모에 비해 장군으로 상향 편성된 직위를 바로잡아야 한다. 직무값 보다는 각 군, 각 병과 간의 형평성을 이유로 장군으로 편성된 직위가 없는지 점검이 필요하다. 전투력을 발휘하는 창끝부대 조직은 약화되고 머리만 둔중한 모습으로 변하지 않도록 재정비가 필요한 시점이다.

조직과 인력운영의 효율성 측면도 살펴봐야 한다. 준장과 대령의 연간인건비 자체는 큰 차이가 없다고 하지만, 장군직위 유지를 위한 각종인력과 시설도 고려해야 한다. 특히 지휘관이 장군으로 편성되면 연쇄적으로 하부 조직이 양적·질적으로 확대 편성된다. 반드시 필요한 직위가 아니라면 장군 편성을 줄이고 조직을 슬림화하여 절감된 예산과 인력으로 전투력을 강화하는 데 투자하여야 한다.

장군 정원 조정 및 계급 적정화를 위한 추진목표는 다음과 같다. 첫째, 2018년초 기준 436명의 장군정원을 2022년까지 360명으로 76명 감축한다. 둘째, 각 군의 부대개편 계획, 인력운영 여건 등을 고려하여 연도별 조정계획을 수립·추진한다.

장군 정원 조정 및 계급 적정화 기조 및 4대 원칙

장군 정원 조정 및 계급 적정화 기조는 '싸우면 이기는 군대' 건설을 위하여 전투부대의 장군 직위는 보강하고, 비전투부대 장군 직위는 감축, 계급 하향, 또는 군무원화를 추진하는 것이다. 장군정원 조정 4대 원칙은 아래와 같다.

표 Ⅰ-17 ┃ 장군정원 조정 4대 원칙

우선원칙	▶ 전투준비태세 완비를 위해 전투부대 중심 우선 편성	미래합동작전수행, 접적지역 전투부대
전환원칙	▶ 비전투부대 직위 중 민간 전문성 활용 가능분야는 군무원 등 민간인력 전환 추진	국방부, 국직, 군수·교육·행정부대
균형원칙	▶ 각 군간 유사임무·기능에 대해 동일계급을 원칙으로 하되, 각 군의 특수성 및 예하부대 규모 고려 균형되게 조정	각 군 본부
제한원칙	▶ 비전투분야 지휘관의 과도한 계급상향 제한	군수·교육·행정부대

장군 정원 조정 및 계급 적정화 추진방향은 1) (국방부·방사청 등 직위 전환 및 조정) 군령 보좌 등 군사전문성이 필요한 경우에만 장군직위 유지, 한시조직의 장군직위는 기간 만료 후 감축, 2) (상부지휘부대의 직위 조정 및 계급 적정화) 합참·각군 본부 처(차)장 직위 감축, 참모 직위의 계급 적정화 및 균형 편성, 3) (국직부대 정비) 각 군으로 전환되는 부대, 비전투 행정업무 수행부대는 개편 방향에 따라 직위 삭감 또는 계급 하향 조정, 4) (군수·교육·행정부대 효율화) 비전투부대 지휘관에 대한 과도한 계급 상향제한 원칙을 적용하여 지휘관 계급하향 조정, 민간 활용 가능 직위는 예비역·민간전문가로 전환, 5) (전투부대 편성 강화) 전투력 유지 및 준비태세 역량 확보 차원에서 접적지역 및 미래합동작전 수행 전투부대 편성 강화이다.

각 군별 장군정원 조정계획

장군정원 조정은 부대개편 및 한시조직 정비에 따른 자연감축으로 이루어지는데 먼저, 부대개편에 따른 감축으로 육군 1·3군사령부 해체, 군단·사단수 축소, 국직부대 개편계획에 따른 합동군사대 해체 등이 포함된다. 부대개편에 따른 증원은 육군 지상작전사령부, 기보·기갑여단, 공군 정찰비행단 창설 등에 따른 직위 반영이 포함되며 한시조직 정비로 국방부·육군본부 국방개혁 관련 직위, 주미사업단 등은 한시기한 만료시 감축될 예정이다. 또한, 타 신분 전환으로 장군정원을 조정할 계획인데 국방부 및 방위사업청은 군령보좌 등을 위한 필수 직위 제외하고 문민화를 추진하고 근무지원단장, 체육부대장 등 비전투 행정업무 수행 부대·부서장은 민간 전문성을 활용할 수 있도록 군무원으로 전환할 계획이다.

표 Ⅰ-18 | 각 군별 장군정원 조정계획   단위: 명

구 분	계	육군	해군(해병대)	공군
현 편	438	315	64(15)	59
조 정	360	247	59(14)	54
증 감	-78	-68	-5(-1)	-5

* 합참·국직부대 3군 균형편성(1:1:1) 관련 「국방개혁에 관한 법률」 제29조·제30조 개정 완료시 균형편성을 위해 소요되는 정원은 위 계획에서 각 군간 정원조정을 통해 확보

더불어, 부대운영 효율화를 위해 종합군수학교 교육단장, 학생군사학교 교수부장 등 직무값 대비 상향 편성되어 있는 지휘관 및 참모 계급 하향(장군 → 대령) 조정하고 보병·포병·기계화학교 교육여단장 등 비전투분야 중간지휘구조를 감축하여 조직의 슬림화를 추진할 계획이며 기타 효율적 조직 운영을 위한 군 변경 및 보강을 할 계획이다.

전투부대 편성 강화를 위해 군단 및 상비사단 부지휘관은 100% 장군으로 편성하고 창설 당시 장군급 부대로 승인되었으나, 정원 여건상 대령으로 운영하던 해군정보단장, 공군 항공정보단장 등은 장군으로 상향할 계획이다. 계급조정으로 부대개편에 따라 축소되는 부대, 직무값 대비 상향 편성되어 있는 비전투부대 지휘관 및 참모의 계급은 하향 조정하고 전투부대 부지휘관 및 확대 개편되는 부대장 계급은 상향 조정할 계획이다.

연도별 세부조정계획 수립(2017년) 및 매년 단계적 감축(~2022년)

부대개편 계획, 인력운영 여건 등을 고려, 매년 장군정원 15~16명을 감축하여 2022년까지 완료할 계획이다. 기획재정부·행정안전부와 협의하여 장군 대체 군무원·공무원 정원(34명)을 확보할 계획이다.

표 Ⅰ-19 | 장군정원 단계적 감축계획

연도	계	2017년	2018년	2019년	2020년	2021년	2022년
인원(명)	-78	-2	-16	-15	-15	-15	-15

장군 정원조정 및 계급 적정화를 위한 법령 제·개정 소요는 다음과 같다. 첫째, 국방부 및 방사청 현역 국장 직위의 공무원으로 전환 또는 감축(한시)에 따라 국방부와 방사청 직제 개정(2018~2022년)이 필요하고 둘째, 장군직위 감축 또는 군무원 전환 관련 해당 직위가 규정된 법률·대통령령(법률 3개, 대통령령/직제·부대령 11개) 개정(2018~2022년)이 필요하다. 장군 정원조정 및 계급 적정화 과제에 대한 책임은 국방부 국방개혁실 국방개혁실장 예하 국방운영개혁추진관 및 인사교육개혁담당관 등과 국방부 기획조정실 기획조정실장 예하 기획관리관 및 조직총괄담당관 등이 맡고 있다.

4. 합동성 강화 및 군 전문인력 양성·운영 여건 보장(개혁과제 18-42)

합동성 강화 및 군 전문인력 양성·운영 여건 보장은 합동성 강화를 위해 합참·국직부대의 각 군 균형편성 및 순환보직을 추진하며, 관련분야에 전문화된 인력운영 여건을 마련하고 미래 전장환경 변화에 유연하게 대응하면서 국방발전을 선도할 고도의 전문성을 갖춘 인재를 양성하는 것이다.

합동성 강화 및 군 전문인력 양성·운영 여건 보장은 ① 합참 및 국직/합동부대의 3군 균형편성 강화 필요, ② 합참 및 합동부대의 합동 전문지격자 보직률 상향 조정 필요, ③ 장교 계급별 합동교육체계 구축 필요, ④ 우수한 합동교리연구 전문연구관 선발 필요, ⑤ 미래 신학문분야에 대한 전문인력 양성 필요 차원에서 추진되고 있다.

합참 및 국직/합동부대의 3군 균형편성 강화 필요

전쟁 패러다임이 다차원의 입체적 합동전 양상으로 변화하면서, 각 군이 능력의 조화를 이루며 최고의 전투력 발휘를 위해서는 합동성을 극대화하는 것이 필수적이다. 특히, 최고의 군령기관인 합참이 군사전략·전력획득·전쟁수행계획 그리고 이를 결심하고 시행할 수 있는 지휘체계 등 제 분야에서 합리적으로 의

표 Ⅰ-20 │ 2018년 기준 합참 각 군별 공통·필수직위 편성 및 비율

구 분		육·해·공군 비율
장 군	필 수	3: 1: 1
	공 통	2.5: 1: 1.3
대 령	필 수	3.3: 1.3: 1
	공 통	2.1: 1: 1
중 령	필 수	2.1: 1: 1.1
	공 통	2: 1.1: 1
소 령	필 수	2.1: 1.2: 1
	공 통	1.8: 1: 1
계	필 수	2: 1: 1
	공 통	2: 1: 1

사를 결정할 수 있도록 3군을 균형적으로 편성하는 것은 합동성 강화의 초석이라 할 수 있다.

합참의 주요의사를 결정하는 장성의 직위는 29개(필수 10개, 공통 19개)이며, 대령급 직위는 91개(필수 22개, 공통 69개)이다. 이중 「국방개혁에 관한 법률」은 대령급 이상의 공통직위에 대해 육:해:공군의 편성비율을 2:1:1로 명시하고 있다. 하지만 각 군이 동수로 편성되지 못하고, 특정 직위에 특정 군이 연속적으로 보직되는 문제점이 지속되고 있어 제도적 개선이 요구되고 있는 상황이다. 또한 합참 영관급 이상 직위중 필수직위가 전체 직위의 41%로 과다 지정되어 있으며, 특히 장성 및 대령 필수직위에 특정군이 54%로 편성되어 있어 합참 필수직위 지정 최소화가 필요하다.

합참 공통직위 순환보직은 장군의 경우 19개 직위 중 6개 직위(32%)가, 대령의 경우 67개 직위 중 32개 직위(48%)가 동일군에서 3회 이상 연속 보직되어 순환보직 준수 방안 마련이 필요하다. 또한, 국직부대 장성급 지휘관은 「국방개혁에 관한 법률」에 따라 육·해·공군 3:1:1로 편성토록 되어 있으나, 실제로는 각군별 16:3:1(2018년 기준)로 보직하고 있어 개선이 필요하다.

표 Ⅰ-21 | 2018년 기준 합참 장성 및 대령 공통직위 순환보직 미준수 현황

구 분		미 준수 직책 (동일 군 연속보직 횟수)
장성	육군	작전본부장(10회) 등
	공군	군사지원본부장(3회) 등
대령	육군	• 8회: 정책과장 등 2개 직위 • 7회: 징후경보과장 등 4개 직위 • 6회: 현용정보과장 등 4개 직위 • 5회: 특수전과장 • 4회: 전력분석과장 등 7개 직위 • 3회: 의장보좌관 등 7개 직위
	해군	• 3회: 인사/의무계획과장 • 4회: 군정위연락단장 등 3개 직위
	공군	• 3회: 탄도미사일능력분석과장 • 4회: 방공작전과장 • 5회: 표적정보과장 등

합참 및 합동부대의 합동 전문자격자 보직률 저조

「국방개혁에 관한 법률」 및 동법 시행령 상 합동전문자격 보유자를 합동직위에 우선 보직하도록 되어 있으나, 2018년도 합동전문자격 보유자의 합동직위 보직율이 38.6%으로 매우 저조하여 향상방안 마련이 필요하다. 또한, 합동전문직위 지정이 합참·연합사의 중령이상 계급에 편중되어 있어 소령의 합동전문인력 Pool 형성이 미흡하며, 합동전문자격 부여기준이 각군별 상이하여 제도개선이 필요하다.

표 I-22 | 2018년 기준 합동 전문자격 보유자의 합동직위 보직율

구 분	계	합 참	연합사	합동부대
보직인원/직위수 (보직률)	298/773 (38.6%)	192/468 (41.0%)	96/260 (36.9%)	10/45 (22.2%)

장교 계급별 합동교육체계 구축 필요

합동교육은 지속적으로 확대 및 발전되어 왔으나, 사관학교 교육과 소령을 대상으로 하는 합동기본과정, 일부 중령이 참여하는 합동고급과정 등 일부계급에서만 실시되어 왔다. 현재의 합동교육은 소수 인원과 특정 계급에 국한되어 합동성 마인드 강화에 제한이 있어 전 장교계급별 합동교육체계 구축이 필요하다.

우수한 합동교리연구 전문연구관 선발 필요

교리부서에서는 정상적인 교리업무 수행을 위해 교리업무 유경험자가 필요하지만, 각 군의 인력현황 및 보직 우선순위를 고려할 때 적정 수준의 교리업무 유경험자를 보직하기가 현실적으로 매우 어려운 상황이다. 현재 현역 교리연구관의 경우 대부분 전역이 임박한 자로 보직되어 충분한 활용이 곤란하고, 연구 교범과 무관한 인원들이 보직됨으로써 연구의 효율성이 저하되고 있는 실정이다. 우수한 자원을 장기적으로 양성하고 활용할 수 있는 방안 마련이 필요하다. 현재 합동대학교에는 합동교리 예비역 연구관은 한명도 편성되어 있지 않아 전문성은 물론 장기 활용성 측면에서도 많은 제한이 있어 신규확보 추진이 필요하다.

미래 신학문분야에 대한 전문인력 양성 필요

각 군에서는 미래전 양상변화에 따른 전장환경 분석과 대응방안 마련 등을 위하여 전문인력 양성 확대를 요구하는 반면, 전문인력 양성 예산은 2009년 이후 점차 축소(2009년 188억원 → 2018년 113억원)되고 있어 위탁교육의 효율성 제고가 불가피한 시점이다. 군별 인력규모 및 병과/특기관리 여건의 특성을 반영한 전문인력 인사관리기준이 미비하여 전문인력 활용성 제고를 위한 관련법령·제도 개선과 전문인력 경력관리모델 등 인사운영체계 정립이 필요하다.

합동성 강화 및 군 전문인력 양성·운영 여건 보장을 위한 추진목표는 다음과 같다. 첫째, 합참·국직부대의 군 별 균형편성비율 및 필수·공통직위 조정과 순환보직 이행력 제고를 통해 합동성을 강화하고 통합전력 발휘를 극대화 한다. 둘째, 합동전문자격 기준 확대 및 인사관리 등 합동전문 인력운영을 효율화 한다. 셋째, 장교후보생부터 고급간부에 이르기까지 합동성 마인드를 함양할 수 있도록 군 복무 생애주기 간 단계별 합동교육체계를 마련한다. 넷째, 합동교리 전문연구관 자격요건 보완 및 예비역 합동교리연구관 신규확보로 합동교리연구관 전문성을 강화한다. 다섯째, 위탁교육 효율화를 통해 로봇공학, 빅데이터 등 미래 신학문분야 전문인력 양성을 확대하고 전문인력 활용성 제고를 위해 전문인력의 개념·범위·운용기준 등 경력관리모델을 정립한다.

합동성 강화

합동성 강화를 위해 균형편성·순환보직 관련법령 개정 및 실행력 제고 방안을 추진(2018년)한다. 특히, 합참 공통직위 균형편성 비율 조정(육·해·공 2:1:1 ⇨ 대령이상 1:1:1, 중령이하 2:1:1이하), 국직부대 장성급 지휘관 균형편성 비율 조정(육·해·공 3:1:1 ⇨ 1:1:1), 합참·국직부대 순환보직 관련 단서조항 개정(동일군 3회 이상 연속금지 ⇨ 동일군 연속금지/시행령 ⇨ 법으로 상향), 순환보직 강화 이행 방안 마련(순환보직 예고제 등), 합참·국직부대 지휘관 또는 부지휘관(참모장)의 보직관련 조항 개정(그 중 1인은 육군으로 보직 ⇨ 군을 달리하여 보직)에 중점을 두어야 한다.

합동전문인력 Pool에 의한 인사관리를 추진해야 하는데 인력 Pool 확대를 위한 합동전문자격 부여기준을 검토(2018년)하고 합동전문자격 보유자 및 합동고급과정 이수자의 합동직위 우선 보직 등 합동 전문자격자 보직률 향상을 추진한다.

장교 계급별 단계적인 합동교육체계를 구축(~2019년)하기 위하여 장교 계급별 합동교육을 반영하고 국방교육훈련훈령의 합동교육 관련 세부 지침을 보완할 계획이다.

- 위관: 고등군사반 과정에 3군 공통 합동성 교육 반영
- 소령: 합동기본과정 또는 각군대학 과정에 반영(합동대 조직개편과 병행하여 검토)
- 중령: 합동고급과정
- 대령/장성: 안보과정/고위정책결정자과정 등 합동정책 관련 교육

교리연구인력 보강 및 인사관리방안을 검토(~2019년)하기 위하여 합동교리 전문연구관 자격요건을 보완하고 예비역합동교리연구관 신규확보를 추진(2018년~2022년 8명)할 계획이다.

군 전문인력 양성 및 운영여건 보장

위탁교육 효율화로 미래 신학문분야 전문가 양성을 확대하기 위하여 위탁교육 소요조정을 통한 교육과정을 합리화하고 미래전쟁 수행양상 변화를 선도할 군사과학기술 분야를 집중 양성하며 위탁교육 선발-교육-평가/사후관리 3개 영역으로 구분, 관리를 강화할 계획이다.

또한, 군별 인력운영 여건을 고려한 전문인력 경력관리 모델을 정립(~2019년)하기 위하여 전문인력의 개념·범위·선발·운용기준 등 인사관리법령을 정비하고 전문인력 '소요산출 ⇨ 교육 ⇨ 활용(특기·인사·진급관리)'을 연계한 인사관리체계 설계 및 인사관리법령을 정비할 계획이다.

합동성 강화 및 군 전문인력 양성·운영 여건 보장을 위한 법령 제·개정 소요는 다음과 같다. 첫째, 합참 대령이상 공통직위 균형편성 비율 조정에 따라「국방 개혁에 관한 법률」제29조(합참의 균형편성 등)를 개정한다. 특히, 합참 대령이상 공통직위 및 장성급 국직부대 지휘관의 각 군 균형편성 기준을 기존 육:해:공＝2:1:1의 비율(국직부대 지휘관 육:해:공＝3:1:1)에서 육:해:공＝1:1:1의 비율로 조정하고 합동성 강화 및 3군 균형발전을 위해 현재 '합참의장 및 합참차장중 1명은 육군으로 보직한다'라는 것을 '군을 달리하여 보직한다'로 수정한다. 둘째, 합참 대령 이상 공통직위 및 국직부대 지휘관 순환보직(동일군 연속보직 금지) 조항을「국방

개혁에 관한 법률」 제29·30조에 명시, 「동 시행령」 제18·19조 단서조항을 삭제한다.

「국방개혁에 관한 법률」에 단서조항을 근거로 순환보직 원칙이 준수되지 않고, 일부 특정군 위주로 보직을 하는 문제점을 해결하기 위해 합참 대령이상 공통직위 및 장성급 국직부대 지휘관 직위는 같은 군 소속 장교가 연속보직할 수 없도록 순환보직 조항을 명시하고 동 시행령 제18조의 4항(대령으로 보직되는 합동참모본부의 공통 직위는 같은 군 소속의 장교가 동일 공통직위에 3회 이상 연속하여 보직할 수 없다. 다만, 그 직위의 전문성 및 특수성과 군 인력운영 여건상 필요 하다고 인정하는 경우에는 그러지 아니하다.)의 단서조항을 삭제한다. 또한, 동 시행령 제19조의 1항(국방부직할부대 등의 지휘관에 대하여 각군간 순환하여 보직하되 같은 군 소속의 장교를 3회 이상 연속하여 동일직위에 보하여서는 아니된다. 다만, 그 직위의 전문성 및 특수성과 군 인력운영 여건상 필요하다고 인정하는 경우에는 그러지 아니하다.)의 단서조항을 삭제한다.

합동성 강화 및 軍 전문인력 양성·운영 여건 보장 과제에 대한 책임은 국방부 국방개혁실 국방개혁실장 예하 국방운영개혁추진관 및 인사교육개혁담당관 등과 국방부 기획조정실 기획조정실장 예하 기획관리관 및 조직관리담당관, 인사복지실 인사복지실장 예하 인사기획관 및 인사기획관리과장 등이 맡고 있다.

1. 예비전력 내실화(개혁과제 19-42)

예비전력 내실화는 적정규모의 예비군 편성을 조정하여 선택과 집중을 통한 자원관리의 효율화를 달성하는 것이며 개전 초기 동원위주부대의 동원준비태세를 강화하기 위한 정예 자원관리, 장비·물자 보강, 예비역 평시 복무 확대 등을 통해 전시에 동원 즉시 전투력 발휘를 보장하는 것이다. 또한, 진시 임무를 고려한 훈련방법 개선, 훈련장 통합 및 현대화, 정예자원 확보, 예비군 활동시 보상비 현실화 등 예비군 훈련체계를 개선하는 것이다.

예비전력 내실화는 ① 국방개혁 추진과 자원감소에 따른 적정규모 예비군 편성 필요, ② 육군 동원전력사령부 중심의 동원준비태세 강화 요구, ③ 동원위주부대의 평시 동원준비태세 강화 요구, ④ 전시 임무수행보장을 위한 예비군 훈련체계 및 여건 개선 필요, ⑤ 해·공군의 예비전력 관리를 위한 조직체계 발전 미흡, ⑥ 예비전력 예산의 한계라는 배경하에 추진되고 있다.

국방개혁 추진과 자원감소에 따른 적정규모 예비군 편성 필요

예비군 총 규모는 275만 명이지만 이들에 대한 관리·편성·훈련·재원부담은 지속적으로 증가하고 있으며 예비군의 전·평시 역할 재정립과 정예화를 위한 적정규모 편성 필요성이 지속적으로 요구되어 왔다. 현재 미국(112만 명)이나 이스라엘(45만 명)도 예비군을 적정규모로 유지하면서 정예화 관리하고 있다. 국방개혁에 따른 부대수감축, 입대자원 감소로 인한 예비군 자원 감소와 전쟁수행개념 변화에 맞춰 동원예비군 규모를 적정수준으로 재판단하고 연차별 훈련대상의 단계적 조정이 필요하다. 향후 예상되는 예비군자원은 2018년(275만 명), 2020년(260만 명), 2025년(225만 명)이다.

육군 동원전력사령부 중심의 동원준비태세 강화 요구

전·평시 동원전력을 효율적으로 통제·관리할 수 있는 통합지휘체계를 구축하여 유사시 전방부대와 수도권 방어에 우선적으로 동원전력을 투입하여 전투력을 발휘할 수 있도록 육군 동원전력사령부를 창설하였다(2018. 4. 6).

- 임 무: 전시, 준비된 동원전력을 작전부대에 제공
  - 평 시: 동원자원을 **집중관리**하여 동원준비태세 유지
  - 전 시: 동원사단 및 동원보충대를 **증편**하여 **전방부대 지원**
- 부대편성: 117명(육군 직할부대) * 부사령관은 전시편성
  - 지휘부: 사령관(★★) 및 참모장(★) 신편
  - 사령부 본부: 3처 3실 9과

동원위주부대의 평시 동원준비태세 강화 요구

동원위주부대(사·여단급, 함대사급, 비행단)의 전시 주요직위에 대한 예비역간부 자원이 부족하고 전시 임무수행 준비가 미흡하여 유사시 조기 전력발휘가 제한 되어 이를 강화해야 한다. 예를 들어, 예비역 영관장교 및 부사관(상·원사)이 절 대부족(충족률 20%±)하고 동원사단, 보충대대의 90% 이상이 예비군으로 편성되 어 있는데, 동원 즉시 전력발휘에 제한이 있다.

'예비역 평시 복무제도'는 전시 동원예비군의 중요직위에 평시부터 예비역간 부를 보직·운영하는 제도로서, 2014년부터 시험운용 하고 있는 '동원 지정된 예 비역 간부의 연 15일 소집부대 복무제도'가 일선 지휘관들에게 긍정적인 평가를 받고 있다. 현재 대대급이하 제대(대위급이하, 중·하사급)에서 시험 운용되고 있으 며, 제대 및 직위, 복무일수 등 확대시행이 바람직하다.

동원위주 부대의 전시 주요직위를 선별하고, 예비역간부를 선발하여 동원지 정한 후 평시부터 비교적 장기간 그 직위에서 복무케함으로써 동원위주 부대의 전투준비태세를 제고하고 인건비 예산 절감 등의 효과를 기대할 수 있다.

표 Ⅰ-23 | 예비역간부 비상근 복무 시험적용

구 분	2014~2015년	2016년	2017년	2018년
인원(명)	79	169	269	585
성 과	평시 동원위주부대에 대한 획기적인 대안으로 전시임무수행에 크게 기여(시험 적용부대 지휘관 요구)			

전시 임무수행보장을 위한 예비군 훈련체계 및 여건 개선 필요

예비군 창설이후 동원훈련 기간은 100시간까지 훈련하다가 현재는 2박3일 (28H)훈련으로 감소했다. 그러나 군 내부적으로 뿐만 아니라 외부 연구용역결과 (산학협력단, 국가전략연구원)에서도 현재의 훈련모델로는 전시임무위주 훈련이 제한되는 것으로 판단하고 있고, 외국의 동원훈련과도 비교가 안 될 정도로 훈련기간이 짧다. 이를 예비군 편성조정과 연계하여 훈련대상과 시간 조정 등 훈련체계 개선이 요구된다.

표 ㅣ-24ㅣ 외국의 동원훈련 현황

구 분	미 국	이스라엘	싱가포르	대 만	북 한
기 간	14일	5일	14일	8일	30일

그동안 예비군훈련은 의무복무라는 인식 속에 충분한 보상이 이루어지지 않아 관련 불만이 지속적으로 제기되어 왔다. 현역병의 봉급이 단계적으로 인상되고 있는 시점에서 생업의 어려움을 감수하고 훈련에 참여해야 하는 기회비용을 고려할 때 합리적 수준까지 훈련보상비를 인상해야 할 필요가 있다. 또한 국회 차원에서도 예비군 훈련보상비 현실화를 위한 법안 발의가 지속되고 있다.

표 ㅣ-25ㅣ 최근 4년간 예비군 훈련보상비 인상 현황

구 분		2015년	2016년	2017년	2018년
동원훈련	보상비	6,000원	7,000원	10,000원	16,000원
일반훈련	교통비	6,000원	6,000원	7,000원	7,000원
	식비	6,000원	6,000원	6,000원	6,000원

🔺 보상비 관련 국회의원 발의 법률 현황

- 서영교 의원: 훈련참석에 따른 손실액 보상(예비군법)
- 김종대 의원: 최저임금 수준으로 보상비 지급(병역·예비군법)
- 신보라 의원: 병장봉급 수준으로 보상비 지급(병역·예비군법)

전·평시 국가기능 유지 및 사회공익 필수 직종에 종사하는 예비군에 대해 '동원과 훈련의 전부 또는 일부를 보류(면제)하는 조치'를 보류라고 하는데, 1968년 보류제도 시행초기에는 소수(1.2만)였으나, 1971년에 대학생까지 확대 적용하였으며 이후 국가기능의 확대, 경제발전과 직업의 다양화로 대상자가 계속 증가되어 현재는 56개 직종 66만여 명이 되었다. 이로 인해 연차이내 동원자원이 부족하여 현역부대 증·창설과 건제유지 동원훈련에 영향을 미치고 있다. 보류제도와 관련하여 예비군 복무의 형평성 측면에서 인권위원회 등 주요기관 및 언론으로부터 문제 제기가 이어지고 있다. 이를 해소하기 위한 전면적인 보류제도 정비가 요구된다.

예비군훈련장은 시·군 단위로 산재(208개)되어 있으며, 시설과 교육용 장비·물자가 매우 노후되어 있다. 열악한 훈련시설과 장비가 훈련성과와 참여도를 저하시키고, 지역개발로 인한 주거지역 확대로 사격장 소음, 교통불편 민원이 지속되고 있다. 또한 국방개혁에 따른 군구조 개편에 의한 병력감축으로 지역방위사단에서는 현재의 소규모 예비군훈련장 운용이 제한될 것이다. 이에 군은 과학화 장비 설치 및 전문교관 운용을 통해 성과위주 예비군 훈련체계를 갖춘 과학화훈련장으로 개선을 추진하였는바, 2013년부터 시범운용한 결과, 성과 및 만족도가 향상되어 이를 확대할 필요성이 제기되고 있다.

표 Ⅰ-26 | 보류대상 증가 현황

1968년~1975년		1976년~1999년		2000년~현재
20만여명 (12개직종)	⇨	40만여명 (64개직종)	⇨	66만여명 (56개직종)

⬥ 금곡 과학화훈련장 시범운영 결과(2003.9월~2017.12월)

- 전담부대에 의한 훈련통제, 과학화 장비활용 측정식합격제 훈련 여건보장
- 훈련수준 평가: 사격수준(명중율 20%이상), 예비군참여/만족도(92%)

해·공군의 예비전력 관리를 위한 조직체계 발전 미흡

현재 해·공군의 예비전력 관리는 각 군의 특성이 반영된 예비전력 관리 및 인원·물자동원 체계 발전이 미흡하여 이를 보완·발전시키기 위한 실질적인 대책이 요구된다.

예비전력 예산의 한계

최근 5년간 예비전력 예산 편성액은 1,200억~1,300억 가량으로 국방예산의 0.31~0.34% 수준에 불과하다. 국방력의 한 축을 담당하는 예비전력의 내실화를 위한 단계적인 예산 증액이 필요하다.

예비전력 내실화를 위한 추진목표는 다음과 같다. 첫째, 예비군 편성 조정 및 정예화 관리체계를 구축, 교육훈련을 강화하여 예비군들의 전투력을 제고한다. 둘째, 육군 동원전력사령부를 중심으로 주요 동원부대의 동원준비태세를 확립한다. 셋째, 예비역간부의 軍 전문성 등을 활용한 복무제도 확대를 통해 부족한 동원자원 확보 및 실질적인 전투준비태세를 보장한다. 넷째, 예비군 훈련체계 개선을 통해 예비군 복무에 대한 긍정적 인식을 확산하고 전투력 발휘를 보장한다. 다섯째, 예비전력 예산을 국방예산의 1% 이상 수준으로 목표를 단계적으로 증액하여 예비전력을 강화한다.

예비전력 내실화의 추진 계획은 ① 예비군 편성 조정으로 선택과 집중에 의한 자원관리 효율성 제고, ② 육군 동원전력사령부 임무수행체계 정착, ③ 예비역 평시 복무제도 확대 시행, ④ 예비군 훈련체계 개선 및 발전, ⑤ 해·공군 특성에 맞는 예비전력 관리체계 개선 및 발전, ⑥ 예비전력 예산을 국방예산의 1% 이상 수준으로 단계적 증액을 포함한다.

| 표 | -27 | 최근 5년간 예비전력 예산 편성액 |

단위: 억원

구 분		2014년	2015년	2016년	2017년	2018년
국 방 비 (증가율)		357,057	374,558 (4.9)	387,995 (5.0)	403,347 (5.2)	431,581 (5.6)
예비 전력	편 성 (증가율)	1,214	1,275 (5.0)	1,231 (−3.5)	1,371 (11.4)	1,325 (−3.4)
	국방비대비(%)	0.34	0.34	0.31	0.34	0.31

예비군 훈련체계 개선 및 발전

전시 임무를 고려하여 훈련유형과 모델 정립(2021년)을 위해 훈련대상별 임무위주 훈련방법 및 기간, 과목 등을 검토(2019년)하고 예비군 편성조정과 연계한 훈련유형을 동원훈련(1~3년차), 지역예비군훈련(4~5년차)로 단순화(2021년)할 계획이다.

표 Ⅰ-28 ｜ 과학화 예비군 훈련장 설치 계획

구 분	현재	2018년	2019년	2020년	2021년	2022년	2023년
현 황	4개소	1개소	7개소	3개소	5개소	11개소	9개소

과학화 시설·장비 설치는 아래 표와 같다.

- 영상모의사격장: 레이저발사기, 감지센서, 영점/기록·분대전투사격
- 실내사격장(25m): 이동표적,사수칸막이, 탄두회수장치, 자동화통제체계
- 전술훈련장: 레이저발사총,자동감지기, 전광판, 시가지/야지분대전술훈련
- 스마트훈련관리: 열화상카메라, 신분증리더기, 스마트워치, 중앙통제실

과학화 예비군훈련장 설치사업과 연계하여 정보통신기술을 적용한 예비군 입·퇴소 관리, 훈련평가, 훈련지원 등 스마트 훈련 관리체계를 구축할 계획인데 국방동원정보체계를 연동(~2021년)하여 훈련결과를 처리하고 예비군홈페이지, APP

표 Ⅰ-29 ｜ 예비군 훈련 보상비 인상 계획

구 분		2018년	2019년	2020년	2021년	2022년
현역병장 봉급(원)		40.5만원	47만원	52만원	59만원	67만원
일반훈련	교통비(원)	7,000	7,000	14,000	18,000	22,000
	식 비(원)	6,000	6,000	7,000	8,000	8,000
동원훈련	보상비(원)	16,000	63,000	72,000	82,000	91,000
최저임금수준		9%	35%	40%	45%	50%

* 일반훈련: 공무원 여비 수준까지 증액 추진(3만원)
* 동원훈련: 최저임금 50%수준까지 증액 추진(9.1만원)

과 연동(~2021년)하여 훈련신청 및 훈련관리를 하며 정부행정망과 연동(~2023년)하여 예비군 신분확인 시스템을 구축할 계획이다.

현역병장 봉급과 연계하여 예비군 훈련보상비를 현실화(2022년)할 것이다.

예비군 보류제도 관련 실효성 있는 방안을 마련하여 시행(2020년 이후)할 계획이다. 이를 위해, 예비군 보류제도 정비 추진계획을 보고(2018년)하고 연구용역(보류 필수 분류안 정립) 및 유관기관 의견수렴(2018년)을 실시하며 공청회 및 설명회 등 공감대를 형성(2019년)하여 예비군법(시행령) 및 훈령을 개정(2020년 이후)할 것이다.

해·공군 특성에 맞는 예비전력 관리체계 개선 및 발전

해·공군본부 동원조직의 임무와 역할 재정립, 예비전력 관리 전담조직을 검토하고 발전(2021년 이후)시킬 것이다.

예비전력 예산을 국방예산의 1% 이상 수준으로 단계적 증액

예비전력 예산을 국방예산의 1% 이상 수준으로 단계적으로 증액할 계획이다.

예비전력 내실화를 위한 법령 제·개정 소요로 예비역 평시 복무제도 도입을 위한 「국방개혁에 관한 법률」, 「예비군법」 등을 개정이 필요하다. 특히, 국방개혁에 관한 법률과 예비군법에 제도의 근거 및 운영에 관한 내용을 개정하고 그 근거에 의거 별도 시행령을 제정해야 한다. 필요한 경우, 20년 이상 복무 또는 연령정년이 도래한 경우 본인의 희망에 의해 예비역으로 복무할 수 있도록 군인사법 제8조(현역정년), 제41조(퇴역) 개정이 필요하며 군 인사법과 연계하여 병역법 제45조(병력동원소집 대상자), 제75조(보상 및 치료), 제75조의 2(재해 등에 대한 보상) 개정이 필요하다. 예비전력 내실화 과제에 대한 책임은 국방부 국방개혁실 국방개혁실장 예하 국방운영개혁추진관 및 인사교육개혁담당관 등과 국방부 인사복지실 인사복지실장 예하 동원기획관 및 동원기획관리과장 등이 맡고 있다.

표 I-30 | 예비전력 예산 증액 계획

구 분	2018년	2019년	2020년	2021년	2022년
예산(억원)	1,325	1,766	2,650	3,533	4,417
국방비 비율(%)	0.31	0.4	0.6	0.8	1

2. 첨단 ICT 기반의 군사력 운용능력 및 사이버 안보 역량 강화 (개혁과제 20-42)

첨단 ICT 기반의 군사력 운용능력 및 사이버안보 역량 강화는 4차 산업혁명과 첨단 ICT 적기 국방 적용으로 국방자원 제약을 극복하고, 국방환경 변화를 선도할 수 있는 스마트한 군사력 운용능력을 보장하는 것이다. 또한, 국방 사이버조직·업무체계를 정립하고, 사이버 인력과 전력을 확충하며 관련 제도를 개선하여 국방사이버안보 역량을 강화함으로써 국방 사이버공간에서의 절대적 우위를 달성하기 위함이다.

첨단 ICT 기반의 군사력 운용능력 및 사이버안보 역량 강화는 ① 4차 산업혁명, 국방 혁신의 기회, ② 국방에서 4차 산업혁명의 중요성, ③ 사이버와 국방의 변화, ④ 국방사이버 안보 역량 강화 추진 필요 차원에서 추진되고 있다.

4차 산업혁명, 국방 혁신의 기회

4차 산업혁명은 지능화·융합화를 통해 국가 경제·사회 전반의 혁신을 가능케 하면서 미래 국가경쟁력을 좌우하는 시대 발전 패러다임으로 대두되고 있다. 이러한, 4차 산업혁명은 국방 분야에도 새로운 변화와 도전을 요구하고 있다. 역사적으로 새로운 기술의 발전과 활용은 군사력 건설과 운용의 성격을 바꾸는 변화로 연결되어 왔다.

표 Ⅰ-31 | 인류 산업혁명 현황

산업 혁명	1784년 (18세기)	1870년 (19~20세기)	1969년 (20세기 후반)	2016년 (21세기~현재)
	1차 산업혁명	2차 산업혁명	3차 산업혁명	4차 산업혁명
	증기기관 발명	전기 발명	컴퓨터·인터넷 혁명	지능정보기술 고도화
전쟁 양상	진지전 (기관총, 속사포)	전격전/총력전 (전차, 항공기, 핵)	네트워크전 (정밀무기, C4I)	하이브리드전 (로봇, 사이버)
	1차, 2차 세계대전		걸프전, 이라크전	(미래전)

선진군은 현재, 첨단ICT를 적극적으로 활용·융합하여 군사력을 강화 중에 있다.

- 미군은 4차 산업혁명 주도기술에 중점을 둔 3차 상쇄전략 추진
  - 인공지능, 가상현실(VR) 이용 자율학습체계, 사물인터넷 등
  - 민간의 첨단 상용기술 적극 활용에 중점을 두고 신속한 획득과 추진조직 능력 강화
- 영국군은 신속하고 민첩한 ICT 획득을 정보화 비전으로 추진
- 호주군은 현대화된 ICT 환경 제공을 정보통신기술 전략으로 추진

국방에서 4차 산업혁명의 중요성이 대두되고 있다. 미래 전장공간은 기존의 3차원(지·해·공)에서 5차원(지·해·공＋우주·사이버)으로 변화하고 있고 각종 정보의 실시간 공유와 제반 유·무인 전력 및 무기를 통합 운용함으로써 정보우위 기반의 스마트 전투형태가 될 것이다. 미래전은 4차 산업혁명 기반의 신기술이 무기체계에 적용되어 전쟁의 승패를 좌우할 것이다. 따라서, 첨단 ICT 국방 적용을 통해 군사력의 첨단·과학화 건설과 국방운영 효율화 촉진 수단으로 국방의 종합적인 4차 산업혁명 대응 노력이 필요하다. 이에, 전력의 지능화·무인화는 군 병력 감소와 병영환경 개선 요구에 대응하며, 미래전에 대비하고 국방운영 효율화를 뒷받침 할 것이다.

사이버와 국방의 변화

사이버 공간은 육·해·공·우주에 이어 제5의 전장으로 현실화 되고 있으며, 영토·영해·영공의 배타적 지배권을 가지듯이 사이버 공간을 의도 대로 창출·운영·통제하는 것은 주권국가의 핵심과업이라 할 수 있다. '사이버 현상'이 국방 업무체계 전반의 근본적인 변화를 선도하고 있으며, 국방 목표달성을 위해 사이버공간의 우위를 달성하는 것이 필수적인 상황이다. 정보(J2), 정보통신(J6), 전력(J5), 작전(J3) 등 전통적 기능들을 사이버 업무로 효과적으로 통합해야만 원하는 목표 달성이 가능한 실정이다. 따라서, 군별·병과별 조직·인력 운영, 분권화된 업무수행체계를 넘어 강력한 리더십, 기민한 환경적응, 기존 업무체계의 타파가 절실한 상황이다.

국방사이버 안보 역량 강화 추진 필요

국방사이버 안보 역량을 강화하기 위하여 누가(조직) 무엇을(임무) 어떻게(역량, 수단) 수행할 것인가에 대한 선제적·장기적 발전방향 모색이 절실한 상황이다. 조직·임무차원에서 사이버사령부 창설 등 조직체계는 갖추었으나, 조직별 임무 및 지휘체계가 모호하여 효과적인 임무수행은 제한되는 실정이다. 인력·전력측 면에서 사이버전은 인력 및 기술수준에 의해 승패가 좌우되나 그간 사이버전 수행에 필요한 역량 확보노력이 미흡하였다. 제도·인프라 관련해서 급변하는 사이버전 특성을 고려하지 않은 채, 기존의 '제도와 개념의 틀'에 갇혀 새로운 대안 탐색에는 실패하였다. 현재, 세계 다수 국가들이 사이버 역량을 강화하기 위해 집중 투자하고 있는 상황에서, 우리 군도 새로운 미래 전쟁 패러다임을 선도할 수 있도록 강도 높은 "국방사이버안보 역량 강화" 추진이 필요하다.

첨단 ICT 기반의 군사력 운용능력 및 사이버안보 역량 강화를 위한 추진목표는 다음과 같다. 첫째, 첨단 ICT 기반 국방의 고도화·지능화 촉진으로 전방위 위협에 동시 대비할 수 있는 미래전 수행능력과 고효율의 국방운영을 보장한다. 둘째, 차세대 한국군 지능형 지휘통제체계를 구축하여 전장 상황 실시간 공유와 적시적 의사결정 지원으로 우리군의 독자적인 지휘통제 능력을 구비한다. 셋째, 신기술 국방적용을 효과적으로 지원할 수 있는 조직을 신설하여 국가혁신성장과 군사력 발전을 촉진할 수 있는 생태계를 조성한다. 넷째, '국방 사이버 공간에서의 절대적 우위 달성'을 비전으로, 국방목표 달성을 위해 어떠한 상황에서도 사이버공간을 활용할 수 있도록 보장한다.

다섯째, 사이버공간에서의 아 활동을 보장하고, 적 활동을 거부함으로써, 사이버전장에서 적대세력 보다 사이버 상에서의 우위를 확보한다. 여섯째, 국방사이버안보 역량 강화 달성을 위해 조직정비, 우수인력 확보, 사이버전력 확충 및 제도 개선의 4대 전략과제를 선정하고, 전략과제별 실행과제를 식별하여 추진한다. 일곱째, 과제 추진간 '합법성', '효과성', '유연성'을 핵심가치로 선정하여 합법적 범위 내에서, 실질적으로 이행 가능하며, 기존의 전통적 '제도와 개념의 틀'을 깬 유연한 대안을 수립하여 추진한다.

첨단 ICT 기반의 군사력 운용능력 및 사이버안보 역량 강화를 위한 추진계획은 ① 첨단 ICT 기반의 스마트한 군사력 운용 능력 보장, ② 국방 사이버조직

임무 및 업무수행체계 정립, ③ 사이버 우수인력 확보 및 관리, ④ 사이버전력 확충, ⑤ 사이버 관련 제도 개선을 포함한다.

첨단 ICT 기반의 스마트한 군사력 운용 능력 보장

ICT 핵심기술 위주 수요 발굴과 R&D/실증사업을 확대(지속)할 계획이다. 각 군 소요와 기술성숙도 고려 우선 추진 분야로는 증강·가상현실(AR·VR)기법을 적용한 실감형 교육훈련 체계 구축(통합전투훈련, 특수부대훈련 시범사업/～2019년), 인공지능(AI) 기반 지능형 분석 및 의사결정지원체계 구축(지능형 CCTV, 군 정비수요예측 시스템 개발/～2020년), M-IoT(Military-Internet of Things, 국방 사물인터넷) 기반 체계 구축(스마트 병영, 경계·부대관리 체계 시범사업/～2020년), 클라우드 기반 국방 빅데이터 종합분석 체계 구축(빅데이터 서비스포털, 원격교육체계 개발/～2019년)이 있다. 이러한 분야에 대한 효과성 검증 후 전력체계, 국방운영 등 국방 전 분야로 확대할 것이다.

차세대 한국군 지능형 지휘통제체계 구축을 위한 준비단계로 추진방향 정책 연구, 사업 추진 종합계획을 작성(2018년)하고 '지능형 통합 지휘통제체계 구축 방안' 정책 연구(KIDA/2018년)를 실시할 것이다. 1단계에서는 각 군별 분산되어 있는 기반 네트워크를 통합(2021년)하고 2단계에서는 KJCCS 등 전장관리체계를 통합(2022년)하여 포털 구축 및 공통 응용체계를 전환하고 3단계에서 전장관리·자원관리체계와 연계하여 지능형 의사결정 지원 모델을 개발(2023년)할 계획이다. 예를 들어, 인공지능기반 의사결정지원 모델 R&D(2019～2022년)를 개발할 것이다. 또한, 국방 ICT 전문 연구·관리 조직의 통합을 검토할 계획으로 임무는 수요발굴, 기술 융합, 표준화, 국방적합성 검증 등 ICT 국방적용 컨트롤 타워 역할을 수행하는 것이다.

국방 사이버조직 임무 및 업무수행체계 정립

국방 사이버조직 임무 및 업무수행체계 정립을 위해 상부조직(국방부/합참) 업무를 명확화(2018년)할 것이다. 이를 위해, 국방사이버안보를 사이버보안과 사이버작전으로 구분하고 국방부는 "사이버정책", 합참은 "사이버작전"을 주관할 계획이다. 또한, 사이버사령부를 작전사급 부대로 위상을 정립(2018년)하기 위해 사이버사령부를 "사이버작전사령부"로 개칭하고 정치적 논란의 중심이 된 사이버

심리전 기능은 완전 폐지하며 사이버작전 수행이 가능토록 사이버공간에 대한 실시간 상황인식 및 정보·작전기능을 강화하고, 전문성 향상과 작전수행 역량 확보를 위한 지원기능을 보강할 계획이다.

사이버보안 업무체계 정립(2018년)을 위해 국방부는 각급 부대 사이버보안 정책 수립 및 지도·감독하고 사이버사는 전군 사이버보안 상황 종합, 사이버대응체계 최종 관리책임, 국방부 통제 하, 각급부대 취약점 식별활동(모의침투) 실시, '알려지지 않은 위협'을 사이버 정보·감시·정찰을 통해 식별하고, 대응방안을 수립하여 각급부대에 전파할 것이며 각급부대는 부대 소관영역 대상 사이버 대응체계 운용, 소요제기, '알려진 위협'에 대한 예방대책 적용, 탐지활동을 실시할 것이다.

사이버작전 업무체계 정립(2018년)을 위해서 합참은 국방 사이버영역 위협 발생 시 작전상황 평가를 통해 합참 주도 하 방어작전 실시 및 군사작전과 연계 사이버작전을 실시하고 사이버사는 전군 사이버작전 상황 종합, 사이버작전체계 최종 관리책임, 합참 통제하 사이버작전 실시(전군 통합대응 주도), 각급부대 능력을 초과하는 상황 발생시 '사이버지원팀'을 운용할 것이다. 각급부대는 능력범위 내 부대 소관영역에 대한 사이버작전을 실시할 것이다.

효과적인 보안암호정책 수행체계 정립(2018년)을 위해 정보 분야의 보안정책 및 정보통신분야의 사이버정책으로 이원화된 보안 관련 정책을 통합, 정책 시너지 창출 및 업무 효율화를 도모(정보본부 '보안암호정책과' ⇨ 국방부 이관)할 것이다. 또한, '국방보안업무훈령'에 규정된 '사이버보안' 유지 및 예방을 위한 활동을 '국방사이버안보훈령'에 통합하여 규정체계를 단일화할 것이다. '사이버보안' 유지 실태 점검 목적으로 시행하고 있는 정보본부의 보안감사와 국방부의 사이버방호기관평가를 통합할 계획이며 군 자체 암호기술 역량 확보를 위해 군 암호장비 개발 주관을 국정원에서 국방부로 이관, 국방부 차원의 일원화된 대외협력을 수행할 계획이다.

사이버 우수인력 확보 및 관리

사이버전문인력 별도 인사관리 방안 수립(2018~2019년)을 위해 장교·부사관은 사이버전문특기를 신설하여 별도 인사관리하고 군무원은 '사이버' 직렬을 신설하여 별도 보직·진급 관리하며 병은 자격요건 충족 인원 대상 '사이버 전문병'을 선발·활용하고 예비역은 사이버 전문 장교·부사관·병 전역 후, 예비군으로 활용할 계획이다.

사이버전문사관 인사관리제도 개선(2018년)을 위해 사이버전문사관의 역량 및 군 요구사항을 고려하여 군내 효과적·장기적 활용방안을 마련(장기복무 선발 우대, 경력관리 모델 정립 및 사이버전문직위에 장기·반복 보직, 사이버전문특기를 신설하여 특기 내 별도 진급관리 시행 등)하고 사이버전문사관 인사관리 제도 개선방안을「국방인사관리훈령」에 반영, 정책의 연속성을 보장하고 정책적 비전을 제시할 것이다.

사이버 교육·훈련제도 수립(2018~2020년)을 위해 사이버전문인력의 신분·계급별 보수교육 목표를 설정하고, 전군 차원의 교육과정을 통합검토하여 교육효과를 극대화할 것이며 '사이버전 훈련장' 및 '사이버전 훈련체계'를 구축하여 다양한 사이버 공격 시나리오를 바탕으로 실전적인 훈련 여건을 마련할 계획이다.

사이버전력 확충

사이버위협 대응체계 고도화(2018~2022년)를 위해 사이버공격의 전술·기법·절차를 분석하여 공격 단계별로 다중 대응하는 방책을 강구하고 국방 정보체계 대상 '모의침투'와 연계, 군의 사이버전력 부족소요를 식별하고, 이를 보강하는 마스터플랜을 수립 및 체계적으로 전력을 확충할 계획이다. 또한, 사이버작전 지휘통제 및 능동방어 체계 구축(2018~2022년)을 위해 중앙집권화 통제 및 분권화 임무수행을 위한 사이버작전체계를 구축(감시정찰-능동방어-지휘통제 기능 등 포함)하고 사이버작전체계는 사이버위협 대응체계와 연동하여 운용토록 구축하며, 현행 군사작전과 사이버작전의 상호 연계된 작전을 보장토록 구성할 계획이다.

사이버 관련 제도 개선

기술 발전 속도에 적기 대응 가능한 획득제도 개선(2018~2020년)을 위해 기술 발전 속도가 매우 빠른 사이버 분야는 변화에 민첩하고 유연하게 대응가능토록 획득제도 개선을 추진하고 사이버 기술의 특성을 고려(기술 급변, 핵심기술은 동일) '무기-비무기체계', '자원-전장체계' 구분 없이 별도의 예산제도를 수립할 계획이다. 더불어, 사업관리 및 기술지원 전담기관 신설(2018~2022년)을 위해 국방 사이버조직은 '사이버보안' 및 '사이버작전'에 전념토록 사업관리와 기술지원을 전담할 수 있는 기관을 신설하고 사이버체계 구축 시, 통합 아키텍쳐 준수 여부 및 상호운용성 준수 여부 등에 대한 전문기관의 검토를 강화할 계획이다.

첨단 ICT 기반의 군사력 운용능력 및 사이버안보 역량 강화를 위한 법령 제·개정 소요로 합동부대의 범위에 국군사이버사령부를 포함하기 위한 「국군조직법 제93조 3항에 따른 전투를 주임무로 하는 각군의 작전부대 등에 관한 규정(대통령령 제25377호)」 개정(제3조 합동부대의 범위에 '사이버작전사령부'를 추가)과 사이버사령부의 사이버작전 임무 구체화 관련 「국군사이버사령부령(대통령령 제28266호)」 개정(부대령 명칭을 「사이버작전사령부」령으로 개정, '사이버작전' 및 '사이버보안' 등 임무 명확화, 정치적 중립의 의무 준수 조항을 신설하여 사이버사령부 임무 수행상 정치적 중립 준수의 근거 마련), '사이버보안' 유지 및 예방을 위한 정책 전반을 국방부가 총괄토록 정보본부의 '보안암호정책과'를 국방부로 이관하고, 「국방정보본부령」 및 「국방부와 그 소속기관의 직제령」 개정(정보본부 보안암호정책과의 국방부 이관에 따라 「국방정보본부령」/「국방부와 그 소속기관의 직제령」 개정), 일반군무원의 계급별 직무의 종류에 '사이버' 직렬 추가 관련 「군무원인사법 시행령(대통령령 제27591호)」 개정이 필요하다. 첨단 ICT 기반의 군사력 운용능력 및 사이버안보 역량 강화 과제에 대한 책임은 국방부 국방개혁실 국방개혁실장 예하 국방운영개혁추진관 및 자원관리개혁담당관 등과 국방부 기획조정실 기획조정실장 예하 정보화기획관 및 정보화기획담당관 등이 맡고 있다.

3. 국방환경 변화를 선도하는 군수개혁(개혁과제 21-42)

국방환경 변화를 선도하는 군수개혁은 미래 군 구조 개편, 첨단 무기체계 운용 증가 등 군내·외 환경 변화에 따라 요구되는 군수지원 능력을 갖추기 위하여 4차 산업혁명 핵심기술을 선제적으로 군수지원체계에 적용·발전시키는 것이다. 또한, 입대 장병 감소와 복무기간 단축에 따른 장병의 전투력 발휘와 생존성을 보장하기 위해 첨단 기술을 적용한 전투피복, 전투장구 및 전투장비의 통합적인 개선을 추진하고자 한다.

국방환경 변화를 선도하는 군수개혁은 ① 양질의 군수 데이터에 기초한 과학적·분석적 정책결정 제한, ② 국방부품의 노후화에 따른 조달 애로 증가, ③ 격오지 및 고립지역에 군수품 재보급 수단 제한, ④ 미래 전장환경에 부합되는 우수한 개인전투체계 필요 차원에서 추진되고 있다.

양질의 군수 데이터에 기초한 과학적·분석적 정책결정 제한

현재 군수데이터는 자산파악, 수요예측, 예산편성 등을 위해 일부 장비와 수리부속 등에 제한적으로 활용되나, 데이터의 신뢰성이 저하되는 문제가 발생하고 있다. 그 원인은 현 군수정보체계가 6개(군수지휘, 탄약, 물자, 각 군 장비정비(3))로 분산·운용되고 있어 데이터가 체계별로 관리되고 정보 체계간 연동 오류로 일부 데이터의 불일치가 지속적으로 발생하고 있기 때문이다. 이로 인해 불일치한 데이터 정비를 위한 노력이 과다하게 소요되고 있다.

또한, 국방개혁, 4차 산업혁명시대 도래, 예산집행의 투명성 제고 등 군수환경 변화에 능동적 대응을 위해 군수 빅데이터 활용의 중요성이 높아지고 있다. 향후 급식, 물자, 유류, 전기 등 군수 전 분야에서 빅데이터의 활용을 확산하기 위한 데이터 표준화 및 체계 통합이 선행되어야 한다.

표 | -32 | 군수 데이터 불일치 현황

총계 (전체대비 불일치)	품명 상이	품종 상이	단위 차이	단가 차이
303,249건(22%)	8,601건	13,025건	8,478건	273,145건

국방부품의 노후화에 따른 조달 애로 증가

군에서는 다수의 무기체계를 30년 이상 사용하면서 주기적인 부품교체가 필요하나, 무기체계의 장기 운영에 따라 업체에서 생산을 중단한 단종 부품이 지속적으로 발생하고 있다. 4차 산업혁명의 추세에 따라, 군수분야에서도 해외조달 수리부속을 획득하는데 많은 어려움을 겪고 있는 단종 또는 수요가 소량인 부품을 최신 기술인 3D프린팅을 통해 생산 및 재생하는 기술을 획득하여, 군장비의 정비 분야에 적용이 필요하다.

선진국은 3D프린팅 장비 및 소재 관련 산·학·연 인프라와 기술력을 바탕으로 맞춤형 3D프린팅 공정기술 개발을 통하여 국방수요부품 제조 공정으로 활용 및 적용하고 있다. 예를 들어, 미국(Military additive manufacturing summit)은 2012년부터 3D프린팅 기술을 국방부품 제조공정기술로 적용하고 있고 유럽(European defence agency)은 2016년부터 3D프린팅 공정을 활용한 국방부품 제조공정기술 개발 진행 중이다. 따라서, 우리 군도 국내 산·학·연 인프라와 기술력을 바탕으로 국방부품의 3D프린팅 개발을 추진하고 3D프린팅 산업간 융합·협력체계의 구축이 필요하다.

격오지 및 고립지역에 군수품 재보급 수단 제한

군은 임무의 특성 상 평시에 주보급기지와 원거리에 위치한 다수의 격오지 기지 또는 부대(GOP, 통신중계소, 방공부대 등)를 운용하고 있다. 격오지 부대의 군수품 보급은 대부분 차량을 이용하여 정기적으로 실시하고 있지만, 차량접근이 제한되는 산 정상부근 부대는 병력이 직접운반 하거나, 모노레일 등을 설치하여 보급하고 있다. 이러한 부대들은 폭우나 폭설 등으로 기상이 악화되면 정상적인 보급이 불가능하며, 특히 전투긴요 수리부속, 의약품 등 긴급하게 재보급이 필요한 경우를 대비하여 드론 등 보급수단 확보가 필요하다.

전시에 의도치 않은 작전 상 이유로 적에게 고립되는 상황이 발생할 경우 차량 또는 인편에 의한 재보급은 아군에게 큰 피해를 강요하게 되며, 헬기나 수송기를 활용한 공중 재보급 시에는 아군의 위치가 노출될 우려가 있다. 따라서 불가피하게 재보급이 필요한 고립 지역에 아군의 피해를 최소화하면서 안정적으로 재보급을 할 수 있는 보다 효율적인 수송 수단 강구가 필요하다. 또한 4차 산업혁명을 선도하는 신성장 동력으로 각광받는 드론을 군수품 수송에 도입함으로써, 드론산업 초기 성장 동력 확보를 위한 수요 창출과 '마중물' 역할에도 기여할 수 있을 것이다.

미래 전장환경에 부합되는 우수한 개인전투체계 필요

우리 군은 출산률 저하로 병역자원 감소 및 군 복무기간 단축정책 추진에 따른 전투숙련도 저하 우려가 증대되어 이를 보완하기 위한 다양한 방안을 강구하고 있다. 이러한 방안의 하나로 개인 장병의 전투력을 우수한 장비와 장구로 한층 높일 수 있는 개인전투체계 발전이 요구되고 있다. 오늘날 전장은 대량살상무기 등 다양한 위험이 존재하며, 복잡하고 다양한 작전임무 수행 능력이 요구되는 공간이다. 이러한 환경에서 각개 전투원이 전투력을 제대로 발휘하기 위해서 실시간 전장가시화와 효율적인 지휘통제, 그리고 첨단기술이 적용된 전투 장비로 전투원 개개인의 전투력 향상과 생존성 보장대책이 필요하다.

국방환경 변화를 선도하는 군수개혁의 추진목표는 다음과 같다. 첫째, 빅데이터 정보기반의 혁신적 군수업무 체계 구축을 통한 과학적 분석 및 예측으로 국방경영 효율화를 선도한다. 둘째, 3D 프린팅 제조기술을 도입하여, 단종 및 조달애로 부품의 생산을 통한 군수지원의 효율성을 제고한다. 셋째, 드론을 이용한 무인 공중 재보급으로 격오지 및 고립지역에 대한 안정적인 지속지원을 보장한다. 넷째, 우수한 개인전투체계 구축을 통하여 장병 개개인의 다양한 임무 수행 능력을 구비하고, 전투(안전)장구류의 개선 및 보급으로 전장 위협으로부터 장병의 생존성을 보장한다.

국방환경 변화를 선도하는 군수개혁을 위한 추진계획은 ① 빅데이터 정보기반의 혁신적 군수업무 체계 구축, ② 국방부품 3D프린팅 생산기반 구축 , ③ 군수품 수송용 드론 전력화로 필수 군수품 긴급재보급 보장, ④ 최신기술을 적용한 개인전투체계의 통합적 개선 추진을 포함한다.

빅데이터 정보기반의 혁신적 군수업무 체계 구축

빅데이터 정보기반의 혁신적 군수업무 체계 구축의 추진 로드맵은 다음과 같다.

군수 업무·데이터 표준화(~2018년)는 군수업무 표준화(3군 공통군수지원, 군수결산서, 재산관리 등), 군수데이터 표준화(품종, 단위, 단가 등 일치화, 표준화에 따른 부서간 업무전환, 인력·예산조정 병행 추진), 그리고 관련 훈령 개정 및 군수·방사청 정보체계

표 Ⅰ-33 | 군수업무체계 구축 추진 로드맵

1단계(~2019년)		2단계(2020년)		3단계(2021년~)
표준화, 통합체계 구축	⇨	시범사업, 기반소요제기	⇨	기반구축, 사업확대

내 자료를 수정할 계획이다.

국방 군수통합정보체계 구축(~2019년)을 위해 현 6개의 군수정보체계를 웹기반의 통합체계로 개발(개발시험평가/2018년 12월, 운용시험평가/2019년 2월, 안정화/2019년 6월)할 계획이며 군수분야 빅데이터 활용방안 세미나(민관군 군수 빅데이터 활용 6개 과제/2018년 10월) 및 정책연구(활용분야 확대, 기반소요 및 제도개선 소요 등/~2019년)를 실시할 계획이다. 빅데이터 시범사업 추진/인프라 관련 소요를 제기(각 군별 1개씩 사업시행, 업무 연관성·시급성·효과성 고려/~2020년)하고 빅데이터 인프라 구축/사업 추진·확산기반을 마련(분석능력 확보, 데이터 품질관리 체계 구축, 민관군 협업 강화 등/2021년~)할 계획이다.

국방부품 3D프린팅 생산기반 구축

국방부품 3D프린팅 생산기반 구축을 위해 각 군 보유 3D 장비 활용 단종 및 조달애로 부품 생산을 추진(3D 프린팅 장비 기술 성숙도를 고려하여 추가 도입 추진/2019년~)하고 국방부품 3D 프린팅 제조기술 개발을 위한 산·학·연 협업을 추진(3D프린팅 기술을 도입하기 위한 시범제작/2018년~, 제조기술 개발/2019년~2021년)할 계획이다. 또한, 3D 프린팅 전문인력 양성을 통한 부품 생산능력을 구비(전문가 양성을 위한 인력 선발, 연구기관에 교육·파견/2018년~)하고 3D 프린팅 기술 성숙도를 고려한 국방센터 설립을 추진(국방 자체운영 혹은 3D 프린팅 제조혁신센터(산업부) 특화지정 방안 검토/2019년~)할 계획이다.

군수품 수송용 드론 전력화로 필수 군수품 긴급재보급 보장

기술수준 조사 및 시제기 구매(2대), 시험평가 착수(~2018년)를 위해 기술수준 및 성숙도 분석(9월) 및 시험평가(10월~)를 실시하고 군사요구도 적합성 판단을 위한 선행연구(육군전력지원체계단)를 실시할 계획이다. 사업추진 기본계획 작성 및 산자부 민·군 기술협력 사업에 반영(~2019년)할 것이며 민간 기술수준 고려 군사요구도 단계화, 구매(1안)·연구개발(2안) 및 '드론봇전투단' 사업과 정보 공유 및 연계 검토할 계획이다. 이를 위해, 1단계 육군 실증평가(~2023년)로 군수학교(2020년, 2대), 군지단(2021년, 2대), 군지여단(2022년, 2대), GOP사단(2023년, 4대)를 실시하고 2단계 전군 전력화(2024년~, 육군 실증평가 결과 고려 전군 확대)로 육군 GOP사단, 공군 방공·관제부대, 해군(해병대) 격오지·도서부대로 확대할 계획이다.

최신기술을 적용한 개인전투체계의 통합적 개선 추진

2022년까지는 개별 품목의 성능개선에 중점을 두고 추진할 계획으로 워리어 플랫폼 신규 획득장비 시범사업을 추진(대상품목/부대: 표적지시기 등 5개 품목/특전사 2개 중대, 보병 2개 중대/2018년)하고 최신 민간기술(민군기술협력과제)을 적용하여 개인장구류(경량화 방탄복) 및 궤도차량승무원체계(Mounted Soldier System) 소요품목을 연구개발(~2020년)하며 타국군 우수사례를 벤치마킹하여 우리 군에 맞는 피복운영체계(Layering[18] System) 및 궤도차량승무원체계를 구축(~2021년)할 계획이다.

부대별 임무수행에 최적화된 전투체계를 선별하여, 부대 임무·유형별로 차등적인 품목을 점진적으로 보급할 계획이다.

그림 Ⅰ-6 ┃ 부대별 임무수행

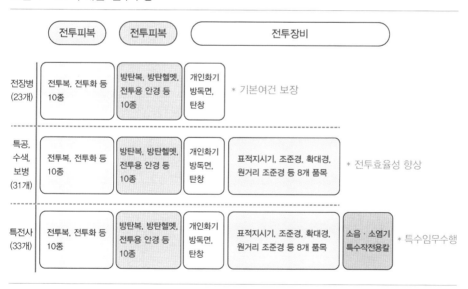

---

18 Layering은 '겹쳐있다'는 의미로, 환경에 맞게 다양한 피복류의 구성과 착용방식 등을 정립하여 피복착용의 효과성을 높이는 방식이며, 현재 기술수준조사 추진 중.

특전사에게는 특수임무수행을 할 수 있도록 소음·소염기, 탄창·대검 등을 포함하여 33개 전 품목을 보급(2019년)하고 특공 및 수색부대 등에는 전투효율성 향상을 위해 표적지시기, 조준경 등을 포함하여 31개 품목을 보급(2020년)하며 전 장병에게는 기본임무여건 보장 및 개인 생존성 보장을 위해 방탄복, 방탄헬멧 등을 포함한 23개 품목을 보급(2022년)할 계획이다. 특히, 방탄복, 방탄헬멧 등 개인의 생명과 직결되는 안전 장구류의 품질을 개선하고 보급기준을 전 장병으로 확대하여 개인 생존성을 보장할 것이다.

2023년 이후부터는 기술수준 고려 개인전투체계 통합형, 일체형 개발을 추진하되 체계개발 간 전투피복·장구류와 전투장비의 연동성에 중점을 두고 비용, 중량, 성능, 인체공학 적합성을 고려한 통합개발을 추진하고 개별 감시 및 타격체계를 하나의 네트워크로 연결하여 전투원을 단위 무기체계로 개발할 계획이다.

국방환경 변화를 선도하는 군수개혁 과제를 위한 법령 제·개정 소요는 없다. 국방환경 변화를 선도하는 군수개혁 과제에 대한 책임은 국방부 국방개혁실 국방개혁실장 예하 국방운영개혁추진관 및 자원관리개혁담당관 등과 국방부 전력자원관리실 전력자원관리실장 예하 군수관리관 및 군수기획과장 등이 맡고 있다.

1. 투명성·청렴성 제고를 위한 개방형 국방운영(개혁과제 22-42)

투명성·청렴성 제고를 위한 개방형 국방운영은 '반부패 개혁으로 청렴한국 실현'이라는 국정목표를 달성하기 위해 국방업무 전반에 대한 국민의 감시와 참 여를 확대하고, 민군협력형 부패방지체계를 구축하기 위함이다. 이에, 예산, 군 수 등 국방 성책에 대한 국민의 이해를 제고하고 공감대를 확산하기 위하여 시 민단체, 일반시민, 학계인사 등이 참여하는 열린 행정을 추진하고자 한다.

투명성·청렴성 제고를 위한 개방형 국방운영은 ① 국제사회가 평가한 우리 나라 청렴수준과 현 정부의 반부패 대책, ② 국방 부문의 특수성에 따른 취약점 을 극복하기 위한 반부패 대책 필요, ③ 국방 부문 전체의 청렴 수준 제고 필요, ④ 국민의 대군신뢰도 제고를 위해 국방정책에 대한 국민과 소통강화 필요, ⑤ '국민참여 확대'라는 정부 시책에 부응하여 재정민주주의를 실현, ⑥ 군 급식 및 피복분야 대외적인 신뢰도 제고 및 정책 개선점 도출 필요 차원에서 추진되고 있다.

국제사회가 평가한 우리나라 청렴수준과 현 정부의 반부패 대책

국제투명성기구의 2017년도 부패인식지수 평가결과, 우리나라는 100점 만점 에 54점으로 180개국 중에서 51위에 해당하며, 이는 우리나라의 경제력 규모 등을 고려할 때 매우 저조한 수준이다. 이에, 정부는 '반부패 개혁으로 청렴한국 실현'이라는 국정과제를 선정하고 국민의 감시와 참여 확대, 민관협력형 부패방 지체계 강화 등을 적극적으로 추진하고 있으며, 2022년까지 국제투명싱기구가 평가하는 부패인식지수 20위권으로의 도약을 목표로 하고 있다.

| 그림 l -7 | 우리나라 CPI 변동 추이

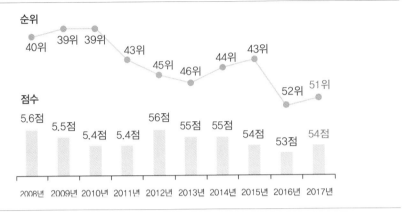

* CPI(Corruption Perceptions Index, 부패인식지수), 2012년 100점 만점으로 변경

국방 부문의 특수성에 따른 취약점을 극복하기 위한 반부패 대책 필요

국방조직은 정부조직법상 중앙행정기관인 동시에 국군조직법에 따른 육·해·공군 등 군사조직을 관장하는 대규모 조직의 특성상, 부패행위자·행동강령 위반자 등 발생가능성이 타 기관에 비해 상대적으로 높을 수 있으며, 전 직원에 대한 청렴교육 등 부패방지 시책 추진도 어려운 실정이므로, 반부패 청렴정책에 대한 관심과 대책 마련이 필요하다.

| 그림 l -8 | 2018년도 국방예산 현황

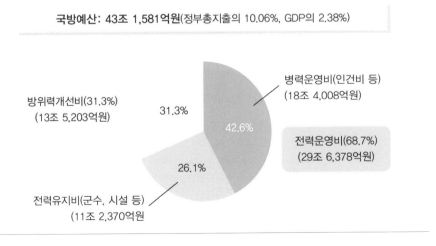

2018년도 국방예산은 GDP의 2.38%, 정부총지출의 10.06%로서, 약 43조 1,581억 원 규모이며, 향후 전시작전권 전환 대비 신규전력 소요 증가, 첨단장비 운영 확대에 따른 군수지원 소요 증대 등으로 매년 국방예산은 증가 추세에 있다. 국방예산 사업의 대규모성으로 인해 다양한 이해관계자가 존재하며, 군납업체·방산업체·건설업체 등으로부터 부정청탁이나 금품 수수 등을 받을 개연성이 상존한다.

국방 부문 전체의 청렴 수준 제고 필요

2017년 공공기관 청렴도 측정결과 병무 분야는 상위등급(2등급)을 유지하고 있으나, 외부청렴도는 3등급에 머물고 있으며, 방위사업 분야는 최하위등급(5등급)으로 측정되었고, 국방 분야는 중하위등급(3등급) 수준이다.

국방부문의 부패는 국가안보와 관련되어 있어 사회적 파장효과가 크고, 부패 발생 시 다른 영역보다 국민의 인식에 더 큰 악영향을 끼치게 된다. 특히, 방산비리는 방위사업청 뿐만 아니라 국방부의 청렴도에도 악영향을 미치게 되는데, 그 이유는 국방부와 방위사업청, 병무청을 국민들은 하나의 국방 부문으로 인식하는 동조화 현상 때문이다.

그림 I -9 | 국방부문 청렴도 현황

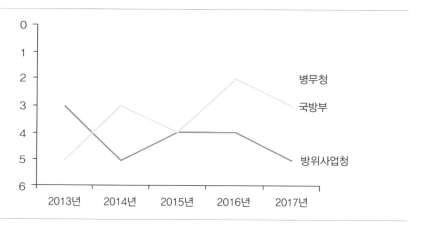

국민의 대군신뢰도 제고를 위해 국방정책에 대한 국민과 소통강화 필요

시민의식의 성장과 민주주의 성숙 등 국민 참여 욕구가 향상 됨에 따라 국민과 함께하는 국방정책 추진 요구 증대하고 있다. 따라서, 국방정책·현안에 대해 국민과의 소통을 통하여 국민의 눈높이에 맞는 국방정책 추진, 대국민 신뢰도 향상이 필요하다.

'국민참여 확대'라는 정부 시책에 부응하여 재정민주주의를 실현

예산 부분에 대한 국민의 참여를 확대하여 재정민주주의를 실현하고 정책 분야의 투명성을 제고해야 한다는 목소리는 기존부터 있어 왔으나, 국민의 제안을 직접 듣고, 정책에 직접 반영할 수 있는 제도는 실질적으로 부재하였다. 이에 현 정부는 예산 분야에 국민의 참여를 확대하는 것을 목표로 다양한 실현방안을 모색하고 있다. 국방예산의 규모와 중요성을 고려할 때 이러한 국민참여는 예산정보의 투명한 공개가 뒷받침 되어야 할 것이다.

군 급식 및 피복분야 대외적인 신뢰도 제고 및 정책 개선점 도출 필요

군 장병의 먹을거리와 입을 거리는 일반 사회에 비해 질적 수준이 낮을 것이라는 외부 인식의 전환이 필요하다. 따라서 전문가 및 각종 외부평가 외에 새로운(어머니) 시각으로 군 급식 및 피복의 운영방식에 대한 문제점 제기가 필요하다.

투명성·청렴성 제고를 위한 개방형 국방운영의 추진목표는 다음과 같다. 첫째, 청렴국방 민군협의회를 구성·운영하여 국방 부문의 반부패 대책에 대한 국민 참여를 활성화하고, 국방 부문의 청렴도를 제고하며, 국방 부문·기업·시민사회 등 사회 각계가 참여·협의하는 민군협력 체계를 구축한다. 둘째, 국방 부문·기업·시민사회 등 사회 각계가 참여하여 청렴사회협약을 체결하고, 이행상황을 지속적으로 점검함으로써 국방 전 분야의 청렴성 제고를 통해 '반부패 개혁으로 청렴한국 실현'에 기여한다. 셋째, 도덕성·청렴성·전문성을 갖춘 민간전문가를 '청렴옴부즈만'으로 위촉하여 국방 주요사업에 대한 부패 감시 및 군내 부패행위에 대한 신고 접수·조사·권고를 독립적으로 직접 수행할 수 있도록 권한을 부여함으로써 국방 부문의 공정성·투명성을 제고한다. 넷째, 주요 국방정책 및 현안에 대한 의견수렴·소통을 통해 국방정책에 대한 공감대를 확산시키고 국방정책 추진 시 발생할 수 있는 사회적 갈등을 최소화 하여, 국민의 신뢰를 제고한다. 다섯째, 국방예산에 대한 정보를 제공하고, 예산이라는 주요정책분야에 대한 국민의 실질적 참여 기회를 마련하여 국방예산 사업에 대한 투명성·신뢰성을 제고한다. 여섯째, 어머니 모니터링단에게 군 급식과 피복의 보급과정을 현장에서 확인하게 하여 기존의 막연한 불안감을 해소함과 동시에 군 보급품의 우수성을 입증하고, 어머니의 눈을 통해 보다 발전적인 제안을 도출하여 군의 먹거리와 입을 거리를 개선한다.

투명성·청렴성 제고를 위한 개방형 국방운영을 위한 추진계획은 ① 청렴국방 민군협의회 구성·운영을 통해 민군협력형 부패방지 체계 구축 및 청렴사회협약 마련, ② 국방부문과 사회 각계 협의를 통한 청렴사회협약 준비, ③ 민간전문가를 청렴옴부즈만으로 위촉하여 주요사업 및 부패 취약분야 감시 강화, ④ 대국민 소통채널 구축, 국방개혁 2.0 국민제안 공모전, 국방 NGO 포럼 등 다양한 소통 프로그램 개최, ⑤ 국민참여단 구성 및 토론회와 정보공개 추진, ⑥ 장병 급식·피복 보급 현장을 확인하기 위한 어머니 모니터링단 운영을 포함한다.

청렴국방 민군협의회 구성·운영을 통해 민군협력형 부패방지 체계 구축 및 청렴사회협약 마련

청렴국방 민군협의회 구성·운영을 통해 민군협력형 부패방지 체계 구축 및 청렴사회협약 마련을 위해 청렴국방 민군협의회 구성 위한 실무회의(2018년 9월)를 개최할 것이다. 이를 위해, 청렴국방 민군협의회 구성을 위한 관계기관 실무회의 개최(국방부, 방위사업청, 병무청 감사부서 관계관), 청렴국방 민군협의회 필요성·구성방안 협의, 환경 조성, 협의회 참여 가능 시민단체, 사회 각계 식별 및 동참 유도(방위산업계, 군납업계, 군 건설업계를 대변하는 협회·단체 등), 국방 기관, 시민단체, 사회 각계 참여 실무회의를 개최할 계획이다.

또한, 청렴국방 민군협의회 운영 규정을 제정(2018년 10~11월)할 계획인데, 제정안 작성 및 관계기관·단체 의견을 수렴(2018년 10월)하고 제정안 규정예고, 법무심사 및 발령할 것이다. 제정안 주요내용은 다음과 같다.

- 구성안
  - 의장: 국방부차관, 민간부문 사회 각계의 대표 공동의장
  - 위원: 20인 이내(국방부, 방위사업청, 병무청, 시민단체, 군납업계·방산업계·군 건설업계 등을 대변하는 협회의 대표 등)
    * 국민권익위원회 주관 청렴사회 민관협의회는 30인으로 구성
- 주요기능
  - 국방부문 부패방지 정책에 대한 국민 참여 활성화에 관한 사항
  - 사회각계가 참여하는 청렴사회협약 체결 등에 관한 사항
  - 부패방지 정책에 대한 사회각계의 제안 및 국민의견 수렴
  - 부패행위 신고자 및 공익신고자 보호·지원 등에 대한 사항
  - 국방부분 청렴도 향상을 위한 기업 윤리경영에 관한 사항
  - 국방부문 청렴교육·홍보·인식개선 등 청렴실천운동에 관한 사항

더불어, 청렴국방 민군협의회 회의 개최(2018년 12월)를 위해 협의회 개최계획을 수립하고 협의회 안건을 식별(청렴사회협약안 검토 포함)하며 협의회 공동의장을 선출(국방분야대표: 차관, 사회각계 대표: 호선)할 계획이다.

국방부문과 사회 각계 협의를 통한 청렴사회협약 준비

협약체결 환경 조성을 위해 협약의 필요성 및 공감대를 형성하고 이해관계자들의 간담회를 개최(청렴국방 민군협의회 실무회의)할 계획이다. 이해당사자들의 핵심으로 구성된 핵심그룹의 형성 및 실무적으로 책임지고 있는 관계관을 지정할 계획이다. 또한, 의제 설정에 있어서 국방 관련 민군 참여기관/단체의 책임과 역할이 포괄될 수 있도록 의제를 종합하고 각 집단 간의 충분한 의견수렴과 협의를 통해 합의 형식으로 의제를 설정할 계획이다. 더불어, 이해당사자들 간의 네트워크를 구축(정기협의회, 수시간담회, 홈페이지, SNS 등)하고 간담회 등의 형태로 출발하여 관련기관 간 협의체로 발전(청렴국방 민군협의회)시킬 것이다. 의제 공론화를 위해 각 부문이나 조직의 검토 및 환류를 통해 의견을 조율하고 청렴국방 민군협의회 검토 안건으로 상정(2018년 12월)할 것이다. 협약체결은 국방 부문, 시민단체, 사회각계 등 이해당사자들 간 협약을 체결(2019년 1월/4분기)하고 협약체결 후 실천과제 이행 점검을 지속적으로 실시할 계획이다.

민간 전문가를 청렴옴부즈만으로 위촉하여 주요사업 및 부패 취약분야 감시 강화

국방부 청렴옴부즈만 훈령을 제정(2018년 4월)할 것이다. 청렴옴부즈만은 도덕성·청렴성이 높은 시민단체·부패방지분야 전문가 등 5인 이내의 전원 민간인으로 구성하고 임기는 위촉일로부터 2년(1회 연임 가능)으로 하며 주요사업 및 부패 취약분야 감시·조사·평가 및 내부신고에 대한 감사 참여, 피해자 구제 권고 임무를 수행할 계획이다. 국방부 청렴옴부즈만 위원 선정(2018년 7월) 및 위촉은 시민단체 소속 3인, 권익위원회 퇴직자 1인, 변호사 1인 등 총 5인으로 선정하고 위촉장을 수여(9월)하며 제1차 청렴옴부즈만 회의를 개최(대표청렴옴부즈만 선출: 호선)하여 청렴옴부즈만 운영방안을 결정할 계획이다. 또한, 청렴옴부즈만 수시 회의를 매월 1~2회 또는 부패신고 접수량에 따라 수시 회의를 개최(2018년 9월~)하여 부패사건 조사, 감사 참여, 개선 권고 등의 업무를 수행할 것이다.

대국민 소통채널 구축, 국방개혁 2.0 국민제안 공모전, 국방 NGO 포럼 등 다양한 소통 프로그램 개최

국방개혁 2.0에 대한 국민 이해 증진을 위해 홈페이지를 구축(2018년 1월)하고 장병 복무여건 개선, 인권 보호 강화 등 국민적 관심이 높은 주제를 대상으로 국방개혁 2.0 국민제안 공모전을 개최(2018년 1월)하며, 대학생·시민·장병 등이 참여하여 총 613건의 참신한 아이디어가 모였다. '국방정책을 위한 제언(2017년 12월)', '국방분야 반부패·청렴대책(2018년 3월)', '국방 양성평등정책 발전방안(2018년 6월)' 등을 주제로 국방 NGO 포럼을 개최(NGO 포럼: 매년 2, 4, 7, 9, 11월 시행/필요에 따라 시기 조정)할 것이다.

국민참여단 구성 및 토론회와 정보공개 추진

국민 참여단 구성 및 국방예산 사업 의견 수렴(2018년 3~4월)을 위해 토론회에 참석하여 국방예산에 대해 논의할 국민참여단을 구성하고 온라인을 통해 국방예산 사업 제안을 공개 모집할 계획이다. 또한, 국민참여단 대상 국방예산 사전교육을 실시하고 일반국민, 장병, 전문가가 함께 국방예산 사업에 대해 직접 토론하는 국민참여 국방예산 대토론회를 개최하며 국민의 주요 관심이 된 사업 일부는 2019년 국방예산 요구안에 제출하고, 일부는 기재부 국민참여 예산에 제출할 것이다. 국방예산 정보공개도 추진(2018년 8월~)할 계획인데 국민이 원하는 예산정보를 시의적절하게 제공하고 모바일 정보 검색 환경 하, 예산정보검색의 편의성을 제공할 것이다.

장병 급식·피복 보급 현장을 확인하기 위한 어머니 모니터링단 운영

어머니 모니터링단 정예화 및 활동 내실화 추진(2018년 3월~4월)을 위해 우수 모니터링단원 선별 및 전문가 코칭 제도를 도입하고 모니터링단 발대식 개최 및 급식·피복분야 기본 교육을 추진할 것이다. 또한, 군 급식 및 피복분야 현장 확인(2018년 5월~10월)을 위해 육·해·공군 각 군별 1개 이상의 부대 방문 및 현장을 확인하고 군납업체 현장방문으로 생산과정과 제품 품질에 대한 이해도를 높일 것이다. 더불어, 어머니 모니터링단 제도개선 및 아이디어를 제안(2018년 11월)하여 군 내부에서 발견하기 어려운 과제를 '어머니의 시각'으로 제안할 계획이다. 2018년 어머니 모니터링단 성과보고회 및 해단식(2018년 11월)도 실시할 예정이다.

투명성·청렴성 제고를 위한 개방형 국방운영 과제를 위한 법령 제·개정 소요는 없다. 투명성·청렴성 제고를 위한 개방형 국방운영 과제에 대한 책임은 국방부 국방개혁실 국방개혁실장 예하 국방운영개혁추진관 및 자원관리개혁담당관 등과 국방부 감사관실 직무감찰담당관 및 청렴정책담당 등이 맡고 있다.

2. 지역사회와 상생하는 군사시설 조성(개혁과제 23-42)

지역사회와 상생하는 군사시설 조성은 전 국토의 약 1/10을 군사적 목적으로 이용하고 있는 상황에서 군사시설 주변의 급격한 도시화, 높아진 주민 권리의식 등의 영향으로 민군 갈등이 확산되고 있는 상황하에서 군사시설 주변지역 주민 불편을 최소화하고 지역사회와 공존하기 위해 군사시설 규제를 완화하여 주민친화적으로 시설을 개선하고자 함이다.

지역사회와 상생하는 군사시설 조성의 추진배경은 ① 국토의 균형 발전과 지역경제 활성화를 위한 규제 완화 추진, ② 국민의 재산권 보장을 위한 보상 확대 추진, ③ 지역사회와 상생할 수 있는 여건 조성 차원에서 추진되고 있다.

국토의 균형 발전과 지역경제 활성화를 위한 규제 완화 추진

전국의 해·강안 경계철책은 359km에 이르며 이 중 60km는 이미 철거를 완료했거나 추진 중이나, 여전히 299km의 철책은 유지되고 있다. 강원도 등 해당 지자체들은 지역 관광산업에 지장을 주고 있는 경계철책을 조속히 철거해 주기를 희망하고 있다. 군사시설보호구역은 전 국토의 8.8%인, 8,813km²를 차지하고 있으며, 특히 접경지역인 경기도, 강원도의 보호구역은 6,292km²로 전체 보호구역의 71%를 차지하고 있다. 특정지역 주민들에게만 국가안보에 따른 불편이 집중되고 있다는 비판과 함께 민통선 일대 보호구역 규제완화를 강력히 요구받고 있는 상황이다.

국민의 재산권 보장을 위한 보상 확대 추진

군이 점유하고 있는 사·공유지 전체는 5,540만m²이고, 이 중 무단으로 점유하고 있는 땅은 2,572만m²(공시지가 4,700억원)로 파악되고 있으며, 나머지 적법하게 점유한 땅도 점유 계약이 만료됐을 때 재계약 하지 않는다면 무단 점유로 전환된다. 국가안보 상 불가피하게 오랜 세월 점유할 수 밖에 없었던 점을 감안해 하루 빨리 바로잡아야 할 부분이다.

지역사회와 상생할 수 있는 여건 조성

지역주민, 지자체로부터의 군사시설 이전의 요구가 증가하고 있으나 작전 여건 상 현 위치 주둔이 불가피한 경우가 존재한다. 작전 여건 상 이전 가능하더라도 이전 예정지역을 선정하는 과정에서 새로운 민군 갈등이 유발될 수 있다. 현 위치에서의 안정적 주둔을 위해서는 지역사회와 공존할 수 있는 방안 마련이 시급하다.

지역사회와 상생하는 군사시설 조성 과제의 추진목표는 다음과 같다. 첫째, 변화하는 작전 개념을 고려하여 해·강안 경계철책 철거, 군사시설 보호구역 해제 등 규제완화를 통해 국토의 균형 발전에 기여한다. 군이 무단점유하고 있는 사·공유지에 대한 보상을 확대하는 등 국민의 재산권 행사를 적극 보장한다. 셋째, 주민 친화적이고 친환경적인 군사시설로 개선하여 주민으로부터 환영받고 지역사회와 상생할 수 있는 여건을 마련한다.

지역사회와 상생하는 군사시설 조성을 위한 추진계획은 ① 군사시설 주변지역 규제 완화, ② 주민 보상 대책 강구, ③ 주민친화적 군사시설로 개선, ④ 친환경적 부대 건설 및 운영을 포함한다.

군사시설 주변지역 규제 완화

현장검증, 작전성 검토를 통해 해·강안 경계철책을 순차적으로 철거할 계획이다. 경계 철책을 전수조사하여 감시장비 보강 후 철거, 즉시 철거, 존치로 대상을 구분하고, 철거예산을 지방자치단체 예산으로 철거하던 것을 국방예산을 투입하여 철거를 추진할 것이다. 합참 작전성 검토 결과(2018년 8월), 전체 철책 중 56.8%가 철거 가능하다. 군 자체철거 가능 구간(1.4km)을 2018년에 우선 철거하고, 나머지 구간(168.2km)은 2019년부터 본격적으로 철거하여 2020년까지 완료할 계획이다.

군사시설 보호구역 해제 및 완화는 민통선 일대 보호구역의 작전적 필요성을 재검토하여 '반드시 보호해야 할 지역' 외 보호구역은 해제 및 완화를 추진하고

표 Ⅰ-34 | 해·강안 경계 철책 철거 계획

구 분	계	철거 대상(169.6km)		존 치
		감시장비 보강 후 철거 (2019~2020년)	즉시 철거 (2018~2019년)	
길 이	298.7km (100%)	134.9km (45.2%)	34.7km (11.6%)	129.1km (43.2%)

보호구역 해제 및 완화 지역을 종합, 검증(2018년 8월)하며 관할부대·합참·국방부 군사시설 보호 심의위원회 심의, 보호구역 해제 및 완화 결과를 홍보(2018년 9월)할 것이다.

주민 보상 대책 강구

무단점유 사·공유지에 대한 보상을 확대할 계획이다. 전체 무단점유지 778만평(2,572만㎡, 4,700억원 추정)에 대한 보상을 매년 점진적으로 확대하고 무단점유 현황 측량(2018년 10월), 소유자에게 점유사실 통보 및 배상 절차 안내(2018년 12월), 무단점유지 배상 및 매입·반환·임차를 병행(연내 지속)할 것이다.

주민 친화적 군사시설로 개선

유휴·방치시설의 체계적 철거를 추진할 계획이다. 전수조사 및 현장토의를 통해 철거 물량 식별, 검증(2018년 9월)하고 2023년까지 전량 철거할 계획이며, 붕괴 위험, 민원 발생 등 긴급 철거 소요로 식별된 1,534개소는 2019년에 우선 철거를 추진할 것이다. 도심 친화적 군사시설 시범사업 계획 수립 및 시행할 계획인데 도심지역 군 주둔부지 최소화, 민군 공동사용 활성화, 군부대 미관 개선 등을 적극 추진하고 인천, 고양 등 수도권 지역 개편부대 사업 중 시범사업 선정(2018년 12월), 사업계획 수립 및 설계(2019년), 사업착수(2020년~)할 것이며 군사시설 주민 개방 근거 마련을 위한 「국방부 소관 국유재산 관리 훈령」 개정(2018년 10월), 주민 개방 시범대상을 선정(2018년 12월)할 것이다.

친환경적 부대 건설 및 운영

재생에너지 보급 확대를 위해 2030년까지 군 건축물 및 유휴부지에 지열 및 태양광 등 설비를 설치하여 군 전력사용량 대비 재생에너지 비중을 25%(60만 MWh)로 확대하고 재생에너지 보급 확대 로드맵 마련(2018년 11월), 재생에너지 시범사업을 추진(2018년 12월, 1~2개소 선정)할 것이다. 또한, 군부대 배출 미세먼지 관리 강화를 위해 2023년까지 노후 경유 차량 1,756대 교체, 친환경차량 411대 보급, 훈련장 기동로 33개소 포장 등을 추진하고 2005년 이전 상용 경유차량 528대는 전량 교체(2019년)할 계획이다.

지역사회와 상생하는 군사시설 조성 과제를 위한 법령 제·개정 소요는 없다. 지역사회와 상생하는 군사시설 조성 과제에 대한 책임은 국방부 국방개혁실 국방개혁실장 예하 국방운영개혁추진관 및 자원관리개혁담당관 등과 국방부 전력지원관리실 전력자원관리실장 예하 군사시설기획관 및 시설제도 기술과장 등이 맡고 있다.

제5장

병영문화 개혁 추진계획

> **대통령님 말씀**
>
> "군의 사기는 국방력의 원천입니다. 군의 사기를 떨어뜨리는 모든 병폐를 근절해야 합니다. 장병의 인권을 보장하고 복무여건을 획기적으로 개선해야 합니다. 국가는 이들을 건강하게 가족에게 돌려보낼 책무가 있습니다. 그 책무를 일선에서 수행한다는 책임감을 갖고 장병 복지 개선에 각별히 노력해주기 바랍니다."
>
> (2017. 9. 28. 제69주년 국군의 날 기념사)

제1절 병영문화 개혁 추진방향

병영문화 개혁의 추진 목표는 '사회발전에 부합하는 인권 및 복지 구현'과 '국가에 봉사하고 개인의 미래를 설계하는 군 복무 보장'을 하는데 있다. 병영문화 개혁은 ① 군 의문사 진상규명 및 근원적 문제해결 요구, ② 장병 기본권과 인권이 중시되는 군 문화 조성, ③ 모두의 인격이 소중하고 존중받는 선진 병영문화 정착 요구, ④ 국민 요구에 부응하는 군 복무여건의 획기적 개선 절실, ⑤ 부수적인 사역 임무로 장병 본연의 임무수행 저해, ⑥ 국민 눈높이와 선진민주국가의 위상에 맞는 병영문화 구현이라는 배경하에 추진되고 있다.

군 의문사 진상규명 및 근원적 문제해결 요구

최근 수년간 군 사망자 수는 감소 추세임에도 불구하고 군 의문사에 대한 진상규명과 영현 미인수 문제 등은 지속 발생하고 있다. 또한 군 사망사고 발생시

군의 수사결과에 대한 불신과 함께 국가의 책임을 확대해야 한다는 의견이 지속 제기되어 왔다. 이에 군 의문사에 대한 전향적 인식과 자세로 근원적 문제 해결 및 재발 방지를 위한 제도 개선이 요구된다.

장병 기본권과 인권이 중시되는 군 문화 조성

공정한 재판을 받을 수 있는 헌법상 권리와 군사 법원 및 군검찰의 독립성과 공정성을 강화해야 한다는 요구가 지속 제기되어 왔다. 또한 과거 대비 군 인권은 향상되었으나 여전히 인권침해 사례가 발생하고 있으며, 헌법재판소의 헌법불합치 결정에 따라 양심적 병역거부자에 대한 대체복무제 도입도 요구되는 시점이다. 사회발전과 국민 눈높이에 맞는 군 사법제도 개혁과 함께 인권 존중의 군 문화조성을 위한 다양한 대책이 필요하다.

모두의 인격이 소중하고 존중받는 선진 병영문화 정착 요구

국민은 군내 불합리한 관행과 부조리로 인한 장병인권 침해 및 악성사고가 없는 '가고 싶고, 보내고 싶은 군대'를 열망한다. 또한, 권위주의적 군 문화 개선을 통해 이병부터 대장까지 모두의 인격이 소중하게 존경받는 선진 병영문화 정착을 요구하고 있다. 아울러서 공관병 논란 등 국민적 정서와 병역자원 감소를 고려하여 장병들이 본연의 임무에 전념할 수 있는 여건 보장이 필요한 시점이다.

국민 요구에 부응하는 군 복무여건의 획기적 개선 절실

2012년부터 2017년까지 병 봉급 인상을 지속 추진하여 왔으나, 최저임금의 15% 수준으로 병영생활 최소경비에도 미치지 못하고 있다. 또한 현행 국민연금 군 복무 크레딧 제도는 군 복무기간 중 6개월에 대해서만 국민연금 가입기간으로 인정하고 있는 실정이다. 군 의료서비스는 장병들의 의료 접근성과 편의성이 미흡하고, 비약적으로 발전된 민간의료와의 격차로 비선호 현상이 지속되고 있다. 병 복무에 대한 합리적 보상이 필요하다는 국민적 요구에 따라 장병들의 복지향상과 복무여건의 획기적인 개선이 절실하다.

부수적인 사역 임무로 장병 본연의 임무수행 저해

병영문화혁신위원회는 과거 악성사고를 분석, 사역으로 인한 병사들의 병영 스트레스를 병영 부조리의 주요 원인으로 제시하고 있다. 이에 청소, 제설, 제초

작업 등 장병들의 사역에 대한 부담을 덜어주고, 오로지 교육훈련과 전투준비에만 전념할 수 있는 여건이 보장 되도록 다양한 대책 마련이 필요하다.

국민 눈높이와 선진민주국가의 위상에 맞는 병영문화 구현

국민은 우리 군의 체질을 혁신하고 장병 복지향상과 복무여건을 획기적으로 개선하는 국방개혁을 통해 '장병 스스로 가고 싶고, 부모가 안심하고 보내고 싶은 군'으로 만들어 줄 것을 열망한다. 따라서 군인정신이 충실한 제복입은 민주시민을 육성하여 국가와 사회에 헌신 봉사함은 물론, 군 복무기간이 개인의 경력 단절이 아닌 개인의 미래를 설계하고 준비하는 시기로 만들어야 한다.

이에, 병영문화 개혁의 추진중점은 다음과 같다. ① 군 의문사에 대한 대국민 및 유가족 불신을 근원적으로 해소할 수 있는 제도를 마련한다. 이를 위해 「군 사망사고 진상규명위원회」를 설치 운영하고 군 내 사망사고 발생 시 외부전문가 수사 참여 및 전문수사인력을 확보한다. ② 장병에 대한 공정한 재판과 인권을 보장하기 위해 군 사법제도를 개혁하고 영창제도를 폐지한다. ③ 군내 불합리한 관행 및 부조리를 근원적으로 차단한다. 즉, 장병 사적지시 및 운용금지를 위한 법령을 정비하고 불합리한 관행 및 부조리 척결 우수부대를 선발·포상하여 각 제대급 부대의 병영악습 차단을 위한 지휘관심을 제고한다. ④ 군 사기앙양을 위해 장병 복지수준을 향상시키고 복무여건을 획기적으로 개선한다. 병 봉급을 연차적으로 인상하고 장병 자기개발 기회를 확대하며 군 병원 운영을 최적화하고 의료서비스 질을 개선하기 위해 군 의료 시스템을 개편하며 직업군인 주거지원 제도 발전과 제대한 군인의 안정적 사회 정착을 위한 일자리 창출을 추진한다. ⑤ 장병들이 충분한 휴식과 전투임무에 전념할 수 있는 여건을 보장하기 위해 장병들의 과도한 사역 임무를 민간인력으로 전환한다.

1. 군 의문사 진상규명 및 근원적 해결을 위한 제도 개선(개혁과제 24-42)

군 의문사 진상규명 및 근원적 해결을 위한 제도 개선은 군복무 중 사망자의 유가족이 사망원인에 의문을 제기하는 사고에 대해 군이 주도·전향적 자세로 근원적 해결책을 강구하고 유가족의 진상규명 및 명예회복 요구를 적극적으로 수용함으로써 대군 신뢰회복과 인권존중 병영문화 조성에 기여하는 것이다.

군 의문사 진상규명 및 근원적 해결을 위한 제도 개선의 추진배경은 먼저, 최근 수년간 군복무중 사망자 수는 감소 추세임에도 불구하고 진상 규명을 요구하는 군 의문사와 미인수 영현 문제 등은 지속 발생하고 있으며, 과거 '군의문사진상규명위원회(2006~2009년)'의 진상규명 활동에도 불구하고 유가족의 불신을 완전히 해소하지 못한 결과, 대군 불신을 초래하고 있다는 점에 기인한다.

표 Ⅰ-35 │ '군 의문사진상규명위원회' 결과 　　　　　　　　　　2017.11.29.(최초보고)기준

구 분	계	진상규명	기 각	진상규명불능
최초	393명	230명	118명	45명
군 순직처리	164명	118명	39명	7명
군 심사소요	229명	112명	79명	38명
미인수영현	11명	0명	9명	2명
		최장기 영현(1999년 시신 1, 유골 1)		

표 Ⅰ-36 | 미인수 영현 현황'   2017.11.29.(최초보고)기준

구 분	계	시 신	유 골
최초	211위	24구	187위
순직처리	126위	15구	111위
본가봉송	18위	1구	17위
2017.11.29.현재	66위	8구	58위
비고	1위		장기근속안장 1

* 순직 결정된 시신 중 전사 및 추가보상요구 안장 거부(2구)

또한, 군 사망사고 발생시 유가족은 군의 수사결과에 대해 책임 회피식 수사라고 불신하며, 유가족의 입장을 대변할 수단이 없다는 점에서 투명·공정하지 못한 군 수사의 문제점을 지속 제기하고 있다.

● 군 사망사고 수사에 대한 유가족의 불신 인식

- 책임회피: 자살원인을 개인사로 돌리고 부대책임 회피 급급
- 부실수사: 정황만으로 판단, 미리 자살로 결정짓고 수사진행, 일부사항에 대한 고의적 수사 누락 등
- 축소·은폐 수사: 사고부대 조기안정, 징계 등 사고여파 축소
- 잘못된 최초수사 결과에 대한 시정이 어려운 조직문화(병과원 보호)
- 불공정·불투명 수사: 유족측 대변자 없고, 자료제공 회피

군 수사결과 부실 요인은 첫째, 수사관 보직률이 저조하기 때문이다. 이는, 수사관 출동대기 등 범죄수사 기본업무·예방업무 등 업무가 과중하고 외상후 스트레스 장애 호소, 수당 등 처우에 대한 불만 등이 있기 때문이다. 이에, 본인 의사에 의한 수사관 자격 반납 사례가 연평균 2~3명(육군기준)이 발생하고 있다. 따라서, 군내 사망사고와 관련, 전향적 인식과 자세로 유가족이 사망원인에 의문을 제기하는 건에 대한 근원적 해결 및 재발 방지책이 필요하다.

구 분	육 군		해 군		공 군	
	현 역	군무원	현 역	군무원	현 역	군무원
소 요	484	12	146	7	113	39
보 직	431	11	130	7	101	36
과부족	-53(89%)	-1(91%)	-16(89%)	0	-12(89%)	-3(92%)

* 수사관 선발시 수사 전문성을 갖춘 적격지원자의 지원율 저조

군 의문사 진상규명 및 근원적 해결을 위한 제도 개선의 추진목표는 다음과 같다. 첫째, 군 의문사 문제 해결을 위해 군 외부의 객관적인 조사가 가능토록 「군 사망사고 진상규명위원회」 설립·운영을 적극 지원하고,「군 의문사 조사·제도개선추진단」을 설치하여 미해결 사건을 조기 종결할 수 있도록 한다. 둘째, 사망사고 발생시 수사과정에 대한 신뢰도를 제고하고 유가족이 신뢰할 수 있는 '공정·투명한 군 수사 체계'를 확립하여 군의문사 재발 및 미인수 영현 발생을 방지한다. 셋째, 군 사망사고 유가족의 고충 해소를 위해 각종 심사·보상신청 등에 관계부처 협업을 통해 원스톱 지원체계를 구축한다.

군 의문사 진상규명 및 근원적 해결을 위한 제도 개선의 추진계획은 ① 군 의문사 객관적 진상규명과 조기해결 노력, ② 의문사 재발 방지를 위한 군 수사 신뢰성 제고, ③ 유관부처 협업을 통한 유족 고충 해소, ④ 군 의문사 조기해결을 위한 관련법령 개정을 포함한다.

군 의문사 객관적 진상규명과 조기해결 노력

「군 사망사고 진상규명위원회 특별법」 제정을 적극 지원하여 군 외부에 독립성을 갖춘 조사기관 설치를 지원(군 사망사고 진상규명위원회 설치/2018. 9. 14.부 시행)하고 군 의문사 조기해결을 위해 여러 부서에 분산되어 있던 재조사, 재수사 및 재심사 기능을 차관 직속 「군 의문사 조사·제도개선 추진단」으로 통합(2017. 9. 1.부)하며 중앙전공사상 심사인력 보충 및 심사대상 확대(월 2회 12명 심사 ⇨ 월 2회 20명 심사)할 계획이다. 또한, 군 의문사위 '순직' 권고 건 중 미심사 건 일괄 순직 처리(의문사위 진상규명자 112명 중 순직권고 103명에 대해 일괄 심사)하고 미인수 영현 우선 순직심사(시신 8구, 유골 58위, 타살 주장으로 재수사 중인 사건/11명 조기해결)를 실시할 계획이다.

의문사 재발 방지를 위한 군 수사 신뢰성 제고

사망사고 수사권 일부를 국방부 또는 각 군 본부로 이관하고 수사 전문 인력을 보강하여 초동수사부터 독립성과 전문성 보장하며 외부전문가(변호사)를 초동수사와 재수사 및 재조사 과정에 참여시켜 유족의 입장을 대변할 계획이다. 또한, 사건현장과 개인사물 등 유품의 임의 훼손을 금지하고 유족이 수사관련 자료 요구시 법률 범위 내에서 적극 제공할 것이다.

유관부처 협업을 통한 유족 고충 해소

국방부와 보훈처간 심사신청절차와 구비서류 간소화를 추진하고 보훈처와 "심사접수-진행-보상"까지 원스톱(ONE-STOP)이 가능한 시스템을 구축할 것이다.

군 의문사 조기해결을 위한 관련법령 개정: 2018. 2. 13. 시행

진상규명불명사망자를 순직분류 가능토록 기준표에 반영하고 공상자 분류기준표를 세분화하며 입대 후 질병이 발생하거나 악화되어 사망시 기준표에 반영하고 중앙전공사상심사위원회의 위원을 50명에서 80명 이내로 확대할 계획이다.

군 의문사 진상규명 및 근원적 해결을 위한 제도 개선 과제를 위한 법령 제·개정 소요는 없다. 군 의문사 진상규명 및 근원적 해결을 위한 제도 개선 과제에 대한 책임은 국방부 국방개혁실 국방개혁실장 예하 국방운영개혁추진관 및 인사교육개혁담당관 등과 국방부 법무관리관 및 군 의문사 조사제도 개선 추진단 TF장 등이 맡고 있다.

2. 군 사법제도 개혁(개혁과제 25-42)

군 사법제도 개혁은 장병 인권보장을 위한 군 사법개혁을 추진하여, 국민 눈높이에 맞는 군사법 제도를 마련하고 군 사법제도 개혁을 통해 군사법원과 군 검찰, 군사법경찰관의 독립성과 공정성, 투명성을 실질적으로 강화하기 위함이다.

군 사법제도 개혁의 추진배경은 ① 군 사법제도 신뢰약화로 2016년 군사법원법 개정, ② 군사법원 평시 유지 필요, ③ 군 사법개혁 추진 차원에서 추진되고 있다.

군 사법제도 신뢰약화로 2016년 군사법원법 개정

군사법원이 평시에도 군에 존재해야 하나, 군사법원이 군 조직에 속해있고, 지휘관으로부터 독립되지 못한다는 우려가 있어 왔다. 군내 비리, 사망사건, 성범죄 등의 처리결과에 대해서 은폐, 축소한 게 아니냐는 의혹이 일어나는 경우가 있어 왔고, 이에 따른 개선요구가 지속되어 왔다. 2014년 윤상병 사망사건을 계기로 군사법원제도의 개선을 추진하였다. 이에 따라 2016년 군사법원법 개정을 통해, 당시 사단급 군사법원을 폐지하고, 군판사에 의한 재판이 이루어질 수 있도록 일부 군 사법제도 개선을 실시한 바 있다.

⏺ 2016년 군 사법제도 개선

○ **평시, 사단급 군사법원 폐지**
  • 군단급이상 부대에 군사법원 운영
    * 현 84개를 31개 보통군사법원으로 축소(국방부1, 육16, 해7, 공7)
      ⇒ 군사법원 수를 현실화하여 양형 적정화, 재판 공정성을 제고
○ **심판관제도 원칙적 폐지**
  • (원칙) 영관급 이상 3인의 군판사로 재판부 구성
  • (예외) 관할관 지정사건에 한해, 심판관을 재판관으로 지정
    * 관할관은 군사범죄 중 고도의 군사적 전문지식과 경험이 필요한 사건에 한해, 장관 또는 각군 총장의 승인을 거쳐 심판관을 재판관으로 지정
  • 심판관이 지정되더라도 재판장은 '군판사'로 임명
  • 군판사 임기(3년), 연임, 신분보장 규정 신설
    * 금고이상의 형 선고에 의하지 아니하고는 파면되지 아니하고, 징계처분에 의하지 아니하고는 정직, 감봉 또는 불리한 처분 금지
      ⇒ 헌법상 '법관에 의한 재판받을 권리' 보장, 군사재판의 독립성·공정성 제고

○ 관할관 확인감경권 엄격 제한
  • 감경권 행사 대상범죄 및 감경범위(1/3 미만)를 법률로 제한
    * 성실하고 적극적인 임무수행 과정에서 발생한 범죄에 한해 감경 가능
    ⇒ 2016년 이후 관할관 확인감경권 행사 '0%'
○ 공정성 침해 우려사건, 상급부대 검찰부로 관할이전
    * 수사공정성 침해 우려 사건: 지휘관 관련사건, 주요 직위자 범죄 등

군사법원 평시 유지 필요

국가의 안전보장과 국토방위의 임무를 수행하는 전투 집단인 군대 조직에서, 군 지휘권 확립은 그 조직의 유지·운영에 반드시 필요하다. 군인의 범죄는 아무리 작은 것이라도 군기를 일거에 붕괴시킬 수 있으므로, 군사재판을 할 수 있는 특별법원 설치가 필요하다. 군대가 전시를 대비하는 조직인 만큼 군사법원도 전시를 대비한 조직으로, 평시에 운용하지 않은 군 사법체계가 전시에 신속한 운영이 제한된다.

◔ 군사법원 평시 유지 근거

① 군 지휘체계 확립
  • 군사법원 폐지 시 지휘체계 이완 및 군 전투력 약화 불가피
  • 통수권자(지휘관) 중심의 지휘체계 확립을 위해 필요
② 한반도 안보상황 고려
  • 각국은 자국의 안보상황을 고려하여 평시 군사법원 유지
  • 우리나라는 현재 국제사회에서 안보환경이 가장 불안
  • 평시 군사법원 미운영시 전쟁 초기 대응 제한
③ 신속한 재판을 통한 대비태세 확립
  • 민간법원 재판시 부대(장병)여건을 충분히 고려하지 않을 우려
  • 민간법원 재판간 군사비밀 누설 우려
④ 군 특수성, 전문성 반영
  • 민간법원은 군 관련 전문성이 부족한 편임
  • 군법무관에 의한 군사재판 실시로 군사법의 전문성과 특수성 반영 가능

군 사법개혁 추진

2016년 군 사법제도 개선을 했으나, 국회 개헌특위에서 헌법에서 군사법원 폐지하는 방안에 대한 논의가 지속되었다. 2017년 5월 대통령선거가 실시되었고, 문재인 정부가 출범하였다. 문재인 대통령은 군 사법개혁으로 군 장병의 공정한 재판과 인권을 보장하겠다는 공약을 발표하였다.

🔺 문재인 대통령 공약

> **군 사법 개혁으로 군 장병의 공정한 재판과 인권을 보장**
> ① 관할관 확인조치권과 심판관 제도 폐지
> ② 군판사 인사위원회 설치
> ③ 비군사범죄 민간 이첩
> ④ 헌병·기무부대 등 군 수사기관에 대한 군검찰의 수사지도권 도입
> ⑤ 징계권자의 자의적 영창처분 방지를 위해 인권담당군법무관 의견에 구속

2017년부터 군 사법개혁은 국정과제(5개년 계획) 및 국방개혁 2.0에 반영되어 추진하게 되었다. 2017년 8월 29일 국방부 정책회의에서 평시 군사법원 폐지 논의를 하여, 평시에도 군사법원은 유지되어야 한다고 의결하였다. 그 이후 군사법원을 존치시키는 가운데, 군사법원의 독립성과 공정성을 강화하기 위한 다양한 방안을 군내외에서 계속 논의되었다. 그 결과 2018년 2월 12일 국방부는 군항소심 민간 이양, 관할관 및 심판관제도 폐지 등 군사법개혁과제 22개를 발표하여, 그 이행을 추진하게 되었다.

군 사법제도 개혁의 추진목표는 군사법원·군판사 분야, 군검찰·군사법경찰관 분야, 그리고 장병 인권 존중의 군 문화 조성 분야별로 설정하였다.

군사법원·군판사 분야

군사법원·군판사 분야의 추진목표는 군 항소심을 민간법원으로 이관하고 군사법원의 항소심인 국방부 고등군사법원을 폐지하며 민간 고등법원에서 2심 재판이 이루어지도록 하여, 장병의 법관에 의해 재판받을 권리를 보장하는 것이다. 현재 1심 군사법원으로 각 군에 총 31개의 보통군사법원이 운영되고 있다. 이러

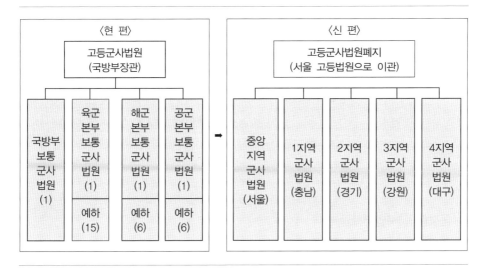

한 예하 군사법원을 국방부로 통합하여 국방부 소속 군사법원으로 추진 중이다. 국방부 군사법원을 총 5개 지역 군사법원으로 운영할 경우, 각 군과 예하 지휘관으로부터 영향을 벗어나 재판의 독립성을 더욱 보장할 수 있을 것으로 기대된다.

군사법원의 관할관은 군사법원의 행정사무를 지휘감독하고, 군사법원에서 선고된 형을 일정한 경우에 감경할 수 있는 권한을 가지고 있다. 그러나, 이러한 관할관 제도가 군사법원의 독립성을 저해한다는 우려와 비판이 있어, 향후 관할관 제도를 폐지할 예정이다. 관할관은 군사법원이 설치된 부대의 장을 말한다. 관할관은 군사법원의 재판관을 지정하는 권한을 가지고 있다. 또한 관할관은 군사법원 선고 결과를 최종 확인하여야 선고의 효력이 발생한다. 관할관은 피고인이 성실하고 적극적으로 업무를 수행하는 과정에서 발생한 범죄에 대해서는 선고된 형의 3분의 1미만의 범위에서 감경할 수 있는 권한을 가지고 있다(군사법원법 제7조, 제379조).

군사법원 재판관은 군판사가 원칙이나, 고도의 군사적 지식이 필요한 사건에 한해서 군판사가 아닌 일반장교를 심판관으로 임명할 수 있다. 그러나, 심판관 제도가 비법률가에 의한 재판이라는 점에서 비난이 있어, 심판관제도를 폐지할 예정이다. 기존에 군판사는 순환근무를 하여 왔으나, 이로 인해 군판사의 신분보장과 독립성을 침해할 수 있다는 비판이 제기되어 왔다. 따라서 군판사로 임명될 경우 군판사 임무만 수행할 수 있도록 군판사의 경우에는 순환보직을 금지하고, 임명과 인사에 있어서 군판사인사 위원회를 설치하며, 정년을 보장하여 공정한 인사가 이루어지도록 할 예정이다.

① 군 항소심을 민간법원으로 이관 ② 국방부 직속 군사법원 설치 ③ 순회재판 실시
④ 확인조치권 폐지 ⑤ 심판관제도 폐지 ⑥ 지역 군사법원장 민간화 ⑦ 군판사 신분보장
⑧ 군판사 인사위원회 설치 ⑨ 군판사 보직순환 금지 ⑩ 장병 참여 재판제도 시행

* 2018. 3월 확인조치권 및 심판관 지정 엄격 운영 강조지시 시행

군검찰·군사법경찰관 분야
예하 보통검찰부를 각 군 검찰단으로 설치하여 통합할 예정이다. 현재 국방부 및 각 군 보통검찰부 96개를 4개로 통합하여, 예하 지휘관의 영향으로부터 벗어나 독립성과 전문성을 갖추도록 할 것이다. 각 군 검찰단 설치와 함께 참모총장이 군검찰에 대해서 일반적인 지휘·감독권만 행사하도록 하고, 구체적 지휘·감독은 소속 검찰단장에게만 행사하도록 할 것이다. 군검찰이 구속영장을 청구할 경우 지휘관의 승인을 받아야 하나, 지휘관의 구속영장 청구 승인권을 폐지하여 수사의 독립성을 보장하고 헌병을 수사와 작전기능으로 분리 추진하여 헌병 수사 조직을 별도로 만들어 예하 지휘관이 헌병 수사에 영향을 끼치지 못하게 할 것이다.

군사법경찰과 군검찰 상호협조의무를 도입하고, 군사법경찰이 입건한 경우 군검찰에 48시간 이내 입건통보를 하도록 하고, 송치된 사건에 대한 보완수사요청을 할 수 있는 방안을 마련하며 헌병의 행정경찰활동(군사지역에서의 교통통제, 음주운전 단속 등)에 대한 법적 근거가 부족하다는 우려가 있어, 군사법경찰의 직무권한에 대한 법적 근거를 마련할 예정이다. 헌병 병사가 군사법경찰로 임명되어, 군무이탈 체포활동을 하는 것은 피의자 인권에 반하는 우려가 있어, 헌병 병사의 군사법경찰 운용을 금지하고 군수사기관이 장병 피의자들의 인권을 보장할 수 있도록 민간경찰인권강화 방안을 도입할 것이다.[19]

---

19 2018. 7. 1 「군 수사절차상 인권보호 등에 관한 훈령」을 전면 개정하여 시행 중에 있다.

⑪ 각 군 참모총장 소속 검찰단 설치

⑫ 구속영장 승인권 폐지

⑬ 군 검사의 이의제기권 부여 * 2018. 5. 23. 군검사 의견 제시권 시행

⑭ 군검찰에 대한 구체적 지휘권 제한

⑮ 군검찰과 군사법경찰의 상호 협조의무 명시

⑯ 수사·작전헌병 분리

⑰ 군사법경찰의 직무권한에 대한 법적근거 마련

⑱ 헌병병과 병사의 군사법경찰리 임명 금지

⑲ 민간경찰 인권강화방안 도입 * 2018. 7. 1. 수사절차상 인권보장 강화 시행

장병 인권 존중의 군 문화 조성

장병 징계 중 영창제도를 폐지하고, 그 대안으로 군기교육제도를 도입하는 등 장병 징계를 다양화 할 것이다.

표 Ⅰ-38 | 현행 징계 종류와 개선안 비교

현 행		개선안	비 고
강등		강등	현행유지
영창		군기교육	영창 폐지/신설
	⇨	감봉	신설
휴가제한		휴가단축	현행유지(용어수정)
근신		근신	현행유지
		견책	신설

또한, 군 범죄피해나 사망자의 유가족에 대한 국선변호사를 지원해 주기 위한 국선변호사제도를 도입할 것이다.

⑳ 영창제도 폐지 ☞ 병징계 종류 다양화(군기교육대 운영)

㉑ 군 범죄 피해자 국선변호사 제도 도입

군 사법제도 개혁의 추진계획은 ① 군사법제도 개혁 의견 수렴, ② 군사법원·군검찰 분야 법제화 추진, ③ 영창제도 폐지 및 병 징계 다양화, ④ 유가족 및 군범죄 피해자 국선변호인 지원 추진을 포함한다.

군 사법제도 개혁 의견 수렴

군 사법제도 계혁을 위해 관계기관 협의를 지속(조직, 인사 관련 기관 /~12월)하고 군사법 공청회(2018. 10월) 및 설명회(2018. 12월)를 개최할 계획이다.

군사법원·군검찰 분야 법제화 추진

군사법원법개정안을 마련하여 국회 입법을 추진할 것이다. 이에, 군 항소심 폐지, 군판사 신분 보장 등을 반영한 군사법원법 개정안을 마련(8월)하여 국회에 제출(12월)하고 군사법원 개정안의 국회 의결을 추진(2019년 상반기)할 것이다. 또한, 군사법원 의결에 따른 하위입법 법제화를 추진할 계획인데 군검찰 사무운영 규정(대통령령), 군검찰부의 조직에 관한 규정(대통령령), 군사법원의 조직에 관한 규정(대통령령) 등 20여개 하위입법 개정안을 마련(2019년 상반기)하고 하위 입법 법제화(국무회의 의결)를 마무리(2019년한)할 것이다.

국방부 5개 지역 군사법원을 창설할 계획인데 국방부 군사법원 추진 TF를 운영(~2020년)하고 각 군 보통군사법원 폐지 및 국방부 통합 군사법원 부대 계획을 반영(2019년 상반기)하며 군사법원장 임용 추진(2019년 후반기) 및 국방부 5개 지역 군사법원을 창설(2020년 1월)할 것이다. 또한, 예하 보통검찰부 폐지 및 각 군 검찰단 통합 부대계획을 반영(2019년 상반기)하고 각 군 검찰단을 창설(2020년 1월)할 계획이다.

영창제도 폐지 및 병 징계 다양화

영창제도 폐지 및 병 징계 다양화를 위해 군인사법개정안 법사위 의결을 추진(2018년)하고 군인징계령, 군인징계령시행규칙, 각군 징계규정 등 하위입법 법제화를 추진(2019년 상반기)할 것이다.

유가족 및 군범죄 피해자 국선변호인 지원 추진

유가족 및 군범죄 피해자 국선변호인 지원 추진을 위해 군사법원법 및 군인 지위 및 복무에 관한 기본법 개정안 마련 및 국회 제출(~2018년)하고 대한변호사협회와 협조하여, 국선변호인 풀 명단을 작성(~2019년 상반기)하여 국선변호인 지원을 시행(2019년)할 계획이다.

군 사법제도 개혁을 위한 법령 제·개정 소요로 군 항소심 민간법원 이양 및 1심 군사법원 국방부 통합에 따라, 군사법원 조직관련 군사법원법을 개정[20]하고 관할관 및 심판관제도 폐지에 따라, 군사법원법 제8조(관할관의 권한) 등 개정이 필요하며 군판사 임명, 연임, 보직, 징계 등 심의를 위한 군판사인사위원회 설치 근거 조항을 군사법원법에 신설하고, 군판사 임용자격 조항을 신설해야 한다. 또한, 각 군 검찰단 창설로 군사법원법 제36조(군검찰부) 등 개정과 군 범죄피해자 국선변호사 지원을 위한 「군사법원법」에 관련 조항 신설하고, 사망사고 유가족 국선변호사 지원을 위해서 「군인 및 지원에 관한 법률」에 관련 조항 신설 개정이 필요하다. 군 사법제도 개혁 과제에 대한 책임은 국방부 국방개혁실 국방개혁실장 예하 국방운영개혁추진관 및 인사교육개혁담당관 등과 국방부 법무관리관 및 법무담당관 등이 맡고 있다.

---

20 군사법원법에서 고등군사법원 삭제(군사법원법 제5조 개정), 각 군에 설치된 보통군사법원을 국방부 통합으로 변경(군사법원법 제6조 개정).

3. 인권 존중의 군 문화 조성(개혁과제 26-42)

인권 존중의 군 문화 조성은 국가인권위원회에 군인권보호관을 설치하고, 국방부 내 군 인권 침해구제 전담조직을 신설하여 군내 인권 존중 문화를 조성하며 개인의 양심의 자유와 병역의무를 조화시킬 수 있는 합리적인 대체복무제를 도입하는 것이다.

인권 존중의 군 문화 조성의 추진 배경은 먼저, 과거 대비 군 인권은 향상되었으나 여전히 인권침해 사례가 발생하고 있으며, 인권업무가 여러 부서에 산재되어 일관되고 방향성 있는 인권정책 추진이 제한되는 배경과 연관되어 있다. 이에, 징병 인권침해 구세세도의 투명성·신뢰성을 확보하고 조사기능을 강화하기 위해 군 인권침해 구제 전담기구 설치가 필요하다. 2018년 초 군적폐청산위원회와 군인권자문위원회도 국방부에 군 인권침해 구제를 위한 콘트롤타워 조직 신설을 권고하였고 2015년 국회에서 국가인권위원회 내 '군인권보호관' 설치를 결의하였으며, 2017년 대통령 공약 및 국정과제로 선정되었다.

또한, 헌법재판소의 헌법불합치 결정에 따라 양심적 병역 거부자에 대한 대체복무제 도입이 필요한 상황이다. 매년 500~600명이 종교나 개인적 신념을 이유로 병역을 거부하고 있으며, 이들은 대부분 형사 처벌되고 있다. 유엔인권이사회를 비롯한 국제 인권기구에서는 양심적 병역거부자를 형사처벌하는 대신 대체복무 제도를 도입할 것을 촉구하고 있다.

종전의 헌법재판소는 양심적 병역거부자를 형사처벌하는 「병역법」 조항에 대해 2004년, 2011년에 각각 합헌 결정을 내린 바 있으나, 2018년 6월 28일 헌법재판소에서 기존의 입장을 변경하여 양심적 병역거부자에 대한 대체복무제를 규정하지 않은 「병역법」 조항에 대하여 헌법 불합치 결정을 하였다. 이에 따라 헌법재판소가 정한 기한인 2019년 12월 31일까지 대체복무제 도입을 추진한다.

표 Ⅰ-39 | 양심적 병역 거부자 발생 현황 　　　　　　　　　　　　　　　　　단위: 명

계	2013년	2014년	2015년	2016년	2017년
2,699	623	565	493	557	461

* 거부사유: 여호와의 증인 2,684명, 기타 개인적 신념 15명

인권 존중의 군 문화 조성의 추진 목표는 다음과 같다. 첫째, 군 인권침해구제 전담조직을 설치하여 인권정책을 일관되게 추진, 군내 인권침해 사고를 감소시키고 침해피해를 실질적으로 구제한다. 둘째, 장병 인권보호의 독립성·투명성·신뢰성 보장을 위해 국가인권위원회 내에 군 인권보호관(부대방문조사, 군수사기관 등의 조사·수사에 입회, 군내 사건에 대한 조사권한 등)을 신설한다. 셋째, 개인의 양심의 자유를 존중하여 대체복무제를 도입, 군 복무 이외의 형태로 국가와 사회에 직접적으로 기여하도록 한다. 넷째, 병역기피로 악용될 우려가 없고, 병역의무의 형평성을 확보할 수 있는 합리적인 대체복무 방안을 마련한다.

인권 존중의 군 문화 조성의 추진계획은 ① 군 인권 침해구제 전담조직 설치 검토 및 준비, 운영(~2019년), ② 군인권보호관 설치 추진, ③ 양심적 병역거부자에 대한 대체복무제 도입 추진을 포함한다.

군 인권 침해구제 전담조직 설치 검토 및 준비, 운영(~2019년)

부대별 지휘관, 인권업무 종사자(인권과, 군 인권 모니터단, 인권지키미 등) 등 의견 수렴 및 조직진단을 실시하고 운영 기본계획 수립 및 조직 설치 준비(~2018년)를 하며 군 인권 침해구제 전담조직을 운영(2019년)하고 군 인권업무 훈령을 개정(~2019년)할 계획이다.

군인권보호관 설치 추진

국가인권위원회와 협의하여, 군인권보호관 운영 방안을 결정하고 「국가인권위원회법」 개정안 마련 및 국회 제출(2018년)하며 국회 의결 및 시행(2019년 상반기)할 계획이다.

양심적 병역거부자에 대한 대체복무제 도입

대체복무제 도입방안에 대한 국방부안을 마련하고 대체복무제 도입 관련 병역법 개정을 추진(2018~2019년)할 것이다. 특히, 「병역법」 개정 국방부안 마련과 관계부처 의견조회 및 입법예고, 법제처심사(의원발의안 국회 법안심사 대응)를 통해 「병역법」 개정 정부안을 국회에 제출할 계획이다. 또한, 「병역법」 및 「병역법 시행령」 개정과 연계하여 대체복무제 세부 시행방안을 마련(2018~2019년)하고 대체복무 심사위원회 구성, 신청자 심사, 복무기관 지정 등 대체복무제 시행을 준비(2019년)할 계획이다.

인권 존중의 군 문화 조성을 위한 법령 제·개정 소요로 군인권보호관 신설에 따라, 「국가인권위원회법」에 관련 조항 신설과 대체복무제 도입·시행을 위해 「병역법」 및 「병역법시행령」 개정이 필요하다.[21] 인권 존중의 군 문화 조성 과제에 대한 책임은 국방부 국방개혁실 국방개혁실장 예하 국방운영개혁추진관 및 인사교육개혁담당관 등과 국방부 법무관리관 및 인권담당관 등이 맡고 있다.

---

21 「병역법」은 병역의 종류에 대한 근거규정을 개정하고, 「양심에 따른 병역거부자 대체복무에 관한 법률(가칭)」을 제정하는 방안을 검토 중이다.

1. 병 복무에 대한 합리적 보상(개혁과제 27-42)

병 복무에 대한 합리적 보상은 병역의무 이행자에 대한 합리적 보상과 국가 책임 강화로 군 복무 의욕 및 자긍심을 고취시키고 외부 지원 없이 병영생활이 가능하게 병 봉급 인상 및 전역시 사회진출의 마중물로 활용할 수 있도록 목돈 마련을 지원하고자 함이다.

병 복무에 대한 합리적 보상의 추진배경은 ① 병역의무 이행자에 대한 합리적 보상의 당위성과 필요성, ② 병 봉급 인상과 연계한 전역시 목돈마련 여건 보장 필요, ③ 국민연금 군 복무 크레딧 확대 필요 차원에서 추진되고 있다.

병역의무 이행자에 대한 합리적 보상의 당위성과 필요성

우리나라는 징병제 국가로 대부분의 남성이 현역, 보충역 등으로 병역의무를 이행해야 한다. 이러한 병역의무 이행자에 대해 사회적으로 많은 관심이 있어 왔고, 또한 국민 여론 수렴결과 보상의 당위성과 필요성에 대해서는 긍정적인 공감대가 형성되어 있다. 2012년부터 2017년까지 병 봉급 2배 인상을 국정과제로 추진하여 병장 급여가 처음으로 20만원을 넘었으나, 최저임금의 15% 밖에 되지 않았으며 병영생활 최소경비에도 미치지 못하였다. 2017년 3월에 군인복지 실태를 조사한 결과 현역병들에게 한 달에 병영생활에 필요한 최소한의 비용은 약 259,000원 수준으로, 병 봉급을 가지고 병영생활을 하기에는 부족하여 일부 금액을 부모 등으로부터 송금 받아 생활하는 것으로 조사되었다. 따라서 국가를 위해 헌신하는 병역의무 이행자에게 합리적 수준의 보상이 필요하다는 국민적 요구와 나아가 국가의 책임을 강화하는 차원에서 병 봉급 인상을 추진하게 되었다.

병 봉급 인상과 연계한 전역시 목돈마련 여건 보장 필요

인상된 병 봉급액이 대부분 소비로 이어지지 않고 전역시 사회진출의 마중물로 활용되기 위해서는 병사들이 적금을 하도록 여건을 조성할 필요가 있다. 기존의 장병적금은 은행이 2개로 선택의 폭이 좁고, 가입한도액이 월 20만원이어서, 병 봉급 인상에 따라 협약 은행을 확대하고 가입한도액을 늘릴 필요가 있다.

국민연금 군 복무 크레딧 확대 필요

현행 국민연금 군 복무 크레딧 제도는 2008년에 도입하여 노령연금 수급요건 충족시 군 복무기간 중 6개월에 대해서만 국민연금 가입기간으로 인정하고 있다. 병역의무 이행이라는 사회적 헌신에 대한 인정과 사회진출이 늦어짐으로 인해 발생하는 기회비용에 대한 보상이 가능하도록 국민연금 가입기간으로 인정하는 군 복무기간을 확대해야 한다.

병 복무에 대한 합리적 보상의 추진목표는 다음과 같다. 첫째, 외부의 지원 없이 병영생활이 가능하고 전역 시 사회 진출의 마중물로 활용할 수 있는 목돈 마련이 가능한 수준으로 병 봉급을 인상한다. 둘째, 병 봉급 인상과 연계하여 전역 시 학업복귀, 취·창업 등 사회 진출에 필요한 목돈을 마련할 수 있도록 적극 지원한다. 셋째, 군 복무 크레딧 제도는 군 복무기간 전체를 국민연금 가입기간으로 확대되도록 추진한다.

병 복무에 대한 합리적 보상의 추진계획은 ① 병 봉급의 연차적 인상, ② 목돈마련 지원을 위한 실질적인 지원 강화, ③ 국민연금 군 복무 크레딧 확대(~2022년)를 포함한다.

병 봉급의 연차적 인상

병 봉급 인상에 막대한 재정소요가 드는 점을 고려하여, 현 정부 기간(2022년) 내에 2017년 최저 임금(135만원)의 50% 수준이 되도록 단계적으로 인상할 계획이다. 2018년에는 2017년 대비 87.8% 수준으로 인상하였고, 이등병도 부모의 지원 없이 병영생활이 가능하고 전역시 200만원 정도의 목돈 마련이 가능하다. 2020년에는 모든 병사들이 40만원 이상의 봉급을 받게 되며 병영생활에 필요한 비용(28만원)을 제외하고 전역시 400만원 정도의 목돈 마련이 가능하다. 2022년에는 최저 임금의 50% 수준으로 인상하여 이등병도 50만원 이상의 봉급을 받게 되어 안정적 군 생활이 가능하고, 전역시 600만원 정도의 목돈 마련이 가능하다.

표 Ⅰ-40 | 병 봉급의 연차적 인상 계획

1단계(2018년,88%인상)			2단계(2020년,33%인상)			3단계(2022년,25%인상)	
구 분	봉급액		구 분	봉급액		구 분	봉급액
병장	405,700	⇨	병장	540,892	⇨	병장	676,115
상병	366,200		상병	488,183		상병	610,173
일병	331,300		일병	441,618		일병	552,023
이병	306,100		이병	408,071		이병	510,089

* 전역시 목돈 200만원   * 전역시 목돈 400만원   * 전역시 목돈 600만원

목돈마련 지원을 위한 실질적인 지원 강화

목돈마련 지원을 위한 실질적인 지원 강화를 위해 국군병사 신규 적금상품 (장병내일준비적금)을 출시(2018. 8월)할 계획인데 적금상품 협약은행 확대(2개 은행 ⇨ 14개 은행), 개인 적립 한도액 인상(월 20만원 ⇨ 월 40만원) 및 재정지원을 통한 적립 인센티브(1%p) 및 비과세 혜택을 제공하기로 했다. 더불어, 적금상품 비교 및 가입 절차 개선을 위해 적금 상품을 한 눈에 비교할 수 있도록 은행연합회 홈페이지에 '통합공시사이트'를 구축하고 신병교육기관에서 적금상품을 안내받아, 입대 초기부터 적립할 수 있도록 적금상품 가입절차를 개선했다.

국민연금 군 복무 크레딧 확대(~2022년): 6개월 ⇨ 복무기간 전체

국민연금 군 복무 크레딧 확대를 위해 소요재원의 지원방식 및 재원부담 주체를 검토(2018년)하였다. 현행 군 복무 크레딧 제도는 소요재원을 사후 국고 지원 방식으로 하여 대상자가 노령연금 수급권이 발생하는 시기에 국가(미래세대)가 비용을 부담하고 세대 간 형평성 확보를 위해서는 시전 적립방식으로의 전환이 필요하며, 재원부담 주체에 대하여 검토하였다. 국가가 전액 부담하거나 병이 일부를 부담하는 방식 등을 검토하고 군 복무 중 범죄행위에 연루되거나 현역복무부적합자 등 불명예스럽게 군 복무를 중단하는 인원들에 대한 보상제공 여부도 검토하였고 또한, 군 복무 크레딧 확대를 위해 소관 부처인 보건복지부와 관계부처인 기획재정부 협의를 추진하여 조치하였다.

병 복무에 대한 합리적 보상을 위한 법령 제·개정 소요로 군병역의무 이행

자에 대한 국가재정 지원 근거 마련을 위해 「병역법」 제77조의 6(병역 의무이행자에 대한 국가재정 지원) 신설,[22] 국군병사 신규 적금상품에 대한 비과세 적용 근거 마련을 위한 「조세특례제한법」 제91조의 19 신설(기획재정부 소관 법률),[23] 국민연금 군 복무 크레딧 확대를 위한 「국민연금법」 개정[24]이 필요하다. 인권 존중의 군 문화 조성 과제에 대한 책임은 국방부 국방개혁실 국방개혁실장 예하 국방운영개혁추진관 및 인사교육개혁담당관 등과 국방부 인사복지실 인사복지실장 예하 보건복지관 및 복지정책과장 등이 맡고 있다.

---

22 ① 병 목돈 마련 지원을 위하여 추진 중인 신규 적금상품 "장병내일 준비적금" 가입대상자에 대한 국가 재정 지원 근거 조항 신설, ② "장병내일준비적금" 가입 대상자와 국가재정 지원관련 기본사항을 명시하고 세부 재정지원 방안 등은 대통령령으로 규정, ③ "장병내일준비적금"은 현역병 뿐만 아니라 병역의무이행 자자 중 병 봉급 체계를 적용하는 사회복무요원, 전환복무자 등을 포함하고 있어 「병역법」 개정이 필요하다.

23 ① "장병내일준비적금" 비과세 적용대상, 가입기간, 가입한도 명시, ② "장병내일준비적금"의 가입, 해지, 운용 및 관리 방법 등 그 밖에 필요한 사항은 대통령령에서 규정한다.

24 국민연금 군 복무 가입기간을 6개월에서 군 복무 전체기간으로 확대되도록 법령개정을 추진(보건복지부 소관 법률)해야 한다.

2. 군내 불합리한 관행 및 부조리 척결(개혁과제 28-42)

군내 불합리한 관행 및 부조리 척결은 '장병이 스스로 가고 싶고, 부모가 안심하고 자식을 군에 보낼 수 있는 병영문화 창조'를 위해 군내 불합리한 관행 및 부조리 실태를 면밀하게 분석하고 이를 척결하기 위한 세부 계획을 수립·추진하는 것이다. 또한, 권위주의적 군문화의 근본적인 개선을 통해 군인은 '제복 입은 민주시민'으로서 장병의 인권과 인격이 존중 받는 열린 병영문화를 정착시키고자 함이다.

군내 불합리한 관행 및 부조리 척결은 ① 병영 패러다임의 전환, ② 사적 생활영역 권리 보장 요구, ③ '불합리한 관행 부조리 척결' 의지 확산을 위한 노력 필요, ④ 본연의 임무에 전념할 수 있는 여건 보장 필요, ⑤ 사이버지식정보방 운영 개선 필요 차원에서 추진되고 있다.

병영 패러다임의 전환

지금까지 군은 엄정한 군기강 확립을 위해 병사들에게 획일적인 사고와 행동을 강요하여 왔으며, 통제의 대상으로 인식하여 왔다. 이제 우리 군은 '제복을 입은 민주시민'으로서 병사들의 자율과 창의성을 최대한 보장하는 가운데 자발적인 복종과 엄정한 기강 확립을 유도해야 한다. 복무로 인한 고립감을 해소하고, 부모들이 필요로 할 때 부대 및 장병들과 소통을 위해 생활관별 수신용 공용휴대전화와 영상공중전화기를 운용 해오고 있다. 이와 병행하여 지금까지 보안상의 이유로 통제하여 왔던 병사들의 개인휴대폰 사용에 대한 실효성 여부 연구 및 시범부대 운영을 통해 일과이후 병 개인 휴대폰 사용 방안 마련이 필요하다.

사적 생활영역 권리 보장 요구

군인의 사생활은 군사적 임무수행의 필요에 따라 제한 될 수 있지만 반드시 법률에 근거해야 한다. 그러나 아직까지 합리적인 기준이 아니라 병영생활지도(내무검사)간 개인 관물대 확인, 일과 후 무분별한 생활관 출입 등으로 이는 사생활 침해소지가 있으며 특히, 불합리한 통제에 의해서 침해 받는 사례가 있어 병사에 대한 24시간 관리 중심적 사고를 탈피하고 일과 종료 후 출·퇴근 개념을 적용하여 일과 전·후에는 개인 생활이 최대한 보장되도록 개선이 필요하다. 군은 임무 특성상 엄격한 상명하복의 상하관계가 유지되어야 한다. 이로 인해 마치 상관의 명령이 위법하고 공적 영역을 벗어난 지시 등에도 무조건 복종해야 하는 것으로 인식하여 왔다. 이제는 군 문화 속에서도 법에 어긋나는 명령과 지시 또는 사적 영역의 지시 등에는 금지하도록 규정에 명문화하고 정당한 명령과 복종체계 정립을 위한 기준안 정립 등 제도 개선이 요구된다.

'불합리한 관행 부조리 척결' 의지 확산을 위한 노력 필요

지금까지 병영 내 '불합리한 관행과 부조리'가 지속적이고 반복적으로 이루어져 왔으나 이를 제대로 인식하지 못하고 척결을 위한 노력의 부족으로 악성사고가 발생하게 되었다. 이를 척결하기 위해서는 지휘관을 포함한 간부들의 의식개혁과 솔선수범이 우선적으로 수반된 가운데 병영 내 문제점을 식별 및 공론화하여 능동적으로 해결해 나가는 적극적 행동실천이 필요하다.

본연의 임무에 전념할 수 있는 여건 보장 필요

공관병 관련 논란은 많은 국민에게 군에 대한 우려와 상실감을 안겨 줬다. 이에 국방부에서는 "장병 사적운용 근절방안 추진계획"을 수립하여 적극적으로 추진해 온 결과 공관병 198명의 편제를 삭제하고 부대별 잠정적으로 운영되었던 복지지원병(테니스·골프병 59명) 운영도 폐지하고 보직을 조정하였다. 이와 더불어 군 복지시설 운영요원으로 군마트 1,100여개에 2,300여명의 판매병이, 부대복지회관 158개에 500여명의 관리병이 근무하고 있어 병영자원 부족에 대비하고, 현역장병들은 오로지 전투에만 전념할 수 있도록 복지시설 근무 현역병을 민간인력으로 대체가 필요하다.

사이버지식정보방 운영 개선 필요

사이버지식정보방은 2007년부터 군내 설치한 PC방으로 병사들이 사회와의 정보단절 해소, 자기계발을 위한 학습 등을 위해 많이 사용하는 시설이나 컴퓨터 노후화로 인한 처리 속도 지연, 수량 부족(PC 설치: 병 8명당 PC 1대/1인당 평일 30분 이내 사용) 등으로 개선이 필요한 실정이다. 군 복무 중 병사들의 대학 원격강좌 수강, 자격증 취득 등 자기개발에 적극적으로 활용하기 위해서는 PC 성능향상 및 수량 확대 등 개선이 필요하다.

군내 불합리한 관행 및 부조리 척결의 추진목표는 다음과 같다. 첫째, 자율과 창의성 보장을 위한 병영 내 제도를 개선한다. 둘째, 병사 및 초급간부에 대한 사적 생활영역과 권리를 보장하고 복무 여건을 개선한다. 셋째, 병영 주도계층 교육을 강화하고, 지속적인 현장지도를 통해 불합리한 관행·부조리 척결 시스템을 정착한다. 넷째, 복지시설 근무 현역병은 최대한 민간인력으로 대체하여 병역자원 부족에 대비하고, 전투임무 중심으로 운영될 수 있도록 한다. 다섯째, 사이버지식정보방은 병사들의 학습 및 자기개발을 위해 PC수량을 2022년까지 병사 5명당 1대로 확대하고, 인터넷 환경(속도 증속)을 개선하여 학습 여건을 보장한다.

군내 불합리한 관행 및 부조리 척결의 추진계획은 ① 자율과 창의성 보장을 위한 제도 개선, ② 사적 생활영역 권리 보장 및 복무여건 개선방안 수립, ③ 불합리한 관행 및 부조리 척결 의지 확산, ④ 장성단 '노블레스 오블리주' 실천 덕목 및 행동지표 제정, ⑤ 본연의 임무에 전념할 수 있는 여건 보장, ⑥ 사이버지식정보방 운영 개선을 포함한다.

자율과 창의성 보장을 위한 제도 개선(~2019년)

자율과 창의성 보장을 위한 제도 개선으로 평일 일과이후 병사 외출 허용[25]과 일과이후 병 휴대폰 사용을 허용[26]하며 병영내 건의·고충처리 제도 실효성 진단 및 대표병사제 도입을 검토하고 간부 동행 없이 병 스스로 실시하는 외진 제도를 시행할 계획이다.

사적 생활영역 권리 보장 및 복무여건 개선방안 수립(2018년)

병영내 출·퇴근 개념 확대, 일과 전·후 개인생활 보장을 하고 일과 이후·휴일 병영생활관에 사적 목적의 간부 출입 관련 행동수칙을 제정하며 장병 사적 지시 및 운용 근절을 위한 각 군 규정을 정비(2018년)할 계획이다.

불합리한 관행 및 부조리 척결 의지 확산(지속)

불합리한 관행 부조리 척결 우수부대를 선발 포상(매년)하고 병영 주도계층 교육 강화, 현장지도를 통한 시스템 정착을 유도(매년)할 것이다.

---

25 시범운영(2018년 8월~10월,13개 부대), 시행여부 최종확정(2018년 12월).
26 국직/각 군 시범운영(2018년 4~9월) 허용여부 최종확정(2018년 12월).

장성단 '노블레스 오블리주' 실천 덕목 및 행동지표 제정(2018년)

국방부, 장성단 실천덕목 및 행동지표 제정지침을 시달하고 국방부 지침을 기준으로 각 군별 특성고려 제정·활용할 계획이다. 이에, 육군은 직무수행 자세를 신규 제정하고 해·공군은 핵심가치를 이미 제정하였고 해병대는 헌장을 이미 제정하였다.

본연의 임무에 전념할 수 있는 여건 보장(2019년~2021년)

부대복지회관 내 수익성 시설(식당, 편의시설)은 2019년까지 민간운영으로 전환하고, 비수익성 시설(목욕탕, 객실)의 관리병 220여명은 복지회관별 수익구조를 고려하여 2020년까지 민간인력으로 대체할 계획이다. 또한, 군마트 현역병을 민간인력으로 대체(~2021년)할 것이다. 마트규모 및 인력수급 등을 고려 단계적 추진(2017년~2021년)하고 마트 판매병 2,300여명 중 1,600여명은 2021년까지 민간인력으로 대체하며, 전방 접적지역 마트 판매병 700여명은 지속 운영할 계획이다.

표 Ⅰ-41 │ 마트규모 및 인력수급 등을 고려 단계적 추진(2017년~2021년) 계획

구 분	2017~2019년도				2020~2021년
	소계	2017년	2018년	2019년	
지 역	–	영외 마트	수도권/ 전·후방지역 (월매출 6천만원 이상)	전방지역 (월매출 4~6천만원)	전지역 (월매출 4천만원 이하)
민간인력 대체인원	817명	40명	470명	307명	800여명
비고 (월매출)	4천만원 이상 마트				4천만원 이하

사이버지식정보방 운영 개선(2018년~2022년)

PC 대수를 현재 8명당 1대에서 2020년 병사 6명당 1대, 2022년 병사 5명당 1대로 확대를 추진할 계획이고 사이버지식정보방 노후 PC 35,000여대 교체(2018년 8월~2019년 6월) 및 인터넷 속도 증속(2018년 8월~2019년 1월)사업을 추진할 계획이다.

군내 불합리한 관행 및 부조리 척결을 위한 법령 제·개정 소요는 없으며 군

내 불합리한 관행 및 부조리 척결 과제에 대한 책임은 국방부 국방개혁실 국방 개혁실장 예하 국방운영개혁추진관 및 인사교육개혁담당관 등과 국방부 인사복 지실 인사복지실장 예하 병영문화혁신TF장 및 병영문화혁신 총괄팀장 등이 맡 고 있다.

3. 직업군인 주거지원 제도 발전(개혁과제 29-42)

직업군인 주거지원 제도 발전은 군 간부 주거지원 제도를 체계적·합리적으로 개선하여 안정된 주거생활을 통해 임무수행에 전념할 수 있는 여건을 조성하고 다양한 방식의 맞춤형 주거지원과 보유한 주거시설을 효율적으로 관리하여 장기적으로 보다 적은 재원으로 양질의 주거환경을 제공하고자 함이다.

직업군인 주거지원 제도 발전은 ① 군 주거시설의 노후·부족현상 심화로 주거여건 악화, ② 주거시설 관리운영 부실, ③ 공급자 중심의 획일적 주거지원 차원에서 추진되고 있다.

군 주거시설의 노후·부족현상 심화로 주거여건 악화

군인들은 접근성과 비용 측면을 고려하여 대부분 관사와 간부숙소 등 군 주거시설에 거주한다. 그러나 전체 군 주거시설 공급량은 17만 271호로 소요 18만 3,381호 대비 7.1%가 부족한 실정이다. 게다가 공급 주거시설 중 30년 이상 노후 되었거나 15평 미만으로 협소한 주거시설이 2만 493호로 12%에 달한다.

이를 극복하기 위해 국방부는 매년 약 5천억 원의 재원을 투입하고 있으나, 직접건립 위주의 현재 정책으로는 근본적인 문제 해결이 불가능한 상황이다. 막대한 재원이 요구되는 주거시설 특성상 노후·협소 관사는 계속 누적되고 있으며 지역별·부대별 주거여건 차이 또한 갈수록 커지고 있다. 실제 개선소요를 향후 5년 내 개선 완료하려면 매년 5,700세대 개선이 필요하나, 실제로는 재원 여건상 매년 2,910세대(관사 698세대, 간부숙소 2,212실) 개선에 그치고 있는 실정이다.

주거시설의 노후·부족 문제를 조기 해결하기 위해 전세자금 지원을 확대 중

표 l -42 군 주거시설 보유 현황(2017년말 기준)　　　　　　　　　　　단위: 세대

구 분	총소요 (A)	보유			전 세 (D)	부족 (E) =(A-B-D)	개선 소요 (C+E)
		소 계 (B)	양 호	노후협소 (C)			
계	183,381	170,271	149,777	20,493	4,980	8,130	28,623
관 사	82,086	73,484	64,363	9,120	4,980	3,622	12,742
간부숙소	101,295	96,787	85,414	11,373	－	4,508	15,881

표 Ⅰ-43 | 군 주거시설 예산투입 현황

단위: 억원

구 분	계	관 사	간부숙소	BTL	전세대부	주택수당
평 균	4,859	882	679	2,842	243	213
2016년	4,988	1,172	542	2,844	218	212
2017년	4,606	533	772	2,823	264	214
2018년	4,983	942	723	2,859	246	213

표 Ⅰ-44 | 최근 5년간 관사 및 간부숙소 반영 현황

구 분	평균	2014년	2015년	2016년	2017년	2018년
관 사(세대)	698	1,048	548	412	1,267	220
간부숙소(실)	2,212	2,942	1,579	2,091	3,069	1,381

에 있으나, 최근 민간주택시장 전세금의 급격한 상승으로 인한 개인부담 증가 등으로 이용률은 저조한 상황이다.[27]

주거시설 관리운영 부실

군 주거시설은 노후화의 속도가 민간시설에 비해 매우 빠르다. 빠른 노후화는 적정 수준에 비해 부족한 유지보수 예산과 시설관리를 위한 인력 및 조직의 전문성이 부족하다는 것에 기인한다. 현재 군 주거시설의 관리책임은 전국에 산재한 각급 부대에 위임되어 있으며, 실제 관리도 전문성이 부족한 군인과 군무원에 의해 수행되고 있어 체계적이고 전문적인 관리와는 거리가 먼 실정이다.[28] 국가와 개인의 유지보수 책임소재를 규정한 통일된 기준이 없어 각 관리부대 별로 적용하는 기준이 서로 달라 문제가 발생되고 있다. 또한 공동주택 관리에 필수적인 장기수선계획이 없어 땜질식 유지보수가 반복되는 등 체계적 시설관리가 이루어지지 못하고 있다. 이에 따른 주거시설의 급속한 노후화로 인해 시설물 수명은 단축되고 주거지원 만족도도 저조한 상황이다.[29]

---

27 3년(2015∼2017년)여간 전세시세의 급격한 상승(31%)으로 개인 부담액 과다 발생(평균 36백만원).
28 2017년 주거시설 보수비는 330억원으로 전체 보수비의 9.7%에 불과, 세대(실)당 평균 19만원 수준.
29 주거지원 "만족" 비율(군인복지실태조사): (2012) 22.1% ⇨(2017년) 26.7%, 적정보수비 투입시 약

공급자 중심의 획일적 주거지원

생활환경이 급변함에도 수요자인 군인과 군인가족의 요구를 반영하지 못하고 철저하게 공급자 편의 위주로 정책이 추진되고 있다. 전방과 후방지역은 주거환경이 달라 군인의 주거형태(가족 동거, 별거 등)가 다름에도 동일한 소요기준(관사는 대위·중사 이상의 68%)을 적용하여 지역별 수급 불균형 현상이 발생하고 있다. 아울러 근무지역에 자가(自家)가 있으면 관사 또는 전세를 지원하지 않아 자가보유자가 오히려 손해를 보게 되어 자가보유를 기피하게 되는 등 비합리적인 지원방식으로 인한 모순을 보완할 필요성이 커지고 있다.[30] 또한, 맞벌이와 자녀교육 문제 등으로 가족과 떨어져 혼자 부임하는 별거 군인이 증가함에도 지원지역을 근무지역으로 제한하는 등 시대변화를 반영하지 못하는 비합리적인 제도에 대한 개정 필요성이 제기되고 있다.[31] 더불어, 동일한 사안에 대해 각 군별로 지원기준이 차이가 있고, 지원 수단별 기준이 다른 경우가 있어 형평성 문제가 제기되고 있다.[32]

직업군인 주거지원 제도 발전의 추진목표는 다음과 같다. 첫째, 권역별·수요자별 특성을 고려한 맞춤형 주거지원으로 주거만족도를 향상시키고 권역별 수급 불균형을 해소한다. 둘째, 직접건립 위주에서 민간주택을 활용한 다양한 방식으로 전환하여 보다 적은 재원으로 양질의 주거지원을 제공한다. 셋째, 민간전문기관 위탁을 통한 권역별 통합관리로 주거시설을 효율적으로 관리하고 시설품질을 향상시켜 거주자의 주거만족도를 제고한다. 넷째, 업무체계 정비, 훈령 개정, 정보체계 개선 등 관련 인프라를 구축하여 주거정책의 지속가능한 발전을 위한 기반을 마련한다.

직업군인 주거지원 제도 발전의 추진계획은 ① 수요자 맞춤형 주거지원, ② 민간주택을 활용한 공급방식의 다변화, ③ 주거시설 관리운영 전문성 제고, ④ 주거정책 인프라 구축을 포함한다.

50년 사용할 수 있으나, 유지보수를 거의 하지 않으면 사용연수는 약 20년으로 감소(유지보수비 적정 투자방안 연구).

30 직업군인 자가보유율(2017년) 32.5%, 국민평균 자가보유율(2015년) 56.8%.

31 주말부부 (2012년)16% ⇨ (2017년)22% / 맞벌이 부부 (2012년)33% ⇨ (2017년)43%.

32 중·고 자녀 학업에 따른 퇴거유예시점: (육)2학년7월, (해·공)2학년11월, 파병, 다자녀 및 장애인 부양자 유선지원기준: (관사)미명시, (전세)명시.

수요자 맞춤형 주거지원

주거시설 전수조사를 통해 공급현황을 분석해 시설물을 등급화(2018년)할 계획이다. 주거시설을 성능, 면적, 주거환경 기준으로 4등급으로 분류하고 현장조사를 반영하여 전 주거시설에 대한 관리카드를 작성하며 향후 유지보수 및 신·개축, 처분 등 예산투입 기준으로 활용할 것이다. 또한, 수요·공급 분석으로 권역별 주거지원 세부계획을 수립(2018년~)할 계획이다. 이에 권역별 주거시설 공급현황 분석 및 단지별 등급 판정 결과를 고려하여 기존 시설물 유지관리 및 활용계획을 수립하고 주거실태조사·설문 등을 통한 권역별 주거소요를 분석하며 활용 가능한 민간주택시장 분석 및 건립비 대비 민간주택 비용을 분석하고 권역특성을 고려한 중기기간(5년)의 주거지원 세부계획[33]을 수립할 것이다.

민간주택을 활용한 공급방식의 다변화

전세대부 지원액 현실화 및 급지 기준을 개선(2018년)할 계획이다. 시중 전세가를 고려한 전세대부 지원액을 현실화[34]하고 인구변화 및 전세가 동향 등을 고려한 지역별 급지를 조정할 것이다. 예를 들어, 전세시세에 비해 급지가 낮게 지정되어 있는 지역의 급지를 상향 조정하여 실질적인 인상효과가 나타날 수 있도록 조치할 것이다. 또한, 민간주택 활용을 위한 제도운영 상의 미비점 개선 및 노후 주거시설 처분을 통한 주거지원 재원을 확보(~2023년)할 계획이다. 즉, 월세지원, 중개수수료 지원 등 현 전세대부 제도에 대한 다양한 보완대책을 마련하고 군인복지기금의 전세대부계정을 주거지원계정으로 변경하여 노후 주거시설 처분 재원을 주거지 원계정 수입으로 활용할 것이다.

주거시설 관리운영 전문성 제고

전문기관 민간위탁을 통한 권역별 통합 관리 로드맵을 마련(2018년)할 계획으로 1군단 지역 민간위탁 시범사업을 실시(2018년 1월~)할 계획이다.

부대별 특성을 감안한 위탁관리 적용가능성 판단을 위해 다양한 유형의 권역으로 추가 확대(2018년 하반기~)[35]하고 단계적으로 전군으로 위탁 확대를 추진(~2023년)

---

33 세부계획: 주거시설 신축·리모델링·철거, 전세지원 등.
34 2019년 전세대부 편성 단가(평균)를 2018년 1.38억원 대비 20% 수준 인상하는 방안 추진.
35 확대권역: 6개(1군사, 2군단, 3함대사, 1전비, 국근단, 계근단) 13,980세대.

1군단 민간위탁 시범사업 개요
- 대상: 1군단 지역(파주·고양·양주) 약 1만호(관사 2천세대, 간부숙소 8천실)
- 업체/기간/금액: 주택관리공단/2018년 1월~2019년 12월/연 17.6억
- 내용: 시설관리(기술)와 운영관리(행정) 업무 동시 수행

할 것이다. 더불어 국가와 개인의 보수책임 기준 마련(2018년) 및 장기수선계획을 통한 시설관리체계를 구축(~2023년)할 것이다. 국가와 개인의 보수책임 기준을 명확히 설정하고 충분한 유지보수 예산을 확보하여 적정 유지보수[36]를 실시하고 공동주택관리법을 군 주거시설에 준용하여 단지별 장기수선 계획을 수립하며, 이에 따른 적기 예방보수로 시설물을 장기 활용할 것이다.[37]

주거정책 인프라 구축

군별 상이한 지원기준 통일, 주거업무 담당부서 일원화 등 규정 및 업무체계를 정비(~2020년)하고 인사정보체계 고도화 및 별도의 주거관리시스템 구축 등 주거정책 정보체계를 개선(~2023년)할 것이다.

직업군인 주거지원 제도 발전을 위한 법령 제·개정 소요는 없으며 직업군인 주거지원 제도 발전 과제에 대한 책임은 국방부 국방개혁실 국방개혁실장 예하 국방운영개혁추진관 및 인사교육개혁담당관 등과 국방부 전력자원관리실 전력자원관리실장 예하 군사시설기획관 및 주거정책팀장 등이 맡고 있다.

---

36 보수책임 기준: 공공임대주택 등 유사사례 검토를 통해 품목별 비용부담 기준(국가, 개인 등) 설정.
37 1군단 주거시설에 대해 시범적용 후 위탁관리 확대와 연계하여 전군 확대.

4. 제대군인 일자리 확보 및 취업지원 강화(개혁과제 30-42)

　제대군인 일자리 확보 및 취업지원 강화는 정부 공공부문 일자리 확대 기조와 연계하여 군내·공공일자리, 민간기업 및 단체에 제대군인이 적합한 일자리를 창출하고 군 복무 중에 자기개발 등 취업역량을 배양하여, 전역과 동시에 취업할 수 있도록 진로 및 취업지원, 일자리 확보 등 안정적인 사회정착을 지원하는 것이다.

　제대군인 일자리 확보 및 취업지원 강화의 추진배경은 다음과 같다. ① 사회 고용환경은 양적·질적으로 악화되고 있어, 취업 계층별 고용여건은 더욱 어려워지고 있다. 국가적으로 청년 실업률은 11.3% 수준이며, 군 복무 중에 있는 장병들의 고민으로 진로문제(58.5%)가 부각되고 있다. 매년 전역 장병 27만 명 중 취업지원대상은 6.9만 명이나, 청년 장병에 적합한 일자리가 부족하거나 체계적 취업지원이 부재하여, 파트타임에 종사하거나 잠재적 실업자로 전락하는 실정이다. ② 지금까지의 취업지원은 중·장기복무자 위주로 취업지원이 이루어지고 있어, 단기복무 장병을 포함한 전 장병으로 취업지원 확대가 요구되고 있다. ③ 단기복무 간부는 대다수 지휘관(자) 임무수행으로 진로 및 취업 준비 없이 전역하고, 중기복무자는 장기복무를 희망하나 약 80%는 장기복무자로 선발되지 못해 조기에 전역하고 있다. 5년 이상 중기복무자에게 1~3개월의 전직지원기간을 부여하고 있지만, 취업을 준비하기에는 현실적으로 부족한 실정이다. ④ 장기복무자의 취업률은 54.3%로 장기간 사회와 단절되어 사회적응 기간이 필요하고, 50대 중반 전역 후 사회 활용을 위한 지원 대책이 시급하다. ⑤ 군내 업무는 일반 사회와 유사하거나 동일한 경우가 많음에도 불구하고, 직무가 표준화 되어있지 않아 전역 후 사회에서 경력으로 인정받는데 어려움이 있다.

　제대군인 일자리 확보 및 취업지원 강화의 추진목표는 첫째, 제대군인들을 위해 군내·외의 양질의 일자리를 확보한다. 이는 청년장병에게는 군 복무 특기를 활용할 분야의 일자리를 지원하고, 중기복무자에게는 군 관련분야의 일자리를 추천하며, 장기복무자에게는 군 전문성 활용 직위 및 사회 봉사형 일자리를 지원하기 위함이다. 둘째, 단기복무장병의 사회와 연계한 인력 획득 및 운용을 위해 입대 ⇨ 복무 ⇨ 전역 후를 아우르는 군복무 전 주기에 걸친 Life Cycle을 적용하여 지원한다. 셋째, 제대군인들의 복무기간에 따라 맞춤형으로 취업을 지원한다. 이를 위해, 5년 미만 복무한 장병은 진로교육과 상담, 취업역량 배양에 중점을 두고 지원하고 5년 이상 연금 미수혜자는 집중 지원 대상으로 복무 중 진로교육 및 상담, 취업역량 교육을 강화하며 연금수혜자는 안정적 사회정착을 위해 진로 및 기본교육을 지원한다. 넷째, 군 경력이 사회 유사분야에서 인정되도록 직무표준화를 추진한다.

제대군인 일자리 확보 및 취업지원 강화의 추진계획은 ① 제대군인에게 적합한 안정적 일자리 발굴 및 확보, ② 복무 중 진로, 취업역량 및 취업지원 강화, ③ 군 경력과 사회 경력간 연계 강화, ④ 제대군인 취업지원을 위한 여건 보장 및 인프라 구축을 포함한다.

제대군인에게 적합한 안정적 일자리 발굴 및 확보(2018년~)

비전투분야 현역을 전투부대로 전환하는 직위에 우수 제대군인을 우선 채용할 계획이다. 전문성과 연속성이 요구되는 정보분석·보안·정비·예산 직위는 군무원으로, 전산·시설관리·어학 등은 민간근로자로 채용할 것이다. 또한, 전환·대체 복무 감축 및 폐지에 따른 제대군인 채용 확대를 협의할 것이다. 특히, 의무경찰, 의무해경, 의무소방원의 대체인력 확보 시 부처 협의를 추진할 계획이다. 군 관련 시설관리 분야에 제대군인 일자리를 확보(2019년~)할 계획인데 군인아파트 관리관, 야전부대 제초 등 민간용역 일자리를 확보할 것이다.

복무 중 진로, 취업역량 및 취업지원 강화(~2020년)

진로도움 교육 및 1:1 취업 상담을 확대(6개월 이내 전역예정 만34세 이하 장병)할 계획이다. 진로도움 교육은 2018년 연대급(350개) ⇨ 2019년 대대급(1,000개) ⇨ 2020년 대대급(2,000개)으로 확대하고 1:1 취업상담은 26개 사·여단급 대상으로 2018년 5천 명 ⇨ 2019년 1.5만 명 ⇨ 2020년 3만 명으로 확대할 것이다. 지역 및 산업 수요에 맞는 전문 직업교육 시행(2018년~)을 위해 군 특성화 맞춤식 교육을 의무복무장병으로 확대(2019년)[38]하고 중소벤처기업부와 협업하여 강원지역에 신설되는 창업사관학교에서 창업 역량 강화를 위한 장병 특화 프로그램[39]을 개설할 것이다.

---

38 직업훈련 → 자격증 취득 → 취업, 31사단 시범적용(2018년), 2019년 5개 사단으로 확대.
39 기술병과 장병을 중심으로 4박 5일/500명 운영(2018년~).

군 경력과 사회 경력간 연계 강화(~2022년)

사회 전공과 경력에 기초한 장병 모집을 확대할 계획인데 취업 맞춤형 기술특기병을 2018년 2,200명 ⇨ 2019년 3,000명 ⇨ 2020년 4,000명 ⇨ 2021년 5,000명으로 확대하고 모집대상도 고졸이하 → 대학(전문대) 재학생으로 확대할 계획이다. 또한 군 특성화고 추가 지정 및 양성인원을 확대[40]할 것이다. 개인 경력 등을 고려 복무유형 선택 시 복무기간의 탄력적 운용 방안을 강구(2019년~2020년)할 계획이다. 이에 국가직무능력표준(NCS) 기반의 장병 직무 표준화를 추진함으로써 군 경력과 사회경력 간 연계성을 강화(2022년)할 계획인데 직무표준화를 시범 적용(육군 30·37사단, ~2018년 11월)하여 모델을 정립한 후 2022년까지 전군으로 단계적 확대할 것이다. 또한 직무경력, 자격을 명시한 '군 경력 증명서' 발급, 취업시 활용(2022년)[41]토록 할 것이다.

표 Ⅰ-45ㅣ군 경력과 사회 경력간 연계 강화

구 분	2018년	2019년	2020년	2021년	2022년
육 군	사단 시범	전 사단급	군단급	육군전체	전군 적용 * 경력증명서 발급
해·공군 해병대		함대, 비행단 시범적용	전 함대, 비행단 적용	작전사 적용	

제대군인 취업지원을 위한 여건 보장 및 인프라 구축(~2022년)

청년장병 지원 법적 근거를 마련할 계획이다. 이를 위해 「군인사법 시행령」 개정(2018년)을 통해 취업지원 대상에 현역병을 포함하고 장병 진로 및 취업현황 파악·관리 DB를 구축(2022년)하며 상병이상 2일 이내 구직 청원휴가를 신설(2019년)할 것이다.[42] 중기복무자 전직지원기간을 1~3개월 ⇨ 3~7개월로 확대 검토(2019년)[43]하고 취업지원 활동 시 전직지원기간 분할 사용을 검토(2020년)하여 전

---

40 학교/인원 확대: 2018년 14개/700명, 2019년 23개/1,000명, 2020년 30개/1,500명, 2021년 35개/2,000명.

41 美 VMET(군 경력 및 교육인증서): 복무 중 교육훈련·자기계발 등을 기초로 발급 ⇨ (교육부) 학점 및 자격으로 인정.

42 장병 취업지원 관련 DB 개발 및 고용부 등 유관부처 DB와 연계 및 단기복무 장병 중 취업상담, 채용시 험응시, 현장채용행사 참여시 사용.

43 5~7년 미만: 1개월 ⇨ 3개월, 7~9년 미만: 2개월⇨ 5개월, 9~10년 미만: 3개월⇨ 7개월.

직지원기간의 일부를 개인이 희망하는 시기에 미리 사용하여 취업을 준비할 여건을 보장할 계획이다. 더불어 부대 지휘관 책임 하 '전직준비상태 보고제도'[44]를 도입 검토(2021년)할 것이다.

제대군인 일자리 확보 및 취업지원 강화를 위한 법령 제·개정 소요로 「군인사법」(제46조의2) 개정,[45] 「군인사법시행령」(제60조의2) 개정,[46] 「군인의 지위 및 복무에 관한 기본법 시행령」(제11조) 개정[47]이 필요하다. 제대군인 일자리 확보 및 취업지원 강화 과제에 대한 책임은 국방부 국방개혁실 국방개혁실장 예하 국방운영개혁추진관 및 인사교육개혁담당관 등과 국방부 인사복지실 인사복지실장 예하 보건복지관 및 전직지원정책과장 등이 맡고 있다.

---

44 美軍의 개인전직계획(Individual Transition Plan) 제도: 지휘관이 전역예정자의 전직준비 상태를 확인하여 보고하는 제도.
45 전직지원 대상을 장교·준사관 및 부사관에서 현역병까지 확대.
46 제60조의2(전직지원교육대상 등) ③ 복무 중인 현역병사에 대한 진로 및 취업준비를 위한 교육과 정보를 제공, 제62조(민감정보 및 고유식별 정보의 처리) 7. 법 46조의 2에 따른 전직지원 업무에 관한 사무.
47 상병이상 2일 이내 구직 청원휴가 신설.

5. 군 의료시스템 개편(개혁과제 31-42)

군 의료시스템 개편은 전투현장에서 신속한 응급조치 및 환자 후송능력 제고를 통해 장병의 생존성을 보장하고 민간병원, 군병원 이용시 차별없이 장병들에게 최선의 의료지원을 보장하며 즉각적인 전시 의무지원체제로 전환할 수 있도록 전시 의무지원 능력을 보강하고, 전시계획 및 의무동원체제의 실효성을 제고하기 위함이다.

군 의료시스템 개편의 추진배경은 ① 전투현장에서의 응급조치능력 등 의무역량 부족, ② 군 의료서비스 수준 미흡, ③ 장병의 의료접근성 및 편의성 미흡, ④ 군 의료의 공공의료 기여 지속 강화, ⑤ 전시 대비태세 실효성 부족 차원에서 추진되고 있다.

전투현장에서의 응급조치능력 등 의무역량 부족

전방부대(GOP사단 기준) 대대급(의무소대)의 경우 군의관 1명이 보직되어 있으나, 중·소대급의 경우 응급조치 인력이 부재한 실정이다. 환자가 발생한 현장에서 가장 빠른 시간 내에 응급조치를 실시하기 위한 응급조치 인력 보강이 필요하다. 현재 운용중인 수리온 헬기를 개조한 의무후송헬기(7대)는 연료탱크 용량 부족, 지상충돌경보장치 및 기상레이더 미장착 등으로 장거리 및 야간·악천후 운행이 제한되며 전방 및 격오지 응급환자를 '골든타임(Golden Time)'내에 상급의료기관으로 후송하기 위한 항공후송능력 보강이 필요하다. 병사들이 제일 먼저 진료를 받게 되는 사단급 이하의 의무시설은 1960～1990년대 초반에 신축되어 노후도가 심화되고 있다. 장병들이 쾌적한 환경에서 진료를 받을 수 있도록 노후 의무시설을 개선할 필요가 있다. 또한, 전방 군단지원병원의 경우 1990년대에 집중적으로 건축되어 노후화됨에 따라 부대개편 시기와 연계하여 노후화된 전방 군단지원병원을 개선할 필요가 있다.[48]

---

48 신축 20년 이상 경과된 노후 사단의무대: 15동(노후율 약 19%), 노후화된 전방 군단지원병원: 홍천·강릉·양주·춘천병원.

군 의료서비스 수준 미흡

비약적으로 발전한 민간의료와의 격차와 군 의료에 대한 국민의 신뢰저하 등으로 장병들의 민간병원 선호 현상이 지속되고 있다. 현역 장병의 민간병원 진료에 따른 지출(현역병건강보험부담금)은 2013년 321억원에서 2017년에는 669억원으로 두 배 이상 증가하였다. 군 병원 및 사단급 의무대에서는 면허를 보유한 의료인력(간부 등) 부족 등으로 일부 무자격 의무병이 수술보조, 채혈, 약 조제, X-ray 촬영 등 의료보조행위에 참여하고 있다. 이러한 무자격 의무병의 의료보조행위를 근절하기 위해 면허를 보유한 의료 보조인력의 충원이 필요하다. 군 병원은 '숙련의' 부족으로 단기군의관 중심으로 운영 중이며, 전체군의관(2,400여명) 중 장기군의관은 90명에 불과하다.

장기 군의관 양성을 위해 매년 약 15명을 선발 후 민간의대에 위탁교육을 하고 있으나, 전문의 취득까지 9년(1인당 4.4억원)이 소요 된다. 또한 양성된 장기군의관은 실제 환자를 진료하기 보다는 관리직 또는 정책직에 우선 보직되어 지속적인 임상경험 확보가 제한되는 문제가 있다.[49] 총상, 폭발상 등 중증 외상의 경우 군 병원 중 최상급기관인 국군수도병원에서 조차 특수외상 수술이 가능한 인력·시설 부족으로 민간병원으로 재이송하고 있다. 민간병원으로 재이송한 환자가 진료대기 등으로 적기 치료를 받지 못할 수 있으며, 위기 및 전시 대비를 위해 외상 등 군 특수·다빈도 질환은 자체 진료종결능력을 확보해야 한다.

장병의 의료접근성 및 편의성 미흡

장병들이 민간 의료기관을 이용하기 위해서는 멀리 떨어진 군병원 군의관의 소견을 얻어 부대장의 허가를 받아야한다. 이는 장병의 불편을 초래할 뿐만 아니라 적기 진료를 저해할 수 있으므로 민간 의료기관 이용 절차를 개선해야 한다. 또한 장병들의 군병원 방문 시 외진버스를 이용한 병원 내원으로 환자 쏠림 현상이 발생하고, 진료대기 시간이 과다하여 미진료자가 발생하는 문제를 개선해야 한다. 군 부대로서의 군병원은 민간병원과 비교할 때 방문객의 출입이 자유롭지 않으므로 영문개방 등을 통해서 군병원 진료가 필요한 장병과 환자면회를 원하는 부모들이 군병원 이용시 편의성도 개선해야 한다.

---

49 장기군의관 90명(교육중인 인원 제외) 중 임상직에 44명(약 50%)이 종사 중이다.

군 의료의 공공의료 기여 지속 강화

군 의료는 사스, 메르스 사태 등 국가적인 감염병 재난 발생 시 국가 의무상비군으로서 적극적인 역할을 수행하는 등 공공의료 발전에 기여해 왔다. 향후 보건복지부 등 관련기관과의 공조를 통해 국가적 감염병 감시 및 관리, 보건의료 위기대응 등 공공의료에 대한 기여를 지속적으로 확대하여 발전적 민·군 의료협력 모델을 정립할 필요가 있다.

전시 대비태세 실효성 부족

국군의학연구소(국군의무사령부 예하)에서 군진의학 관련 진단 및 치료방법 연구 등 일부 기능을 수행하고 있으나, 생·화학전 및 군에서 발생하기 쉬운 집단 감염병 등에 대한 연구인력 및 시설 등의 부족으로 실효성 있는 연구는 수행되지 않고 있다. 또한 전시 의무지원은 약 90%의 의료진과 병상을 민간의료기관의 동원을 통해 확보해야 하므로 동원체제의 효율적 운영이 중요하다. 또한, 전시에 반드시 필요하나 민간에서 동원이 불가능한 자원은 평시에 적절한 규모로 확보해야 한다. 그러나, 현재 민간의료기관의 비상대비 체제 관리를 위한 조직·제도 등은 미흡하며, 대량살상무기에 대비한 의무자산, 이동전개형 의무시설 등은 부족한 실정이다.

군 의료시스템 개편의 추진목표는 다음과 같다. 첫째, 전투현장에서 장병의 생존성 보장을 위해 전투지원 의무역량을 강화한다. 둘째, 장병들이 민간·군병원 구별 없이 가장 가까운 병원에서 최선의 진료를 받을 수 있는 체계를 구축한다. 셋째, 발전적 민·군 의료협력 및 군병원 특성화 등을 통해 진료 역량을 향상시키고, 외상 분야는 국내 상급 민간의료기관 수준의 진료종결능력을 확보한다. 넷째, 생·화학전, 집단감염병 등 군진의학 역량을 강화하고, 즉각적인 전시 의무지원체계로 전환할 수 있도록 전시계획 및 의무동원체제의 실효성을 제고한다.

군 의료시스템 개편의 추진계획은 ① 전투지원 의무역량 강화, ② 장병들에 대한 군 의료서비스 개선, ③ 발전적 민·군 진료협력 및 공공의료 기여, ④ 전시 대비태세 실효성 제고를 포함한다.

전투지원 의무역량 강화(2019년~)

GOP, 격오지 등 야전부대 의무인력(군의관, 응급구조사)을 보강할 계획으로 응급구조사 양성 및 교육을 강화하고 GOP 대대 군의관을 보강(대대당 1명 ⇨ 2명, +21명)하며 상비·기보사단 전투중대에 응급구조부사관 1명을 신규 편성할 것이다.[50] 또한 사단급 이하 의무시설 현대화를 위해 사단 의무대 증·개축 및 신축(2020년 이상 노후화 시설)[51]하고 연대·대대 노후의무실 시설을 보수할 것이다. 의무후송전용헬기(메디온)를 전력화(2019~2020년, 8대)하여 전방지역에 배치·운용(후방지역은 소방헬기 등 활용)[52]할 계획이다.

장병들에 대한 군 의료서비스 개선(2019년~)

군병원의 수술·입원기능을 권역별 4개 병원으로 통합하고, 기능을 특성화할 계획이다. 이를 위해 수도병원(수도권), 양주병원(경기도), 춘천병원(강원도), 대전병원(중·남부)을 '수술집중병원'으로 운영하고, 장기군의관·민간의사 등을 집중 배치하며 나머지 군병원은 외상·외과, 요양·회복, 신체검사·외래진료, 재활 등 병원별 기능을 특성화할 것이다. 군병원에서 치료가 어려운 중증환자는 민간 상급병원을 활용토록 하여 민간병원과 적절한 역할 분담할 수 있는 체계도 구축할 것이다. 더불어 '국립공공의료대학'(보건복지부·보훈처와 협업) 및 '간호사관학교'를 통해 군 전문의료인력을 안정적으로 확보하고, 무자격의무병의 의료보조행위 근절을 위해 부족한 의료보조인력의 적정 소요를 증원할 계획이다.

표 Ⅰ-46 | 의료보조인력 증원안(2019년 정부예산안 기준)

구분(명)	계	약사	간호(조무)사	임상병리사	방사선사	물리치료사 등
총 계	1,071	139	601	119	108	104
장 교	61	44	17	–	–	–
부사관	157	–	19	50	50	38
군무원	853	95	565	69	58	66

---

50 약 400여명(전방지역은 의무부사관, 후방지역은 군무원) 검토.
51 2023년말 기준 25년 경과 예정 시설 17동 개선.
52 용인 2대(1·3군후방/서북도서), 포천 2대(3군), 양구 2대(1군), 교육훈련·정비용 2대 운용.

부대개편계획과 연계하여 노후화된 전방 군단지원병원 현대화[53]를 추진하고 병사 스스로 군병원 재진료일을 예약하고, 간부인솔 없이도 원하는 교통편으로 군병원 방문을 허용(2018년 시범사업 실시 후 전군 확대 추진)하며 병사의 진료선택권 보장을 위해 민간병원 진료 승인절차를 (기존) 군병원 군의관 소견 및 부대장 승인 ⇨ (개선) 소속부대 군의관 소견 및 부대장 승인으로 간소화(2018년 시범사업 실시 후 전군 확대 추진)할 것이다. 국군수도병원은 민간병원과 같이 이용객이 자유롭게 출입할 수 있도록 출입체계를 개선[54]할 것이다.

발전적 민·군 진료협력 및 공공의료 기여(2019년~)

국군외상센터(2020년)를 민간(대학)병원과의 진료협력 및 장기군의관집중배치 등을 통해 민간 상급 수준의 치료능력을 확보할 것이다. '배후병원' 기능 수행을 위해 국군수도병원은 보강(리모델링)할 것이다. 외상(총상·폭발상·절단 등), 재활, 화상 등 군 필수 진료 분야의 민·군 의료진 교류 활성화 및 환자후송·전원체계를 강화하며 국가 보건위기 대응, 격오지 주민 의료제공, 군 의료서비스 수혜 대상 확대 등 공공의료 기여를 강화할 것이다. 특히, 감염병에 대한 민·관·군 공조체계를 강화하고 민간인(예비역·국방가족, 소방·경찰공무원 등)에 대한 진료의 단계적 확대, 장례식장 이용 확대 등을 추진할 계획이다.

전시 대비태세 실효성 제고(2019년~)

대량살상무기 및 집단 감염병 대응을 위한 군진의학 역량 확보를 위해 생물작용제·고위험병원체 임상검체진단 및 연구를 위한 시설 및 연구인력 확보 등 국군의학연구소 역량을 보강하고 전시 의무부대 창설 및 통제운영병원 동원을 위한 최소 규모 의무 조직 편성·유지와 민간병원 비상대비 계획 및 실태 점검 체계 내실화를 병행할 것이다. 또한 동원이 제한되는 의무자원(대량살상무기 대응자원, 이동전개형 의무시설, 대량살상무기 대응자원 등)획득을 추진할 계획이다.

군 의료시스템 개편을 위한 법령 제·개정 소요로 국방의료관리공단(가칭) 창

---

53 홍천/강릉병원(3군단 개편, 2021년 완료), 춘천병원(2군단 개편, 2022년 완료), 양주병원(1군단 개편, 2022년 완료).
54 (1단계) 방문자 사전승인절차 없이 출입증 교부 후 자유출입 ⇨ (2단계) 보안요원 고용 및 시스템 구축 후 면회시간 영문 출입 자유화.

설의 경우 별도 법률 제정이 필요한데 한국복지의료관리공단(법인)의 경우 「한국보훈복지의료공단법」 제정이 필요[55]하다. 군 의료시스템 개편 과제에 대한 책임은 국방부 국방개혁실 국방개혁실장 예하 국방운영개혁추진관 및 인사교육개혁담당관 등과 국방부 인사복지실 인사복지실장 예하 보건복지관 및 보건정책과장 등이 맡고 있다.

---

[55] 「군 의료시스템 개편 추진 TF」(2018.8.~11.)를 통해 추진방안 구체화: 의무사령부 개편방안, 민간병원 활용 및 민·군 진료협력 고도화 방안, 군병원 기능조정 및 특성화 방안 등 검토·조정.

6. 장병 사역 임무 대체 근무지원 확대(개혁과제 32-42)

장병 사역 임무 대체 근무지원 확대는 전투준비와 관계없는 부수적인 사역임무는 장병들이 본연의 임무를 수행하는데 저해 요소로 작용하고 있기에 장병 사역 임무를 대체하는 근무지원을 확대하여 장병들의 전투임무 수행 여건 보장 및 근무여건을 향상하기 위함이다.

장병 사역 임무 대체 근무지원 확대는 ① 장병들의 교육훈련 및 전투준비에 전념할 수 있는 여건보장 필요, ② 민간위탁 시범사업 및 설문조사 결과, 제초·청소 등에 대한 부담 경감 필요 차원에서 추진되고 있다.

장병들의 교육훈련 및 전투준비에 전념할 수 있는 여건보장 필요

2014년 28사단 윤일병 사건과 22사단 임병장 사건을 계기로 구성된 병영문화혁신위원회는 병사들의 사역으로 인한 병영 스트레스가 병영 부조리의 주요 원인으로 판단하였고, 교육훈련 및 전투준비에 전념할 수 있는 여건을 보장하기 위해 부대 잡무를 민간인력으로 전환하자는 의견을 제기하였다. 또한, 부사관의 경우, 제초·청소 등 부가적 부대관리 업무에 치중하여 기본 임무인 교육훈련 준비를 소홀히 할 우려가 있음을 지적하였다.

민간위탁 시범사업 및 설문조사 결과, 제초·청소 등에 대한 부담 경감 필요

2015년 제초작업에 대한 민간위탁 시범사업[56] 및 2017년 GOP지역 장병 설문조사[57] 결과 고려시 제초의 민간위탁을 통해 병사 부담을 경감할 필요가 있고 2015년 부대인원이 공동사용하는 구역의 청소작업에 대한 민간위탁 시범사업 결과[58] 고려시 공동구역 청소의 민간위탁을 통해 병사 부담을 경감할 필요가 있다.

장병 사역 임무 대체 근무지원 확대의 추진목표는 다음과 같다. 첫째, 민간인력 투입이 제한되는 곳을 제외한 전 부대의 제초작업을 2021년까지 민간인력으로 전환한다. 둘째, 병사들의 생활공간 이외의 공동구역 청소를 2021년까지 민

---

56 군 시설관리 민간위탁 효율화 방안 연구(2016.6.,KIDA): 제초 및 설비관리와 같은 전문성 높은 업무를 민간위탁으로 전환시 효과적이다.
57 GOP지역 설문조사(2017.7.,(주)마크로밀엠브레인): 민간위탁이 가장 필요한 작업 1위로 제초를 선택(장병 1,015명 중 66.4%).
58 군 시설관리 민간위탁 효율화 방안 연구(2016.6.,KIDA): 공동구역의 청소를 민간위탁으로 전환시 병사 1인당 연간 148시간의 가용시간 추가 확보 가능하다.

간인력으로 전환한다. 셋째, 편제 대비 부족한 제설장비를 지속적으로 보충하고 육군 GOP 사단에는 제설장비를 추가 보급한다.

　　장병 사역 임무 대체 근무지원 확대의 추진계획은 ① 제초작업 민간인력 확대, ② 청소작업 민간인력 확대, ③ 제설작업을 위한 적정 수준의 장비·물자 확보를 포함한다.

제초작업 민간인력 확대

　　민간인력과 병사의 역할 구분이 필요하다. 민간인력은 대규모 인원이 투입되는 것이 효율적인 훈련장, 보급로 및 전술도로 주변 등을 담당하고 병사는 작전 및 보안 등으로 민간인력 투입이 제한되는 곳, 주둔지 건물 주변 등 소규모 제초작업 등을 담당할 필요가 있다.

　　향후 민간인력 활용 계획은 아래와 같다.

표 Ⅰ-47 | 민간인력 활용 계획

현재(2018년)		최종(2021년)
• 육군 탄약창 501명 • 해군 함대사 등 70명 • 공군 비행단 326명 • 해병 1,2사단 20명 등 　총 917명 운용	⇨	• 육군 전 부대 2,177명 • 해군 전 부대 330명 • 공군 전 부대 850명 • 해병 전 부대 213명 등 　총 3,570명 운용

　　제초작업 민간인력 확대는 전방 및 전투부대부터 단계적으로 전환(2019~2021년)할 계획이다.

표 Ⅰ-48 | 제초작업 민간인력 확대 계획

연 도	순증인원(누계)	예산(누계)	확대 부대 및 인원
2019년	921명	71억	육군 GOP 사단 440, 해군 작전사 및 함대사 73, 공군 비행장 312, 해병 96
2020년	1,813명	135억	육군 지작사 732, 해군 기타 전투부대 102, 해병 58
2021년	2,653명	196억	육·해·공군 직할 및 지원부대 (육군 504, 해군 85, 공군 212, 해병 39)

청소작업 민간인력 확대

청소작업에 있어서도 민간인력과 병사의 역할 구분이 필요하다. 민간인력은 경계 및 보안에 지장이 없는 행정, 교육, 의료, 위생시설 등의 공동구역 등을 담당하고 병사는 병사들의 전용 공간인 병영생활관, 정비고와 창고 등 전담 관리자가 있는 시설, 경계 및 보안이 필요한 작전시설 등을 담당한다.

향후 민간인력 활용 계획은 아래와 같다.

표 I-49 | 민간인력 활용 계획

현재(2018년)	최종(2021년)
• 육군 사령부 및 직할 77명 • 해군 함대사 및 직할 86명 • 공군 작근단 및 직할 34명 • 해병 사령부 및 사단 10명 등 총 207명 운용	• 육군 전 부대 998명 • 해군 전 부대 184명 • 공군 전 부대 231명 • 해병 전 부대 50명 등 총 1,463명 운용

청소작업 민간인력 확대는 전방 및 전투부대부터 단계적으로 전환(2019~2021년)할 계획이다.

표 I-50 | 청소작업 민간인력 확대 계획

연 도	순증인원 (누계)	예 산 (누계)	확대 부대 및 인원
2019년	324명	47억	육군 GOP 사단 161, 해군 작전사 및 함대사 55, 공군 전투비행단 89, 해병 19
2020년	842명	210억	육군 지작사 429, 해군 기타 전투부대 17, 공군 기동비행단 57, 해병 15
2021년	1,256명	339억	육군 2작사, 육해공군 직할 및 지원부대 (육군 331, 해군 26, 공군 51, 해병6)
2022년	1,256명	370억	-

* 최초 1년은 채용기간 3개월을 고려하여 9개월로 편성

제설작업을 위한 적정 수준의 장비·물자 확보(2019년~)

또한, 기존 제설장비에 대한 편제 대비 부족 소요와 수명 초과 장비 교체 소요는 지속적으로 보충할 계획인데 편제장비에 대한 운전 인원들은 이미 배치되어 있어 별도 추가인력 소요는 없다. 육군 GOP 사단의 협소한 보급로 제설을 위한 다목적 트랙로더 54대(59억원)를 추가 투입(2019~2021년)할 계획[59]이다.

장병 사역 임무 대체 근무지원 확대를 위한 법령 제·개정 소요는 없으며 장병 사역 임무 대체 근무지원 확대 과제에 대한 책임은 국방부 국방개혁실 국방개혁실장 예하 국방운영개혁추진관 및 자원관리개혁담당관 등과 국방부 전력자원관리실 전력자원관리실장 예하 군사시설기획관 및 건설관리과장 등이 맡고 있다.

표 Ⅰ-51 | 제설작업 장비 현황   단위: 대

장비명	구 분	편제 수량	보유량	2019~2023 중기 계획	예산 (억원)
	계	164	96	82	279
제설차량	육군	89	39	49	165
	해군(해병대)	6	4	2	5
	공군	69	53	31	112
	계	561	561	128	17
장착식 제설기	육군	453	426	85	12
	해군	39	39	14	2
	공군	69	69	29	3

---

59 GOP 사단별 5대(연대 4대, 공병대대 1대) × 11개 사단: 1대는 22사단에 이미 배치.

군 전용승용차 운용 개선방안

군 전용승용차 운용 개선방안은 비전투 분야의 병력운용을 최소화하여 전투력 향상을 보강하는 목적과 함께 군 장성들에게 특권의식을 내려놓고 장성부터 솔선수범히는 모습을 보이기 위함이며 차관급 이상에게만 전용 차량을 제공해온 타 부처와의 형평성도 맞추고자 하는 것이다.

이전까지 군은 대령급 지휘관을 포함한 모든 장성들에게 전용 승용차와 운전병을 제공해왔으며 운영범위도 출·퇴근, 군 체력단련장/종교시설, 개인 휴가시(출발 및 복귀)에도 지원을 해왔었다. 이는 외국군의 전용승용차 지원범위에 비해 확대 운영해온 것이다.

국방부는 군 전용승용차 지원기준을 '실질적 필요직위'로 재정립하고 전용승용차 지원 범위를 전투와 직접 관련이 있는 현장 부대 지휘관과 긴급 상황시 위기관리 업무를 담당하고 있는 필수 위기관리요원 보직자, 그리고 군 체력단련장 및 종교시설에 대한 전용승용차 지원은 공무행사 등 공무목적에 한해 지원하기로 하였다. 다만, 차관급에 해당하는 중장 이상 장성급 장교들에게는 전용승용

구 분		한 국	미 국	영 국	일 본
지원대상		• 장성급 장교 • 대령급 지휘관 • 군 주임원사 • 책임운영기관장	• 장성급 지휘관	• 장성급 지휘관	• 장성급 장교
운전병 지원		○	○	×	○
운영 범위	출·퇴근	○	×	○	○
	군 체력단련장/ 종교시설	△	×	×	×
	개인 휴가시	○ (출발 및 복귀)	×	×	×

차 지원을 유지하기로 하였다. 전용승용차 미지원자에 대한 보완 대책으로는 출근버스를 운용하고 일과 중에는 배차를 통해 업무용 차량을 지원하며, 특히 대령급 지휘관은 전투지휘차량을 운용함으로써 임무수행에 차질이 없도록 하였다.

이와 같은 군 전용승용차 운용개선에 따라 소장 이하 장성급 장교중에서 일반 참모 121명은 지원 대상에서 제외되었으며 대령급 지휘관에게 제공되던 전용 승용차는 기존 306대에서 32대로 274대가 감축되었다. 또한, 국방부 실장급 고위 공무원(7명)과 군 책임운영기관장(8명), 대장급 이상 부대 주임원사(9명)에게 지원하던 전용 승용차 22대도 감축하였다. 이에 따라, 군 전용 승용차 765대 중 417대(55%)를 감축하였고 이는 연간 47억 6,000만원이 예산 절감 효과까지 기대되는 것이다. 감축되는 차량은 노후한 군 업무용 차량을 대체해 활용하고 운전병은 잔여 복무 기간 등을 고려해 연차적으로 전투병력으로 전환하고 있다.

각 군 총장 서울공관 운영 개선방안

각 군 총장 서울공관 운영 개선방안은 군 고위 지휘관 공관의 효율적 운영을 위해 통합관사를 설치하는 방안을 논의하는 것이다. 이는 각 군 총장의 서울 공관 사용일이 저조함에 따라 통합관사와 간단한 집무실 정도만 있으면 충분하다는 의견이 개진되어 효율성 제고 차원에서 논의되는 것이며 국방개혁 2.0을 수행하는 과정에서 군 최고위층부터 솔선수범하자는 취지이다.

현재, 국방부 서울 공관은 아래 표에서 보는 바와 같이 서울 용산구 한남동에 국방부장관, 합참의장, 육군참모총장, 연합사부사령관, 그리고 해병대사령관 공관이 있다. 서울 동작구 대방동에는 해군참모총장과 공군참모총장 공관이 있다. 이 중 육·해·공군참모총장과 해병대사령관은 각각 충남 계룡시와 경기 화성시에 별도의 공관을 운영하고 있다.

국방부는 군사외교 등 활용도가 높은 국방부장관과 합참의장 공관은 현행대로 유지할 계획이며 각군 총장 및 연합사부사령관 공관은 철거하고 국방부장관 공관 옆 부지에 통합공관을 신축하여 운영하고자 한다. 해병대사령관 공관은 별도의 이용 계획을 마련하고 있다. 철거된 해·공군참모총장 및 연합사부사령관 공관 부지에는 간부숙소 등을 신축하는 방안 등을 검토하고 있다.

공 관 명	대지면적(m^2)	연면적(m^2)	건립년도	위 치
국방부장관	10,715	825	1965	용산구 한남동
합참의장	3,669	758	1971	용산구 한남동
육군참모총장	9,091	799	1975	용산구 한남동
해군참모총장	13,914	884	1982	동작구 대방동
공군참모총장	6,005	733	1982	동작구 대방동
연합사부사령관	8,977	458	1968	용산구 한남동
해병대사령관	9,653	640	1962	용산구 한남동

장병 식생활 개선[60]

　열악한 복무 여건을 개선하기 위해 병영생활 환경 및 장병 처우 개선을 지속해서 추진했음에도 불구하고 장병들의 복지 수준은 여전히 미흡한 실정이다. 이에 국방부는 '스스로 가고 싶고, 안심하고 자식을 군에 보낼 수 있는 병영문화'를 만들기 위해 노력하고 있다. 이러한 노력의 일환으로 장병 식생활 개선을 추진하고 있다.

피복·개인장구류의 품질 개선

　국방부는 장병의 전투임무 수행능력을 보장하고 병영생활 만족도를 향상하기 위해 피복·장구류의 품질을 개선하려는 노력을 지속하고 있다. 전투복은 2011년도에 얼룩무늬 전투복에서 디지털무늬 전투복으로 교체한 후 2013년부터 하계 전투복을 추가 보급하였고, 2018년 후반기부터 신축성과 착용감을 향상하고 적외선 위장성능을 보완하여 새롭게 개선한 전투복을 보급하였다. 또한 가볍고 보온성이 향상된 방한복 상의 내·외피를 2018년부터 단계적으로 보급하고 있다.

　한편 2015년부터 장병의 병영생활에 가장 밀접하게 착용하고 사용되는 생활 밀착형 피복류에 대한 품질과 보급 기준을 개선하였다. 운동화 및 모장갑 등의 품질을 개선하고, 속옷류는 장병의 선호도를 고려하여 기능성 러닝셔츠와 드로어즈 팬티를 확대 보급하였다. 향후 개인 전투용 장갑, 액상 세제 등 다양한 생활 밀착형 보급품을 개선할 계획이다. 개인장구류는 대대급 전투력 발휘 여건을 보장하기 위해 2015년까지 부대 단위로 방탄복, 방탄헬멧, 개인천막, 전투배낭, 전투조끼 등을 전 GOP사단(전투부대)까지 보급하였으며, 2020년까지 전투지원부대에 보급을 완료할 예정이다. 또한 전장에서의 장병의 생명을 보호하기 위해 방호력과 기능성이 개선된 방탄헬멧과 방탄복을 2019년 이후 보급할 예정이다.

---

60 국방부, 「2018 국방백서」 (서울: 국방부, 2018), pp.170-174.

향후에도 미래 전장환경에 부합하고 장병 복지가 향상될 수 있도록 피복 및 개인장구류의 연구개발과 품질 개선을 지속적으로 추진하고, 개선된 피복 및 개인장구류를 조기에 보급함으로써 군 전투력 강화에 기여할 것이다.

건강하고 안전한 군 급식

우리 군은 장병의 건강과 전투력을 유지하기 위해 안전하고 영양이 풍부한 균형 잡힌 급식을 제공하고 있다. 장병들은 교육훈련 등으로 활동량과 체력소모가 많아 일반인 권장 열량 기준인 2,600kcal보다 높은 3,000kcal를 적용한 식단을 편성하고 있으며, 신세대 장병의 선호를 반영한 양질의 급식을 제공하기 위해 장병 기본급식비를 지속적으로 인상하고 있다.

2018년도에는 군에서 급식하는 모든 농산물을 우리 농산물로 사용하고 한라봉, 거봉 포도 등 품목도 확대하여 급식의 질을 높였다. 매년 급식 만족도 조사를 통해 장병들의 선호를 고려한 식단을 편성하고 있으며, 한우·갈비·전복·낙지 등 장병들의 선호도가 높은 품목의 급식량은 증량하고 민물장어, 떡갈비, 천연벌꿀 등 16개 품목을 시험 급식품목으로 채택하여 장병들에게 다양한 음식을 제공하고 있다.

그뿐만 아니라 2018년부터는 그간 시범사업으로 추진하여 장병들의 만족도가 높았던 '급식혁신사업'을 부대별 여건에 따라 전군에 확대 시행하고 있다. 또한 급식의 맛 개선에 중요한 역할을 수행하고 있는 민간 조리원을 2020년까지 소대급 규모의 전 취사장까지 확대하여 증원할 계획이다.

한편 2014년부터 군납 식품 제조공장에 대한 합동위생점검 현장을 참관하고 장병들의 급식 실태를 확인하는 '어머니 모니터링단'[61]을 운용하여 군 급식 수준

1인 1일 기본급식비 증가율

구 분	2013년	2014년	2015년	2016년	2017년	2018년
단가(원)	6,432	6,848	7,190	7,334	7,481	7,885
증가율(%)	4.5	6.5	5.0	2.0	2.0	5.0

---

61 국방부 보도자료, "최전방 수색대대 장병들의 급식·피복·장구류, 어머니들이 직접 살핀다!-어머니 장병 급식·피복 모니터링단, 육군 제1보병사단 수색대대 방문," 2018년 10월 4일.

민간 조리원 운영 현황

구 분	2011년	2012년	2013년	2014년	2015년	2016년	2017년	2018년
총원(명)	1,373	1,473	1,547	1,586	1,721	1,767	1,841	1,903
증원(명)	187	100	74	39	135	46	74	62
운영기준 (식수인원)	180명 이상	150명 이상	140명 이상	130명 이상	120명 이상	110명 이상	100명 이상	90명 이상

향상에 기여하고 있다. 군 급식은 많은 인원이 동시에 취식하는 특수성으로 인해 식자재 계약부터 급식까지의 단계별 인진과 위생 관리가 매우 중요하다. 식자재 계약 시에는 식품안전관리인증기준(HACCP) 업체를 우대하고, 군납 업체에 대해 식품의약품안전처 등과 합동으로 연 2회 위생 점검 및 하절기 불시 위생 점검을 실시하고 있다. 식자재 등에 문제가 발생한 경우에는 식품의약품안전처와 관할 지방자치단체에 신고하여 회수·폐기하고, 해당 업체는 계약에서 배제하고 있다. 또한 2015년부터는 특정 음식에 알레르기가 있는 병사의 안전을 위해 알레르기 유발식품 표시 제도를 시행하고 있다. 그리고 식자재 신선도를 유지할 수 있도록 현대화된 장비를 갖춘 군 급식유통센터를 운영하고 있으며 향후에도 지속 확대하여 급식 안전과 위생 관리를 더욱 강화해 나갈 계획이다.

병영생활관 현대화

병사들의 생활 여건을 개선하고 쾌적한 병영생활을 지원하기 위해 국방부는 2003년부터 협소하고 노후된 생활관을 현대화하는 사업을 진행하고 있다. 소대 단위(30~50명) 침상형 구조를 분대 단위(8~10명) 침대형 구조로 변경하고, 1인당 2.3m²이었던 생활면적을 6.3m²로 확장하였다. 세면실, 화장실, 도서관, 체력단련장 등의 위생·편의시설을 생활관 내부로 통합하고 현대식으로 개선하고 있다. 생활관을 침상형에서 침대형 구조로 현대화하는 것은 생활관의 개념을 병사들을 수용하는 공간에서 주거와 생활공간으로 탈바꿈시킨다는 측면에서 의미가 있다. 동 사업은 「국방개혁 2.0」과 연계한 연차별 개선계획에 따라 2026년 부대개편 완료와 함께 종료되도록 추진하고 있다.

한편 여름철 장병들의 생활 여건을 개선하기 위해 2017년 6월부로 모든 병영생활관에 에어컨 3만 5,000여 대를 설치하여 장병들이 시원한 생활관에서 휴식을 취할 수 있도록 쾌적한 병영생활 여건을 마련하였다. 해체·이전이 예정된 부대와 같이 병영생활관 현대화 사업이 어려운 부대에는 병영도서관, 사이버지식정보방, 노래연습실, 매점, 이발소 등 각종 편의시설로 이루어진 '병영문화쉼터'를 설치하여 장병들이 여가를 건전하게 보낼 수 있도록 노력하고 있다.

병영생활관 현대화 전·후 비교

구 분		현대화 이전	현대화 이후(통합생활관)
병영생활관 내 공간 구분		• 병사 생활실(내무반) • 간부 중대장실, 중대 행정반	• 병사 생활실(내무반), 위생시설, 편의시설 등 • 간부 중대장실, 중대 행정반, 대대 참모부 사무실 등
병사 공간	생활실 (내무반)	• 30~50명 소대 단위 침상형 • 1인당 2.3m²	• 8~10명 분대 단위 침대형, 에어컨 설치 • 1인당 6.3m²
	위생시설	• 생활관 외부 별도 건물에 위치 • 샤워실, 군화세척실 없음	• 세면실, 화장실, 목욕탕 등을 현대식으로 개선하여 생활관 내부에 배치 • 샤워실, 군화세척실 신설
	편의시설	• 생활관 외부 별도 건물에 위치 • 사이버지식정보방, 체력단련장, 탁구장 등은 없음	• 도서관, 사이버지식정보방, 체력단련장 등을 생활관 내부에 신설 또는 확충 • 생활관 내부에 매점을 배치
	간부 공간	• 행정, 작전, 훈련시설	• 중대장실, 중대행정반만 생활관 내 위치 • 대대 행정시설은 별도 건물로 생활관 외부에 위치

제6장

방위사업 개혁 추진계획

대통령님 말씀

"방위사업 비리는 범죄를 넘어 국가안보의 적입니다. 국방획득체계 전 과정에서 비리가 완전히 차단되도록 해야 합니다."

(2017. 9. 28. 제69주년 국군의 날 기념사)

"방위산업의 역량확보가 절실합니다. 정부, 군, 연구기관과 기업이 상호 협력하여 고급 무기체계를 필요한 시기에 만들어야 합니다.""내수형 방위산업에서 수출형 글로벌 방위 산업으로 발전해야 합니다."

(2017. 10. 17. ADEX 축사)

제1절 │ 방위사업 개혁 추진방향

방위사업 개혁의 추진 목표는 최우선적으로 국내생산 가능한 무기 및 장비는 국내에서 생산 할 수 있도록 하고, 사업추진 과정에서는 비리 척결 및 효율성·전문성·투명성이 제고된 방위사업체계로 개선하는데 있다.

방위사업 개혁은 방위사업에 대한 국민들의 기대는 외부위협에 효과적으로 대응하도록 믿을 수 있는 무기를 생산하여 충분한 군사력을 유지하여 국가 안보를 확실하게 보장해 달라는 것이다. 그러면서도 인구와 재원 등의 제한사항을 고려하여 투명하고 효율적으로 추진해 주기를 바라고 있다. 그러나 지금의 방위사업은 지속적으로 제기되는 비리와 부실, 북한위협 대비 대응능력에 대한 의구심 등으로 인해서 국민들로부터 신뢰를 받지 못하고 있다. 또한 군 내부적으로는 군사력 건설에 대한 방향성이 없고 업무추진이 비효율적이라는 비판에도 직면해 있다.

2006년 방위사업청 개청과 함께 방위사업법 제정, 방위사업추진위원회 운영 등으로 투명성을 제고하여 대형·권력형 비리차단은 어느 정도 성과를 거둔 것으로 평가된다. 하지만 단편적이고 사후처벌 중심의 대책으로 인해 실무형 비리, 방산브로커의 음성적 활동, 방산업체의 원가·품질 비리는 아직도 지속적으로 발생하고 있는 실정이다. 그러므로 방위사업의 투명성을 제고하기 위해서는 보다 근본적이고 효과적인 대책이 절실하다.

무기체계 획득의 첫 단추인 소요기획단계는 제반 여건과 역량이 부족하여 합리적인 소요 도출이 어려우며, 확정형 소요결정으로 인해 획득과정에서의 안보환경 및 기술변화에 적시적인 대응이 미흡하다. 또한 전력확보를 우선하여 획득을 추진하다 보니 배치 후 운영유지단계에서의 부실을 초래하고 있으며, 기존의 신속획득 제도로는 현장부대의 요구와 민간 첨단기술을 적기에 반영하는 데에 한계가 있다. 따라서 소요기획 역량을 강화하고 총수명주기 관점에서 획득과 운영유지의 연계성을 확보할 수 있도록 효율적 국방획득체계로의 개선이 요구된다.

무기체계 기술난이도는 더욱 높아지고 방위사업 규모와 복잡성은 지속적으로 증가함에도 국방획득 조직 및 인력의 전문성은 여전히 미흡한 수준이다. 그런가 하면, 정책(국방부)-소요(합참)-획득(방사청)-운영(군)으로 나누어진 칸막이형 분업구조와 소극적 협업은 방위사업 현안 해결을 지연시키고 있다. 게다가 획일적이고 경직된 사업관리는 사업별 특성과 여건을 고려한 최적의 사업추진을 제한하고 있다. 이를 개선하기 위해서는 관련 제도개선을 통한 조직·인력의 전문성 향상, 기관 간 소통과 협업 강화 그리고 사업관리 유연성 강화가 필요하다.

국방연구개발은 지금까지 주로 소요에 기반을 두고 국방과학연구소(국과연)가 중심이 되어 체계개발 위주로 수행되어 왔다. 그 결과 국방과학연구소는 핵심·신기술 개발에 집중이 어렵고 업체는 기술력 축적에 애로를 겪으면서 4차 산업혁명 등 급격한 기술변화에 적절히 대응하지 못하는 실정이다. 또한 기술기획 및 연구개발 절차가 국가 R&D와 상이하여 상호 기술협력이 제한을 받고 있다. 그러므로 미래 기술변화와 수요에 효율적으로 대응하기 위해서는 개방적이고 도전·혁신적인 연구개발체계로 전환해야 한다.

방위산업은 그동안 비용 중심의 경쟁환경 및 높은 진입장벽으로 인해 우수한 기술력을 보유한 중소·벤처 기업의 방위산업 진입이 어려웠다. 여기에는 산업진흥을 위한 제도 및 조직 등이 다른 산업분야에 비해 미흡했던 것도 원인으로 작용하였다. 한편 방산수출은 대기업에 편중되어 있어 대기업 실적에 따라 전체 수출실적이 급변하는 구조이고, 수출 확대를 위한 전문지원기관과 인력 등 인프라가 부족하다. 따라서 기술·품질 중심으로 방산기업 경쟁력을 강화하고 수출형 산업구조로 전환하여 국가경제에 기여할 수 있도록 정책적 노력이 요구된다.

　　이에, 방위사업 개혁은 '첫째, 방위사업 비리에 대한 근본적이고 효과적인 예방 중심의 대책을 강화하여 투명성을 제고한다. 둘째, 소요기획부터 전력화까지의 전 단계에 걸쳐 효율성과 전문성을 제고하여 무기체계의 부실을 방지하고 적기 전력화를 추진한다. 특히, 소요기획 역량 강화, 총수명주기 관점의 기획, 계획, 예산관리 및 사업관리 유연성 확보 등을 위한 제도적 기반을 마련하고 협의체 신설, 통합정보관리시스템 구축 등을 통해 원활한 소통과 협업을 보장하며 방위사업청 조직을 사업관리 중심으로 개편하고, 전담교육기관 신설, 민간 전문가 참여 확대 등으로 전문성을 향상시킨다. 셋째, 연구개발 수행체계를 개선하고 범정부 및 민간의 연구역량 활용을 확대하여 국방 R&D 역량을 강화한다. 넷째, 방위산업을 기술·품질 중심, 수출기반 체제로 전환하여 경쟁력을 제고하고 국내 일자리 창출에 기여한다.'를 추진중점으로 설정하였다.

1. 군(軍)·산(産) 유착 근절 및 비리예방대책 고도화(개혁과제 33-42)

군·산 유착 근절 및 비리예방대책 고도화는 방위사업 비리를 유발하는 군·산 유착 근절을 위해 방위사업 중개업 등록제를 확대하고 퇴직 공직자 관리를 강화하며 출연기관 자정시스템을 보강하고, 사업위험과 비리요소의 사전점검 강화 등 비리방지대책을 사후처벌 중심에서 사전예방 중심으로 고도화하는 것이다.

군·산 유착 근절 및 비리예방대책 고도화는 ① '방산비리' 논란으로 인한 방위사업에 대한 국민의 신뢰 하락, ② 단편적·대증적 방위사업 비리 방지대책의 한계, ③ 일명 '방산브로커'의 음성적 활동에 대한 제도적 관리 한계, ④ 국방획득 출연기관의 투명성 대책 미흡 및 방산원가 제도적 기반 취약이라는 배경하에 추진되고 있다.

'방산비리' 논란으로 인한 방위사업에 대한 국민의 신뢰 하락

국방획득 분야의 대형·권력형 비리를 차단하기 위해 방위사업청을 신설하고, 투명성 보강을 위해 「방위사업법」에 의한 사업 추진, '방위사업추진위원회'를 통한 의사결정, 청렴서약제, 옴부즈만 제도 등을 도입하였다(2006.1.1.).

◐ 방사청 개청 이후 투명성 보장을 위한 대책

• **시스템에 의한 획득제도 구현, 민간참여·감시 확대, 청렴문화 확산**
  * 국방부 내부훈령 ➪ 방위사업법에 의한 사업관리, 방위사업추진 위원회를 통한 주요 의사결정
  * 청렴서약제 및 옴부즈만제도 도입(2006년), 자발적클리닉감사, 사전법률검토 의무화(2006년), 주요단계 감사(2008년), 청렴마일리지제도(2010년), 맞춤형 청렴교육(2015년)
• **비리행위 사전예방 활동 강화**
  * 클린서포터즈 제도(2011년), 시험성적서 위변조 검증체계(2014년), 비리업체 추적관리시스템, 청렴모니터링 시스템, 익명신고시스템(2015년)

- 비리행위 근절을 위한 처벌 및 업체 부정방지를 위한 실효적 제재 강화
  * 취업심사대상자 확대(2011년, 대령/4급 ⇨ 중령/5급)
  * 독점적 부정업체에 대한 과징금 부과제도 신설(2015년)

시스템적 투명성 보장 장치로 대형·권력형 비리 차단에는 어느 정도 성과를 거두었으나, 개청 이후에도 실무형 비리와 '방산브로커'의 음성적 활동, 방산업체의 원가·품질 비리가 지속 적발되면서 국민의 신뢰가 하락하였다.

◐ 2010년 이후 방위사업 관련 주요 이슈

- K계열 무기체계 부실 문제 이슈화(2011)
- 무기체계 시험성적서 위·변조 적발(2012)
- '통영함 납품비리' 등 다수 방위사업 부정·비리 적발(2014)
- F-X 기술이전 및 KF-X 사업관리 부실 대두(2015)
- 한국형기동헬기('수리온')의 성능·품질결함 이슈화(2017)

특히, '방위사업 비리 합동수사단' 신설('14년) 이후 '방산비리'가 사회적 현안으로 부각되고 개발과정 또는 운영유지 과정에서 발생한 성능·품질 문제, 행정적 결함까지 '방산비리' 프레임으로 확대되면서 방위사업에 대한 국민의 신뢰는 급락하였다.

◐ 방산비리 합동수사단의 수사대상 방산비리 사업

- 육군: K-11 복합소총, 단안형 야간투시경, 방탄복, 현궁
- 해군: 통영함, 소해함, 차기고속함, 정보함, 차기호위함 디젤엔진, 해상작전헬기, 장보고-II
- 공군: 전자전 훈련장비, 항공기 정비, 시동용 발전기

단편적·대증적 방위사업 비리 방지대책의 한계
방위사업 비리, 성능·품질 문제가 이슈화되면서 감시·감독을 강화하고, 제재·처벌을 엄격하게 적용하는 방향으로 비리방지 대책을 추진해왔다.

◉ 2014년 이후 방산비리 방지대책 주요 내용

- (감시/감독) 방위사업감독관 신설, 군수품 무역대리점 등록·수수료 신고제 신설 등
- (처벌/제재) 비리업체 입찰참가 제한 강화(최대 2년 → 5년), 징벌적 가산금 확대(부당이득의 1배 → 2배), 취업금지대상 공직자 채용업체 제재(과태료, 방산업체 취소) 등

다만, '방산비리'의 근본원인으로 지목되어왔던 '방산브로커'의 음성적 활동 등에 대한 대책은 미흡하다는 지적이 외부에서 제기되었다.

◉ 방산비리 근절 종합대책(2017.12월, 방산비리 근절 유관기관 협의회)

- 참여기관: 반부패비서관실 주관 감사원, 국정원, 법무부, 국세청, 관세청, 경찰청, 방사청, 금융정보분석원, 기무사 등 9개 기관
- 주요 권고과제(총 42개 과제)
  - 무기브로커 정보관리 강화 등 군·산유착근절 분야 22개 과제
  - 윤리감사제도 도입 등 출연기관 투명성 분야 12개 과제
  - 전력소요검증위원회 내실화 등 예산/집행 분야 8개 과제

일명 '방산브로커'의 음성적 활동에 대한 제도적 관리 한계

현 군수품무역대리점 등록제도(2016년 12월 도입)는 국외구매에 한정하여 적용되고 있으며, 대표 및 임원진 외 고문 등의 직함으로 활동 중인 인원들을 미포함하는 등 제도상에 허점이 존재하고 있다. 방사청 및 정보·수사기관 등에서 보유한 방위사업 중개인 정보를 종합하는 주관기관도 없으며, 제안서 제출 시 입찰·계약조력자에 대한 자진 신고제를 청 예규로 도입(2017년 4월)하였으나 행정규칙 속성 상 대외 구속력이 미흡한 실정이다. 최근 방산비리 행태는 권력형에서 실무형으로 전환되는 추세이며, 상당수 퇴직공직자들이 방위사업분야에서 활동하고 있으나 이에 대한 관리 수단은 미흡한 실정이다.[62]

---

62 '방산비리 근절 종합대책(2017.12)'에 따르면 무기브로커(181명) 정보 중 예비역 출신이 92명으로 절반 상회.

국방획득 출연기관의 투명성 대책 미흡 및 방산원가 제도적 기반 취약

국과연은 소요기획부터 운영유지까지 방위사업 전 과정에서 군과 합참의 의사결정에 영향력을 행사할 수 있는 위치에 있어서 업계의 로비 표적이 되고 있으며, 막강한 독점적 지위를 악용한 갑질의 문제가 부각되고 있다고 내·외부에서 지적되고 있다. 현재 국과연 대상 방사청 종합감사 실적이 미흡하며, 감사원 역시 일부 무기체계에 국한한 감사를 실시하는 등 출연기관에 대한 외부의 감시·감독체계가 취약한 실정이며, 국과연의 제안서 및 시험평가, 국방기술품질원(기품원)의 하자판정 및 수락검사 업무의 투명성·신뢰성 결여 논란을 극복하기 위한 개선이 필요하다. 방산원가 산정 업무의 공정성 제고를 위해 협력업체 원가자료 제출 등에 대한 법적 근거 마련이 필요하다.

군·산 유착 근절 및 비리예방대책 고도화의 추진 목표는 다음과 같다. 첫째, 방위사업 중개 행위(컨설팅, 자문 등 포함)를 제도적 환경에서 활동하도록 양성화하여 음성적인 방위사업 비리를 차단한다. 둘째, 퇴직 공직자의 재취업 규제 강화, 퇴직 후 활동실태에 대한 체계적 관리로 전·현직 공직자 유착에 의한 비리 가능성을 차단한다. 셋째, 국방출연기관에 대한 자정시스템을 보강하고 내·외부의 감시·감독을 강화하여 출연기관 임직원의 청렴성과 업무투명성을 제고한다. 넷째, 방위사업 감사·감독기능 효율화하고, 사전검증 및 의사결정 지원 중심으로 전환하여 부정·비리의 가능성을 초기부터 엄격하게 차단한다. 다섯째, 방산원가의 공정성·투명성 확립을 위해 법적 기반을 마련하고, 전문기관에 의한 원가산정 시스템을 구축한다.

군·산 유착 근절 및 비리예방대책 고도화의 추진계획은 ① 입찰 및 계약이행을 조력하는 컨설턴트·로비스트 양성화를 위한 등록제도 마련, ② 재취업 규제강화 및 퇴직공직자 이력관리 등을 통한 전·현직 공직자 유착 근절, ③ 국방출연기관 비리예방을 위해 정부부처 수준으로 자정시스템 보강 및 내·외부 감시·감독 강화, ④ 사전 검증·평가 기능 강화 및 방산원가 법적기반 보강을 포함한다.

입찰 및 계약이행을 조력하는 컨설턴트·로비스트 양성화를 위한 등록제도 마련 (2019년)

모든 방위사업 중개업으로 등록대상의 확대 및 검증체계를 구축하고 미등록 방위사업 중개업자에 대한 제재(과태료·과징금 부과)를 강화할 계획이다. 또한, 공직자가 미등록 방위사업 중개인과 접촉 시 신고를 의무화하고 무단 접촉 시 징계할 것이다. 유관기관과의 정보공유를 통한 등록 정보의 신뢰성 검증체계도 구축할 것이다.

그림 Ⅰ-11 │ 무역대리점 등 D/B화 및 활용개념

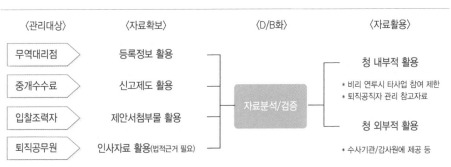

재취업 규제강화 및 퇴직공직자 이력관리 등을 통한 전·현직 공직자 유착 근절 (2019년)

퇴직공직자 취업심사대상자 및 취업제한기관을 확대[63]하고 퇴직공직자의 이력관리체계를 구축하며, 직무관련자 사적접촉 신고를 의무화하여 전·현직 공직자 유착을 방지할 것이다. 업무분야별 취업심사제도 적용을 추진할 계획인데 수출·R&D 분야는 허용하되, 대관업무 분야는 재취업을 금지하는 방안을 추진할 것이다.

---

63 취업심사(신고) 대상자: 5급/중령 → 6·7급/소령, 취업제한기관: 일정 규모 이상 방산업체(74개) → 모든 방산업체(101개)+모든 방위사업중개업 등록업체.

▲ 공무원행동강령 개정 및 신고시스템 구축(2018.4.17)

> • 제9조의 4(직무관련자와의 사적 접촉의 신고): 부득이한 사정에 따라 사적인 접촉을 하는 경우 청장(행동강령책임관)에게 사전에 서면으로 신고
> • 청 홈페이지에 직무관련자 접촉 신고시스템 구축

국방출연기관 비리예방을 위해 정부부처 수준으로 자정시스템 보강 및 내·외부 감시·감독 강화(2019년)

출연기관 자체 자정시스템 강화 및 감사 대상을 확대[64]하고 출연기관 내부 윤리규정 마련 및 윤리감사제도를 도입[65]하며 퇴직자 방산업체 재취업실태 조사[66] 및 취업제한심사대상 확대를 추진할 것이다.

사전 검증·평가 기능 강화 및 방산원가 법적기반 보강(2019년)

방사청 내 감사·감독 조직을 효율화하고 예방적 검증·평가 및 의사결정 지원 기능을 강화하여 비리예방 실효성 제고(2018년)하고 협력업체 원가자료 제출 의무화 등 원가업무 법적기반 보강 및 전문기관 아웃소싱(2019년)을 추진할 계획이다.

군·산 유착 근절 및 비리예방대책 고도화를 위한 법령 제·개정 소요로 방위사업 입찰 및 계약이행 과정에서 조력하는 모든 업체를 등록 및 양성화하기 위해 「방위사업법」 개정,[67] 전·현직 공직자 유착근절을 위해 퇴직공직자 취업심사 대상자와 취업제한기관 확대를 위해 「공직자윤리법 시행령」 제3조와 제33조를 개정,[68] 퇴직공직자 이력관리체계 구축을 위해 개인고유정보 관리 근거 마련을

---

64 자체 자정시스템 강화방안 제출(국과연⇨방사청, 2018.2.13.), 자체 감사인력 증원(15명 → 24명), '시제 업무방침' 개정(2018.3.5).

65 임직원 행동강령 개정(2018.4.17, 사적이해관계 신고, 영리행위금지 등).

66 퇴직연구원 재취업실태 및 주식보유현황 1/2차 조사(2018년 4∼6월).

67 1) 입찰 및 계약 체결·이행 과정에서 특정 업체를 위하여 조력하는 모든 무기브로커(현행 법령 내 군수품 무역대리업 포함)을 '방위사업중개업'으로 포괄 정의하기 위해 「방위사업법」 제3조(정의) 개정, 2) 방위사업중개업의 등록·등록취소 및 중개수수료 신고 조항 신설.

68 1) 취업심사대상자를 기존 5급/중령 이상에서 7급/소령으로 확대하기 위해 「공직자윤리법 시행령」 제3조(등록의무자) 제4항을 개정, 2) 취업제한기관을 기존 자본금 및 연간 외형거래액 기준에서 모든 방산업체와 방위사업중개업체로 확대하기 위해 「공직자윤리법 시행령」 제33조(취업제한기관의 규모와 범위) 제5항을 개정.

위한 「방위사업법」 개정,[69] 국방출연기관 비리예방시스템 구축을 위해 「국방과학연구소법」 개정,[70] 작지만 강한 검증·평가 기능 구현을 위해 「방위사업청과 그 소속기관 직제」 제4조의 5 (감사관) 등 개정, 방산원가 업무 전문화·공정화 기반 마련을 위해 「방위사업법」 개정이 필요하다.

군·산 유착 근절 및 비리예방대책 고도화 과제에 대한 책임은 국방부 국방개혁실 국방개혁실장 예하 국방운영개혁추진관 및 자원관리개혁담당관 등과 방위사업청 기획조정관 및 방위사업혁신TF팀장 등이 맡고 있다.

---

69 방위사업분야 퇴직자 취업이력관리 업무를 규정하고, 주민등록번호 처리를 위한 「방위사업법」에 조항 신설.
70 1) 윤리행동강령, 임직원의 재산등록, 취업제한 및 행위제한, 부당한 정보제공 금지, 영리 업무의 금지 등을 포함한 공직자 수준의 윤리행위 준수를 위해 「국방과학연구소법」에 조항 신설, 2) 윤리행위 준수를 감사할 수 있는 윤리감사제도를 도입하고, 감사결과를 이사회에 보고하도록 「국방과학연구소법」 개정.

2. 방위사업 비리 제재 실효성 강화 및 상·벌의 균형(개혁과제 34-42)

방위사업 비리 제재 실효성 강화 및 상·벌의 균형은 방위사업 비리에 대한 실효적인 처벌·제재를 위해 방위사업의 투명·공정한 원칙을 정립하고 비리처벌의 사각지대를 해소하는 것이다. 또한 비리는 엄단하되, 정당한 업무수행으로 인한 시행착오는 보호하고 재도전의 기회를 부여하며, 방위사업 종사자의 적극적 업무수행 여건을 조성하기 위함이다.

방위사업 비리 제재 실효성 강화 및 상·벌의 균형은 ① 방산비리의 정의·유형에 대한 정립 필요, ② 방산비리 업체 및 공직자에 대한 실효적인 제재 및 처벌 미흡, ③ 방위사업 수행 공직자의 소극적 업무수행 현상 확대 차원에서 추진되고 있다.

방산비리의 정의·유형에 대한 정립 필요

방위사업 비리에 대한 명확한 정의가 없어 범죄행위 뿐만 아니라 개발과정에서의 시행착오와 행정적 착오 등 획득분야의 대부분 문제가 '방산비리' 프레임으로 취급되고 있다. 특히, 연구개발 특성상 필연적으로 발생하는 시행착오나 성능·품질의 문제도 부정·비리로 간주되고 있고 "방위산업＝비리"란 인식의 일반화로 방위사업 전반에 대한 불신이 팽배하고 이는 방위사업, 더 나아가 국방에 대한 부정적인 요인으로 작용하고 있다.

한편, 방위사업법에서는 '청렴서약제'를 통해 방위사업 분야의 비리방지에 대해 규정하고 있으나, 항목별 내용이 모호하고, 공문서 위·변조, 공직자와 업체 간 금전거래와 같이 논란이 되었던 부정행위를 담지 못하고 있다.

🔵 방위사업법의 '청렴서약서' 포함사항

방위사업법 제6조(청렴서약제 및 옴부즈만제도)
② 청렴서약서에는 다음 각 호의 사항이 포함되어야 한다.
　1. 금품·향응 등의 요구·약속 및 수수 금지 등에 관한 사항
　2. 방위사업과 관련된 특정정보의 제공 금지 등에 관한 사항
　3. 그 밖에 방위사업의 투명성 및 공정성을 높이기 위하여 대통령령이 정하는 사항

방위사업법 시행령 제4조(청렴서약서의 제출 및 내용)
⑧ 법 제6조 제2항 제3호의 규정에 의하여 청렴서약서에 포함되어야 할 사항은 다음 각
　호와 같다.
　1. 본인의 직위를 이용한 본인 또는 제3자에 대한 부당이득 취득금지에 관한 사항
　2. 공정한 직무수행을 저해하는 알선청탁의 금지에 관한 사항
　3. 입찰가격의 사전공개 및 특정인의 낙찰을 위한 담합 등 입찰의 자유경쟁을 저해
　　하는 불공정한 행위의 금지에 관한 사항
　4. 불공정한 하도급의 금지에 관한 사항

방산비리 업체 및 공직자에 대한 실효적인 제재 및 처벌 미흡

금품 등을 제공하거나 군사기밀 등을 제공받은 방산업체(무역대리점)에 대한 지정(등록) 취소 규정은 있으나, 유형별 방산비리에 대한 구체적인 제재 규정은 불비한 실정이다. 현행 방위사업법은 청렴서약서 제출의무를 매개로 청렴서약서 의무위반 행위에 대해 동일한 수준의 행정제재를 부과하는 구조로 되어 있어, 유형별 방산비리를 실효적으로 예방할 수 있는 방안 마련이 필요하다. 또한 불가피한 시행착오, 도전적인 개발, 사소한 행정결함 등에도 부정당업자 제재를 적용하여 방산업체(물자)가 대체 불가한 경우 제재 기간만큼 조달이 지연되어 정부입장에서도 부담인 상황이 발생하고 있다.[71] 비리 공직자에 대해서는 「국방부 군인·군무원 징계업무처리훈령」에 방위사업 비리행위에 대해 별도로 규정하지 않고, 주요 비위사건에 '청렴의무 위반' 등을 규정하고 있어서, 공직자의 방산비리에 대한 경각심을 일깨워 주는데 미흡한 실정이다.[72]

---

71 제재 효과성, 조달여건 등에 대한 고려 없이 일률적으로 처벌·제재할 경우 부작용 발생 우려.
72 「국방부 군인·군무원 징계업무처리 훈령」의 주요 비위사건(4개): 청렴의무 위반, 음주운전, 성폭력, 영내
　폭행·가혹행위.

방위사업 수행 공직자의 소극적 업무수행 현상 확대

다양한 변수가 발생하고 리스크가 높은 무기체계 개발·구매 과정에서 정상적인 절차와 과정을 거쳐 결정된 사항에 대해서도 과도한 제재·처벌을 적용하여 방위사업 수행 인력의 피로누적·사기저하·책임회피 등을 야기, 소극적·방어적 업무수행 현상이 발생하고 있다.[73] 업무 수행과정에서 방위사업 관리자에 대한 법적·기술적 지원이 미흡하여, 감사수사 등에 대한 부담도 상당히 높은 실정이다.

방위사업 비리 제재 실효성 강화 및 상·벌의 균형의 추진목표는 다음과 같다. 첫째, 방위사업 비리의 정의·유형을 법령으로 구체화하여 방위사업 수행 간 명확한 기준과 원칙을 공유하고 처벌·제재 적용 간 논란을 방지한다. 둘째, 비리유형별 차별화된 처벌·제재 적용과 사각지대 비리행위에 대한 처벌·제재 강화로 신뢰를 회복하고 경각심을 강화한다. 셋째, 방위사업 종사자들이 적극적으로 업무를 수행할 수 있도록 제도적 보호장치를 마련하고 자긍심을 고취한다.

방위사업 비리 제재 실효성 강화 및 상·벌의 균형의 추진계획은 ① 방위사업 비리행위의 정의·유형 명확화로 투명·공정성 원칙정립, ② 비리유형별 실효성 있는 처벌·제재 적용 및 방위사업 비리사건에 대한 온정적 처리 금지, ③ 적극적 방위사업 수행을 보장할 수 있는 제도적 장치 마련을 포함한다.

방위사업 비리행위의 정의·유형 명확화로 투명·공정성 원칙정립(2019년)

방위사업 비리에 대한 명확한 처벌·제재를 위해 방위사업 비리행위의 정의 및 유형을 법령으로 규정할 계획인데 방위사업분야 공무원, 방산업체, 민간전문가 등 방위사업 참여자가 준수해야 할 윤리행위를 「방위사업법」에 명시할 것이다. 더불어, 시험성적서 등 공문서 위·변조, 업체와 공직자 간 금전거래, 알선청탁 등도 방위사업 비리행위의 범주에 포함하여 정의할 것이다.[74]

---

73 방사청 직원 우울지수 고위험군 증가 추세: 6.6%(2015년) → 16.1%(2016년) → 36.8%(2017년).
74 무기체계 성능·품질 미흡, 시행착오 등은 '방위사업 비리'의 범주에서 제외.

● 방위사업 비리행위 정의(방위사업법 개정안)

제0조(방위사업비리행위의 금지) ① 방위사업참여자는 다음 가 호의 어느 하나에 해당
하는 행위(이하"방위사업비리행위"라 한다)를 하여서는 아니 된다.
  1. 「부정청탁 및 금품등 수수의 금지에 관한 법률」 제8조 제1항 및 제2항에 따른
     금품등(「부정청탁 및 금품등 수수의 금지에 관한 법률」에 따른 금품등을 말한
     다)을 수수, 요구, 약속 또는 제공하거나 제공의 의사를 표시하는 행위
  2. 거짓이나 그 밖의 부정한 방법으로 방위사업 관련 특정정보를 취득·제공 및 이
     용하는 행위
  3. 공정한 직무수행을 저해하는 알선·청탁 행위
  4. 방위사업청 등에 납품하는 군수품의 성능을 증명하거나 원가 산정을 위한 문서
     또는 도화를 위조 또는 변조하는 행위
  5. 제3조 제20호 가목부터 다목까지의 방위사업 참여자와 같은 호 라목부터 바목
     까지의 방위사업참여자 간 금전을 빌리거나 빌려주는 행위 및 유가증권을 제공
     하거나 제공받는 행위
  6. 본인의 직위를 이용하여 본인 또는 제3자가 부당한 이득을 취득하게 하는 행위
  7. 취업이나 그 밖의 이익을 수수하기로 약속하고 방산업체, 일반업체, 방위산업과
     관련없는 일반업체, 전문연구기관, 일반연구 기관 및 방위사업 중개업체 등에게
     혜택을 주는 행위
  8. 그 밖에 방위사업의 투명성 및 공정성을 저해하는 행위로서 대통령령으로 정하
     는 사항

비리유형별 실효성 있는 처벌·제재 적용 및 방위사업 비리사건에 대한 온정적 처리 금지(2019년)

악성비리 처벌 강화(징벌적 가산금 추가 등) 및 비리 무역대리점 원스트라이크
아웃을 추진하고 방위사업 비리사건에 대한 공소시효 연장(5년 ⇨ 7~10년) 및 악
성비리(뇌물수수 등) 가중처벌(1.5배)을 추진할 것이다. 또한 부정·비리 공직자에
대한 온정적 처리 금지를 위한 징계규정을 개정[75]할 계획이다.

---

75 「국방부 군인·군무원 징계업무처리 훈령」에 방위사업 비리를 '주요 비위 사건'으로 분류, 징계유예/감경
   금지 등.

적극적 방위사업 수행을 보장할 수 있는 제도적 장치 마련(2019년)

부정·비리 없이 법령에 따라 정상적으로 수행한 업무에 대해서는 결과에 대한 책임을 묻지 않는 '적극행정면책제도' 도입[76]하고 방위사업 수행 중 전문적인 내부(In-House) 법률 지원(사업 및 계약실무자를 위한 법률·기술자문 전담지원방안 마련 등)을 강화하며 규제·의무에 상응하는 인센티브 부여와 방위사업 종사자 사기 진작을 위한 방위사업수당을 신설(조달청·특허청의 특수업무수당 또는 예산편성수당 등 벤치마킹)할 계획이다.

🔵 「공무원 징계령 시행규칙」 개정사항(2018.5.30.)

> 제3조의2(적극행정 등에 대한 징계면제)
> ① 고의 또는 중과실에 의하지 않은 비위로서 다음 각호의 어느하나에 해당되는 경우
> 1. 국가적으로 이익이 되고 국민생활에 편익을 주는 정책 또는 소관법령의 입법목적을 달성하기 위하여 업무처리 절차·방식을 창의적으로 개선하는 등 성실하고 능동적으로 업무를 처리하는 과정에서 발생한 것으로 인정되는 경우
> 2. 정책을 수립 집행할 당시의 여건 또는 그 밖의 사회통념에 비추어 적법하게 처리될 것이라고 기대하기가 극히 곤란했던 것으로 인정되는 경우
> ② 징계등 혐의자가 다음 각호의 사항에 모두 해당되는 경우
> 1. 징계등 혐의자와 비위 관련 직무사이에 사적인 이해관계가 없을 것
> 2. 해당 직무 수행 절차상 검토해야할 사항을 충분히 검토하였을 것
> 3. 법령에서 정한 행정절차를 거쳤을 것
> 4. 해당 직무를 처리하면서 필요한 보고 절차를 거쳤을 것

방위사업 비리 제재 실효성 강화 및 상·벌의 균형의 법률 제·개정 소요로 방위사업 비리 정의·유형 구체화를 위해 「방위사업법」 제3조(정의), 제6조(방위사업비리행위의 금지) 등 개정, 부정·비리 연루 업체의 처벌·제재 강화를 위해 「방위사업법」 제6조(방위사업비리행위의 금지), 제62조(벌칙) 등 개정,[77] 적극행정면책제도

---

76 「공무원 징계령 시행규칙」상 '적극행정면책제도'는 수익적 행정 행위를 대상으로 함에 따라 계약관리 등 방위사업에는 다소 부적합하여 방위사업 특성을 반영하여 방위사업법령 개정 추진.
77 1) 방위사업 비리행위를 한 업체에 대해 방산업체 지정 및 중개업 등록 취소, 입찰참가자격 제한 명시, 2) 방위사업 비리행위에 대해 형법에서 정한 형향에 1/2까지 가중처벌하는 내용 반영.

도입을 위한 「방위사업법시행령」 개정, 내부(In-House) 법률지원 강화를 위해 「방위사업청과 그 소속기관 직제」 개정이 필요하다.

　방위사업 비리 제재 실효성 강화 및 상·벌의 균형 과제에 대한 책임은 국방부 국방개혁실 국방개혁실장 예하 국방운영개혁추진관 및 자원관리개혁담당관 등과 방위사업청 기획조정관 및 방위사업혁신TF팀장 등이 맡고 있다.

1. 총수명주기와 신속획득을 고려한 소요·계획·예산 관리(개혁과제 35-42)

총수명주기와 신속획득을 고려한 소요·계획·예산 관리는 신속하고 효율적인 획득을 위해 사전개념연구 신설, 전력소요서 및 운용요구서 작성기관 조정 등 소요기획 역량을 강화함으로써 소요결정 이후 단계의 업무 수행 간 문제·쟁점 발생을 최소화하는 섯이다. 또한, 신화적 획득개념의 소요관리와 기술발전 속도를 반영한 신속획득 보장, 중기계획 수립 및 예산구조 개편 등으로 총수명주기 관점에서 획득과 운영유지의 연계성을 보장하는 것이다.

총수명주기와 신속획득을 고려한 소요·계획·예산 관리는 ① 소요기획 인력·예산·지원조직 부족으로 합리적 소요도출 여건 미흡, ② 일괄적 획득 체계 적용에 따라 전력화지연, 기술 진부화 발생, ③ 획득과 운영유지 예산의 이원화로 운영유지 안정성 확보 미흡, ④ 기존 신속획득 제도의 한계로 안보환경 변화 및 4차 산업시대 과학기술의 급격한 발전성과를 적시적으로 반영하는데 제한되는 배경 하에 추진되고 있다.

소요기획 인력·예산·지원조직 부족으로 합리적 소요도출 여건 미흡

2011년 소요검증 제도 적용 이후 현재(2018년 6월)까지 소요검증 결과 총 93건 중 54건(58%)에 대해 소요조정 필요성이 요구되고 있다. 또한, 소요기획 단계에서의 운영개념, 작전운용성능(ROC), 전력화지원요소 등의 충실도가 낮아 이후 단계에서의 업무추진에 부정적 영향을 미치고 있다.

구체적으로 필요성, 소요량, 전력화시기 및 ROC 설정사유 구체화가 미흡하다. 소요결정, 중기계획 반영, 예산편성 단계에서 장기간 검토되고 지연되는 주요 사유는 대부분 '소요의 필요성'에 대한 명확하고 과학적인 설명이 부족하기 때문이다. 주로 소요검증, 사업타당성 조사 등에서 지적되는 사항은 ① 현 능력 대비 부족능력과 연계한 소요의 타당성, ② 물자적 대안이 반드시 필요한 이유, ③ 소요량과 전력화시기의 적정성, ④ 적 위협과 요구능력을 기반으로 한 작전

운용성능(ROC) 설정사유 등이다. 이러한 요소는 기재부, 국회, 감사원 등에서도 지속적으로 보완을 요구하는 사항이기도 하다.

운용개념의 구체화도 미흡한데 '운용개념'이 명확하지 않아 사업관리 및 전력화 과정에서 혼선을 야기하고 지연시키는 주된 사유로 작용하고 있다. 운용개념이 명확하지 않으면 ① 운용개념과 연계한 체계설계가 제한되고, ② 시험평가를 위한 계획수립과 수행이 곤란하며 ③ 전력화지원요소 개발이 부실화될 우려가 있을 뿐만 아니라 ④ 전력화시에도 운용부대에서의 혼선 및 장기간의 적응 기간이 요구된다.

전력화지원요소의 정확한 반영도 미흡하다. 전력화지원요소는 무기체계 운용을 위한 제반 지원요소로서 무기체계 획득과 함께 적정 수준으로 확보하여야 운영의 완전성을 보장하고 즉각 전투력 발휘를 보장할 수 있으나, 주 장비 획득에 중점을 둠으로써 상대적으로 관심이 부족하고 전문성 측면에서 제한되어 세부적인 검토와 전력화지원요소 도출이 미흡하다.

표 Ⅰ-52 소요결정 결과가 각 단계에 미치는 영향

소요결정		중기계획	획득	운영·유지
		* 각 단계 업무추진 간 발생하는 제한사항		
• 재원 미고려	⇨	• 소요의 중복 • 우선순위 중첩 • 과다 소요		

• 획득 가능성
  충분한 고려 부족
	⇨		• ROC수정 소요
			  발생
			• 사업기간 불충분	

• 작전운용능력/
  ROC 설정
	⇨		• 과다 성능 요구로
			  사업추진 제한
			• 미구체화 또는
			  과다 구체화로
			  사업추진 제한
				• 시험평가는 통과
				  하였으나 실제
				  전투 효율성
				  발휘에 의구심

• 전력화지원
  요소 판단 미흡
	⇨	• 추가 예산소요
		  발생
			• 소요군의 추가
			  요구 과다
				• 임무수행을 위해
				  주장비 외 추가
				  소요 발생
				• 평시 훈련 및
				  관리 제한 발생

중기계획 수립, 예산편성, 사업관리를 위해 필요한 작성 요소 기준이 정립되지 않아 생략 가능한 요소로 인식하거나 전력별로 그 작성 수준의 편차가 심하다. 군사교리, 부대편성, 교육훈련, 시설, 상호운용성, 종합군수지원 요소 등은 분야별 전문성이 있는 책임 부서의 인원이 작성하여야 하나, 각 군 기참부의 소요제기 담당자가 주도하여 작성하고 있는 실정이다.[78] 소요기획 이후 단계, 특히 사업관리 이전 단계에서의 전력화지원요소에 대한 지속적인 검토와 조정이 요구되나 이에 대한 활동이 미흡하다.

소요기획 인력·예산·지원조직이 취약하기도 하다. 현재 소요기획을 전담하고 있는 조직/인력은 19개 과(실) 95명 수준으로 사업관리 인력(860여명), 연구인력(3,100여명) 대비 턱없이 부족하며, 소요기획 내실화 요구 충족이 제한된다. 지원조직 측면에서 ① 소요기획 전담 연구기관은 전무[79]하고 ② 분석평가 조직/인력은 합참 분석실험부 20명 수준으로 제한된 소요분석 결과를 제공하고 있다. 지원 예산 측면에서도 국방 정책연구 과제의 용역 예산을 활용하여 일부 전력에 대한 연구예산만 지원하고 있다.[80]

기존 개선노력의 한계도 있다. 2014년 합참 중심의 소요기획 제도로 개선하여 합동전력 소요창출, 적정 소요로 최적화 및 소요정비 등의 성과도 있었다. 그러나, 기대와는 달리 전력소요서의 완전성, 소요기획 전문성 확보, 통합개념팀(ICT) 운영의 실효성 등에 대한 문제가 제기되고 있다. 현 제도상으로는 각군의 개략적인 전력소요서(초안)를 기초로 합참이 통합개념팀(ICT)을 운영하여 전력소요서

표 Ⅰ-53 | 기관별 전력소요기획 인력 현황

구 분	계	합 참	육 군	해 군(해병대)	공 군
과(실)(개)	19	7	9	2	1
인력(명)	95	59	16	13	7

78 현재는 작성된 전력소요서에 대해 군수 관련 부서에 검토 의견을 수렴하고 있지만, 최초 작성된 내용이 미흡하여 적극적 검토가 제한된다.
79 2010년 이전에는 국방연구원(KIDA)에서 단위전력에 대한 소요기획 지원을 하였으나 전력소요검증 제도 도입 이후 조직/인력의 부족으로 현재는 전략적 소요에 대한 분석에 제한하여 지원하고 있다.
80 2018년도 전체 국방 정책연구과제 예산 6.2억원 중 일부 예산만이 배정되고 있으며 1개 전력당 5,000만원 이내로 예산이 배정되기 때문에 실질적인 개념연구가 제한되는 실정이다.

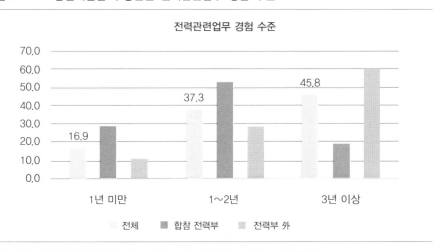

전력관련업무 경험 수준

16.9 ⬜ 전체 ⬛ 합참 전력부 ⬜ 전력부 外

37.3

45.8

1년 미만   1~2년   3년 이상

* 설문 대상: 총 63명(합참 전력부 22, 소요군 등 15, 방사청 9, ADD 14, 기품원 3)

안을 완성함에 따라 각군의 특성과 필요성이 충분히 반영된 전력소요서(안) 작성이 제한된다. 또한, 각 군이 개략적인 수준의 전력소요서(초안)을 작성함에 따라 각 군의 소요기획 기능·역할이 축소되어 군 전체적인 소요기획 전문성이 저하되었다. 합참이 통합개념팀(ICT)을 운영하고 있으나 각 군 협조 없이 합참 단독으로 전력소요서(안) 작성은 현실적으로 제한되어 기대하는 만큼의 효과를 얻지 못하고 있다.[81]

일괄적 획득 체계 적용에 따라 전력화지연, 기술 진부화 발생

진화적 획득의 필요성이 대두되고 있다. 기술발전 주기는 단축되고 국가안보 상황은 동적으로 급변함에 따라 한 번의 개발로 요구능력 확보가 어려워지고, 개발기간도 장기화되는 현상이 발생하고 있어, 미국 등을 중심으로 단계적 전력화 계획과 수행을 기반으로 한 '진화적 획득' 개념이 대두되고 있다. 즉, 다수의 중간목표 설정, 각 중간목표 달성 후 부분 전력화를 실시하는 것이다. 진화적 획득의 세계적 흐름을 벤치마킹하여 우리 제도에 명문화하고 실제 성과를 얻기 위한 다각도의 노력을 기울였으나, 제도 정착에 많은 어려움을 겪고 있다.

진화적 소요기획 관련 제도가 미비하다. 현행 획득제도에서 진화적 획득 우

---

81 설문조사 결과(합참, 2017년) 합참 전력담당 실무자 약 80%가 관련업무 경력이 1~2년에 불과.

선 적용을 원칙[82]으로 하고 있지만, 개별 의사결정시 고려요소로서 의미부여가 되어 있어 개념 정의 이상의 실무 규정으로서 구체성이 미흡하다.

그림 Ⅰ-13 | 일괄 획득과 진화적 획득 비교

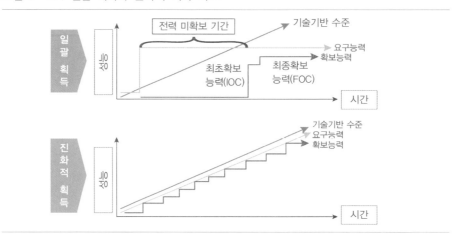

표 Ⅰ-54 | 사업관리 단계 '진화적 획득' 관련 규정(방위사업관리규정)

단계	담당기관	관련문서/활동	진화적 획득을 위한 활동
소요기획	방사청	소요결정간 의견제시	• 진화적 개발전략 적용 가능성(제49조)
선행연구	방사청	선행연구 계획	• 획득대안 수립시 진화적 개발전략 고려(제83조)
선행연구	방사청	사업추진 기본전략서	• 획득대안(탐색/체계개발계획) 수립(제88조) − 진화적 개발전략 포함 • 진화적 획득 관련 고려사항(제89조) − 진화적 개발전략 채택여부
연구개발	방사청	체계개발 동의서	• 작전운용성능 및 제원: 진화적 개발전략 포함 • 전력화 시기/소요량: 연도별 소요량, 소요판단 (진화적 개발전략을 포함) (제119조)
체계개발	주관기관 (ADD/업체)	체계개발 실행계획서	• 미래기술수준 예측 및 신규무기체계 장착운영을 위한 진화적 개발전략 고려(제120조)
체계개발	방사청	체계개발 사업관리계획서	• 진화적 개발전략 적용시 다음단계와의 연계 계획 (제122조)

---

82 국방전력발전업무훈령 제29조(소요제기 및 소요결정 절차) ② 합참은 (중략) 특별한 사유가 없는 한 기술발전추세를 고려하여 진화적 획득전략(나선형, 점증형)을 우선적으로 고려한다. (후략)

전력소요서(안) 작성시 '진화적 획득 적용대상'을 식별하도록 하고 있으나 진화적 획득방안 적용을 위한 구체적인 기준과 절차 등이 미비하다.

◐ 소요기획 단계 '진화적 획득' 관련 규정

> **국방전력발전업무훈령 제32조(장기전력소요서안 작성)**
> 5. 작전운용능력 가. 합동개념을 충족시킬 수 있도록 주요 작전운용능력 제시
>   3) (전략), **진화적(Block, Batch 또는 Build) 획득전략 적용대상**은 단계별로 진화적 작전운용성능을 설정. (후략)
>
> **국방전력발전업무훈령 제33조(중기전력소요서안 작성)**
> 5. 작전운용성능(ROC) 가. 주요 작전운용성능
>   4) **진화적 획득전략 적용대상**은 단계별로 진화적 작전운용성능 설정

진화적 획득 적용에 대한 현실적 제한사항이 있다. 소요군은 단계적인 전력화에 따른 동일임무 부대간 운용장비의 차이 발생, 단계적 개발에 따른 기술 및 정비요소의 다양화 대비 어려움 등으로 진화적 획득에 대한 거부감이 내재되어 있다. 또한, 사업추진 간 경쟁원칙에 의해 각 단계별 분리된 사업수행, 비용상승에 대한 우려[83] 등이 진화적 획득 추진을 어렵게 하고 있다. 현 제도는 사업추진 간 소요의 수정을 보장하고 있으나, 실제 소요수정에 대해 기관별로 소극적으로 대응하고 있어 유연하고 적극적인 소요수정이 제한되는 실정이다.

---

83 David N. Ford and COL John Dillard, USA(Ret.), "Modeling the Performance and Risks of Evolutionary Acquisition", A Publication of the Defense Acquisition University, July, (2009). 이 자료에 따르면 진화적 개발에 따른 사업기간 및 개발인력 투입 증가로 일괄개발에 비해 비용이 약 2.5배 증가하는 것으로 분석되었다.

소요의 수정 관련 규정

방위사업법 시행규칙 제8조(소요의 수정요청) ＊밑줄: 2017년도 추가 조항

- 소요 재원의 절감 또는 방산업체 등의 경쟁촉진이 필요시
- 작전운용성능을 진화적으로 향상시키는 방안이 무기체계 등의 소요에 반영 필요시
- 부대시설사업의 추진과정에서 민원 등으로 인하여 그 사업의 계획변경 필요시
- 선행연구·탐색개발 결과, 체계개발의 설계검토 및 시험평가 등의 결과 반영 필요시
- 타당성재조사 등 예산상 사유로 필요시
- 해당 무기체계의 운용환경, 합동성 및 상호운용성의 변경 필요시
- 그 밖에 방위력개선사업을 추진하는 과정에서 획득 여건의 변화 등의 사유

사업착수 이전 단계에서 선행연구, 탐색개발, 사업타당성 조사 결과 등에 의한 정확한 소요 예측이 제한되어 사업착수 이후 사업 실패, 지연, 분쟁 등의 원인으로 작용하고 있다. 진화적 획득의 실제 실행자인 방산 기술기반의 역량이 미흡한 것도 적극적인 추진에 어려움을 제공하고 있는 실정이다. 이에, 장기간 연구인력 및 생산기반 유지를 위한 규모와 경쟁력이 필요하며 산업체별 특화된 기술 축적을 위한 전략과 노력이 요구된다.

표 Ⅰ-55 | 5년간(2011～2015년) 획득단계별 소요수정 현황

구 분	계	선행 연구	탐색 개발	사업 타당성	계약 착수전	체계 개발	시험 및 구매평가	양산
건수	109	28	9	2	15	48	5	2
비율 (%)	100	26	8	2	14	44	4	2
		50				50		

획득과 운영유지 예산의 이원화로 운영유지 안정성 확보 미흡

국방개혁 2.0 추진, 전작권 전환 등에 필요한 무기체계 획득을 위한 방위력개선 예산은 지속 증가 추세이다. 하지만, 획득된 무기체계가 제대로 전투력을 발휘하기 위해서는 적정 운영유지비 확보는 필수적이나, 국방예산의 한계로 획득위주로 편성되면서 운영유지 부실을 초래하고 있다. 무기체계의 총수명주기비용 중 획득비는 전체의 30～40%를, 운영유지비용은 60～70%를 차지하나,[84] 우

84 '선진 국방경영을 위한 획득 및 운영유지 연계 제고 방안' p. 106, (2016.10, 한국국방연구원), 미국의 운용유지비는 운용 및 정비인력 등의 인건비를 포함.

표 Ⅰ-56 | 2019∼2023 국방중기계획 무기체계 획득비 및 운영유지비 규모

구 분	2019년	2020년	2021년	2022년	2023년
획득비①	(14.1% ↑ ②)	(15.2% ↑)	(11.9% ↑)	(8.9% ↑)	(4.7% ↑)
	80.7%③	82.2%	83.0%	82.7%	83.1%
운영비④	(7.0% ↑)	(4.0% ↑)	(5.7% ↑)	(11.3% ↑)	(2.0% ↑)
	19.3%③	17.8%	17.0%	17.3%	16.9%

* 근거: 2019∼2023년 국방중기계획 분과위 및 정책회의 심의(안)
① 획득비는 방위력개선비 중 방사청 운영비, 방위산업 및 R&D 육성 등을 제외하고 실제 무기체계 획득에만 소요
   된 비용
② 전년대비 증가율, ③ 획득비와 운영비의 총계에서 각각이 차지하는 비율
④ 운영비는 인건비를 포함하지 않는 장비유지비임.

리나라는 운영유지비가 획득비에 비해 과소 편성되어 이미 배치된 무기체계 및 신
규 도입될 무기체계에 대한 운영유지에 심각한 문제를 야기할 것으로 예상된다.

　또한 전력운영비[85] 중 '전력유지비'는 경직성 예산인 '병력운영비'와 경합하고
있는 구조로 적정 예산확보가 제한된다.

　이로 인해 국민들의 신뢰가 하락하고 국회 및 재정당국에서는 운영유지를 고
려한 군사력 건설을 요구하고 있으며, 군 전투력 유지에도 큰 영향을 미치고 있
어 군에서도 그 심각성을 제기하고 있다.[86] 이러한 현상이 발생한 근본적인 원

그림 Ⅰ-14 | 2019∼2023 국방중기계획 무기체계 획득비 및 운영유지비 규모

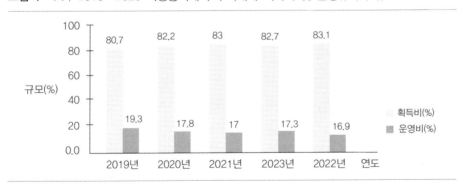

85　전력운영비 = 병력운영비 + 전력유지비(무기체계/전력지원체계 전력유지비 + 전력지원체계 획득비).
86　2006년 F-16 추락 당시 공군 전투기 가동률은 60%에 불과하였으나, 2007년과 2008년의 장비유지비
   를 2006년 대비 80% 증액 편성한 이후 2008년 공군 전투기 평균 가동률은 85% 수준으로 회복,
   2017년 국정감사 시 이철희 의원이 공군 주요항공기 가동률이 지속적으로 저조한 사유에 대해 질의, 창
   급 정비소요 증가로 저조.

표 Ⅰ-57 | 최근 5년간 전력운영비 규모 및 구성 단위: 조원

구 분	2014년	2015년	2016년	2017년	2018년
병력 운영비	(4.0%↑①)	(5.0%↑)	(5.3%↑)	(4.5%↑)	(7.3%↑)
	58.9%②	58.9%	60.4%	60.9%	62.1%
전력 유지비	(4.0%↑)	(4.9%↑)	(-0.01%↑)	(2.2%↑)	(2.2%↑)
	41.1%②	41.1%	39.6%	39.1%	37.9%

① 전년대비 증가율, ② 병력운영비와 전력유지비의 총계 각각 차지하는 비율

그림 Ⅰ-15 | 최근 5년간 병력운영비 및 전력유지비 증가율(%) 추이

인은 무기체계 획득과 운영유지의 조직과 업무가 이원화되어 있고, 군의 주요 의사결정과정에서 운영유지보다 부족능력 확보에 우선하고 있기 때문이다. 방사청 개청 이전에도 있었던 문제였으나, 개청이후 심화되어 방사청은 획득에 더욱 집중하고 운영유지에 대한 관심이 저조하다. 왜냐하면 획득과 운영유지 업무가 같이 이관되었어야 하나 획득만 이관되었기 때문이다. 또한, 군에서도 무기체계 전력화는 전력이, 운영유지는 군수가 분담하면서 무기체계의 운영유지에 대한 업무 책임이 모호하다. 현 제도상 소요제기 단계부터 운영유지를 고려하도록 되어 있으나 실효성이 없고, 연구개발 종료가 임박하면서 운영유지 소요를 집중 제기하나, 총사업비 부족으로 충분한 반영이 제한된다. 군수는 전력지원체계의 획득과 운영유지를 담당하여 연계성 있는 업무가 가능하나, 무기체계에 대해서는 이미 배치된 무기체계의 운영 유지에만 관심을 기울이고 신규 무기체계 운영유지는 관심이 소홀하다.

기존 신속획득 제도의 한계로 안보환경 변화 및 4차 산업시대 과학기술의 급격한 발전성과를 적시적으로 반영하는데 제한

긴급전력소요 제도의 제한사항이 존재한다. 긴급전력소요는 소요결정 이후 2년 이내 전력화되는 개념이지만, 실제로는 평균 40개월 이상의 장기간이 소요되어 긴급대응 전력의 취지를 살리지 못하고 있다. 현행 규정상, 긴급전력소요에 대해서는 선행연구 등 일부단계를 생략할 수 있으나, 책임문제 등으로 일반 획득절차를 그대로 준용하는 실정이다. 법률에 긴급전력소요에 대한 정의를 두지 않고, 방위사업법 시행규칙의 단서조항 및 국방전력발전업무훈령 별표 '용어의 정의'에서 관련 내용을 포함하는데 그치고 있어 개념의 불명확 및 긴급전력 제도 운용에 한계가 있다.

따라서, 일반 획득절차로는 달성할 수 없는 예외적인 신속획득 상황에 적합한 절차를 명확히 규정하는 등 제도개선이 필요하다.

현장지휘관이 효과적인 작전수행을 위해 소규모로 신속히 필요한 무기체계를 식별하고도 이를 조기에 획득할 수 있는 획득 절차가 없다. 이러한 소요는 현

표 Ⅰ-58 | 주요 사업추진 절차별 소요기간   단위: 개월

단 계	선행 연구	사업추진 기본전략	구매 계획	시험 평가	제안요청서 작성/입찰공고	기종 결정	검사/ 납품
담 당 기 관	방사청			합참	방사청		소요군
소 요 기 간	6	2	2	13	3	2	15

표 Ⅰ-59 | 긴급전력 소요 획득 지연 사례

사업명	획득방안	소요결정~최초납품	지연사유
지상레이저 표적지시기	국외구매	36개월	전투용 부적합/순연
75사단 부대개편	시설사업	43개월	공사일정 고려 순연
휴대용위성 공지통신무전기	FMS	34개월	연합암호 E/L로 순연
UH-60 동체내부 방탄킷	미정	51개월(예상)	획득방안 재검토
전진기지 감시체계	구매	45개월(예상)	예산 미반영

획득체계에서 소요기획 우선순위에서 밀려 소요반영 자체가 어려우며, 소요가 반영되더라도 전력화까지 10년 이상 소요되고 있다. 예를 들어, 특수작전 임무 수행을 위해 항폭유도용 레이저 표적지시기를 2015년부터 소요제기를 했지만 아직도 소요결정이 미정이다. 획득이 장기간 소요됨에 따라 현장지휘관이 필요한 시기에 신속한 획득이 제한되고 기술진부화도 우려되는 실정이다. 또한, 무기체계의 효용성을 충분히 검증해 보지 않고 소요를 결정하고 획득함으로써 사업추진이 지연되거나 중단되어 예산을 낭비하고 대외적으로도 부정적 인식이 확산되었다.[87] 따라서, 기존 획득 제도로는 현장지휘관의 요구사항[88]을 신속히 충족하면서 사업추진의 리스크를 감소시킬 방안이 없어 새로운 방식의 획득 절차와 관련 예산 확보 필요하다.

총수명주기와 신속획득을 고려한 소요·계획·예산 관리의 추진목표는 다음과 같다. 첫째, 소요의 합리성과 전문성을 제고하고 후속 단계 획득업무 수행 간 문제·쟁점 발생을 최소화하기 위해 소요기획 역량을 강화한다. 둘째, 무기체계 획득 간 안보환경 및 기술 변화에 신속히 대응하기 위해 진화적 획득 개념 하 소요기획 및 소요관리의 유연성을 향상한다. 셋째, 총수명주기 관점에서 획득과 운영유지의 안정성을 확보하기 위해 획득과 운영유지의 연계성을 강화한다. 넷째, 군의 요구와 첨단기술이 반영된 긴요전력을 신속히 전력화하기 위해 기존 신속획득 제도의 한계를 보완하여 실효성을 제고한다.

총수명주기와 신속획득을 고려한 소요·계획·예산 관리의 추진계획은 ① 소요기획의 합리성과 전문성 제고를 위해 소요기획 역량 강화, ② 진화적 획득개념을 적용, 소요기획과 사업추진간 유연한 소요관리, ③ 총수명주기 관점의 획득과 운영유지 연계성 확보, ④ 신속획득 제도의 실효성 제고를 포함한다.

소요기획의 합리성과 전문성 제고를 위해 소요기획 역량 강화(2020년)

소요의 내실화를 위해 소요결정 이전에 사전개념연구를 실시하도록 제도 신설 및 예산 반영(2019년)할 계획이다. 이에 사전개념연구 수행(외주용역 시)을 위한

---

87 (예) 전술비행선: 서북도서 전장감시 강화를 위해 긴급전력으로 국외도입을 추진하였으나 시험운영간 추락 등의 사고로 사업 중단.
88 현장 지휘관 수준에서 신속한 적용으로 작전효과를 보일 것으로 예상되는 소규모 무기체계(특수작전용 장비, 열상 감시 장비 등).

예산 산출 및 확보(~2019년)[89]하고 통합개념팀, 선행연구, 운용요구서, 분석평가 등과 중복성을 검토, 획득단계별·기관별 세부 임무분장(안)을 마련할 것이다. 또한 사전개념연구 수행 및 추가적인 행성조치 등으로 인한 소요결정 지연발생 가능성 및 영향요소 최소화 방안을 강구하며 방위사업법 시행령, 국방전력발전업무훈령의 구체적인 개정 소요 식별 및 개정을 추진(~2019년)할 것이다.

각군 소요제기 역할 강화를 위해 전력소요서 작성기능을 조정(2019년)할 것이다. 각군의 특성과 필요성을 충분히 반영할 수 있는 소요기획을 위해 소요군도 전력소요서(안) 작성 기회를 가지도록 전력별 특성에 따라 전력소요서(안)을 합참과 각군이 분업 작성하고 공통·합동·대형전력 등 분류기준을 마련할 것이며 전력소요서 작성 주관기관 조정 관련하여 전문연구기관 재구조화, 지원 연구용역 예산코드 신설 등과 연계하여 검토할 것이다. 합참과 각군이 전력소요서(안) 작성 수행 간 세부사항 협의를 위한 분류기준을 마련하고 방위사업법 시행령, 국방전력발전업무훈령의 구체적인 개정 소요 식별 및 개정을 추진(~2019년)할 계획이다.

운용개념에 기반한 사업추진을 보장하기 위해 방위사업청·소요군의 특성과 능력을 고려하여 운용요구서를 분업 작성(2019년)할 것이다. 세부 기술항목별로 구분하여 소요군과 방위사업청이 분업 작성 후 사업진행 간 지속적으로 협의·보완하여 작성하고 소요군 및 방사청의 전담 조직과 소요 인력이 재분석하며 국방전력발전업무훈령 및 방위사업관리규정의 구체적인 개정 소요 식별, 개정 추진 및 시범운영(~2019년)할 계획이다.

미래합동작전수행개념과 국방재원을 고려한 통합적 관점의 전력화 우선순위 판단체계를 구축(2020년)할 것이다. 통합소요검증 방법론을 구체화하고 기관 간 합의하며 중기계획 및 예산편성 상에서 전력화 우선순위 적용 방안 및 정책적 판단에 따른 조정의 범위를 결정하고 국방전력발전업무 훈령 관련 규정 개정을 추진(~2019년)할 계획이다.

소요의 합리성을 강화하기 위해 소요기획을 전담 지원하는 연구기관 신설 또는 기존 조직의 재구조화를 추진(2020년)할 것이다. 출연기관 조직진단 정책연구 용역을 수행(2018년 3월~9월/한성대 컨소시엄)하고 출연기관별 재구조화 세부추진계획

---

89 매년 50~100억, 방사청 軍 연구지원 예산코드 신설과 병행.

을 이사회에 상정(2018년 12월)하며 국방기술기획평가원 및 방위산업진흥원 신설 근거를 포함한 「국방과학기술혁신법」 및 「방위산업진흥법」 제정 추진(2018년 12월) 및 2019년말 기관 신설을 목표로 법률·예산·조직 협조를 지속할 계획이다.

진화적 획득개념을 적용, 소요기획과 사업추진간 유연한 소요관리(~2019년)

일괄획득에 따른 전력화 지연과 기술 진부화 문제를 해결하기 위해 진화적 획득을 원칙으로 한 소요결정을 강화(2018년)할 것이며 일괄획득 결정 시에는 타당한 사유를 명시토록 규정할 것이다. 소요기획 단계에서의 진화적 소요제기 및 결정 기준 마련과 일괄 획득 사유서 작성을 위한 기준 정립, 그리고 국방전력발전업무 훈령 관련 규정 개정을 추진(~2019년)할 것이다.

사업추진 간 작전운용성능(ROC) 현실성·합리성 향상을 위해 중요의사결정지점을 설정하여 군·방위사업청 간 상호 협의체계를 구축(2019년)할 것이다. 상세설계검토(CDR)[90] 이후와 시험평가 후 초도양산 전에 방위사업청 주도 검토, 이후 필요 시 합참과 협의 및 방위사업협의회에서 검토하고 소요관리를 위한 중요 의사결정 지점 선정 및 적용(방사청의 유연한 사업관리 과제와 연계)할 계획이다.

총수명주기 관점의 획득과 운영유지 연계성 확보(~2020년)

운영유지와의 연계성 강화를 위해 소요기획단계부터 전력화 지원요소를 구체적으로 반영(2020년)할 것이다. 무기체계별 전력화지원요소 세부항목별 표준화를 연구(~2018년)[91]하고 전문기관 지정 운영을 위한 예산 산출 및 확보(~2019년)하며 무기체계별 전력화지원요소 구체화를 위한 획득단계별·기관별 세부 임무분장(안)을 마련할 것이다. 또한 전력화지원요소 구체화 지원을 위한 전문기관 지정 방안을 강구하고 소요제기 단계에서 전력소요서의 전력화지원요소 표준화(안) 적용 필요성을 검토하며 방위사업법 시행령, 국방전력발전업무훈령 구체적인 개정 소요 식별 및 개정을 추진(~2019년)할 계획이다.

획득과 운영유지의 연계성 강화를 위해 방위력개선비와 무기체계 운영유지비를 통합하는 구조로 예산체계 개선을 검토(2020년)할 것이다. 단기적으로, 재편된 방위력개선비 예산편성은 방사청에서 주도하되 예산구조 개편에 따른 인력부족

---

90 Critical Design Review.
91 방위력개선분야 국방중기계획 전력화지원요소 표준화 연구(KIDA).

은 관련기관 협의를 통해 해소하고 장기적으로는, 전력·획득·군수의 일부 기능, 조직 및 직능의 조정방안 추가를 검토할 것이다. 법령 개정소요, 조직·인력 운영(안)을 협의(~2018년)하고 기재부와 예산과목구조 개편(안)을 협의(~2019년)[92]하며 2021년도 국방예산을 편성(2020년)할 계획이다.

중기계획과 예산의 연계성 제고를 위해 중기계획 작성시기와 대상기간을 조정(2019년)할 것이다. 계획수립과 예산편성을 같은 시기에 실시하고, 대상기간을 F+2~F+6년에서 F+1~F+5년으로 조정할 것이다. 법령 개정소요, 조직/인력 운영(안)을 협의(~2018년)하고 2020~2024 국방중기계획을 작성(2019년)할 것이다. 중기계획과 예산의 연계성 확보, 업무경감 효과 등을 고려하여 중기계획 대상기간 시점 및 작성시기를 조정하되, 관계기관 간 실무회의를 통해 세부사항을 확정할 계획이다.[93]

신속획득 제도의 실효성 제고(~2019년)

안보환경, 정책변화 등 소요의 시급성을 고려하여 신속획득을 위해 긴급전력소요 제도 개선(2018년)할 것이다. 방위사업법 및 동 시행령, 국방전력발전업무훈령과 방위사업관리규정의 구체적인 개정 소요 식별 및 개정을 추진(~2018년)하고 제도 활용의 남용을 예방하며 신속시범구매제도 도입과 연계한 운용방안을 모색할 것이다. 더불어 현장부대의 요구와 빠른 과학기술 발전의 신속한 반영을 위해 신속시범구매 제도를 도입(~2019년)할 것이다. 각 단계별 수행기관 임무 구체화 및 관련기관 협의와 관련부처(기재부) 등 제도 신설 관련 협조, 그리고 방위사업법 및 동 시행령, 국방전력발전업무훈령의 구체적인 개정 소요 식별 및 개정을 추진(~2019년)할 계획이다.

총수명주기와 신속획득을 고려한 소요·계획·예산 관리의 법령 제·개정 소요로 사전개념연구 제도 도입, 전력소요서 작성기관 조정을 위해 「방위사업법 시행령」 제22조(소요결정 절차 등) 개정,[94] 소요기획 전담지원 연구기관 신설을 위

---

92 예산구조 개편은 기획재정부 등 他 정부부처와 협의하여 확정.

93 중기계획요구서 초년도는 예산요구서 수준으로 작성하여 반영, 국가 재정운용계획 요구서 제출 및 국가재정전략회의에 대한 국방부 및 방사청의 의견조정 등.

94 1) 사전개념연구 제도 도입을 위해 '소요제기서를 충실하게 작성하기 위해 필요시 전문기관을 통한 사전개념연구를 수행할 수 있다'는 내용을 추가, 2) 전력소요서 작성기관 조정을 위해 각군 본부를 포함하는

해 「방위사업법」 제15조(소요결정) 개정,[95] 긴급전력소요 제도 개선을 위해 「방위사업법」 제3조(정의), 제17조(방위력개선사업의 추진방법 등) 개정,[96] 그리고 신속시범구매 제도 도입을 위해 「방위사업법」 제17조(방위력개선사업의 추진방법 등) 개정[97]이 필요하다.

총수명주기와 신속획득을 고려한 소요·계획·예산 관리 과제에 대한 책임은 국방부 국방개혁실 국방개혁실장 예하 국방운영개혁추진관 및 자원관리개혁담당관 등과 국방부 전력자원관리실 전력자원관리실장 예하 방위사업개선TF장 및 획득/R&D혁신팀장 등이 맡고 있다.

소요제기기관은 필수내용을 포함하는 '소요제기서를 합동참모의장에게 제출하여야'한다는 내용을 추가.

95 '소요의 결정이 객관적·합리적으로 이루어질 수 있도록 필요시 대통령령에서 정하는 전문기관을 활용할 수 있으며'라는 내용 추가.

96 1) 무분별한 소요결정 및 부실화를 방지하도록 긴급전력을 정의(제3조), 2) 긴급전력소요 제도의 취지를 살리기 위해 선행연구를 거치지 않을 수 있도록 '다만, 긴급전력 소요가 있는 경우에는 그러하지 아니하며 구매 또는 임차로 추진한다'의 내용을 추가(제17조).

97 '현장지휘관이 신속히 필요로 하는 소규모 요구사항에 대해서는 먼저 시범운용을 한 이후 소요결정하고 구매하는 신속시범구매방식으로 추진할 수 있으며'의 내용 추가.

2. 합리적 의사결정 및 협업체계 구축(개혁과제 36-42)

합리적 의사결정 및 협업체계 구축은 기관 간 협업체계를 구축하기 위해 조정·협의체 기능을 강화하고 국방정책기능을 보강하여 쟁점발생시 원활한 해결을 보장하는 것이며 분석·평가 역량 강화, 획득분야 정보공유시스템 구축 등 획득지원 및 기반체계를 강화하여 업무 효율성과 투명성을 동시에 향상시키기 위함이다.

합리적 의사결정 및 협업체계 구축은 ① 조정협의체 기능 강화 필요, ② 국방정책 지침의 구체화, 감독 및 환류 필요, ③ 분석평가 역량 강화 필요, ④ 시험평가 제도 개선 및 전문기관 신설 필요, ⑤ 군용항공기 비행안전성 인증 조직 개선 필요, ⑥ 국방획득체계 '통합정보관리시스템' 구축 필요 차원에서 추진되고 있다.

조정협의체 기능 강화 필요

국방획득체계상의 주요 의사결정 지점에서 심의·조정을 위한 회의 및 위원회가 설치되어 운영 중이나 방위사업의 복잡성 증가로 인하여 현안 조정·협의 수요가 증가하는 상황에서 현행 합참 주관의 '전력업무현안협의회'와 국방부 전력자원관리실장 주관의 '전력자원관리 조정위원회'는 조정·협의 역할에 한계가 있어 조정·협의체의 역할과 기능에 대한 재정립이 필요하다.

합참 주관 전력업무현안협의회는 이해당사자간 직접 협의를 하는 구조로서 타협점을 찾지 못하는 경우에 대한 후속조치 절차가 미비하고 역할이 '상호협의'로 규정되어 있어 협의회의 역할이 한정될 수밖에 없으며 합의되어도 '권고' 형식에

🔺 현안 조정·협의체 현황

■ **전력업무현안협의회**
- 목적: 합참, 각 군 및 해병대, 방사청 간 무기체계의 적기 전력화 보장 및 효율적인 전력 업무의 추진을 위하여 조정 역할
- 안건: ① 소요제기·소요결정 및 획득부서 간 협의가 필요한 사항
  ② 전력업무현안실무협의회 결과에 따른 추가 필요사항 등
- 운영시기: 분기 1회, 수시도 가능
  ☞ **(한계점) 당사자끼리 직접 협의하는 구조로 조정·협의에 한계가 있으며, 합의가 되더라도 '권고'에 불과**

■ **전력자원관리 조정위원회**

　　○ 목적: ① 소요·획득·운영유지 간 제기된 제반 문제점을 해소,

　　　　　　② 무기체계의 총수명주기관리를 위한 국방부 차원의 조정·통제 및 정책적 결정이 필요한 사업의 추진방향 검토

　　○ 운영시기: 필요시 소집

　　　☞ **(한계점) 실장 주관으로 협의 내용의 구속력에 한계가 있으며, 필요시 소집하는 비정규적 협의체에 불과**

그치고 있다.

전력자원관리 조정위원회는 국방부 차원의 중재자 역할을 하기에 위상이 상대적으로 미흡하고 규정상 '필요시 소집'으로 되어 있는 비정규적 협의체이며 조정위원회 구성의 목적도 포괄적·개념적으로 정의되어 있어 위원회의 역할이 모호하여 현안 문제에 대한 국방부 관점의 위원회 운영 및 문제해결 역량이 미흡하다.

표 I-60 | 획득단계별 심의·조정 기능을 수행하는 회의 및 위원회

획득 단계	회의 및 위원회	주관	주요 심의·조정 사항
소요기획	합동참모회의 (합동전략회의)	합참의장 (전략기획본부장)	• JMS안, JSOP안 • 전력소요서안
계획수립	전력소요검증위원회	국방차관	• 소요 적절성, 사업 필요성 • 우선순위, 소요변경 등
사업관리	방위사업추진위원회 (분과위원회)	국방장관 (사업관리본부장)	• 사업추진기본전략, 기종결정 • 중기계획, 예산편성 등

JMS(Joint Military Strategy): 합동군사전략서
JSOP(Joint Strategy Objective Plan): 합동군사전략목표기획서

국방정책 지침의 구체화, 감독 및 환류 필요

국방부는 미래 국방목표를 설계하고 군사력 건설과 유지 및 운영방향을 종합적·체계적으로 모색하여 국방자원을 효율적으로 관리하기 위해 국방기획관리체계를 유지하고 있으며, 군사력 건설 분야의 지침과 방향을 제시하는 기능을 담당하고 있다. 그러나, 지침과 방향을 제시하는 문서인 '국방기본정책서'와 '합동군사전략서'의 기획목표가 소요기획 단계의 증강목표와 중기계획 수립, 예산편

성 및 집행 단계의 사업목표와 연계성이 있는지에 대해서는 대단히 회의적이며 이는 위의 기획문서가 제시하는 기획목표가 선언적인 수준이거나 '선택과 집중'을 위한 기획관리의 기본적인 기능과 역할 측면에서 미흡하기 때문이다.

① 소요기획(합동군사전략목표기획서)   ② 중기계획 수립(국방중기계획서)
③ 예산편성(국방예산(요구)서)   ④ 집행(사업관리)

이리힌 문제는 국방지침의 구체화 및 감독 기능 부속과 소요기획, 중기계획 수립, 예산편성 및 사업추진을 각각 합참/소요군, 국방부, 방사청이 독립적 지위를 가지고 분산 관리하고 있기 때문이며 이를 해결하기 위해 국방부 차원의 정책기능 강화가 필요하다.[98]

분석평가 역량 강화 필요

소요기획-계획·예산-획득관리-운영유지에 이르는 각 단계별 최적의 의사결정이 이루어지도록 분석평가·검증에 의해 뒷받침되어야 하나, 소요기획 단계에서는 소요분석 지원조직과 소요결정을 지원하는 전문기술조직이 없어 타당성 있는 소요창출이 제한되는 반면, 계획수립·예산편성 단계에서의 소요검증을 위한 분석평가 과다로 행정력 소모가 증가하는 악순환이 지속되고 있다. 획득단계에서도 전문 시험평가·기술지원 기관이 없고 각 군·기관에 분산되어 있는 시험평가 인프라에 대한 통합관리 부서도 없어 시험평가 결과에 대한 권위 있는 판정이 제한되며, 운영유지단계에서는 전력화 이후 무기체계 운영결과에 대한 체계적인 분석평가활동이 정착되지 않아 소요기획으로의 환류가 미흡한 실정이다.

시험평가 제도 개선 및 전문기관 신설 필요

현행 업무수행체계(시험평가 계획/결과 합참안 작성/제출 → 국방부 확정)는 시험평가 수행 주체변경(2014년 방사청장 → 국방부장관)시 무기체계를 실제로 운용하는 사용자(합참)로의 업무위임을 전제로 변경한 것으로 법률 개정 취지에 맞지 않다. 당초 대통령령만으로 업무위임이 가능하다고 판단하였으나, 법률상 위임근거가 필요

---

98 총괄관리기능(Control Tower)이 미비하여 국방목표의 일관성을 유지시키는 평가/환류 기능 미흡.

한 것으로 확인되었고, 따라서 업무위임을 위한 방위사업법 개정을 추진하였으나 개정이 지연되어, 현재 국방부 훈령으로 합참이 시험평가업무를 수행 중에 있다. 또한, 합참의 시험평가업무 수행에 대한 법적 근거 부족 문제도 상존하고 있다. 이에 따라, 동일 시험평가계획과 결과판정에 대한 합참과 국방부의 이중 검토, 보고서 작성 및 지휘부 결재 등을 위한 행정소요 기간(평균 1달 이상) 증가 등의 비효율적인 시험평가 절차를 개선하고 시험평가 권한에 대한 책임소재를 분명하게 하기 위하여 법률개정이 필요하다. 또한, 시험평가는 실질적으로 각 군별로 수행하고 합참이 조정·통제하고 있으나, 각군 및 합참의 인사 특성상 짧은 근무순환 주기로 인하여 전문성 축적이 미흡하고 시험평가 계획 수립 및 결과에 대한 객관적 검증을 위한 국내 전문 시험평가기관이나 기술지원기관이 없어 시험평가 기준 수립, 절차 연구, 결과분석 등의 시험평가 전 과정에 대한 지원 기반이 취약하여 시험평가 전문기관 신설을 통하여 지원이 필요하다.

군용항공기 비행안전성 인증 조직 개선 필요

항공기 사고는 국민적 관심과 파급력은 크지만 사고를 예방하고 비행 안전을 보장하기 위한 정부 차원의 제도적 발전은 답보 상태로 항공기설계, 생산, 운용유지, 사고조사 전 과정이 유기적인 체계를 갖추어야 비행 안전을 증진시킬 수 있으나 획득단계와 운용유지단계가 방사청과 각 군으로 분리되어 있고 협업이 제한되어 국외사례와 비교 시에도 체계적인 제도 구축이 미흡하다. 획득과 운용유지단계[99]의 연계성이 부족하여 운용군에 대한 기술변경, 결함·사고 관련 감항인증 기술지원 부족, 항공부품 국산화 인증절차 부재 등의 현상이 발생하고 있으며 소요군에서 사고나 주요 결함시 설계를 인증한 부서가 실제 사고조사나 후속조치 업무에 참여하고 있지 않다.[100]

또한, 항공 안전 업무는 국내외 협력을 통해 공동으로 안전을 증진시킬 수 있으나 국방 분야의 대표부서가 없어 정책기능이 미약하고 연합작전을 위한 항공전력

---

99 운용유지단계의 감항: 인증된 항공기, 엔진, 프로펠러 및 구성품이 형식설계를 충족하고 의도한 목적에 따라 안전한 운용이 가능한 상태를 수명주기에 걸쳐 유지하는 것.〈FAA Instruction for Continued Airworthiness, 2010〉.
100 항공기 설계를 인증한 부서에서 특정 항공기의 설계결함이나 사고시 타 유사 기종의 항공기에 비행 중지를 권고 기능 부재.

지원에도 취약점이 발생하고 있다. 따라서, 획득과 운용유지단계로 분리되어 있는 업무를 총수명주기관점에서 방사청과 각 군의 업무를 조정·통제할 수 있는 국방부 차원의 조직 신설과 현재 상이한 5개 기관(육, 해, 공, 국과연, 기품원)으로 운영되어 행정 효율과 전문성 함양에 불리한 전문기관에 대한 조직 개편이 필요하다.[101]

국방획득체계 '통합정보관리시스템' 구축 필요

방위사업의 투명성 요구에 따른 업무증가 및 기관간 소통·협업소요는 확대되고 있으나 문서위주의 업무처리로 효율적인 획득업무수행이 제한된다. 즉, 분산 관리되고 신뢰성이 낮은 획득데이터로 인해 적시 의사결정 지원이 미흡한 실정이다. 총수명수기관리를 위해 체계간 상호연동이 제한되고 특히, 소요결정을 위한 행정업무에 과도한 시간과 비용이 소비되며 비문관리의 취약점이 상존하는 등 국방획득 관련 기관 간 적시·정확한 획득데이터 공유가 곤란하여 관련자료의 생성과 분석 및 의사결정을 위한 자료 작성에 불필요한 시간과 노력의 낭비를 초래하고 있어 국방획득 정보화기반체계가 필요하다.[102]

합리적 의사결정 및 협업체계 구축의 추진목표는 다음과 같다. 첫째, 제반 현안에 대해 적시적이고 효과적인 조정·협의를 통해 신속한 사업추진과 전력화 촉진을 위해 조정·협의체를 신설한다. 둘째, 무기체계 획득 모든 단계에 있어 일관성 있는 기획, 계획, 집행을 보장하기 위해 국방정책 기능을 강화한다. 셋째, 합리적인 의사결정과 효율적인 업무수행 지원을 위해 분석평가 역량 강화, 시험평가·감항인증 제도개선, 통합정보관리체계를 구축한다.

합리적 의사결정 및 협업체계 구축의 추진계획은 ① 적시적·효과적 사업추진을 위한 조정·협의 기능 강화, ② 일관성 있는 무기체계 획득을 위해 국방부 정책기능 확립, ③ 합리적 의사결정 및 효율적 업무수행을 위한 지원체계 보강을 포함한다.

---

101 美국방부는 자국 군인의 안정을 보장하기 위해 연합 작전 및 훈련을 위해 타국 항공기를 탑승할 경우 타국 항공기의안전성 입증을 美국방부 차원에서 강제한다.
102 분석작업시 기초자료 수기입력, 회의록(약6만장) 등을 전산화된 체계 없이 수작업으로 수행 중이다.

적시적·효과적 사업추진을 위한 조정·협의 기능 강화(2022년)

사업추진 간 발생되는 문제의 적시적이고 효과적인 해결을 위해 국방부-방위사업청 간 정례화된 조정·협의 기능을 신설(2019년)할 것이다. 국방부 차관 및 방위사업청 청장 공동 주관 '방위사업 협의회'를 구성 및 운영하고 방위사업 정책, 사업관리 등 제반 현안에 대한 권위있는 조정·협의체 신설을 통해 획득 단계별 기관간 이견을 효율적으로 협의·조정하여 원활한 사업추진을 보장하며 분기 1회 등 정례화하여 기관간 충분한 협의 기회를 확보할 계획이다. 더불어 사업추진 간 소요군의 적극적인 참여를 위해 소요군 연락단을 운영(2022년)할 계획이다.[103]

일관성 있는 무기체계 획득을 위해 국방부 정책기능 확립(2019년)

국방부의 정책이행 감독·환류기능 강화 방안을 마련(2019년)할 것이다. 군사력 건설 정책의 목표와 지침을 하달하고 정책이행의 환류기능 강화하며 국방부(전력자원관리실)에 정책지침 수립, 감독 및 환류할 수 있는 기능과 조직을 보강할 것이다. 또한, 정책수행기관에 명확한 정책지침 마련 및 부여(2019년)할 계획이다.[104]

그림 Ⅰ-16 | 방위사업 협의회 신설안

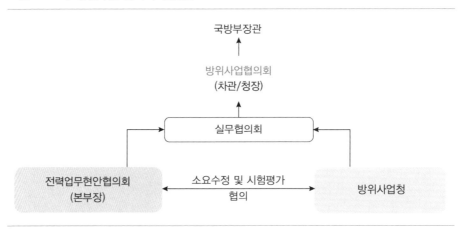

---

103 방위사업청 완전 문민화 추진 시, 소요군 요구 반영 및 사업추진 협의 기능 수행.
104 '국방획득체계 관련 전력정책 개념 정립 및 발전방향 연구', KIDA(2017.9월~2018년 4월), 각 기관의 고유영역 업무수행은 보장.

합리적 의사결정 및 효율적 업무수행을 위한 지원체계 보강(~2022년)

총수명주기 관점의 분석평가 기능 강화를 위해 분석평가 관련 인력 및 조직을 보강(2020년)할 계획이며 분석평가 기능강화를 위한 단계별 추진계획은 아래와 같다.

총수명주기 관점의 효율성 증대 및 사후분석을 위한 '통합정보관리시스템'을 구축(2022년)[105]할 것이며 시험평가 업무 효율성 제고를 위해 평가결과 판정기관을 국방부에서 합참으로 조정하는 등 제도를 개선(2019년)할 것이다.

시험평가 신뢰도 향상을 위한 전문지원기관을 신설(2021년)할 계획이다. 이와 관련하여 시험평가 지원 전담조직 및 기능 부여를 추진할 것이다.

표 I −61 | 분석평가 기능강화를 위한 단계별 추진계획

구 분	추진계획
소요기획단계	• 합참 분석실험실, 각 군 분평단 조직 증원 또는 소요 기획 전담지원 연구기관 신설 • 운용요구서(ORD) 작성 지원 전문연구기관 설치
계획예산단계	• 소요검증제도 개선방안을 별도의 과제로 추진
획득관리단계	• 사업분석, 비용분석 등에 대해서는 국방 R&D 수행 체계(출연기관) 재구조화와 연계 검토 • 시험평가, 감항인증은 별도 과제로 추진
운용유지단계	• 운영유지 현황·결과 분석평가 전담조직 신설

표 I −62 | 시험평가 판정기관 조정안

현 재			개 선	
국방부	합 참	군	합 참	군
시험평가 계획확정 및 결과판정	시험평가 계획안 및 결과판정안 작성	시험평가 수행	시험평가 계획확정 및 결과판정	시험평가 수행

---

105 KIDA 정책연구 결과(2018년 9월) 고려 추진.

표 Ⅰ-63 | 시험평가 전문기관안

현 재			개 선	
시험평가 기술 지원	비상근 인원 지원 (국과연, 기품원 등)	⇨	시험평가 기술 지원	기술지원 전문기관 (전담부서)

'국방 R&D 수행체계(출연기관) 재구조화' 과제와 연계하여 추진할 것이다.

그림 Ⅰ-17 | 국방기술기획평가원 신설안

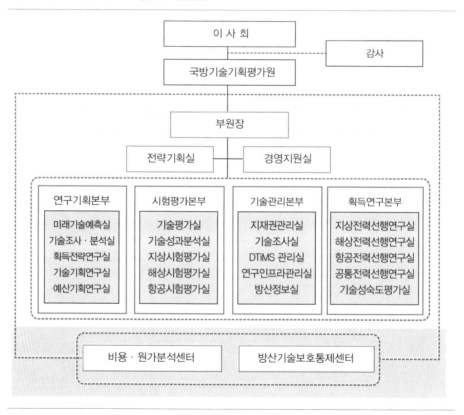

* 국방기술기획평가원내 시험평가 전문기관 편성 예정

또한, 획득단계 기술감항과 운영단계 유지감항의 연계성 유지를 위해 3군 통합 감항인증 체계를 마련(2020년)할 것이며 감항당국 및 전문기관 개편(안)은 아래와 같다.

표 Ⅰ-64 | 감항인증 조직 개편(안)

현 재			개 선		
감항당국	전문기관		감항당국	전문기관	
방사청	육·해·공군 국과연·기품원	⇨	국방부 또는 국방부/방사청	획득단계	기품원
				운용유지 단계	육·해·공군 국과연

* 총수명주기관점에서 획득과 운용유지가 연계성이 강화되도록 개선

전문기관 개편은 '국방 R&D 수행체계(출연기관) 재구조화' 과제와 연계하여 추진할 것이다.

합리적 의사결정 및 협업체계 구축의 법령 제·개정 소요로 소요기획단계 역량 강화를 위해 「방위사업법」 개정,[106] 시험평가결과 판정기관 조정 및 시험평가 전문 지원기관 신설 위해 「방위사업법」 개정,[107] 3군 통합 감항인증체계 마련을 위해 「군용항공기 비행안전성 인증에 관한 법」 제4조(감항인증의 절차 등), 제10조(군용항공기 감항인증 전문기관의 지정 등) 등 법률내용 전반적 개정이 필요하다.

합리적 의사결정 및 협업체계 구축 과제에 대한 책임은 국방부 국방개혁실 국방개혁실장 예하 국방운영개혁추진관 및 자원관리개혁담당관 등과 국방부 전력자원관리실 전력자원관리실장 예하 방위사업개선TF장 및 획득/R&D혁신팀장 등이 맡고 있다.

---

106 1) 소요기획 단계에서 전문기관의 지원을 받을 수 있도록 법령 마련(법 제16조 2항 수정): 16조 2항 "필요시 대통령령으로 정하는 전문기관을 활용할 수 있으며", 2) 국방기술기획평가원에 소요기획 지원 기능 부여(법 제49조 6항 신설): 49조 6항 "국방기술기획평가원은 다음 각 호의 사업을 수행한다."

107 1) 시험평가 계획 및 결과 판정 업무 주관을 국방부에서 합동참모본부로 이관(「방위사업법」 제24조 1,5,6 항, 시행령 제27조 수정), 2) 업무 주관을 '국방부장관'에서 '합동참모의장'으로 변경, 3) 시험평가 및 지원을 위해 국방기술기획평가원' 등 전문기관을 활용할 수 있도록 법령 마련(법 제24조 제7항 신설).

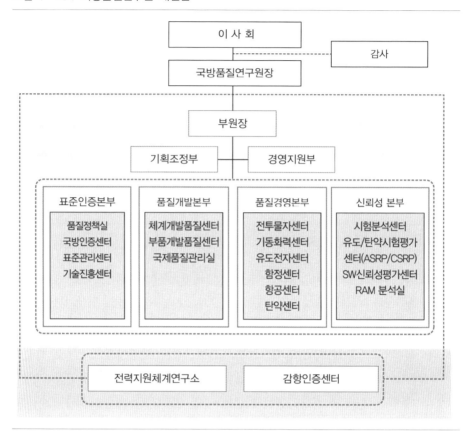

1. 국방 획득 전문역량 강화(개혁과제 37-42)

국방획득 전문역량 강화는 국방획득 분야의 전문역량을 강화하기 위해 전문교육기관을 설치하고 인력운영 제도를 개선하며 획득체계 전반에 대한 투명성·전문성 제고를 위해 민간전문가 참여를 확대하는 등의 개선방안을 마련하는 것이다.

국방획득 전문역량 강화의 추진배경은 ① 무기체계의 첨단화, 획득업무의 다변화 등으로 국방획득 분야 종사자에 대한 고도의 전문성이 요구됨에도 불구하고, 전문성 확보를 위한 여건은 미흡한 상황, ② 현재 전문성 확보를 위한 전문교육체계는 기관별로 분산 운영되고 있어 비효율적인 측면이 존재, ③ 인력운영 측면에서 방위사업청 공무원-현역 모두 전문성 확보에 한계가 있으며, 특히 현역의 경우 폐쇄적 인사 운영으로 인하여 총수명주기 관점의 경험 축적이 제한되는 상황, ④ 투명성·전문성 확보 차원에서 대외적으로 민간전문가의 참여 확대가 지속적으로 요구되는 상황을 고려하여 추진되고 있다.

사업의 수와 예산이 급증하였으며 과거 모방·추격형 개발사업에서 KF-X, 차세대잠수함 등 대형복합 무기체계 사업이 늘어나는 추세로 사업 관리의 난이도가 증가하고 있다. 또한, 방위사업이 고도화됨에 따라 방산기술보안, 수출통제, 소요검증, 감항인증 등 전문성이 요구되는 새로운 업무를 수행할 필요가 있음에도 불구하고 획득업무 종사자들의 전문성 확보를 위한 인사제도 및 근무여건 조성은 미비한 상황이다.

표 Ⅰ-65 | 방위사업 사업수 및 예산 변동 현황

구 분	2006년도	2017년도	비 고
사업수	122건	215건	176% 증가
예 산	5.9조	12.2조	207% 증가

현재 전문성 확보를 위한 전문교육체계는 기관별로 분산 운영되고 있어 비효율적인 측면이 존재

기관별(국방부-방위사업청)로 분산하여 운영하고 있는 기존 교육체계로는 교육의 일관성 확보와 시너지 효과 창출이 제한되며, 총수명주기관리 관점에서 획득업무 전 분야에 대한 포괄적인 교육이 제한된다. 유사·중복 과정을 기관별로 분산 운영하고 있고, 소관 분야에 한정된 교육이수 및 교육 대상 편중으로 기관간 유기적인 협업이 제한되는 등 비효율적인 측면이 있다.

표 Ⅰ-66 | 기관별 교육인원 비중

구 분	계	국방부	합 참	각 군	방사청	기 타
국방대	100%	24.3%	0.3%	49.6%	13.6%	9.5%
방사청	100%	7.9%			83.6%	8.5%

표 Ⅰ-67 | 국방획득 교육기관 현황

구 분	주요내용
국방대학교 직무교육원	• 무기체계 사업관리과정(기본, 전문)과 정보체계 사업관리과정 등 12개 과정 운영 • 사업별 교육과정 및 총수명주기관리 분야 미흡
방위사업청 전문교육센터	• 사업·계약·정책관리 등 방사청 임무/기능에 중점을 둔 50개 과정 운영 • 소요기획, 운영유지의 환류 등 미흡
ADD 기술 아카데미	• ADD 신입직원 직무교육, 전문기술교육 및 위탁교육으로 구분하여 운영 • 자체교육의 성격이 강함
국방기술품질원 인재개발실	• 기품원 신입직원 직무교육 및 군·중소기업에 대한 품질경영 교육 운영 • 자체교육의 성격이 강함
합동군사대학	• 소요기획, 획득 및 운영유지 분야에 이해 및 숙지 수준의 교육 실시(소개교육)
육군 종합군수학교	• 군수분야 위주의 교육(일부 획득 분야 교육)
한국방위산업진흥회	• 자체 교육 프로그램에 의해 중·소기업 근무자 직무교육
민간대학 (광운대, 건국대 등)	• 방위사업학과에서 획득분야 과목을 학문적 위주로 교육실시

국방획득분야에 요구되는 전문지식은 다양화 되는 반면, 전임 교수 비율이 타부처 전문 교육기관에 비해 낮아 체계적, 전문적 교육 제공이 제한되는 상황이다.

2015년에 안규백 의원의 방위사업법 개정안 발의를 통해 방위사업청 산하에 방위사업교육원을 설립하는 방안을 추진하였으나, 국방부 차원의 교육기관 설립 필요성 제기 등 이견이 발생하여 무산된 바가 있다.

표 Ⅰ-68 | 교육기관별 전임교수 교육 비율

구 분	국방대	방사청	감사교육원	조달교육원
전임교수 교육 비율	11.1 %	16.5 %	44.2 %	60.4 %

🔵 국방획득교육기관 신설 추진경과

- 2015. 2. 11.: 안규백 의원, **방위사업법 개정안 발의**
  * 발의내용: 방위사업청 산하에 방위사업교육원 설립
- 2015. 4. 27.: **국방위 법안소위**에서 한기호 의원 반대
  * 반대의견: 국방부 차원의 교육기관 설립 필요성 제기로 법안 계류
- 2015. 11. 20.: **국방운영개선 소위**에서 방사청 요구사항을 반영하여 국방부 산하에 교육기관을 설립하기로 합의
  * 방사청 요구사항: ① 교육과정 설계 시 교과목, 교육시간 등 방사청 의견 반영
        ② 방사청과 인접한 재경지역에 설치
- 2015. 12.~2016. 5.: **정책연구용역 실시**(안보경영연구원)
  * 주요내용: ① (교육과정) 총수명주기관리 차원에서 국방획득 全분야 교육
        ② (지휘관계) 국방부 산하 소속기관으로 설치
- 2016. 10. 13.: 국방획득교육기관 설립안 보고(차관)
  * 방사청과 이견 발생으로 추가협의 필요 판단
- 2017. 3. 14.: **국방위 법안소위**에서 안규백 의원 발의 방위사업법 개정안을 본회의에 부의하지 않기로 의결
  * 기관 신설보다는 현재 운영 중인 교육기관을 활용하는 것으로 의결

인력운영 측면에서 방위사업청 공무원-현역 모두 전문성 확보에 한계가 있으며, 특히 현역의 경우 폐쇄적 인사 운영으로 인하여 총수명주기 관점의 경험 축적이 제한되는 상황

공무원의 경우 군 전문성 분야(무기체계 운용 등)에 있어 현역에 비해 상대적으로 취약함에도 불구하고, 잦은 순환보직으로 인하여 사업관리업무를 경험할 기회가 제한적이다. 이로 인하여 획득업무에 대한 전체적인 이해가 어려우며 무기체계 획득기간(약 10년) 대비 짧은 보직 기간(2~3년)으로 업무의 연속성 유지도 곤란한 상황이다. 획득형 현역도 순환 보직을 하고 있으며 방위사업청 현역의 경우 자군순환 이외에는 무기체계 운용 현장을 경험할 기회가 제한되며, 2015년부터 추진 중인 방위사업청 문민화에 따른 현역 정원 감소로 진급 등 인사관리의 애로사항을 겪고 있다. 승진 등 인력관리 측면에서 순환보직이 불가피한 기존 공무원-현역 조직으로는 사업관리 전문성 확보에 한계가 있으며, 인력운영 측면에서 장기적으로 사업을 관리할 수 있는 체계 마련이 필요하다.

투명성·전문성 확보 차원에서 대외적으로 민간전문가의 참여 확대가 지속적으로 요구되는 상황

무기체계 획득과정은 국가 기밀을 다루는 업무이므로 외부 전문가의 참여는

표 Ⅰ-69 │ 무기체계 획득과정에서 민간전문가 참여 현황

구 분		민간전문가 참여 현황
소요 기획	통합개념팀	필요시 참여
	합동참모회의	총 5명 중 민간인 비 참여
	합동전략회의	총 15명 중 민간인 비 참여
소요검증위원회		총 21명 중 민간인 7명 참여
시험평가위원회		총 10~15명 중 민간인 3명 참여 * 무기체계 특성에 따라 정원 차이 발생
사업 관리	분과위	정책기획: 총20명 중 민간인 1명 참여 전력정책: 총20명중 민간인 2명 참여 군수조달: 총19명 중 민간인 3명 참여 사업관리: 총20명 중 민간인 4명 참여
	방추위	23명 중 민간인* 7명 참여(현재 민간인 2명 결원) * 국회 추천 4명 이내, 청장 추천 3명

투명성 확보 차원에서 제한적으로 이루어지나, 비리 예방 차원에서 민간전문가의 참여를 지속적으로 확대한 결과, 방위사업추진위원회의 경우 23명 중 7명의 위원이 민간 전문가이다. 그러나, '방산비리 근절 종합대책' 등 투명성·전문성 확보 차원에서 민간전문가 참여 확대에 대한 외부의 요구는 지속되고 있으며, 전문성 확보차원에서의 민간 전문가 참여의 실효성 확보에 대한 요구도 증가하고 있다.

전문기관의 조사·분석을 통해 민간전문가 참여에 대한 성과와 참여 확대시 기대효과 및 개선사항을 확인한 결과 그간 참여성과와 참여 확대 필요성에 대해서는 긍정적 평가를 받았다.

🔵 **민간전문가 참여성과/현황 파악을 위한 조사분석(2018년 3~5월) 결과**

- 민간전문가 참여 성과에 대한 평가: 긍정적
- 민간전문가 참여 확대 필요성: 긍정적
  * **방산업체 참여**에 대해서는 로비 가능성 등으로 부정적
- 민간전문가 참여 확대시 투명성, 의사결정 정당성 확보 가능
- 민간전문가의 전문성 향상을 위해 ① 적재적소 활용, ② 교육, 사전설명 강화 등 보완 조치 필요
  * 주관/대상: (주)글로벌리서치/국방관련 위원회 등 참석 민간 위원 및 업무담당자

국방획득 전문역량 강화의 추진목표는 다음과 같다. 첫째, 국방획득 전문교육 기관 설립을 통해 국방획득체계 전반에 대한 대상·수준·분야별 교육 체계를 구축한다. 둘째, 사업관리전문기관 제도 및 전문직 공무원제를 도입하여 획득분야 종사인력의 전문성을 향상시킨다. 셋째, 민간전문가 참여 확대 및 실효성 제고를 통해 투명성·전문성 차원에서 방위사업에 대한 대내외 신뢰도를 제고한다.

국방획득 전문역량 강화의 추진계획은 ① 국방획득 전문교육기관 설립, ② 획득분야 조직 및 인력의 전문성 강화, ③ 국방획득체계 의사결정 과정에 민간 전문가 참여 확대를 포함한다.

국방획득 전문교육기관 설립(2021년)

국방대와 방위사업청으로 이원화되어 있는 국방획득 교육체계를 「국방획득교육원」으로 통합할 계획이다. 이를 위해 전문성 확보에 필요한 대내외 요구, 교육대상의 규모 등을 고려한 별도의 전문교육기관 설립 근거를 마련(2019년)할 것이다.

조직구성 및 인력운영안
• 현 방위사업청 교육센터를 「국방획득교육원」으로 확대편성
• 교육운영 인원 및 전담교수 일부는 인력교류 형태로 국방부, 합참, 각 군으로부터 파견

또한 국방부, 방사청 등 관련 기관 협의 결과 교육 수요, 현업중심의 실무교육 필요성 등을 고려하여 방위사업청 소속으로 「국방획득교육원」을 신설(2021년)하고 소요기획, 운영유지 등 방위사업청 업무 범위 외의 분야를 고려하여 국방부에서 교육계획 지침을 수립 및 시달하며 방위사업청에서 지침에 따른 계획을 수립 및 집행(2021년~)할 계획이다.

◯ 「국방획득교육원」 교육계획 수립 절차안

① 국방획득교육 수요 취합(주관: 국방부/F-1년 5월)
   * 국방부, 합참, 각 군, 방사청(방산업체 및 수출국 소요 포함) 교육소요 종합
② 국방획득분야 교육지침 수립 및 시달
   (국방부 → 방사청 국방획득교육원/F-1년 6월)
   * 지침내용: 교육수요, 교육계획, 소요예산 등
③ 국방획득분야 교육계획 수립
   (주관: 방사청 국방획득교육원/F-1년 11월)
   * 국방부 지침을 바탕으로 계획 수립
④ 국방획득분야 교육계획 장관 보고
   (주관: 방사청 국방획득교육원/F-1년 12월)
   * 장관보고 결과를 반영하여 국방부, 합참, 각군에 교육계획 통보

⑤ 국방획득교육 집행

   (주관: 방사청 국방획득교육원)

   * 국방부, 합참, 각군은 교육인원 파견 및 전문분야 강사 지원

⑥ 국방획득교육 결과 보고

   (방사청 국방획득교육원 → 국방부/F+1년 3월)

   연도별 교육결과를 교육지침에 반영

국방획득교육원을 통하여 체계적인 획득분야 이력을 양성(2021년~)할 계획인데 총수명주기관리 관점에서 획득 분야 전반에 대한 체계적 교육을 실시하고 교육대상의 경력, 경험, 업무지식 및 수행능력 등을 고려하여 단계별 맞춤형 교육과정을 설계할 것이다.

- 입문과정: 전력특기 최초분류 현역 및 초임 공무원에게 기초지식 제공
- 기본과정: 획득분야 최초 보직 인원을 대상으로 실무지식 제공
- 심화과정: 업무 유경험자를 대상으로 분야별 전문지식 제공
- 관리자과정: 과장 이상 관리자 대상으로 의사결정시 요구되는 직무지식 제공

획득분야 조직 및 인력의 전문성 강화(2022년)

철저한 사업관리를 보장하기 위한 사업관리전문기관(PMO) 제도를 신설(2022년)할 것이다. 기존 정부조직의 유동적인 정·현원 관리 제한, 순환보직제 등을 적용받지 않는 준정부기관인 사업관리 전문기관 설치 또는 사업관리 기능을 청에서 국과연 등으로 이관할 계획이다. 사업·계약 기능을 통합하여 사업착수부터 사업종결까지 일련의 사업관리 과정을 하나의 조직이 효율적으로 수행 가능토록 할 것이며 사업팀 업무수행에 필요한 기술, 계약, 법률 전문가로 구성하고, 필요시 소요군, 민간전문가 등 탄력적으로 인력을 투입할 계획이다.

공무원 전문역량 강화를 위한 전문직공무원 제도도 도입(2019년)할 것이다. 고도의 전문성이 요구되어 장기보직이 필요한, '전문분야'로 설정된 분야에 보직되어 '전문관'으로 해당 분야내에서만 인사이동이 가능한 전문직 공무원 제도를 적용할 계획이다. 또한, 사업관리전문기관 운영과 연계한 현역 인력 운용방안을

마련(2019년)할 계획인데 전문직 공무원으로의 신분전환을 통해 문민화에 따른 현역 인력 문제 해소 및 소요군과의 협력을 위한 '소요군 연락단' 별도 운영 등 개선방안을 마련할 것이다.

국방획득체계 의사결정 과정에 민간전문가 참여 확대(2019년)

국방부-한국연구재단간 MOU를 통해 민간전문가 인력 POOL을 확보할 것이다. 또한 조사·분석 결과를 바탕으로 소요기획, 소요검증 등 분야별 민간전문가 참여 확대 방안을 마련할 것이다.

국방획득교육원과 연계하여 민간전문가 대상 공통 교육자료 제작 및 온라인 교육프로그램 마련을 통해 국방 분야의 특수성 이해를 세고할 계획이며 민간전문가의 전문성 발휘를 위해 검토 안건에 대한 사전설명 기간 및 횟수를 확대하

표 Ⅰ-70 │ 한국연구재단 인력풀 및 업무협약(MOU) 체결 현황

설립근거	• 한국연구재단법(법률 제9518호, 2009. 6.26.) * 과학기술정보통신부 산하 공공기관
조직/인력	• 6본부 1센터 8단 19실 43팀/320명
MOU 체결현황	• 설립 이후 153건의 MOU 체결(2018. 3월 기준) * 한국연구자정보(KRI) 관련 40건 포함-연구자정보 공동활용 지원
인력풀	• 대학의 전임교원 전체를 대상으로 구축중이며 약 5만 명 해당 * 연구실적, 학위, 특허, 경력, 연구비 지원 실적, 전공 등 정보 보유

표 Ⅰ-71 │ 전력기획 단계별 민간 전문가 참여 확대 방안

구 분	분야별 민간전문가 참여 확대안
소요기획	• 사전개념연구/통합개념팀 운영시 민간전문가 참여 확대 • 합동참모회의/합동전략(실무)회의 참여는 제한
소요검증	• 무기체계별 민간전문가로 구성된 민간 자문단(가칭) 신설 • 소요검증위원회 위원수(21명)는 유지하되 민간위원 비율 확대 (타 정부부처 위원/3명을 민간전문가로 대체 협의 중)
사업관리	• 방위사업추진위원회: 민간전문가 3명 추가 위촉 (현 25명 중 7명(28%) ⇒ 28명 중 10명(36%)) • 분과위: 현 1~2명 ⇒ 4명(방추위 민간위원 10명 중 배분)

고 민간전문가의 실질적인 참여보장 및 참여 효능감 제고를 위한 사후결과 피드백을 의무화할 것이다.

국방획득 전문역량 강화의 법령 제·개정 소요로 사업관리전문기관(PMO) 설립을 위해 조직개편 내용을 「방위사업청과 그 소속기관 직제」 개정,[108] 현역군인의 전문직공무원 전환을 위해 「방위사업법」 부칙에 전문직 공무원으로의 특별채용에 관한 조항 신설토록 개정,[109] 국방획득 전문교육기관 설립을 위해 「방위사업법」 및 「방위사업청과 그 소속기관 직제」 개정[110]이 필요하다.

국방획득 진문역량 강회 과제에 대한 책임은 국방부 국방개혁실 국방개혁실장 예하 국방운영개혁추진관 및 자원관리개혁담당관 등과 국방부 전력자원관리실 전력자원관리실장 예하 방위사업개선TF장 및 획득/R&D혁신팀장 등이 맡고 있다.

---

108 PMO 도입 및 추진방안 정책연구, 전문가 자문 후 방안 마련(~2019년).
109 부칙에 특별채용 등의 특례로 '이 법 시행당시 방위사업을 효율적으로 추진하고 그 업무의 연속성을 유지하기 위하여 방위사업과 관련한 업무를 수행하거나 수행하던 군인을 방위사업청 소속 공무원으로 특별채용할 수 있다.' 추가.
110 1) 방위사업법 제12조에 '방위사업 참여자에 대한 전문교육을 위해 방위사업청에 국방획득교육원을 둔다' 내용 신설, 2) 법 개정 후 방위사업청 직제에 교육원 관련 내용 추가.

2. 사업관리 유연성 확보(개혁과제 38-42)

사업관리 유연성 확보는 사업특성, 기술성숙도, 국방재원 등을 고려한 유연한 사업관리를 위해 사업 방식과 절차를 다양화하고 '사업중간점검' 제도를 신설하는 것이며 효율적인 사업추진을 위해 방위사업법 분법과 절차를 간소화하고, 사업관리 중심으로 방위사업청 개편을 추진하는 것이다.

사업관리 유연성 확보는 ① 국내연구개발 및 구매로 한정된 사업추진방식의 다변화 필요, ② 사업의 규모 및 특성이 미고려된 연구개발 절차의 일률적 적용, ③ 경직된 획득환경으로 성능·비용·일정의 합리적 조정 제한, ④ 방위사업 발전과 효율적인 추진을 위한 방위사업 법규체계 개선 필요, ⑤ 방위사업 관리를 위한 조직·인력 여건 취약 차원에서 추진되고 있다.

국내연구개발 및 구매로 한정된 사업추진방식의 다변화 필요

방위사업 추진방법 결정시 국내연구개발이 무기체계 요구성능 대비 기술수준, 전력화 시기 등이 미충족할 경우 국외구매로 결정하고 있다. 그런데 국외구매의 경우는 국내 방산업체 참여가 제한되어 방산기업 육성, 국내 일자리 창출 등이 제한되고 있다. 또한 국외(상업)구매는 대부분 정부가 해외업체와 직접 계약·구매를 추진함으로써 국내 방산업체의 기술획득, 부품생산, 공동생산, 정비 및 유지보수 등에 대한 참여기회가 제한되고 있다.

선진국들은 비용 또는 실패 위험 등을 분담하기 위해 국제협력 개발을 우선 검토·확대하고 있으나 우리의 경우 이를 위한 제도장치가 미비하여 독자개발에만 의존하고 있다. 민·군 협력개발(부처협력)은 진행되고 있으나 항공·우주분야에만 한정적으로 적용되고 있으며, 제도적 뒷받침도 미흡하다. 국방 연구개발은 복잡한 절차와 장기간 소요로 인해 최신 민간 기술의 신속한 적용이 제한되는 측면이 있다. 완벽하지 않을 경우 개발실패하는 현재 국방획득 구조는 최첨단 기술의 신속 도입 보다는 이미 검증된 완벽한 기술 도입에 적합한 것이다.

사업의 규모 및 특성이 미고려된 연구개발 절차의 일률적 적용

무기체계 연구개발은 방위사업법 시행규칙과 관련 규정에 따라 개발 단계의 모든 절차를 일률적으로 적용하고 있다.

다양한 무기체계 특성과 사업규모, 개발의 난이도에도 불구하고, 일률적인 연구개발 절차를 적용함으로써 일정과 비용의 낭비를 초래하는 등 최적의 사업관리에 한계를 노출하고 있다. 무기체계 중 전장관리정보체계 연구개발만 별도의 절차를 규정하고 있으며, 함정의 경우도 일반 무기체계 연구개발 절차를 적용하고 있다. 경우에 따라 기본절차 조정이 가능하나, 사업관리 기본절차(모델)를 기반으로 일부 절차를 통합 또는 생략하는 정도에 그치고 있다.

현행 사업관리 절차는 하드웨어 중심의 기본적인 획득모델에 기반을 두고 있으며, 소프트웨어 비중의 증가와 기술변화 속도, 무기체계의 복잡성으로 인해 복합 무기체계개발에 적합하지 않은 측면이 있다.

그림 Ⅰ-19 | 무기체계 국내 연구개발 프로세스

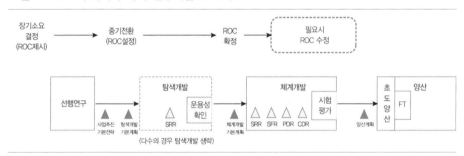

그림 Ⅰ-20 | 소프트웨어 획득 모델

- 순차적인 개발이 필요한, 국방 전용의 복잡한 소프트웨어 획득 모델
- 지상전투나 전술기 운용에 필요한 국방 전용의 명령·통제 시스템 및 전투 시스템의 주요한 소프트웨어 업그레이드에 적용

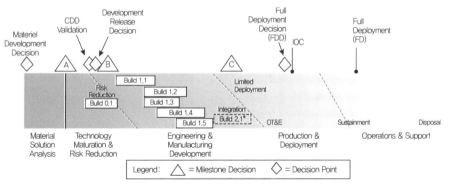

경직된 획득환경으로 성능·비용·일정의 합리적 조정 제한

현 사업관리 제도는 결정된 소요에 대한 단순 추격에 최적화되어 유연한 사업관리는 제한된다. 즉, 완성형 국방획득 기반의 소요관리-사업관리-계약관리 제도로 사업초기·중간 단계 리스크 관리에 한계가 있다. 또한, 소요수정(ROC 조정 등) → 수정계약 → '봐주기 논란'의 부담이 있다. 실제 선행연구 이후 성능·비용·일정 등 사업추진 적정성을 점검하고 위험을 해소할 수 있는 중간점검 절차가 부재한 상황이다. 따라서 개발여건(기술성숙도, 총사업비 등)을 고려한 유연한 소요관리가 제한되고 있다.

계약초기부터 목적물이 분명해야 하는 현 계약제도는 사업 추진간 성능/비용 등이 구체화되는 연구개발에 부적합한 측면이 존재한다. 국계법의 제조·구매 계약방식 적용에 따라 계약중간 단계에서 계약조건 수정이 가능한 요건은 제한적이다.[111] 또한 선진국에서 시행하고 있는 개발업체의 성능향상 노력을 유인할 수 있는 인센티브 계약제도 등은 부재한 상황이다.

방위사업 발전과 효율적인 추진을 위한 방위사업 법규체계 개선 필요

현 방위사업법은 다양한 업무와 관련된 방대한 내용을 모두 포함하고 있어서 법령 이해가 어렵고 정책환경 변화에 즉응하는 제도개선에도 한계가 있다. 또한, 국방 R&D 및 방위산업 육성 조항과 사업절차 및 규제 인·허가 조항 혼재로 국방 R&D 속성 반영 및 체계적인 방위산업 진흥을 위한 별도 법규 체계 마련이 필요하다. 방위사업 업무수행에 필요한 규정 및 지침이 복잡·방대하고 유사 내용을 다수 포함하고 있어 업무효율 저하를 초래[112]하고 있으며 복잡한 사업절차로 획득과정이 경직되고, 불필요한 일정·비용의 소요를 초래하고 있다.[113]

방위사업 관리를 위한 조직·인력 여건 취약

사업관리 인력 부족 및 본부장·부장 통솔범위가 과다하여 점점 고도화되는 방위사업의 관리에 어려움이 있으며, 방사청 개청 이후 사업계약 증가에도 불구하고 정원은 감소하였다. 더불어 계약서 작성·관리가 별도의 소속기관에서 이루어져 책임성 및 효율성 저하 문제가 제기되고 있다.

---

111 계약조건 일부 미충족시 가능한 조치: 지체상금 또는 계약파기.
112 방위사업 관련 약 180개 이상의 법령/규정이 산재.
113 연구개발 74단계 140개 절차, 구매 31단계 60개 절차 수행.

표 Ⅰ-72 | 방사청 개청 이후 사업·계약·인력 변화

2006년(개청시)				2018년(현재)		
사업수	계약건수	정원	⇨	사업수	계약건수	정원
122개	2,397건	1,660명		215개 (⇧ 76%)	3,415건 (⇧ 42%)	1,600명 (△4%)

* 사업관리본부 조직규모는 1본부(실장급), 7부(국장급), 50팀(과장급), 정원 643명으로 타부처 실장급 관리 범위(3~4개국) 대비 부담 과중

사업관리 유연성 확보의 추진목표는 다음과 같다. 첫째, 방위사업의 효율적인 추진을 위하여 다양한 사업방식을 도입 및 제도화하고 무기체계와 사업특성에 따라 최적의 사업방식을 적용한다. 둘째, 기술성숙도 등을 고려하여 단계적으로 성능·비용·일정을 조정하는 사업관리 중간점검을 제도화하여 효율성을 도모한다. 셋째, 방위사업 관련 법령·규정·절차 간소화 및 의사결정 기준 명확화로 사업관리의 공정성·투명성을 확보하고 신속한 전력화를 추진한다. 넷째, 사업관리 중심으로 방사청 조직을 재설계하고 전문업무는 최대한 아웃소싱하여 책임 있는 사업관리에 집중한다.

사업관리 유연성 확보의 추진계획은 ① 선택할 수 있는 사업방식·절차를 다양화하고 사업특성을 고려한 최적의 사업추진 방식 적용, ② 단계적 성능·비용·일정 관리가 가능하도록 사업관리제도 재설계, ③ 방위사업에 관한 법령의 전면 재정비 및 규정·절차 간소화, ④ 사업관리 역량강화 중심으로 방사청 조직 재설계를 포함한다.

선택할 수 있는 사업방식·절차를 다양화하고 사업특성을 고려한 최적의 사업추진 방식 적용(2019년)

사업규모, 시급성, 기술난이도 등에 따라 최적의 사업추진 방식을 적용할 수 있도록 사업방식 다변화를 할 것이다. 개발은 방사청 투자 체계개발 ⇨ 국제협력·민군협력 체계개발로 전환하고 구매는 국외(상업·FMS) 구매 ⇨ 간접구매제도(국내업체 통한 해외장비 도입)를 신설하며 기술주도형 신속획득 차원에서 민간의 우수기술·제품을 활용하여 신속히 개발·구매할 것이다. 또한 사업의 규모·특성, 무기체계 유형별(함정·SW등)로 맞춤형 연구개발 프로세스(모델)를 적용할 것이다.

단계적 성능·비용·일정 관리가 가능하도록 사업관리제도 재설계(2019년)

개발중간단계에서 소요 적정성, 총사업비 적정성 등을 점검하고 수정할 수 있도록 '사업중간점검'을 제도화할 것이다. 이에, 상세설계 및 시험평가 후 '사업중간점검' 의무적 실시 및 중간점검 결과에 따라 합참과 소요수정 협의를 할 것이다.

연구개발 사업특성과 진화적 획득에 적합하도록 유연한 계약제도로 개선하고, 인센티브 계약 제도를 도입할 것이다. 국방R&D 협약방식 적용, 연구개발 특성에 적합하도록 계약조건 개선, 성능기반 인센티브 계약제도를 도입할 계획이다.

그림 Ⅰ-21 │ 단계적 성능·비용·일정 관리가 가능하도록 사업관리제도 재설계(2019년)

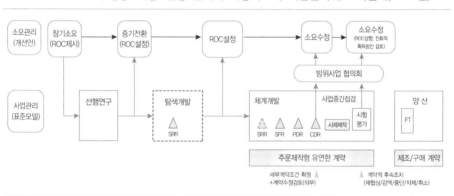

방위사업에 관한 법령의 전면 재정비 및 규정·절차 간소화(2019년)

업무특성을 고려하여 「방위사업법」 분법 및 법제 세분화[114]로 능률적 업무기반을 마련할 것이다. 업무효율성 증진을 위한 관련규정 간소화 및 사업관리 절차도 최적화할 것이다. 즉, 사업관리의 제반 절차를 필수절차와 선택절차로 구분할 계획이다.

---

114 「방위사업법」 → 「방위사업법」 + 「방위산업진흥법」 + 「국방과학기술혁신촉진법」.

사업관리 역량강화 중심으로 방사청 조직 재설계(~2022년)

그림 Ⅰ-22 | 방사청 본부 개편안

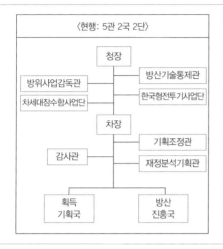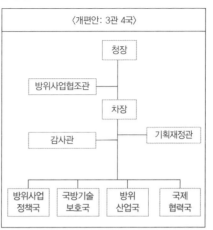

* 방사청 본부 재편성으로 확보한 인력(45명)은 사업관리본부로 배치

청 본부 정책역량 강화 및 사업관리 인력을 보강할 것이다. 사업관리 전문조직(PMO)으로 전환할 것이다. 사업 착수부터 계약 및 사업종결까지 일련의 사업관리 과정을 하나의 기관이 수행하도록 사업·계약기능을 통합하고 본부장의 적정 통솔범위 설정을 통한 정교한 사업관리 여건 조성을 위하여 사업본부를 추가 신설하며 사업계약 업무량 증가 추이에 대응하여 조직신설 및 인력증원을 병행 추진하고 전문직 공무원 제도를 도입하여 사업 전순기를 책임지고 관리할 수 있는 환경을 조성할 계획이다.

사업관리 유연성 확보를 위한 법률 제·개정 소요로 사업특성을 고려한 최적의 추진방식 적용을 위해 「방위사업법 시행령」 제24조(방위력개선사업의 사업추진 방법) 및 시행규칙 제10조(연구개발의 절차 등) 개정, 성능달성 유인부 계약제도 도입을 위한 「방위사업법 시행령」 제61조(계약의 종류내용 및 방법 등) 개정, 업무 특성을 고려하여 「방위사업법」 분법 및 전면 개정과 「국방과학기술혁신촉진법」, 「방위산업진흥법」 제정, 방사청 조직 재설계를 위해 「방위사업청과 그 소속기관 직제」 개정이 필요하다.

사업관리 유연성 확보 과제에 대한 책임은 국방부 국방개혁실 국방개혁실장 예하 국방운영개혁추진관 및 자원관리개혁담당관 등과 방사청 기획조정관 및 방위사업혁신TF팀장 등이 맡고 있다.

제5절 국방 R&D 역량 강화

1. 국방 R&D 기획 및 수행 체계 개선(개혁과제 39-42)

국방 R&D 기획 및 수행 체계 개선은 4차 산업혁명 등 급격한 기술변화에 신속히 대처하기 위하여 소요를 선도·창출할 수 있는 국방 R&D 기획체계로 전환하고 국방 R&D 역량을 효율적으로 활용할 수 있는 수행체계로 개선하고자 함이다. 국방 R&D 기획 및 수행 체계 개선은 ① 급속한 기술변화 대처를 위한 국방 R&D 기획체계 개선 필요, ② 선택과 집중의 역할 재정립 및 국방 R&D 체계 공급역량 제고 요구 차원에서 추진되고 있다.

급속한 기술변화 대처를 위한 국방 R&D 기획체계 개선 필요

4차 산업혁명 기반기술(무인, 로봇, 인공지능 등) 등 과거에 없었던 신기술 기반 무기체계가 미래전을 주도할 것으로 예상된다.

현재의 국방연구개발은 15년 이전에 미래 무기체계를 계획·구상하고 5년 전부터 해당 체계 관련 기술개발에 착수하는 소요기반·체계개발(Demand-pull) 중심 연구개발 체계로서 급격한 기술변화에 대응이 어려운 체계로서, 첨단기술이 무기체계 소요를 선도·창출(Technology-push) 할 수 있는 체계로 개편이 필요하다. 또한, 자주국방·기술주권 확보를 위한 국방연구개발 수요는 꾸준히 증가할 것으로 예상되는 반면 국가 재원은 한정되어 있어 보다 전략적인 기술기획이 요구된다.

그림 Ⅰ-23 | 4차 산업혁명과 연계한 미래 국방 모습

| 군집형 초소형 무인기  | 초공동 해수흡입 잠수정 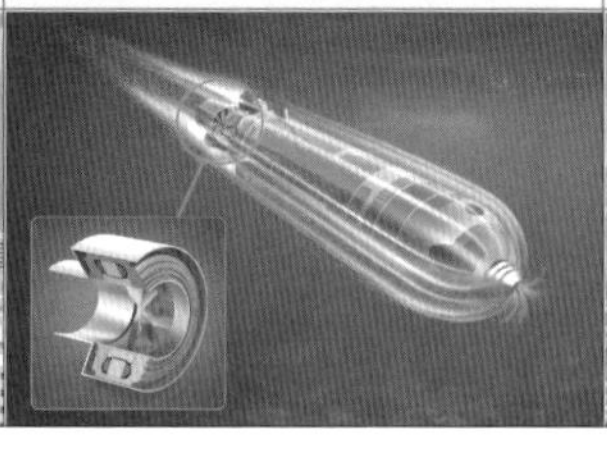 | 투명 스텔스 전차  |

* 4차 산업혁명과 연계한 미래국방기술(2017.12월, 국방기술품질원 발간)

선택과 집중의 역할 재정립 및 국방 R&D 체계 공급역량 제고 요구

정부는 업체 주관 연구개발 대비 사업관리 용이성, 개발실패 리스크 감소 목적으로 국과연 주관 연구개발 방식을 선호하고, 업체도 자체역량 부족을 이유로 연구개발 주관 참여를 기피하다보니 국과연 중심 국방연구개발 수행체계가 지속적으로 유지되어 왔다. 이에 따라, 국과연 담당 사업과 예산은 급격히 증가하였으나 이를 수행할 연구인력은 수십년간 정체되어 국과연이 이룩한 수많은 성과에도 불구하고 백화점식 연구개발, 관리형 조직으로의 변화 등 여러 가지 부정적 평가가 지속적으로 제기되고 있는 실정이다.

지난 50여년간 지속되어 온 국과연 중심 국방 R&D 수행체계가 많은 성과에도 불구하고 4차 산업혁명 등 급격한 기술변화 시대를 맞아 더 이상 효율적인 수행체계가 아니라는 판단이다. 앞으로는 정부(ADD)와 민간(기업)이 역할을 나누어 정부(ADD)는 기술개발에 집중하고 개발된 기술의 사업화는 민간(기업)이 담당하는 선진국 방식으로 전환이 필요하다. 이에 국과연은 핵심·신기술 개발 중심 조직으로 재편하고 체계개발은 전략 무기나 민간 기업이 수행하기 어려운 사업에 한정 수행하도록 임무·기능을 명확히 할 필요가 있다. 또한, 현재 12개 부처·청의 R&D사업 기획·관리·평가 기능을 지원하는 연구관리전문기관이 각 부처·청별 최소 한 개씩 지정(총 19개)되어 있으나 국방 R&D 연구관리전문기관만 없는 상황이다. 국방기술품질원에서 품질관리와 함께 일부 기술기획 업무를 하고 있

그림 Ⅰ-24 │ 국방과학연구소 예산 및 인력 변화

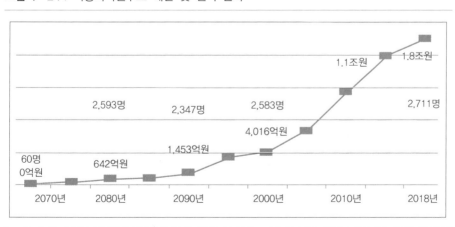

으나 기술보호, 수출지원, 감항인증, 총포·화약류 관리 등 개청 이후 추가된 이질적 업무가 기품원으로 집중되면서 기술기획의 전문성 확보에 난항을 겪고 있다.

국방 R&D 기획 및 수행 체계 개선의 추진목표는 다음과 같다. 첫째, 4차 산업혁명 등 급격한 기술변화와 국가적 안보현안에 신속히 대처할 수 있도록 소요를 선도·창출할 수 있는 기술기획을 실시한다. 둘째, 분야별 역량집중 여건을 조성하고 객관성·투명성·전문성을 제고하기 위해 출연기관 역할을 재정립한다.

표 Ⅰ-73 | R&D 부처별 연구관리 전문기관

부처	2018년 R&D	연구관리 전문기관
과기부	6.74조원	• 한국연구재단, 정보통신기술진흥센터, 정보통신산업진흥원
산업부	3.17조원	• 산업기술평가관리원, 에너지기술평가원, 산업기술진흥원
방사청	2.90조원	—
중기부	1.09조원	• 중소기업기술정보진흥원
농림부	0.87조원	• 농림식품기술기획평가원
해수부	0.61조원	• 해양수산과학기술진흥원
복지부	0.55조원	• 보건산업진흥원
국토부	0.51조원	• 국토교통과학기술진흥원
환경부	0.30조원	• 환경산업기술원
기상청	0.13조원	• 기상산업기술원
산림청	0.11조원	• 임업진흥원
문체부	761억원	• 콘텐츠진흥원, 국민체육진흥공단, 한국저작권위원회, 한국문화관광연구원
원안위	692억원	• 원자력안전재단

* 국정과제 '전문기관 운영 효율화'에 의거 1부처 1전문기관 기능정비 진행 중

표 Ⅰ-74 | 2006년 국방기술품질원 설립 이후 추가된 임무·기능

연 도	인력(정원)	업 무
2006년	505명	• 군수품 품질보증 및 품질경영 • 국방과학기술 조사·분석·기획·평가
2018년	613명	<추가 업무> • 기술성숙도(TRL) 및 제조성숙도(MRL) 평가 • 형상관리 2급 책임기관 • 내장형SW 조사분석 및 통합저장소 구축·운영 • 신개념기술시범사업(ACTD) 기획·계획 • 무기체계 핵심부품 국산화 개발지원 사업 수행 • 모델링·시뮬레이션(M&S) 인정 및 분석결과 검증 • 국방기술정보통합서비스(DTiMS) 구축·관리 운영 • 군용항공기 감항인증 • 군용총포·화약류 운반·폐기 감독 • 사격시험 및 시험용 탄약 운영·관리 • 저장탄약·화생방 신뢰성 평가 • 전문분야별 SW 품질보증 종합관리 • 개발 양산단계 SW 품질보증·시스템 인증 관리 • 초도생산 유도무기 품질인증사격 시험 • 전력지원체계 소요 기획 및 연구개발 관리 • 부품단종관리 전문연구 • 선행연구 업무 총괄 • 업체 품질수준 조사 및 군수품 품질조사 • 방위산업기술 보호 • 방위산업 수출 지원 등

표 Ⅰ-75 | 국방 R&D 기획 및 수행 체계 개선의 추진목표

현 재		최종상태

• 소요기반, 체계개발 중심 R&D
  (Demand Pull, Fast Follower형)
• 국과연, 기품원의 업무 경계 모호
	⇨	• 신기술이 신무기체계 소요를 창출하는
		  도전·혁신적 R&D
		  (Technology Push, First Mover형)
		• 출연기관 역할 조정 및 국방기술 기획평가
		  전문기관 신설

국방 R&D 기획 및 수행 체계 개선의 추진계획은 ① 4차 산업혁명과 연계한 국방 R&D 기획체계 개선, ② 국방 R&D 수행체계 재구조화를 포함한다.

4차 산업혁명과 연계한 국방 R&D 기획체계 개선(2020년)

소요를 선도하는 혁신·도전적 미래 도전기술개발 제도를 신설할 것이다. 이를 위해, 2018년 시범사업(69억원)을 추진했고 패키지 예산 편성, F년도 사업 착수, 자체 과제 기획 등 자율성·독립성 보장을 위해 법적 기반을 마련할 계획이다. 또한, 국가적 안보현안 대처를 위한 전략적 기술기획을 강화할 것이다. 특히, 특정 전력소요(도약적 우위 확보전력) 기술의 선택과 집중 기획과 민간기술을 활용한 미래국방기술 식별, 신개념 무기체계를 도출할 계획이다.

국방 R&D 수행체계 재구조화(2020년)

국과연은 핵심·신기술 및 비닉·비익 무기개발에 역량을 집중할 수 있는 구조로 재편할 계획이다.

- (본원) 핵심·신기술 개발 및 비닉·비익 무기체계 연구개발 조직화
- (부설기관) 지·해·공 연구소*, 민군협력진흥원 등 4개 부설기관 신설
  * 지·해·공 무기체계(관련 소요기술) 개발 및 방산업체와 공동연구개발, 대군기술지원 및 각 군 무기체계 분석·연구

기품원은 국방품질연구원·국방기술기획평가원으로 분화할 예정이다.

- (품질) 국방품질연구원으로 명칭을 변경하고 선진화된 품질관리 및 신뢰성 기법 연구·평가에 집중할 수 있도록 조직 개편
  * 주요기능: 품질정책 연구, 군수품 품질관리, 표준화, 신뢰성 연구·평가 등
  * 부설기관: 전력지원체계연구소, 감항인증센터
- (기술) 기술기획본부를 모체로 국방기술기획평가원을 설립하고 기술의 기획평가와 관리 전담
  * 주요기능: 기술 기획·평가, 선행연구, 개발기술의 집적·관리, 가치평가, 지재권 관리·이전 촉진, 시험평가 지원 등
  * 부설기관: 방산기술보호통제센터, 비용·원가분석센터

국방 R&D 기획 및 수행 체계 개선의 법률 제·개정 소요로 미래도전기술개발 추진, 국방기술기획평가원 설립근거 마련 등을 위한 「국방과학기술혁신 촉진법」 제정,[115] 「국방과학기술혁신 촉진법」 미제정시 대비 「방위사업법」 개정 병행 추진,[116] 부설기관 설치 근거 마련을 위한 「국방과학연구소법」 개정[117]이 필요하다.

국방 R&D 기획 및 수행 체계 개선 과제에 대한 책임은 국방부 국방개혁실 국방개혁실장 예하 국방운영개혁추진관 및 자원관리개혁담당관 등과 방사청 획득기획국장 및 획득정책과장 등이 맡고 있다.

---

115 추진일정: 의원발의(2018년 9월), 제정을 위한 유관부처/여·야 의원 협조(2019년).
116 추진일정: 국방부 제출(2018년 6월), 입법예고(2018년 12월), 국회제출·협조(2019년).
117 추진일정: 국방부 제출(2018년 8월), 입법예고(2018년 12월), 국회제출·협조(2019년).

2. 국가 R&D 역량의 국방분야 활용 확대(개혁과제 40-42)

국가 R&D 역량의 국방분야 활용 확대는 미래 국방 R&D 수요에 적극 대처하고 국가재정을 효율적으로 활용하기 위해 국가적 R&D 역량을 활용할 수 있는 새로운 협력체계를 구축하는 것이다. 국가 R&D 역량의 국방분야 활용 확대는 ① 첨단무기체계 핵심기술개발을 위한 국방 R&D 역량 확보 제한, ② 국방 R&D와 국가 R&D 협업 미흡이라는 배경하에 추진되고 있다.

첨단무기체계 핵심기술개발을 위한 국방 R&D 역량 확보 제한

국방과학연구소 대상 선택·집중의 연구개발 실시 요구가 20여 년 전부터 있었으나 실현되지 않은 것은 국방연구개발의 큰 리스크, 낮은 유인(High Risk, Low Incentive) 구조에 기인한다. 즉, 업체에게 개발실패 리스크는 큰 반면, 모든 지식재산권은 국가 소유로 귀속되는 등 유인은 부족하기 때문에 업체들은 국과연의 시제업체로의 참여를 선호하는 경향이 있다. 또한, 정부도 사업관리 용이성, 개발실패 리스크 절감 등을 위해 국과연 주관 연구개발 방식을 선호함에 따라 국과연은 핵심·신기술 개발에의 집중이 어렵고 업체는 기술력 축적에 애로를 겪으면서 방위산업 전체의 R&D 역량이 정체되어 있다.

국방 R&D와 국가 R&D 협업 미흡

그간 국방 R&D는 국방 내부의 업무로서 폐쇄적으로 진행되어 왔다. 1999년 「민군기술협력사업촉진법」 제정을 통해 민군기술협력사업을 산업부와 추진하였으나 방위사업청·산업부 외의 부처 참여는 미미한 상황이다. 2017년 이후 국방 R&D도 점차 국가 R&D 체계에 편입되고 있다. 예를 들어, 국가·국방 R&D의 중복투자 방지 및 연구개발 효율성 제고를 위해 2017년 국가과학기술심의회 산하 국방전문위원회를 신설하였다. 하지만, 기술기획 및 연구개발 절차 상이로 상호 기술협력이 제한되는 측면이 있다. 또한, 기존 폐쇄적 국방 R&D 추진 방식을 탈피하여 국가적 연구개발 역량을 활용할 수 있도록 유관부처와의 협력을 강화하고 기초 연구와 같이 민·군 공동 활용이 가능한 분야는 과감히 국가 R&D 역량을 활용하는 등 국방 R&D와 국가 R&D간 분업과 협업 체계 구축이 필요하다.

국가 R&D 역량의 국방분야 활용 확대의 추진목표는 다음과 같다. 첫째, 산·학·연의 국방 R&D 참여를 유인하고 민간 우수기술의 군사적 활용을 확대하기

표 Ⅰ-76 | 국방 R&D 분야에 활용하기 위한 협업체계 구축 계획

현 재	최종상태
• 민간의 참여와 역량 활용이 제한되는 경직된 국방 R&D 제도 • 국방 R&D 자체 역량(국과연 중심)만을 활용하는 국방 R&D	• 민간부분의 우수기술 활용이 활성화된 개방형 국방 R&D 제도 • R&D 역량을 활용하는 국방 R&D

위해 국방 R&D 제도를 국가 R&D 체계에 맞게 개선한다. 둘째, 효율적인 국가 재정 및 역량 활용을 위해 국가 R&D 역량과 국가 새정을 국방 R&D 분야에 활용하기 위한 협업체계를 구축한다.

국가 R&D 역량의 국방분야 활용 확대의 추진계획은 ① 개방형 국방 R&D 체계 구축, ② 국방 R&D와 국가 R&D의 협업 강화를 포함한다.

개방형 국방 R&D 체계 구축(2019년)

국방 R&D 수행방식을 계약(국가계약법)에서 협약(과학기술기본법)방식으로 전환할 계획이다. 이에, 개발실패시 '사업비 환수/지체상금/부정당제재 → 사업비 환수/R&D사업 참여 제한'으로 전환하고 '사업계획의 변경 원칙적으로 불인정 → 유연하게 수정'하는 것으로 변경시킬 것이다. 또한, 성실수행인정제도를 확대 적용하고 무기체계 연구개발의 범위를 초도물량까지 확대하며 개발성과물의 국가·개발기관간 공동 소유화하고 국방 연구개발 시설·장비 관리체계 구축 및 민간 개방을 확대할 계획이다. 예를 들면, 국방 R&D 참여업체가 국과연·기품원 보유 연구인프라사업으로 구축된 연구시설·장비 정보를 확인·활용할 수 있도록 국방 연구시설장비관리시스템을 구축(~2018년 12월)하였다.

국방R&D와 국가R&D의 협업 강화(2018년)

국방·국가R&D간 협업·분업체계 구축 및 범정부 협의체를 구성하였다. 기초연구(분업)는 국가R&D 역량(예산, 수행조직)을 활용하고 응용연구·체계개발(협업)은 과기부·국방부·산업부·방사청 등 관계부처간 협의체를 구성하여 과제 기획·논의를 실시하고 있다. '과학기술 기반 미래국방 발전전략(2018년 4월)' 후속조치도 추진하였다. 과기부 주관, 기초·원천 R&D 사업을 신설(2019년)하고 과학기술 R&D 전문기관에 국방분야 PM 지정 등을 실시하였고 방사청 주관, 급격한 기술

변화 적시 대응을 위해 국방 R&D 기획·수행체계 개선 및 국가 R&D 역량의 국방분야 활용 확대 등을 추진하고 있다.

또한, 다부처 협력 중점 R&D 프로젝트를 추진하고 있다. 개발대상은 민간 활용이 가능하고 국방·국가 R&D 역량을 결집하여 개발 필요한 무기체계 및 주요 구성품(총사업비 500억원 이상)이고 과제선정은 국방·민간부처에서 범부처협의체 등을 통해 공동 투자·개발 가능 과제를 수시로 제기하여 다부처 협력 가능성을 타진하고 있으며 수행기관선정은 범부처 협의결과 연구 필요성이 인정된 과제는 관계부처에서 필요 예산을 반영·공고하여 단일 컨소시엄을 구성·운영할 것이다. 민군기술협력사업(부처연계협력기술개발사업) 등은 기존절차를 활용·추진할 것이다.

더불어, 국방·국가 R&D간 협업체계를 강화하기 위하여 국방과학연구소(ADD)와 한국항공우주연구원(KARI), 한국원자력연구원(KAERI), 한국기계연구원(KIMM), 한국과학기술연구원(KIST), 한국전자통신연구원(ETRI) 간 업무협약(MOU)을 체결(2018.1.31)하여 국방 분야에 활용할 수 있는 기술 발굴 및 개발을 위해 적극적으로 협력하고 기술 정보 교류를 위한 기관장협의회를 구성하였으며 향후 참여 연구기관을 점차 증대하기로 하였다.

국가 R&D 역량의 국방분야 활용 확대의 법률 제·개정 소요로 협약방식 도입, 개발성과물 국가·개발기관 공동 소유 등 국방 R&D 혁신방안을 포함한 「국방과학기술혁신 촉진법」 제정,[118] 「국방과학기술혁신 촉진법」 미제정시 대비 「방위사업법」 개정 병행 추진[119]이 필요하다. 국가 R&D 역량의 국방분야 활용 확대 과제에 대한 책임은 국방부 국방개혁실 국방개혁실장 예하 국방운영개혁추진관 및 자원관리개혁담당관 등과 방사청 획득기획국장 및 획득정책과장 등이 맡고 있다.

---

118 추진일정: 의원발의(2018년 9월), 제정을 위한 유관부처/여·야 의원 협조(2019년).
119 추진일정: 국방부 제출(2018년 6월), 입법예고(2018년 12월), 국회제출·협조(2019년).

제6절 방위산업 경쟁력 확보 및 산업구조 전환

1. 기술·품질 중심의 방산기업 경쟁력 강화(개혁과제 41-42)

기술·품질 중심의 방산기업 경쟁력 강화는 방위산업 경쟁력 강화를 위해 기술·품질 중심의 방위산업 환경을 조성하고, 방산 분야 진입장벽 완화 및 맞춤형 지원을 확대하여 중소·벤처기업의 방산 참여를 활성화하는 것이며 대기업(체계업체)과 중소기업(협력업체)의 상생협력을 강화하고, 「방위산업진흥법」 제정 및 '방위산업진흥원' 신설 등 방산진흥 인프라를 구축하는 것이다.

기술·품질 중심의 방산기업 경쟁력 강화는 ① 방위사업 환경이 비용평가 중심으로 치중, ② 기술·품질 중심 평가로 가기 위한 신뢰성 있는 비용 예측 필요, ③ 민간의 우수 기술력을 보유한 중소·벤처기업의 방위산업 진입 제한, ④ 방산 대·중소기업 간 상생협력 부족, ⑤ 방위산업 진흥을 위한 정책 인프라 미흡이라는 배경하에 추진되고 있다.

방위사업 환경이 비용평가 중심으로 치중

높은 기술력을 필요로 하는 방위산업 분야가 비용을 높게 평가하는 업체선정 평가체계로 운영되어, 무기체계 개발업체 선정 시 기술력이 높은 업체를 선정하는데 한계가 있고 첨단 무기체계 개발 시 지연 또는 품질 문제가 부각될 가능성을 내재하고 있다.[120] 예정 가격의 90% 수준에서 연구개발 계약이 체결됨에 따라 적정 비용을 보장하지 못함으로써 업체의 인력 투입 감소, 품질검사 축소 등으로 무기체계 품질문제 발생 가능성이 내재되고, 첨단 무기체계를 개발해도 이윤이 낮아 신규 투자를 꺼려하고 있으며, 방산기업의 경영여건은 일반기업 보다 취약한 실정이다.[121]

---

[120] 협상에 의한 계약시 평가 기준(국계법)-기술: 비용＝8:2.
비용 만점기준(청 제안서 평가업무 지침)-협상 기준가의 90%.
[121] 방산업체 영업이익률/가동률(2016년 기준): 3.3%/68.6%(제조업 평균 5.1%/72.6%).

기술·품질 중심 평가로 가기 위한 신뢰성 있는 비용 예측 필요

선행연구 수행 시 연구개발 및 구매에 대한 비용분석을 실시하고 체계개발 단계에는 양산 비용분석을 실시하여 그 결과를 활용하여 중기계획 및 예산에 반영하고 있으나, 일반 연구기관 또는 청 자체 비용분석을 실시하고 국외 구매사업은 비용분석을 실시하지 않는 등 전문성과 신뢰성이 부족하여 적정비용 파악이 어렵다. 또한, 비용·원가분석은 기술적인 전문성이 요구되는 분야임에도 불구하고 전담지원조직 없이 기술검토를 실시하고 있고, 관련 자료의 체계적인 축적과 관리가 미흡하여 적정 비용 추정이 제한되며, 비용분석 기법 발전 등을 위한 기반 마련이 저조하다.

민간의 우수 기술력을 보유한 중소·벤처기업의 방위산업 진입 제한

방위산업은 기업의 자유로운 진입이 제한되고, 개발기간의 장기화, 투자결과 보호의 어려움 등으로 업체의 주도적인 기술혁신 촉진이 제한되며, 특히 중소·벤처기업은 무기체계에 대한 정보 부족(접근 제한) 등으로 방위산업 분야 진출이 어려운 실정이다. 또한, 기술력을 갖춘 중소·벤처기업이라도 국방분야 특성에 맞는 제품화 및 판로 확보의 어려움으로 방위산업 진입·정착에 한계가 있다. 더불어, 각 군, 업체의 소요제기 없이 과제가 선정된 사업의 경우, 기술개발 완료 이후 판로 확보 어려움이 상존하고 있다.

방산 대·중소기업 간 상생협력 부족

현재의 방위산업은 대기업(체계업체) 중심의 산업구조로 되어 있어, 대기업과 중소기업 간의 상호협력이 미흡한 실정이다. 또한, 다른 산업 분야에 비해 정부 차원의 대·중소기업 동반성장 정책도 부족한 상황이다.

방위산업 진흥을 위한 정책 인프라 미흡

현행 방위사업법은 방위산업을 방위력개선사업 수행의 종속변수로 간주하고 있어 방위산업 발전을 위한 법체계로는 부적합하다. 세계적인 산업군 육성을 위해서는 별도의 진흥법을 제정하고, 전문기관을 설립하는 것이 일반적이다. 현재는 여러 가지 방산중소기업 지원사업, 방산수출 지원사업 등을 정부(방위사업청)가 직접 집행하고, 국방기술품질원 등 관련 기관에서 제한적으로 지원하고 있으나, 중소·벤처기업의 기술혁신, 수출형 산업으로 전환, 양질의 일자리 창출 정책을 지속 추진하고 평가·분석하기 위해서는 전담기관이 필요하다.

기술·품질 중심의 방산기업 경쟁력 강화의 추진목표는 다음과 같다. 첫째, 기술·품질 중심의 방위사업 환경 조성으로 기술력을 갖춘 방산업체의 첨단무기 개발을 유도한다. 둘째, 방위산업 분야의 진입장벽 완화 및 맞춤형 지원 확대로 중소·벤처기업의 기술혁신을 촉진하고 방위산업 참여를 활성화한다. 셋째, 대기업(체계업체)과 중소기업(협력업체)의 상생협력 강화를 통해 협력적 파트너십을 구축한다. 넷째, 「방위산업진흥법」을 제정하고 '방위산업진흥원'을 신설하여 방위산입을 체계적으로 육성한다.

기술·품질 중심의 방산기업 경쟁력 강화의 추진계획은 ① 기술·품질 중심의 업체 선정, ② 중소·벤처기업 진입장벽 완화 및 맞춤형 지원 확대, ③ 방산 대·중소기업 상생협력 강화, ④ 방위산업 진흥을 위한 정책 인프라 구축을 포함한다.

기술·품질 중심의 업체 선정

기술·품질 중심으로 제안서 평가기준을 조정(2019년)하고 있다. 비용평가 만점 기준 상향 조정(90점 → 95점) 및 기술·품질 분야 평가 변별력 제고를 위한 등급간 점수폭을 확대(2018년)하였는데 사업추진 방식과 사업 프로세스 다양화에 따라 적합한 제안서 평가기준 및 절차를 마련(2019년)하고 있다. 또한, 비용분석의 신뢰성을 확보하여 적정 사업예산 배정을 위한 무기체계 비용분석 전문기관을 신설(2020년)하여 무기체계(국외 구매장비 포함) 비용분석을 전담 실시하고, 비용분석 자료 수집 및 축적·관리, 기법 발전 등을 통해 비용분석 신뢰성을 향상시키며 '(가칭) 국방기술기획평가원' 신설시 '비용·원가분석센터(부설기관)'를 설치할 것이다.

중소·벤처기업 진입장벽 완화 및 맞춤형 지원 확대(2019년)

무기체계 부품 국산화 및 군수물자 조달 소요를 정부가 창출하고, 중소·벤처기업이 개발하는 선순환 구조[122]를 구축(2019년)하고 있으며 중소·벤처기업에 대한 맞춤형 지원을 통해 성장사다리를 제공(2019년)하고 있다. 이에 군, 체계기업이 필요로 하는 높은 수준의 과제를 전략적으로 발굴하고 전문가 자문을 통해

---

122 부품관리 종합정책 수립(국방부) → 부품 국산화 소요 발굴(각군/체계업체) → 부품 국산화 사업 추진(방위사업청) → 부품 개발/납품(국방 중소·벤처기업).

표 Ⅰ-77 │ 중소·벤처기업 진입장벽 완화 및 맞춤형 지원 확대

구 분	지자체 지원	방위사업청 지원	
		국방벤처 지원사업 (기존)	국방벤처 혁신기술 지원사업 (신설)
과제 성격	구성품, 모형제작 등 중간단계 과제 위주	업체 보유기술 중 군소요 가 능성이 높은 과제 위주	군, 체계기업 등이 필요로 하는 高수준 기술 과제
지원한도	최대 1억원	2년 이내 최대 3억원	3년 이내 최대 5억원

* 국방벤처 지원사업 → 국방벤처 혁신기술 지원사업 → 글로벌 방산 강소기업 육성사업

표 Ⅰ-78 │ 핵심부품 국산화 추진 계획

현 행	개 선
수입대체 국산화	선제적 부품·소재 개발
先무기체계, 後부품 개발	무기체계·부품 동시 개발
저부가가치 품목 위주	고부가가치 품목 확대(정부지원 강화)

기술보유기업을 발굴·매칭하여 지원하는 국방벤처 혁신기술 지원사업을 신설 (2018년)하였다.

핵심부품 국산화 개념을 '성능개량', '체계개발' 단계까지 확장하여 선제적·도 전적 개발도 촉진(2019년)하고 있으며 방산업체가 아닌 일반업체가 자체 투자로 무기체계 연구개발을 추진시 이차보전을 받을 수 있도록 융자 지원을 신설(2018 년)하였다.

중소·벤처기업 지원을 위한 유관기관 협업도 강화(2018년)하였으며 중소벤처 기업부 소관의 중소기업 컨설팅 사업, 창업성공패키지 운영시 국방 전문가 활용 을 협조하고 중소기업에 대한 기술보호 상담, 기술유출방지 시스템 구축 등을 지원하는 중소벤처기업부 소관 사업에 적극 참여를 지원할 것이다.

방산 대·중소기업 상생협력 강화

방산분야 불공정거래 관행을 개선(2018년)하였다. 착·중도금 사용실태 점검을 강화하여 지급지연, 계약목적 용도외 사용여부 등 착·중도금 지급조건 현지실사 및 협력업체 착·중도금 지급 지연시 이자 환수를 실시할 것이다. 또한 군수기업

재정 담당자 대상 교육기회를 확대할 것이다. 체계·협력업체간 적정한 책임분담 범위도 정립(2019년)하고 있으며 협력업체 부정비리에 대한 체계업체 책임 경감 및 해당 협력업체 직접 제재를 추진(규정개정/2018년 ⇨ 법률개정/2019년)하고 있다. 연구개발을 통해 국산화에 성공한 협력업체가 양산사업 참여 및 적정 납품단가를 보장받을 수 있도록 정부와 대기업이 적극적인 역할을 수행(방위산업진흥법 제정안 반영/2019년)하고 있다.

방위산업 진흥을 위한 정책 인프라 구축

「방위산업진흥법」을 제정(2018년)하였고 과감한 규제 혁파를 통한 방위산업의 성장동력 확보 및 핵심 부품 중심의 국방 중소·벤처기업 기술혁신을 촉진할 것이며 전향적인 수출제도의 도입으로 수출형 산업으로 도약 및 방위산업 진흥을 위한 추진체계를 확립할 것이다. 또한, '방위산업진흥원'을 설립(2019년 상반기)하여 국방 중소·벤처기업의 경쟁력 확보, 수출형 산업으로 도약, 양질의 일자리 창출을 체계적으로 지원하고 방위산업 기반조사·분석·평가, 방위산업 정보관

그림 Ⅰ-25 | 방위산업진흥원 신설 방안

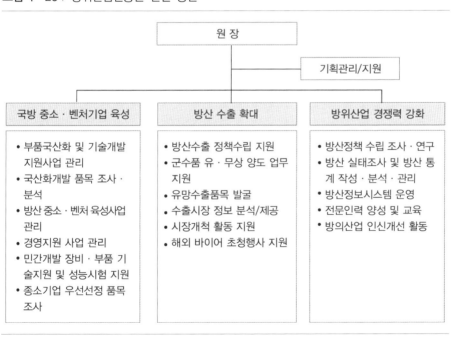

리, 국방 중소·벤처기업 등 지원사업 관리 및 기술지원, 수출 업무지원 등을 실시할 계획이다.

기술·품질 중심의 방산기업 경쟁력 강화를 위한 법령 제·개정 소요로 방위산업의 경쟁력 강화, 중소·벤처기업 육성, 방산수출 확대 등 방위산업 진흥을 위한 「방위산업진흥법」 제정,[123] 국방R&D 재구조화(국방과학연구소, 국방기술품질원) 추진과 관련하여 「(가칭) 국방과학기술혁신법」 제정,[124] 체계·협력업체간 적정한 책임 분담을 위해 「방위사업법」 제48조(지정의 취소 등) 및 「같은 법 시행령」 제4조(청렴서약서의 제출 및 내용) 개정[125]이 필요하다.

기술·품질 중심의 방산기업 경쟁력 강화 과제에 대한 책임은 국방부 국방개혁실 국방개혁실장 예하 국방운영개혁추진관 및 자원관리개혁담당관 등과 방사청 방산진흥국장 및 방산진흥과장 등이 맡고 있다.

---

123 1) 국가안보에 필수적인 사업을 국가정책사업으로 지정하고 과감한 규제혁파로 연구개발의 걸림돌 제거; 2) 무기체계 부품 국산화·군수물자 조달 소요를 정부가 창출하고, 중소·벤처기업이 사업화하는 선순환 구조 정착; 3) 한정된 국내 수요 보완 및 다양한 구매국 수요에 대응하기 위해 중고 무기체계의 유·무상 양도 제도 개선 등 전향적인 능동형 수출제도 도입; 4) '방위산업진흥원' 신설, 공제조합 설립, 국방산업발전협의회 운영 등.

124 '국방기술기획평가원'의 부설기관으로 '비용·원가분석센터' 설치.

125 1) 원가부정행위로 인한 방산업체 지정 취소는 원인행위 주체 및 체계업체의 주의 감독여부 등 책임주의를 고려하여 결정토록 명시; 2) 협력업체로 인한 체계업체 주요 제재사유(허위서류 제출)에 대하여 청렴서약 위반 대상에 포함시켜 직접 제재가 가능하도록 개정.

2. 수출형 산업구조 전환 및 일자리 창출 지원(개혁과제 42-42)

수출형 산업구조 전환 및 일자리 창출 지원은 미래 먹거리 및 일자리 창출 차원에서 군함, 항공기, 로봇, 유도탄 등 방산수출을 기존 조선업, 차량에 더해서 국가기간 수출산업으로 육성하고자 함이다. 또한, 방산기술 획득 중심의 절충교역 제도를 방산수출 및 일자리 창출 중심의 방위산업협력으로 전환하여 방위산업 수출 확대에 기여하고 수출형 방위산업으로의 도약과 양질의 일자리 창출을 위해 능동형 수출제도를 전향적으로 도입하여 방산수출의 활로를 마련하며 방산 전문인력 양성 및 일자리 매칭, 일자리 창출 업체에 대한 인센티브 부여 등의 지속적인 일자리 창출로 방산 우수 인력 양성을 지원하기 위함이다.

수출형 산업구조 전환 및 일자리 창출 지원은 ① 현 절충교역 제도 관련, ② 글로벌 수출경쟁 심화와 내수중심의 산업구조, ③ 방산분야 일자리 창출에 특화한 정책 부족이라는 배경하에 추진되고 있다.

현 절충교역 제도 관련

우리나라는 방산 선진국들에게 경쟁자로 인식되고 있으며, 이에 따른 선진 방산기술 통제 강화로 절충교역을 통한 핵심기술 획득은 점차 어려워지고 있어 절충교역 우선순위를 방산기술 획득에서 부품 제작·수출 및 국제공동개발·생산으로 전환하여 방산육성, 수출확대, 일자리 창출에 기여할 필요가 있다. 또한, 절충교역 합의각서 체결이 지연될 경우 순차적으로 기본계약 체결과 기본사업 일정이 지연되는 구조로 국외업체가 기본사업 일정과 관계없이 절충교역 의무를 이행할 수 있는 제도의 도입이 필요하다.

글로벌 수출경쟁 심화와 내수중심의 산업구조

우리나라 방산 수출비중은 대기업에 편중되어 있어서 대기업 실적에 따라 전체 수출실적이 급변하는 구조이고 중소기업의 수출 전 과정에서 경쟁력이 낮아서 중소기업을 위한 맞춤형 수출 지원 정책이 필요하다.[126] 또한, 방산수출 확대를 위해서는 다양한 산업 분야 연계와 수출 품목·방식의 다변화가 필요하나, 이를 위한 수출지원 전문 기관·인력 등 인프라가 부족한 실정이다. 방산수출 확대

---

126 전체수출 중 중소기업 비중(2016년): 민수분야 19.8%, 방산분야 4.9%.

를 위한 인프라 마련을 위하여 방산수출 확대 전략 마련이 필요하다.[127] 무기도입은 안보와 직결된 민감한 사안으로 지속적인 신뢰 관계 구축이 필수적이나 방산분야 전문성을 갖춘 현지 네트워크가 미비한 실정이다. 체계적인 전략을 통한 정부 지원을 위해서 관련부처와 협력 강화가 필요하다.

방산분야 일자리 창출에 특화한 정책 부족

방위산업은 고도의 지식과 기술이 집약된 인력 위주로 구성된 선진국형 지식기반 산업으로 양질의 일자리 창출 잠재력이 있는 산업이나 방산업체의 경쟁력은 여전히 선진국 대비 높지 않은 수준으로 방산분야에 특화한 일자리 정책이 필요하다.[128] 또한, 방위신업에서 우수한 전문인력 재용에 어려움을 겪고 있어 방위산업 전문인력 양성을 위한 법적근거, 운영전담 기관 등 추가적인 정부지원이 필요하다.

수출형 산업구조 전환 및 일자리 창출 지원의 추진목표는 다음과 같다. 첫째, 현 절충교역 제도를 방산수출·일자리 창출 중심의 방위산업협력 제도로 혁신하여 방위산업의 수출형 산업구조 전환에 기여한다. 둘째, 수출품목·방식 다변화 및 범정부 방산수출지원 협업강화로 정체된 방산수출의 활로를 마련한다. 셋째, 우수 인력 유입을 통한 방산경쟁력 강화와, 그로 인한 지속적인 일자리 창출로 선순환 시스템을 구축한다.

수출형 산업구조 전환 및 일자리 창출 지원의 추진계획은 ① 방산육성·방산수출 중심의 방위산업협력 제도로 시행, ② 수출 품목·방식 다변화 및 범정부 방산수출지원 협업 강화, ③ 관련부처 협업을 통한 전문인력 양성 및 일자리 창출 지원을 포함한다.

방산육성 · 방산수출 중심의 방위산업협력 제도 시행(2019년)

현 절충교역 제도를 방산수출·일자리창출 중심의 방위산업협력 수단으로 패러다임을 전환할 것이다. 정책중점을 핵심기술 확보에서 방산수출 및 방산육성으로 전환하고 절충교역 명칭을 변경(절충교역 → 방위산업협력)하며 부품 제작·수

---

127 국가별 수출지원 기관: (영) UKTI D&SO/600명, (이스라엘) SIBAT/120명, (한국) 방사청·KODITS/ 약 30명.
128 방위산업 R&D 인력비중 26.4%(주력산업인 자동차산업 R&D 인력비중 8.7%).

출, 공동개발·생산 등 국제 방위산업 협력 강화수단으로 활용할 것이다. 국내·외 업체간 협력을 통해 선진업체의 글로벌 공급망에 고부가가치 핵심부품을 공급할 것이다. 또한, 산업협력 쿼터제(Quota)를 도입하여 무기체계 해외 도입 시 국외업체가 기본계약금의 일정 부분을 국내업체의 부품, 용역 등으로 조달하도록 계약하고 선행연구 단계부터 국내 기술성숙도, 방위산업 육성효과 등을 기초로 참여 가능한 업체, 국산부품 쿼터비율 등을 조사·분석할 것이다.

사전 가치축적(Banking) 제도도 도입할 계획이다. 국외업체가 기본사업과 관계없이 절충교역 의무를 미리 이행하고 축적한 가치를 향후 사업에 활용[129]하고 국내 방산업체가 글로벌 선진업체의 부품공급망(supply-chain)에 중·장기적으로 참여하는 전략적 파트너십을 구축할 계획이다. 더불어, 수출 절충교역 지원을 강화할 것이다. 수출 상대국의 절충교역 가치평가 방법, 적용비율, 가치승수 등을 면밀히 분석하고 이에 상응한 가치상계[130] 방안을 연구용역 등 결과에 따라 추진할 것이며 산하기관에 산업협력 쿼터제 전담 지원팀을 마련할 계획이다.

수출 품목·방식 다변화 및 범정부 방산수출지원 협업 강화(2021년)

수출·입 지원, 공동 연구, 합작 투자 등 정부 부처간 협력을 통한 「방산수출 확대 전략」 마련 및 적극적 해외 방산전시회 참가를 지원할 것이다. 이에 정부 차원의 포괄적 방산협력 지원을 위하여 범정부 협의회를 통한 해외 현지 지원 계획을 수립하고 정부와 국내업체의 적극적 해외 방산전시회 참가를 통해 방산 수출 제고 노력을 강화할 것이다. 또한, 중고무기, 임대, 패키지수출 등 구매국 맞춤형 수출방식을 개발할 것이다. 중고 수출이 가능한 품목을 지속적으로 발굴하여 이와 관련된 절차·규정을 정비하여 중고품 수출 모델을 제도화하고 국방협력(잉여·도태 장비 양도 등) 사업과 연계한 범정부 수출 패키지를 마련하며 무기체계 완제품과 함께 관련 장비·소모품을 연계한 패키지 수출을 할 수 있도록 홍보 및 관련업체 협력을 지원할 계획이다.

기품원 내 방산업체의 수출지원을 위한 전담지원조직을 신설하고, 방위산업 진흥원 설립 시 기존 조직을 통합 확대 추진할 것이다. 수출지원 전담조직을 통

---

129 이스라엘, 터키, 네델란드, 대만 등 우리 환경과 유사한 주요국 대부분이 시행 중이다.
130 가치상계: 정부 간 합의를 통해 제3의 업체에게 절충교역 의무를 이행시키거나 각 정부가 보유한 절충교역 의무를 동일 규모만큼 상호 감면하는 제도.

한 정상급 세일즈 외교 강화를 통한 수주 지원 확대를 도모하고 중소기업 해외 현지 수출지원을 위한 One-Stop 서비스를 구현할 것이다. 더불어 주요 방산협력국과의 원활한 협력을 위해 방위사업 전문인력으로 방산협력관을 추가 파견하여 방산협력업무를 전담시킬 것이다. 상대국은 한국 정부의 관심을 중요 요소로서 고려하므로 방산협력관을 통한 상대국과의 고위급 네트워크를 구축하고 방산협력은 각 나라의 국방·군사력과 직결되는 사항으로 민간차원에서 정보획득 및 주요 인사와의 접촉 제한되므로 방위사업 전문인력을 통한 협력을 추진하며 방산협력관을 통한 최상위급 외교 관계 구축과 연쇄적인 방문 및 협의회 개최를 통한 방산협력을 활성화할 계획이다.

관련부처 협업을 통한 전문인력 양성 및 일자리 창출 지원(2021년)

중기부, 교육부 등 관련부처와의 협업을 통해 산학연계 교육프로그램을 개발 및 취업을 연계하여 방산 우수인력 양성을 지원할 계획인데 방산업체 취업에 관심 있는 특성화고 학생을 대상으로 눈높이 방위산업 특강 및 방산업체 현장체험 기회를 제공할 것이다. 또한, 일자리 창출 기업에 대한 인센티브를 마련할 것이다. 업체 선정 및 적격심사 기준 개정으로 고용 창출업체에 가점을 부여[131]하고 R&D 지원 자금을 활용한 일자리 창출을 지원[132]하며 방위산업 육성 지원사업 (핵심부품국산화 개발지원사업, 국방벤처 지원사업, 무기체계 개조개발, 글로벌 방산 강소기업 육성 사업) 참여 시 일자리 창출 우수기업에 대한 가점을 부여[133]하고 방산분야 일자리 자금 지원을 신설[134]할 계획이다.

수출형 산업구조 전환 및 일자리 창출 지원을 위한 법령 제·개정 소요로 방산수출 중심으로 절충교역 제도를 개선하기 위해 「방위사업법」 제3조(정의), 제20조(절충교역) 등 다수 조항 개정,[135] 정부 수출지원 확대를 위해 「(가칭)방위산업

---

131 제안서평가 및 적격심사 시 신인도 평가 중 고용창출 기업에 대한 가점제도 신설 및 배점한도 상향 조정.
132 청년인력 신규채용시 해당인력의 인건비만큼 현금부담금 완화, 청년인력 신규채용 및 고용기간 등을 고려하여 기술료 감면 등.
133 최근 2년간 중앙행정기관, 광역지방자치단체에 의해 일자리 창출 우수(고용우수, 노사문화 우수 등)업체로 선정된 업체에 대하여 1% 가점 부여.
134 고용창출 우수기업이 이차보전 사업 참여시 이자감면 혜택 제공, 창업자금 및 방산 중소기업 정착을 위한 숟주기 자금 지원 등.
135 1) '정의' 조항에서 '방위산업협력' 정의(개념) 정립; 2) '절충교역' 조항을 '방위산업협력'으로 수정하고, 방위산업협력 대상분야에 공동개발과 생산, 합작투자 등을 통한 중·장기적 협력관계 구축 요건 등을 추가.

진흥법」 제정을 통해 「방산진흥원」 내에 수출지원 전담 조직 구성 및 수출 단가 이원화 근거 마련[136]이 필요하다.

수출형 산업구조 전환 및 일자리 창출 지원 과제에 대한 책임은 국방부 국방 개혁실 국방개혁실장 예하 국방운영개혁추진관 및 자원관리개혁담당관 등과 방 사청 방산진흥국장 및 수출진흥과장 등이 맡고 있다.

---

136 1) 방산진흥법 내 방산진흥원의 수행 업무에 수출관련 지원업무를 할 수 있도록 위임 조항 신설; 2) 국
       내 조달 원가 산정시 내수용 단가와 다른 수출 가격을 제시 할 수 있도록 법적 근거 마련; 3) E/L 승인
       제한으로 인한 수출 지연 사례를 미연에 방지하도록 부품국산화개발 촉진 확대 규정 마련.

2017. 9. 28., 제69주년 국군의 날 기념행사, 평택2함대사

2017. 9. 28., 제69주년 국군의 날 기념행사, 평택2함대사

2018. 7. 27., 국방개혁 2.0 보고시 대통령 훈시, 청와대

2018. 7. 27., 대국민 국방개혁 2.0 발표, 국방부

2018. 7. 27., 국방개혁 2.0 전군주요지휘관회의, 국방부

2018. 1. 22., 여군간담회, 국방부 컨벤션센터

2017. 8. 5., 신병교육대 방문, 육군 28사단

2017. 12. 18., 국방부-과기정통부 MOU 체결식, 대전 한국항공우주연구원

제 .2.부

2

9.19 남북군사 합의

전환기 안보여건에 능동적 대응을 위한 남북관계 발전

필자는 대한민국 제45대 국방부장관으로 재직하며 문재인 정부의 국방개혁 2.0과 국방정책을 추진하였고, 특히 전환기의 시작점이었던 2018년 두 차례의 남북정상회담에 참가하였다. 무엇보다 필자는 9월 19일 평양에서 남북정상이 바라보는 가운데 「역사적인 판문점선언 이행을 위한 군사분야 합의서」를 북한의 인민무력부장 노광철 대장과 함께 직접 서명함으로써 남북이 함께 전환기로 나아가는 실질적 출발점을 직접 설계한 바 있다. 남북 간 군사적 긴장완화를 위한 조치는 남북 교류와 협력을 촉진하고 뒷받침하며, 한반도에 평화와 번영을 이룩하기 위한 필요충분조건이다.

남북은 군사적 긴장을 완화하고 상호 간 경제·사회적 협력을 보장하기 위한 합의를 과거에 많이 하였으나 지속성을 갖지 못하였으며, 합의 이행이 중단되는 상황을 반복하였다. 문재인 대통령과 김정은 위원장의 판문점 공동선언은 이러한 관행을 타파하고 남북관계를 실질적, 불가역적으로 발전시키자는 뜻을 담고 있다.

9.19 남북 군사합의는 판문점 선언의 정신과 기조를 군사적으로 뒷받침하고 이행하여 남북관계의 새로운 시대를 열고자 하는 군사적 방안이다. 남북의 주요 분쟁 및 충돌지역인 비무장지대(DMZ)를 평화지역으로 만들고, 서해 북방한계선 (NLL)일대를 평화수역으로 전환하며, 한강하구를 활용하고 이용할 수 있는 여건을 조성하는 등 남북 간 군사적 긴장완화를 실제적으로 이해할 수 있는 조치들이다. 물론 남북 간 적대적 관계를 종식시키기 위한 군사적 조치는 양측이 가능한 군사적 긴장완화 조치에서부터 출발하여 보다 폭넓게 군사적 신뢰구축 조치를 이행하고, 이를 검증하며, 군비축소를 달성해야 하는 도전들이 있다. 9.19 군사합의서는 군사적 긴장완화를 위한 초기적인 조치를 보다 실질적이고 과감하게 이행하여 현 한반도 안보상황을 전환시키고 평화를 달성토록 하고자 하였다.

그렇다면 9.19 군사합의와 과거의 합의가 무엇이 다른가? 무엇보다 안보여건이 확연히 달라졌다. 안보여건의 획기적인 변화는 우리가 남북관계를 미래지향적으로 변화 및 발전시킬 수 있다는 신념과 자신감을 갖도록 한다. 21세기 세계 각국은 실리주의적, 자국 국익중심의 대외정책을 강력히 추진하고 있다. 이러한 안보상황은 한반도 안보문제를 주변 강대국에 의존하기 보다는 우리 스스로 해결할 것을 보다 요구한다. 우리는 남북관계를 주도적으로 해결하고 도전을 극복하여 21세기 새로운 한국을 창출할 수 있어야 한다. 다음은 우리가 직면하고 있는 새로운 한반도 안보여건을 잘 말해준다.

제1절 │ 6·25전쟁 이후 달라진 오늘날 남북의 상황

먼저, 냉전시대 최초의 열전으로 대표되는 한국전쟁기 및 이후의 대간첩·대침투작전의 상황이 전개되던 시대와 오늘날 남북 안보상황은 크게 다음 다섯 가지 측면에서 차이가 있다.

첫 번째로 지금은 냉전기와 달리 이념적 갈등이 소멸하는 시대이다. 북한은 김일성·김정일 시대의 위기를 겪은 이후 더 이상 사회주의 이념을 최우선적으로 고수하지 않고 있으며, 경제적 실리를 우선시 하고 있다. 김일성이 6·25전쟁 이전 스탈린과 마오쩌둥에게 남침을 위한 군사지원을 요청했던 것과는 달리, 오늘날 김정은은 시진핑과 푸틴에게 군사적 요청을 할 수 없는 상황이다. 설령 김정은이 요청을 한다고 할지라도 시진핑과 푸틴은 한반도에서 전쟁을 야기하는 어떠한 군사적 지원도 하지 않을 것이라는 점은 분명하다. 뿐만 아니라 만약 북한이 전면전을 벌이거나 핵·대량살상무기를 실전에 사용한다면, 중러를 포함한 전 세계는 이를 용납하지 않을 것이다.

두 번째로 한국전쟁 직전과 달리 남북은 재래식 군사력 비교의 측면에서 볼 때, 한국이 월등히 앞서 있다. 북한은 한국전쟁 직전에 중소의 지원에 힘입어 한국에 비해 군사력의 우위를 달성하였다. 그러나 오늘날 북한은 한국에 대한 군사력의 양적우위를 갖고 있지만, 실제로 질적으로는 열세하다. 북한군은 장비가 노후화되고 정비상태도 불량할뿐더러 훈련 측면에서도 미흡하다. 이는 필자가 참전했던 1999년 제1연평해전을 비롯한 여러 전장 사례에서도 여실히 증명이 되었다. 즉, 북한은 한국에 대한 재래식 군사력의 일방적 우위를 이미 상실했으며, 이를 만회하기 위하여 핵무기 등 대량살상무기 개발에 집중했다고 보는 것이 합리적이고 타당한 분석일 것이다.

세 번째는 한국전쟁 이전과 달리 지금은 세계에서 가장 모범적인 강력한 한미연합방위태세가 확고하다는 점이다. 1949년 주한미군은 500여 명의 주한미군사령부 고문단만 잔류시킨 채 한국에서 철수하였는데, 이는 당시 공산권이 한반도에서 전쟁을 벌이기로 판단했던 주요 요인 중 하나였다. 그러나 한미는 한국전쟁부터 피로 맺어진 이후 오늘날까지 굳건한 연합방위태세를 유지하고 있다. 주한미군은 질적·양적으로 압도적인 육군 및 공군 전력을 보유하고 있을 뿐만 아니라 인도-태평양사령부 예하에는 한반도에 즉각 투사할 수 있는 해군 및 해병대 전력이 일본과 괌 등에 배치 중이다. 북한이 핵무기를 비롯한 대량살상무기를 사용하는 것은 미측의 육·해·공 전략자산을 즉각 운용하는 것을 정당화시켜준다. 한국의 국력 신장에 따라 한국군 전시작전통제권은 한국이 환수할 예정이지만, 그 여부와 상관없이 한미연합방위태세는 확고부동한 형태로 유지될 것이다.

네 번째는 6·25전쟁 직전과 달리 한국은 북한과 비교할 때 경제력 면에서 압도적 우위에 있다. 북한의 지도부뿐만 아니라 주민들도 이러한 상황을 모두 알고 있다. 북한은 과도한 국방비 부담 때문에 1960년대 중반부터 경제성장이 둔화되었고, 중소의 원조마저 급감하고 국제적으로 고립되었다. 이에 반해 한국은 1970년대를 기점으로 산업화를 성공적으로 추진하여 고도성장을 이루었다. 오늘날 남북한 국력의 격차는 국민총소득 45배, 무역총액 1,138배, 예산규모 33배 등을 비롯한 각종 주요 인프라 측면에서 비교할 수 없을 정도로 벌어져 있다.

다섯 번째는 한국이 북한보다 완비된 치안·행정 체계를 갖추고 있다는 점이다. 북한은 1990년대 이전만 하더라도 성분(계급·신분) 체제를 기반으로 한 사회통제 기능을 유지하였다. 그러나 21세기를 지나며 시장경제화가 진척되어 주민들의 의식도 바뀌었고, 보안기관의 주민통제력도 예전만 같지 않다. 주민 DB가 제대로 전산화되어 있지 않아 대규모 주민 및 자산동원이나 즉각적인 활용이 지극히 제한적인 것이다. 물론 평양을 비롯한 주요 도시의 경우에는 북한 노동당의 사회 통제력이 타 지역에 비해 강한 측면도 있다. 그러나 이는 곧 평양 이외의 전국적인 장악력이 저조하다는 방증이다. 이에 반해 한국은 주민등록제도를 기반으로 하는 강력한 치안·행정 체계를 유지하고 있고, 이는 유사시 국력 결집의 측면에서 큰 우세로 작용한다.

제2절 2000년 및 2007년과 다른 2018년 남북정상회담 환경

굳이 냉전 초기와 비교하지 않고, 가까운 과거를 돌아봐도 남북은 2000년 및 2007년과 2018년 남북정상회담 사이에도 많은 변화가 있었다.

첫 번째는 2000년 및 2007년 남북정상회담 때와 달리 2018년 현재 남북 공히 정상회담의 대표가 바뀌었다는 점이다. 지금은 이념적 대립이 크지 않은 시기인데다, 2018년 남북정상회담의 정상들은 성장배경과 환경이 이전의 정상들과는 완전히 다르다는 것을 알 수 있다. 그렇기 때문에 계속되는 남북정상회담에서 일련의 중요한 합의와 이행을 위한 노력을 하고 있는 것이다. 지금 남북정상들은 기존의 시각과 다른 새로운 접근과 문제인식, 그리고 국가전략을 추구할 역량을 갖춘 전환기의 지도자들이다.

한국의 문재인 대통령은 6·25전쟁 때 부모님이 피난했던 세대의 아들이다. 북한 흥남 출신 부모 아래 피난민 가정에서 성장한 문재인 대통령은 북한에 대한 관심이 많았다. 또한, 민주화 운동과 인권 변호사 활동 등 한국의 과거 권위주의 정권 및 냉전 보수파들과 싸웠던 일생의 경험으로 인하여 냉전시대의 이분법적인 안보프레임에 문제인식을 가지고 있다. 또한, 참여정부 시절에는 북핵위기의 어려움 속에서도 북한과 끈질기게 대화와 교류를 지속하는데 큰 역할을 하였다. 이 결과 남북은 서로 간 신뢰를 쌓아나가는 것이 매우 중요하다는 점을 체득하였다.

북한의 김정은은 어린 시절 스위스에서 서구 사회를 경험하였고, 성장과정에서 본인이 북한을 이끌어 나가야 한다는 책임의식이 심화되었다. 필자가 볼 때, 김정은은 청소년기 자유주의와 민주주의 가치가 확고한 스위스에서 생활을 했고 자유롭게 유럽을 여행했던 경험을 가지고 있다. 이는 그 자신의 인생에 지대한 영향을 미쳤을 것이다. 즉 서구적 삶의 경험으로 인하여 김정은은 북한의 경제 위기에 대해 자신의 할아버지 및 아버지 때와 다른 현실감각과 문제의식을 갖게 되었을 것이다. 그러므로 김정은은 북한을 잘 사는 나라로 만들기 위해 핵무장 완성 선언 이후 북한을 선군정치에서 선당정치로 전환하여 경제건설 집중, 세 차례의 남북정상회담 그리고 북미정상회담까지 추진해 왔다고 본다.

두 번째는 북한이 배급체제에서 장마당과 시장경제화로 변화하며 주민의식이 바뀌었다는 점이다. 배급제도는 주민들에게 수령·당·국가의 체제적 안정성을 체 감하도록 했지만, 1990년대에 배급제가 무너지자 주민들은 가족 및 개인단위로 자구책을 강구하면서 시장화가 시작되었다. 현재 북한의 젊은 세대는 세뇌교육을 통해 김일성주의를 주입받고 있으나, 실제 과거 김일성 시대의 배급제와 국가의 기능을 체감한 적이 없다. 그렇기 때문에 오늘날 북한 주민은 더 이상 당과 국가 보다는 가족과 개인의 이익 추구를 위한 노력으로 살아갈 수 있다는 의식을 가지 고 있다. 오늘날 북한 주민들은 이념보다도 개인적 이익을 중시하고 있다.

세 번째는 북한 사회의 정보화가 더욱 심화되고 있다는 점이다. 북한 사회가 변동하는 큰 특징이 바로 정보통신기기 이용자와 이용량의 증가이다. 현재 북한 에서의 휴대전화 가입자 수는 500만 명 이상인데 전 인구의 약 20%, 즉 가구당 한 대 비율로 휴대전화를 사용한다고 볼 수 있다. 북한 주민들이 한국을 비롯한 해외의 영화와 드라마를 즐겨본다는 사실은 이미 알려져 있고, 영상정보를 저장 하는 USB·CD, SD카드 등 저장매체의 유통은 광범위한 수준이다. 북한의 현 정 보화 추세를 볼 때 앞으로 각종 정보화 기기들의 사용량 확대와 지역과 도시를 뛰어넘고 있는 고속의 정보유통 추세를 억누르는 것은 불가능할 것으로 판단된다.

네 번째는 북한의 핵심계층이 개혁·개방의 필요성을 인정하고 있다는 점이 다. 북한은 국가전략을 당 차원에서 '핵·경제 병진노선'에서 '경제건설 총력집중' 으로 전환하였다. 이는 경제노선을 분명한 공식노선으로 채택하였으니 국제사회 는 자신들의 진정성을 믿고, 대북제재를 해제하여 유리한 대외여건을 만들어 달 라고 말하는 것이었다. 한국 문재인 정부가 이러한 변화를 포착하고 대화를 발 전시켰고, 미 트럼프 행정부 역시 이를 전략적으로 잘 포착하여 북미대화를 이 어가고 있는 것이다. 사실 북한은 지금까지 유럽의 동구권과 중국·베트남의 경험을 바라보며 미리 선행학습을 마쳤다. 북한이 노동당 일당독재체재를 유지한 채 개혁·개방정책을 추진하여 경제성장을 하겠다는 로드맵은 이미 완성되어 있다고 볼 수 있다.

다섯 번째는 북한 주민들까지도 '먹고 사는 문제'를 해결해야 한다는 필요성을 공감하고 있다는 점이다. 김정은은 북한 최고지도자로서는 최초로 2013년 당세포비서(현, 당세포위원장)대회에 직접 참석하여 여론을 챙겼고, 2017년 12월에도 역시 제5차 당세포위원장 대회에 참가하여 전국의 시·군 예하의 리당세포 조직까지 접촉하고 확인하였다. 이 결과 주민들의 민낯을 실제로 대하는 노동당의 최하부 조직까지도 이제 북한사회는 변화가 필요하다고 느끼고 있다.

제3절 북한에 대한 관점과 접근방식의 전환

평양 남북정상회담 수행을 하며 필자는 북한의 노동당 고위 간부로부터 내각의 일꾼(공무원), 군인, 심지어 한국 수행원에 대한 안내원(감시원)들까지도 경제성장을 강하게 희망함을 목도했다. 특히, 노동당 고위 간부의 증언에 따르면, 30대 중반인 김정은이 앞으로 한창 일할 수 있는 향후 15년 이내, 즉 김정은의 40대까지 북한이 현재의 난국을 돌파하고 경제성장을 이뤄내지 못할 경우, 북한은 영원히 뒤쳐질 것이라는 걱정을 하면서 개혁·개방에 대한 기대를 하고 있었다. 그들은 오히려 필자에게 현재 미국과 유엔 등 국제적인 대북제재의 추세에 대한 불만과 이를 타개할 대안을 우회적으로 밝혔다. 그들이 말하기를 북한과 비교했을 때 경제대국인 미국이 좀 더 많은 양보와 경제적 지원을 하는 것이 필요하다는 것이다. 공식적인 회담이 아닌, 틈새의 사적인 공간에서 여러 차례 주고받은 만큼 그들의 솔직한 의견이었다고 생각한다.

북한은 자신들의 체제에 대한 자존심이 강하다. 따라서 남북대화나 북미대화 간에 굳이 대외적으로 북한의 자존심을 자극하지 않으면서 실리를 취하는 것이 필요하다. 북한은 한국이 경제적으로 자신들보다 월등하게 앞서 있다는 점을 잘 알고 있었다. 흥미로웠던 부분은 자신들이 경제적으로 크게 뒤쳐져 있다는 점은 인정하면서도, 문화·예술·체육 부문에서는 자신들이 한국보다 뒤떨어지지 않는다는 점을 보여주기 위하여 부단히 노력하는 모습이었다. 필자는 정상회담이 끝난 후에는 대동강변 평양대극장에서 관람한 삼지연 관현악단의 공연과 이튿날인 19일에 평양 능라도 5·1 경기장에서 집단체조 공연을 보며 북한의 문화·예술·체육 부문에 대한 과시와 그 의도를 분명히 보았다. 북한은 경제적으로 빈곤하고 어려울지언정 자존심을 매우 중요시하고 있었고, 이는 자신들의 대내적 정치에도 중요한 부분으로 작용한다고 느꼈다.

개혁·개방의 필요성에 대한 북한 지도부의 인식은 확고했고, 눈으로 직접 본 결과 북한은 기존의 대결구도와 달리 개방하고자 분명한 노력을 하고 있었다. 북한의 지도부 외에도 정상회담 수행 중 수많은 사람들과 많은 이야기를 나누었는데, 북한은 대북제재만 풀리면 미국·한국 등 외부에서 대규모 투자를 이끌어내 경제발전을 하겠다는 구상을 이미 하고 있었다.

문재인 정부는 '신경제지도 구상'을 제시했다. 즉, 한반도를 H형태로 개발하는 3대 경제벨트 구축을 통해 한반도의 새로운 성장 동력을 확보하고 이를 북한과 연계하겠다는 것이다. 남북의 경제협력이 활성화되면, 단계적 절차를 거쳐 생활공동체로, 나아가서 경제공동체를 지향하고, 또한 시베리아횡단철도(TSR)와 중국횡단철도(TCR)를 통해 한반도뿐만 아니라 동북아 지역에서도 남북이 경제적 허브로써 기능하고자 한다. 북한 역시 자신들이 2020년까지 달성하겠다는 '국가경제발전 5개년 전략'과 문재인 대통령의 구상을 함께 연동하는 것을 검토 중이다.

여기서 중요한 점은 북한에게 경제적 지원만 하는 것이 아니라 북한의 개혁·개방까지도 이끌어내 북한의 시장경제화를 더욱 활성화시켜야 한다는 것이다. 이는 북한에게도 한국과 미국의 국익에도 분명한 이득이다.

이러한 단계적 과정을 위해서 현재 한국은 남북 군사공동위원회를 설치하고, 서해 평화협력특별지대를 구축하고자 한다. 나아가 개성공단 정상화 및 금강산 관광을 재개하는 것도 고려중이다. 그런데 국제적인 대북제재가 공고한 현 시점에서 본격적인 경제적 지원과 교류를 하기 위해서는, 북한이 CVID(Complete, Verifiable, Irreversible, Dismantlement) 차원의 비핵화 계획을 결심하고 시행하는 결단을 해야 한다. 즉, 한국은 북한의 결단을 빠른 시간 안에 유도하기 위해 희망적이고 실천적인 청사진을 제시하고 있다.

제4절 │ 북한에 대한 전쟁 트라우마의 극복이 필요

우리는 이제 북한에 대한 전쟁 트라우마를 극복하고 안보와 국방에 대한 자신감을 갖고 남북관계 등 안보적 도전에 대처해야 한다. 그러나 아직도 많은 우리 국민들은 북한에 대한 전쟁 공포를 갖고 있으며, 때로는 이러한 트라우마가 너무 과도해지는 경향이 있다. 물론 우리는 북한의 한국전쟁 기습공격으로 입었던 피해를 기억한다. 북한이 또다시 기습전쟁을 도발할 가능성을 염려한다. 북한이 DMZ 인근에 배치한 대량의 장사정포로 서울을 불바다로 만들겠다는 위협을 현실로 받아들이고 있다. 나아가 우리는 북한의 핵을 포함한 WMD 위협에 직면하고 있다. 이러한 현실적 상황을 무시하거나 간과해서는 안 될 것이다.

현재 북한은 국제적으로 고립되어 있으며, 경제적 상황이 나쁘고, 군사장비도 낙후되어 있다. 북한은 한국의 연습훈련, 한미 연합연습에 민감하게 대응하고 있다. 북한은 2000년대 이후 국가전략 목표를 체제 생존에 중점을 둔 정책에 우선순위를 두고 펼치고 있다. 따라서 한국의 과도한 반응과 행동은 자칫 남북 간 안보딜레마의 함정에 빠질 수 있는 상황을 야기한다. 역사 속에서 이러한 안보딜레마는 빈번히 발생하였으며 불행한 결과를 야기하였다. 우리는 이러한 상황을 조성해서는 안되며, 이러한 상황을 방지하기 위해 노력해야 한다.

우리 국방은 북한의 능력과 위협형태를 잘 알고 이에 대한 충분한 억제력과 방위력을 보유하고 발전시키고 있다. 남북 간 국력격차와 국방비 격차, 기술력 격차 등은 한국의 북한에 대한 군사적 우위를 보장하고 남북 간 군사력 격차를 증대시킬 것이다. 첨단 정밀유도무기 등으로 무장한 우리 군사력은 북한 내 어떤 지역의 표적도 실시간 타격하여 무력화할 수 있다. 북한이 서울을 장사정포로 인질로 하고 있듯이 한국은 북한 전 지역을 순식간에 타격할 수 있는 능력을 갖추고 있다. 이것이 한국의 북한에 대한 억제력의 본질이며, 북한이 한국에 대한 군사도발을 쉽게 선택하지 못하게 하는 요인이다. 북한의 핵을 포함한 WMD 위협에 대해서는 한미동맹과 미국의 확장억제 보장에 의해 충분한 억제책을 마련하고 있다. 미국의 확장억제 보장이 약화되지 않도록 해야 하며, 만약 확장억제 보장이 약화될 가능성이 있으면 이와 관련한 독자적인 억제책을 마련해야 한다. 이미 언급하였듯이 중러를 포함한 지역국가, 국제사회는 북한의 전쟁도발을 용인하거나 지원하지 않을 것이다.

북한의 전쟁위협에 대한 트라우마보다는 우리의 대북 억제력 및 방위력에 대한 충분한 자신감을 갖고 이러한 능력을 유지토록 노력해야 한다. 한국전쟁 당시 군사력에 의한 피해와 현재 남북 군사력에 의한 피해는 비교할 수 없을 것이다. 따라서 한국은 전쟁 억제 및 승리 전략도 중요하지만 전쟁이 발생하지 않도록 전쟁발생 요인을 사전에 제거하고 평화를 정착시키기 위한 노력을 적극 기울여야 한다. 국방은 이러한 국가전략을 적극 지원하고 뒷받침할 수 있어야 한다.

제2장

남북 간 군사적 긴장완화를 위한 노력의 역사와 과정

제1절 │ 1954~1988년: 남북 상호 간 공방 시기

남북 군사회담은 1951년 7월 11일 개성에서 정전협상을 위해 자리를 함께하면서 시작되었다. 한국군 대표는 유엔사 대표와 함께 참석하였으며, 1951년 7월 20일부터 회담장소를 판문점으로 옮겨 회담을 계속하였다. 1953년 7월 27일 정전협정을 체결하기까지 양측은 159회의 본회담, 179회의 분과위원회회담, 188회의 참모장교회담, 228회의 연락장교회담 등 총 765회의 회담을 가졌다.[1] 정전협정을 타결하기까지 오랜 기간의 수없이 많은 접촉과 대화, 협상이 지루하게 이루어졌었다.

남북은 정전협정 규정에 따라 1954년 4월 26일부터 6월 15일까지 제네바에서 '제네바 정치회의'를 시작하였다. 이 회의에서 한국은 14개 항의 '한국통일방안'을 제시하였으며, 북한 역시 '남북 군축 및 전쟁상태의 평화상태 전환을 위한 남북 간 협정' 체결 방안을 제시하였다. 한국은 통일정부 수립과 관련된 입법기관 설치와 중공군 및 유엔군 철수시기를 주장하였다. 반면에 북한은 군사력 감축을 촉구하였다. 1960년대 들어 북한은 '연방제통일방안', 남북의 군사력 축소, 미군 철수, 남북이 외국과 체결한 군사조약 폐기, 남북평화협정 체결 등을 주장하였다. 그러나 남북 간 대화와 접촉은 이루어지지 않았다.[2]

1970년대 들어 미·중관계가 개선되고 미소 간 데탕트가 조성됨에 따라 남북

---

1 합참정보본부, 「군사정전위원회 편람」 2001년 4월, p. 7.
2 김재홍, 「운용적 군비통제 비교 연구: 유럽, 중동, 한반도 사례를 중심으로」, 경남대학교 대학원 박사학위 논문, 2011년 6월, pp. 163~165.

간 대화도 활성화되기 시작하였다. 한국은 1970년 8월 15일 경축사에서 박정희 대통령은 '평화통일구상 선언'을 발표하고 남북 간 긴장완화를 촉구하였으며, 북한도 1971년 4월 12일 최고인민회의 제4기 5차회의에서 '평화통일방안'을 제의했다. 한국은 1971년 8월 이산가족문제를 토의하기 위한 남북 적십자 대표회담을 북한에 제의했고, 북한이 이를 수락하면서 1971년 8월 14일 판문점에서 남북 적십자 예비회담을 개최하였다. 이는 정전협정 체결 이후 남북이 함께한 최초의 직접 접촉이다. 1972년 5월 2일-6월 1일 간 평양과 서울에서 남북 간 비밀리에 회담이 개최되었으며, 양측은 7월 4일 '7.4 남북공동성명'을 합의하고 서울과 평양에서 동시에 발표하였다. 이후 양측은 세 차례의 공동위원장회의(72.10.12~11.30)를 개최하여 「남북조절위원회의 구성·운영에 관한 합의서」에 합의하고 1972년 11월 30일 정식으로 남북조절위원회를 구성하여 발족시켰다. 남북조절위원회는 1972년 11월 30일부터 1973년 6월 14일까지 실시되었으나 이후 중단되었다.[3]

1970년 초반이후부터 1980년대 기간 중 남북은 군사적 긴장완화와 관련된 다양한 주장을 일방적으로 서로에 대해 실시하였다. 북한의 주요 주장은 다음과 같다. 무엇보다 북미평화협정 체결, 주한미군 철수, 남북한 군사력 감축, 무력증강·군비경쟁 중지 등을 지속적으로 주장하였다. 1984년에는 남북미 3자회담을 개최하여 미국과는 '평화협정'을, 한국과는 '불가침 선언'을 채택하자고 주장했고, 1986년 1월에는 3자 당국 간 군사회담 개최를 위한 예비회담을 제의했다. 북한은 1986년 6월 조선반도 비핵지대·평화지대 창설을 제의했고, 12월에는 남북 고위급 정치·군사회담을, 그리고 1987년 7월에는 남북한과 미국, 중립국 감독위원회 대표들이 참가하는 '다단계 군축협상'을 제의하였다. 또한 노태우 대통령의 남북정상회담 개최 및 신뢰구축 제안 등과 관련하여 1988년 11월 포괄적 평화방안을 제의했다.[4]

한국의 대북제안은 주로 상호무력사용 포기선언, 내정 불간섭, 남북 간 군사적 긴장완화에 중점을 둔 제안을 실시하였으며, 1970년 대 이전까지 한국은 비교적 수세적이고 수동적이었다. 이는 한국의 군사력 열세, 북한에 대한 불신과

---

3 앞의 책, pp. 165~167.
4 앞의 책, pp. 167~172.

북한 상황에 대한 정보의 부재, 국내정치의 불안정으로 인해 능동적이고 일관된 정책의 추진이 어려웠다.[5]

한국의 주요 주장 내용은 다음과 같다. 정전협정 준수의 중요성과 한반도의 항구적 평화와 안전을 유지하기 위한 남북대화를 즉각 재개해야 한다. '남북상호 불가침협정' 체결을 촉구한다. 남북 간 우선적으로 신뢰가 조성되어야 하며, 현존 휴전체제 유지 및 군비경쟁 지양 등을 논의하도록 한다. 군사적 신뢰구축과 군비경쟁 지양을 통해서 군비축소의 바탕을 먼저 마련해야 한다. 군사적 신뢰구축을 위해 비무장 지대 내 군사시설의 완전철거, 군비통제 조치 협의와 군사직통전화를 설치 및 운용토록 한다. 북한의 3자 군사당국자 회담과 3자 군축협상 제의는 남북 당사자 해결 원칙에 위배되며, 남북한 불가침 협정 체결과 유엔가입 및 교차승인 문제 등을 협의한다.

1988년 6월 한국은 '한반도 군축을 위한 3단계 접근방안'을 제시하고 10월에는 남북정상회담을 개최하여 기본적 신뢰와 안전보장의 틀을 마련하기 위해 불가침 또는 무력불사용에 합의하고, 쌍방이 제시하는 모든 군사문제를 협의하자고 제의했다. 12월 노태우 대통령은 '남북 간 신뢰구축과 긴장완화 문제를 포괄적으로 협의하기 위한 '남북 고위급 회담'을 제의했다.[6]

제2절 1989~2000년: 남북 기본합의서 체결과 이에 대한 이행 노력 시기

1980년대 후반 이후 소련을 포함한 공산권 국가의 붕괴와 냉전체제의 해체에 따른 국제적 안보여건의 변화는 북한이 남북회담에 적극적으로 나오도록 하였다. 북한은 한국의 남북고위급 회담 제의에 응하여 1989년 2월 8일 1차 회의를 개최하였으며, 1990년 7월 26일까지 남북고위급 예비회담을, 그리고 1990년

---

5 김갑식 외, 「한반도 비핵/평화 프로세스와 남북한 군비통제 추진전략」, 통일연구원, 경제·사회 인문연구회 협동연구 총서 18-38-01, p. 27.
6 앞의 책. 김재홍, pp. 167~172.

9월 4일부터 1992년 9월 18일까지 본회담을 각각 8차례 실시하였다. 1981년 12월 10일~13일 간 개최된 제5차 남북고위급회담에서 새로운 남북관계 발전 방향을 설정한 '남북 사이의 화해와 불가침 및 교류·협력에 관한 합의서'(남북기본합의서)를 채택하였다. 이후 남북은 기본합의서 상의 화해, 불가침, 교류·협력 관련 세부 사항의 협의를 위해 '정치분과위원회', '군사분과위원회', '교류·협력 분과위원회'를 구성하여 분과별로 회담을 진행하였다. 남북은 분과별 회의를 통해서 각 분야별 부속합의서(안)을 작성하였으며, 1995년 9월 15일~18일 간의 남북고위급회담에서 각 분야별 부속합의서를 채택하고 발효시켰다.[7]

남북기본합의서의 주요 부속합의서는 다음과 같은 합의서를 포함하고 있다. 1992년 5월 7일 발효된 남북 군사공동위원회 구성·운영에 관한 합의서 및 남북 연락사무소의 설치·운영에 관한 합의서, 1992년 9월 17일 발효된 남북기본합의서는 제1장 남북 화해의 이행과 준수를 위한 부속합의서, 제2장 남북 불가침의 이행과 준수를 위한 부속합의서, 제3장 남북 교류·협력의 이행과 준수를 위한 부속합의서가 있다. 이외에도 남북은 1992년 2월과 3월에 한반도의 비핵화에 관한 공동선언, 남북 핵통제공동위원회 구성·운영에 관한 합의서를 채택하여 발효시켰다. 남북 간 불신과 대립의 시대를 종식시키고 새로운 시대를 열기 위한 많은 합의들이 이루어졌다.[8]

그러나 남북관계는 1992년 10월 28일 한미 연례안보협의회에서 그동안 중단되었던 팀스피리트(T/S) 훈련 재개를 결정하면서 악화되었다. 북한은 T/S 훈련 재개 결정을 취소할 것을 요구하면서 남북 군사직통전화의 설치·운영을 위한 실무협상에 소극적으로 대응하였다. 동년 11월에는 한국의 화랑훈련 및 독수리 훈련 실시와 T/S 훈련 재개를 이유로 11월 5일 개최 예정이었던 남북 군사공동위원회 1차 회의의 불참을 선언하였다. 1993년 3월 북한은 핵개발과 관련한 국제원자력기구(IAEA)의 특별사찰 요구에 대해 핵확산금지조약(NPT) 탈퇴를 선언하여 긴장을 고조시켰다. 북한은 1994년 3월 3일-14일까지 진행된 IAEA의 사찰과정에서 영변 방사화학실험실에 대한 사찰을 거부하였다. 북한은 3월 19일 개최된 제8차 실무대표접촉에서 북측 박영수 단장은 전쟁이 일어나면 서울은 불바다

---

7 국방부, 「남북군사회담자료집」(서울, 2017년 11월). pp. 80~125.
8 앞의 책.

로 될 것이라는 전쟁위협 발언으로 분위기는 악화되고 실무대표 접촉은 중단되었다.[9]

　　북한 핵문제로 군사적 긴장이 고조되면서 한국은 1993년 8월 핵통제공동위원회 개최를 제안하였으나 북한은 한국의 군사훈련을 비난하며 이를 거부하였다. 북한은 1994년 4월 최고인민회의 제9기 5차 회의에서 '주한미군 철수의지 표명', '외국군과 합동군사연습 중지', '핵우산 제거' 등 대남 4개 요구사항을 채택하고 이러한 전제조건이 충족되어야 신뢰구축과 군축문제 등을 논의할 수 있다고 선언하였다. 이에 대해 한국은 북한이 핵무기 및 장거리 미사일 개발을 중단하여 남북기본합의서를 실천에 옮겨야 한다고 강조했다. 김영삼 대통령은 1994년 8.15광복절 경축사에서 '한민족공동체 건설을 위한 3단계 통일방안'(민족공동체통일방안)을 천명하여 점진적·단계적 통일방안, 군사적 신뢰구축 방안을 제시했다. 한국은 1996년 4월 한미정상회담에서 정전협정 당사국인 남·북·미·중이 참여하는 4자회담을 제안하고 북한과 중국을 설득하였다. 이에 따라 1997년 3월-11월까지 공동설명회와 예비회담을 실시하였으며, 1997년 2월부터 1998년 8월까지 4차례 본회담을 개최하였다. 그러나 각국의 입장 차이로 회담은 중단되었다.[10]

　　1998년 들어서 김대중 정부는 북한에 대한 화해·협력의 새로운 대북정책을 천명하여 한반도 군사적 긴장을 해소하기 위한 노력을 시작하였다. 1998년 경축사에서 김대중 대통령은 '민족생존을 위한 공존·공영관계 실현방안'을 북한에 제의하였다. 이는 북한에 의한 무력도발과 북한의 흡수통일을 원하지 않으며, '남북기본합의서' 정신에 입각하여 북한의 안정과 발전을 지원할 용의가 있고, 화해와 협력을 통해 평화공존을 실현하겠다는 정책이다. 화해·평화·변화·협력을 핵심으로 한 대북정책은 북한 붕괴 임박론 보다는 중국과 베트남과 같은 북한의 점진적 변화론에 토대를 둔 정책이다.[11] 그러나 화해협력 정책에도 불구하고 1999년 6월 6일-15일 사이에 서해 북방한계선을 침범한 북한 함정과 제1차 연평해전이 발생하였다. 또한 북한은 1998년 대포동 1호를 발사하고 미국이 금

9　김재홍, pp. 177~178. 국방부, 「남북군사회담자료집」, pp. 117~123.
10　김재홍, pp. 178~179. 국방부, 「남북군사회담자료집」, pp. 123~124.
11　국방부, 「남북군사회담자료집」, pp. 126~128.

창리 시설에 대한 핵개발 의혹을 재개하면서 북미관계는 냉각되기 시작하였다. 미국과 북한은 1994년 1차 핵위기 이후 제네바합의서를 채택하여 북한 핵개발을 동결하고, 북한에 한국형 경수로를 건설하는 사업을 개시하였다. 경수로 사업의 목적은 북한 핵동결 조치에 대한 상응조치로 북한에게 매년 200만kw 전기를 생산할 수 있는 경수로 2기를 건설해주고 완공시까지 매년 미국은 중유를 공급하는 것으로 한반도에너지개발기구(KEDO: Korean Peninsula Energy Development Organization)에 의해 추진된 사업이었다. <표 II-1>은 1990년대 남북의 군비통제 및 군축제안을 비교하고 있다.

표 II-1 | 1990년대 남북한의 군비통제 및 군축제안 비교

항 목	한 국	합의사항(91년 남북기본합의서)	북 한
단계	• 단계적 개념 강조 ① 정치적 신뢰구축 ② 군사적 신뢰구축 ③ 군축		• 단계적 개념 강조하지 않음 ① 군사적 신뢰구축 ② 무력 감축 ③ 외국 무력철수 ④ 군축 후 평화보장
군사적 신뢰 구축	• 군 인사의 상호방문 교류 • 군사정보의 상호공개 및 교환 • 여단급 이상 부대이동 및 기동 훈련의 45일전 사전통보 및 참관 • 우발적 무력충돌 방지를 위한 직통전화 설치 • 군사공동위 운영 • 비무장지대의 평화적 이용 • 수도권 안전보장	• 무력사용 및 침략 금지 • 군사직통전화 설치 • 대규모 부대 이동과 군사 연습의 통보 및 통제 • 군 인사 교류 • 비무장지대의 평화적 이용	• 군사훈련과 군사연습 제한: 한미연합 군사훈련 중단 등 • 비무장지대의 평화 지대화 및 중립국 감시군 배치 • 일반적 충돌방지를 위한 안전조치 • 남북미 군사 공동기구 구성 • 쌍방 군사당국간 직통전화 설치·운영 • 군사공동위 운영
군축	• 공격형 전력 우선 감축 및 기습공격능력 제거 • 상호동수보유원칙과 동수 균형유지	• 대량살상무기 제거 • 기습공격능력 제거 • 단계적 군축	• 무력의 단계적 감축: 3~4년 동안 3단계(30만, 20만, 10만)로 나누어 실시, 병력감축에 상응하게 군사장비도 축소 및 폐기, 제1단계 감축시 민간군사조직과 민간무력 해체

군축	• 무기감축에 따라 병력감축, 상비전력감축에 상응한 예비 전력과 유사 군조직의 감축 • 쌍방 군사력의 최종 수준은 통일국가의 군사력 소요를 감안하여 쌍방 합의하 결정 • 핵·화학·생물무기 등 대량살상무기 금지		• 군사장비의 질적 갱신 중지: 새로운 군사기술, 장비의 도입 및 개발 중지, 외국으로부터 새로운 군사기술과 무장장비의 반입 금지
외국군 철수 (주한 미군)	• 평화체제 구축에 관한 실질적 진전 이후 한미 간 논의할 사항		• 조선반도의 비핵지대화: 남한에 배치된 핵무기의 즉시 철수 위한 공동노력, 핵무기의 생산 및 구입금지, 핵무기 적재 외국비행기 및 함선의 한반도 출입 및 통과 금지 • 한반도에서 외국군대 철수 위해 노력: 주한미군과 장비를 남북한 군축에 상응하게 단계적으로 완전철수, 미군 철수에 상응하게 미군 기지들도 단계적으로 철폐
검증	• 현장 검증 • 감시 공동 검증단 • 상주감시단 구성	• 검증	• 군축정형의 상호통보와 검증: 무력 감축정형의 통지, 상대측 지역에 대한 상호 현지 사찰에 의한 검증
평화 협정	• 남북한 당사자 원칙에 의한 남북한 간 체결	• 공고한 평화체제 수립 때까지 정전체제 고수	• 남북한간에는 불가침 선언으로 해결 • 평화협정 체결
평가	• 군사적 투명성 제고 위한 신뢰 구축 위주 • 군사력 불균형 시정 및 대량살상무기 제거에 중점	• 군사적 신뢰구축 및 군축 문제를 포함한 광범위한 내용	• 주한미군 및 유엔사 제거 • 대남 군사력 우위를 감안한 군축에 중점 • 군사적 신뢰구축에 대한 소극적 태도 견지

출처: 한용섭, 「한반도 평화와 군비통제」 (서울: 박영사, 2015), pp. 250~251.

2000년~2010년 3월: 한반도 냉전구도 해체를 위한
신뢰구축 추진

　　이 기간 남북은 활발한 접촉과 협력을 실시하고, 군사적 긴장완화를 위한 신뢰구축 조치를 추진하여 많은 성과를 달성하였다. 김대중 정부의 화해협력정책, 노무현 정부의 평화번영정책에 따라 북한은 대화와 협력에 적극적으로 나섰다. 북한은 냉전체제 붕괴 이후 경제사정 악화로 고난의 행군을 겪었고, 중러와 관계가 소원하여 지원이 약화된 상황에서 정권 생존을 위한 보다 적극적인 대외정책이 필요하였다. 김대중 정부와 노무현 정부는 각각 정상회담을 개최하고 남북 간의 경제·사회·군사적 협력을 추진하고 확대하기 위한 많은 협의와 합의를 실시하였다. 남북관계 개선을 위한 희망과 기회가 더없이 높았었다. 기능주의적 접근방법에 의해 남북의 경제·사회적 협력을 통해서 정치·군사적 불신을 해소하고 협력을 촉진시켜서 한반도에 평화를 정착시키고 통일을 달성하고자 하였다. 그러나 북한의 핵개발에 따른 미국의 압박정책과 국제적 제재, 그리고 남북 간 상호 불신 및 북한의 대남도발로 인해 상호 간 협력과 군사적 신뢰구축 노력은 많은 제약을 받았다.

　　김대중 대통령은 2000년 3월 9일 베를린 자유대학에서 '한반도 평화와 통일을 위한 남북화해협력선언'(일명 베를린 선언)을 발표했다. 베를린 선언은 당장 통일을 추구하기보다는 한반도에 아직 상존하고 있는 상호위협을 해소하고 남북이 화해·협력하면서 공존·공영을 추구하는 것이다. 베를린 선언 이후 북한은 한국에 접촉을 제의했고, 남북 간 특사접촉이 성사되었으며, 역사적인 남북정상회담을 위한 실무회담이 2000년 4월 판문점에서 이루어졌다. 남북 당국 간 판문점 대화는 1994년 이후 6년 만이다. 2000년 6월 13일~15일 간 평양에서 남북정상회담을 개최하였으며, 남북은 '6.15 공동선언'을 발표했다.[12] 남북은 경제·사회적 협력을 촉진시키기 위해 개성공단 사업에 착수하고 금강산 관광사업을 활성화하였다. 군은 이러한 경제·사회적 협력을 지원하고 촉진하며, 군사적 긴장을 완화하기 위해 남북국

---

12 국방부, 「남북군사회담자료집」, pp. 128~131.

방장관회담, 남북 철도·도로 연결을 위한 군사실무회담을 개최하였다.

제1차 남북국방장관회담은 2000년 9월 25일-26일 간 제주도에서 개최되었다. 회담은 두 차례의 전체회의와 실무대표 접촉을 하였다. 한국은 '6.15 남북공동선언' 이행을 위한 군사적 긴장완화 및 평화보장 공동 노력, 국방장관 회담의 정례화, 남북군사위원회 및 군사실무위원회 설치를 제의했다. 또한 상호 부대 이동통보, 군 인사교류, 군사정보 교환, 남북 군사직통전화 설치, 군사적 신뢰구축 조치와 남북 철도·도로 연결 공사와 관련한 군사적 문제를 협의할 것을 제안했다. 북한은 '6.15 남북공동선언'에 방해를 주는 군사행동 금지, 민간인의 왕래와 교류협력을 보장하기 위한 군사적 문제, 군사분계선과 비무장 지대를 개발하여 남북관할구역을 설정하는 문제 등을 협의하자고 주장했다. 또한, 철도·도로 연결과 관련해서는 실무급에서 토의하자고 제안했다.[13]

분단 이후 처음으로 남북의 국방장관이 만나 회담을 개최하였던 제1차 남북국방장관회담의 성과는 다음과 같다. 첫째, 남북 간 교류협력을 보장하는데 따른 군사적 문제를 해결하기 위해 상호 적극 협력하기로 합의하였다. 둘째, 남북 간 긴장완화와 한반도 평화체제 구축을 통해 전쟁의 위험을 제거하는 것이 긴요한 문제라는 점에 양측 국방장관이 공감하고, 공동으로 노력할 것을 선언하였다. 셋째, 경의선 철도 복원 및 개성-문산 간 도로개설과 관련된 세부적인 실무협의를 착수할 것에 합의하였다. 넷째, 남북 간 철도와 도로 연결을 위한 남북관할지역 설정문제를 정전협정에 기초하여 처리한다고 합의함으로써 정전협정의 법적, 실질적 유효성을 재확인하였다. 다섯째, 남북 군사당국간 대화를 정례화할 수 있는 여건을 조성했다.[14]

남북 철도·도로 연결을 위한 군사실무회담은 2000년 11월 8일 1차 회의 이후 2003년 1월 28일까지 15차례 판문점에서 실시하였다. 노무현 정부에서 마무리된 이 회담에서 양측은 남북 간 '동해지구와 서해지구 남북관리구역 설정과 남과 북을 연결하는 철도·도로 작업의 군사적 보장을 위한 합의서', '동서해 지구 남북관리구역 임시도로 통행의 군사적 보장을 위한 합의서', 그리고 '동서해지구 남북관리구역 임시도로 통행의 군사적 보장을 위한 잠정합의서의 보충합의

---

13 앞의 책, p. 135.
14 앞의 책, pp. 135~137.

서'를 체결하였다.[15]

2003년 2월 출범한 노무현 정부는 평화번영정책을 통해서 김대중 정부의 화해협력정책을 계승하여 남북관계를 발전시키고자 하였다. 그러나 북한의 제네바기본합의 위반과 핵개발 의혹에 따른 국제적 여건의 악화는 노무현 정부가 평화번영정책을 추진하기 어렵게 하였다. 2002년 10월 4일 미 대통령 특사 캘리 국무부 부차관보와 강석주 당시 북한외무성 1부상과의 회담에서 북한은 미국이 의심하고 있었던 고농축우라늄(HEU) 계획을 추진할 권리가 있다고 언급하였다. 미국은 이에 대해 북한이 HEU 계획을 시인한 것으로 보도하고 미국은 1994년 제네바기본합의에 따라 북한에 제공되던 중유 공급 중단 결정을 주도하였다. 북한의 핵개발 의혹에 따른 미국의 대북 압박정책 등은 남북관계의 진전을 어렵게 하는 도전요인이 되었다.

2002년 6월 29일 발생한 제2차 연평해전은 대북정책에 도전을 야기하였으나 남북은 군사적 긴장완화의 필요성을 공감하고 우발적 충돌을 방지하기 위한 협상을 성공적으로 실시하였다. 2004년 2월 4일-6일 개최된 제13차 '남북장관급회담'에서 양측은 한반도 군사적 긴장완화를 위한 군사당국자 회담을 조속히 개최하는데 합의하였다. 이에 따라 2004년 5월 26일부터 2006년 2월 3일까지 총 9차례의 '장성급군사회담'과 '군사실무회담'을 열었다. 남북은 2004년 6월 4일 소위 6.4합의서인 '서해해상에서의 우발적 무력충돌방지 조치와 군사분계선 지역에서의 선전활동 중지 및 선전수단 제거에 관합 합의서', 이에 대한 '부속합의서'를 체결하였다. 양측은 우발적 충돌방지를 위해 국제상선 공통망과 보조 주파수를 이용하여 교신하는 등 통신방법, 통신연락소 설치·운영 등을 정하였다.[16]

노무현 정부의 평화번영정책은 정전체제를 변경하여 평화체제를 구축하기 위한 단계적·점진적 정책을 중시하였다. 단계별 추진전략은 1단계로 북핵문제의 해결과 평화 증진 가속화, 2단계로 남북협력 심화와 평화체제의 마련, 3단계로 남북 평화협정체결과 평화체제의 구축으로 정하였다. 노무현 정부는 남북 육로 통행보장을 위한 군사실무회담을 지속시켜 마무리하고 합의서를 체결하였으며,

15 앞의 책, pp. 138~147. 통일부 남북회담본부, 「남북합의서 Ⅱ(2000년 이후)」, 2007년 5월, pp. 1-⑤-2 1-⑤-11.
16 국방부, 「남북군사회담자료집」, pp. 154~178.

제2연평 해전 이후 군사적 긴장을 완화하기 위한 남북 장성급군사회담을 개최하여 6.4합의를 이끌어 내었다. 또한, 6.4합의 이행 및 공동어로 관련 장성급군사회담과 군사실무회담을 지속시켰다. 특히, 양측은 2007년 5월 남북장성급군사회담 공동보도문을 통해서 공동어로 구역의 설정문제, 북한선박의 제주해협 통과 문제, 해주에로의 직항문제와 관련된 이슈를 협의하기로 합의하였다. 또한, 동서해 지구 남북열차 시험운행의 군사적 보장을 위한 합의서를 함께 체결하였다.[17]

2007년 8월 남북은 2007 남북정상회담을 개최하기로 합의하였다. 2000년 6월 남북정상회담 이후 남북간 정상회담의 중요성을 인식하고 이를 위한 노력을 지속했었으며, 2007년 북한이 이에 호응하면서 남북정상회담을 개최할 수 있게 되었다. 제2차 남북정상회담은 2007년 10월 2일- 4일 간 평양에서 개최되었다. 10월 3일 남북정상회담을 개최하였고 양측은 정상회담 합의사항을 '10.4 선언'으로 발표하였다. 10.4 선언의 내용은 상호 존중과 신뢰의 남북관계로 전환, 군사적 긴장완화와 신뢰구축, 6자회담의 2.13합의 이행 협력 및 평화체제 구축과 종전선언 논의 실현 노력, 남북 경협의 확대 발전, 사회문화분야의 교류 협력의 발전, 남북 간 인도적 사업 협력, 국제무대에서의 공동 노력을 포함한다. 10.4 선언의 이행을 위해 제2차 국방장관회담이 추진되어 성사되었다. 제2차 국방장관회담은 2007년 11월 27일~29일 평양에서 개최되었다. 남북 국방장관은 10.4 선언의 이행방안과 제반 현안에 대해 협의하고 '7개조 21개항의 합의서'를 채택하였다.[18]

제2차 남북국방장관회담 합의서의 주요 내용은 다음과 같다. 첫째, 군사적 적대관계를 종식시키고, 긴장완화와 평화보장을 위한 실제적 조치를 추진한다. 둘째, 전쟁을 반대하고 불가침 의무를 준수하기 위한 군사적 조치를 추진한다. 셋째, 서해 해상에서의 충돌방지와 평화보장을 위한 대책을 마련한다. 넷째, 정전체제를 종식시키고 항구적 평화체제 구축을 위한 군사적 협력을 한다. 다섯째, 남북 교류협력사업을 군사적으로 보장하기 위한 조치를 추진한다. 여섯째, 합의서 이행을 위한 협의기구들을 정상적으로 가동한다.[19]

그러나 남북관계는 2008년 2월 이명박 정부가 출범한 이후, 관망세를 유지하

---

17 앞의 책, pp. 148~178.
18 앞의 책, pp. 178~181.
19 앞의 책, p. 186.

다가 점차 악화되었다. 북한은 2006년 10월, 2009년 5월 핵실험을 실시하였고, 대포동 2호 미사일 발사시험 등을 하였다. 유엔은 안보리 결의 1818호(2006년 10월), 안보리 의장성명(2009년 4월), 안보리 결의 1874호(2009년 6월)를 통해 북한에 대한 적극적인 국제적 제재에 착수하였다. 북한 핵문제 해결을 위한 6자회담이 2003년 이후 시작되어 2005년 9.19 공동성명, 그리고 9.19 공동성명 이행을 위한 초기 조치 및 2단계 조치인 2.13합의(2007년)와 10.3합의(2007년)를 각각 채택하였다. 그러나 북한 핵신고서의 검증 문제로 북미 간 갈등이 노정되다가 2008년 6자회 담은 사실상 결렬되었다. 이명박 정부는 이러한 국제적 움직임에 공조하면서도 상생·공영의 대북정책을 발표하고, 북핵문제의 해결을 최우선 과제로 내놓았다. 그러나 북한은 이명박 정부의 상생·공영 대북정책을 적대 대결정책으로 규정하 고 비판하였다. 특히, 2008년 7월 11일 발생한 금강산 관광객 피격사건은 남북 관계가 다시 대결과 분쟁의 관계로 되돌아가는 상황의 시발점으로 작용하였다.

북한의 적대적 대남공세는 2008년 1월 이후 그 모습을 나타내기 시작하였다. 북한은 2008년 1월 남북군사실무회담에서 문산-봉동 간 철도화물 운행의 문제 점을 지적하고 개선방안을 요구하였다. 북한은 3월 이후 지대함 미사일, 스커드 및 노동미사일을 발사하고, 긴장을 조성하면서 개성공단에서 남측 당국자의 철 수를 요구하였다. 또한 2009년 들어 인민군 총참모부 대변인과 조국평화통일위 원회 성명을 통해 남북간 군사적 대결 상태 해소를 위한 합의사항의 무효화, 남 북 합의서의 NLL 관련 조항의 폐기를 선언하였다. 북한이 강경자세로 돌아서면 서 남북 간 군사적 긴장완화를 위한 노력은 후퇴하였다.

제4절 2010년 3월~2017년 5월: 남북관계의 경색과 군사대화

이명박 정부와 박근혜 정부 기간 중 남북관계는 대립과 충돌 관계로 변화되 었으며, 한국 정부의 신뢰구축을 위한 노력은 성과를 이루지 못하였다. 이명박 정부의 대북정책은 2008년 7월 금강산 관광객 피격사건, 2009년 11월 대청해 전, 2010년 3월 천안함 피격사건, 그리고 2010년 11월 연평도 포격도발에 의해 간신히 유지되던 남북 간 대화채널이 완전 차단되고 대북정책이 백지화되었다. 북한은 2009년 이후 김정일 건강악화에 따른 후계자 승계문제, 화폐개혁의 실패 등 경제적 어려움으로 내부적인 정치적 어려움을 겪고 있었다. 김정일이 2010년 12월 사망하면서 김정은 정권은 후계체제의 권위와 권력기반 강화를 위한 노력에 적극 착수하였다. 북한의 핵개발과 군사도발은 정권생존을 위한 이러한 대내외적인 도전과 부정적 여건을 극복하기 위한 주요한 수단이 되었다.

남북은 2008년 7월 금강산 관광객 피살사건이 발생한 이후 남북군사실무회담을 개최하였다. 북한은 금강산 관광객 피격사건의 책임을 한국 측에 전가하고 사과를 요구하였으며, 금강산지구에 체류중인 한국측 인원을 일방적으로 추방하였다. 2008년 9월 한국 민간단체의 전단살포를 빌미로 대남비난을 더욱 강화하였다. 북한의 요청에 따라 2008년 10월 2일 판문점에서 남북 군사실무회담이 개최되었다. 한국은 금강산 관광객 피격사건에 대한 진상규명 등 남북관계를 위해 시급히 해결해야 할 문제를 명확히 요구하였으며, 북한은 한국의 대북 전단 살포 방지를 위한 조치를 요구하였다, 양측은 현안에 대한 서로의 입장을 개진하였다. 북한의 제의로 2008년 10월 27일 남북군사실무회담이 다시 열렸으며, 군통신선 정상화 문제와 민간단체의 전단살포 문제를 협의하였다.[20]

2010년 3월 26일 천안함 폭침 사건이 발생하자 한국은 '5.24 조치'를 발표하고 개성공단을 제외한 남북교역을 전면중단하였으며, 북한 선박의 한국 영해 및 배타적경제수역(EEZ) 통항을 불허하였다. 한국은 북한에 천안함 폭침에 대한 책임 있는 조치를 지속 요구하였으며, 북한이 남북군사실무회담을 개최할 것을 제의하였고, 9월 30일 회담이 개최되었다. 그러나 회담은 양측이 자신의 주장을 굽히지 않음에 따라 성과 없이 종료되었다. 2010년 11월 북한은 연평도 포격도발을 감행하여 긴장을 고조시켰다. 2011년에 들어 북한은 국면전환을 위한 남북대화를 제의해 왔다. 북한은 조평통 대변인 담화를 통해 남북대화를 무조건 개최하며, 남북적십자회담, 금강산 관광재개 회담, 개성공업지구회담을 개최하자고 제의했다. 한국은 대화재개를 위해 군사도발에 대한 책임있는 조치와 추가도발 방지에 대한 확약, 비핵화에 대한 진정성 확인이 필요하며, 이를 위한 남북 간

---

20 앞의 책, pp. 196~201.

대화를 제의했다. 북한은 2011년 1월 20일 북남고위급회담과 이를 개최하기 위한 예비회담을 제의했다. 이에 따라 한국 측 평화의 집에서 남북군사실무회담이 열렸으나 북한이 기존의 입장을 반복하고 회담장을 철수하면서, 회담은 결렬되었다. 이후 2012년 북한의 3차 핵실험 등으로 남북 간 군사 대화는 재개될 수 있는 동인을 찾지 못했다.[21]

2013년 2월 취임한 박근혜 정부는 대북정책으로 '한반도 신뢰프로세스'를 제시하고, '한반도 평화통일을 위한 구상'(드레스덴 구상)을 발표했으며, 통일대박론을 통해서 남북관계의 전환을 모색하고자 하였다. '드레스덴 구상'의 주요 내용은 평화통일 기반 구축을 위한 3대 제안, 남북한 UN이 함께하는 DMZ 세계평화공원 조성, 북한 핵포기 결단시 북한의 국제금융기구 가입 및 국제투자 유치를 지원하는 것이다. 특히, 평화통일 기반 구축을 위한 3대 제안은 남북한 주민들의 인도적 문제 해결, 남북 공동번영을 위한 민생인프라 구축, 남북 주민 간 동질성 회복이며, 이를 실현하기 위해 남북교류협력사무소 설치를 제안하였다.[22]

북한은 2012년 12월 장거리 미사일 발사시험, 2013년 2월 3차 핵실험을 강행하였으며, 판문점 남북직통전화와 군통신선을 일방적으로 차단하고 북한 종업원을 철수시켜 개성공단을 잠정 중단시켰다. 이에 따라 5월 3일 개성공단 한국측 인원이 전원 귀환하였고, 개성공단이 잠정 중단되었다. 한국은 남북 당국 간 실무회담 개최를 제의하여 회담을 개최하고 '개성공단 남북당국 실무회담 합의서'를 채택하여 개성공단 가동 중단 재발방지와 개성공단을 정상화하기 위한 후속회담을 개최하기로 하였다. 이에 따라 회담을 실시하여 2013년 8월 '개성공단의 정상화를 위한 합의서'를 채택하였다. 남북은 '개성공단 남북공동위원회'와 '4개 분과위원회', 개성공단 남북공동위원회 사무처를 설치하기로 하였다. 그러나 분과위원회는 2014년 2월 이후 북한의 미사일 발사, 한국 민간단체의 대북 전단살포 등으로 남북관계가 경색되면서 개최되지 못하였다. 남북은 2014년 남북적십자 실무접촉과 남북고위급 접촉을 개최하여 이산가족 상봉행사를 진행하기로 하여, 2014년 2월 20일~25일까지 금강산에서 이산가족 상봉행사를 실시하였다.[23]

---

21 앞의 책, pp. 199~205.
22 앞의 책, pp. 206~207.
23 앞의 책, pp. 208~210.

2014년과 2015년 남북 간 회담이 있었으나 북한의 핵·미사일 개발에 따라 상호 간 대립과 군사적 긴장은 보다 심화되었다. 2014년 10월 4일 북한은 인천 아시아경기대회 폐회식에 고위급 대표단을 파견한 것을 기회로 남북고위급 회담을 실시하고, 남북고위급 접촉을 하기로 합의하였다. 그러나 10월 7일 북한 경비정이 NLL을 침범하여 남북 함정 간 교전이 발생하고, 10월 10일 북한이 한국 민간단체의 풍선날리기를 빌미로 연천지역에 총격도발을 자행함에 따라 남북고위급 군사회담이 10월 15일 판문점에서 개최되었다. 양측은 NLL 문제와 민간단체의 대북전단 살포 등에 대해 서로의 입장을 교환하였으나 입장 차이를 좁히지 못하고 합의 없이 회의를 종료하였다.[24]

2015년 8월 4일 파주시 군사분계선(MDL) 한국측 비무장 지대 내에서 국군 장병 2명이 수색 중에 목함지뢰에 의해 부상당하는 사건이 발생했다. 한국은 현장 합동조사결과 북한군이 불법으로 MDL을 침범하여 의도적으로 매설한 것으로 판명하였다. 정부는 북한에 사과 및 책임자 처벌을 요구하고, MDL일대 대북 확성기 방송을 시작하였다. 북한은 지뢰 매설 사실을 부인하고 확성기 방송을 중단하지 않으면 타격하겠다는 공개경고장을 발표하였다. 또한, 8월 20일 한국측 확성기를 향해 포격을 실시하고 전선지대에 준전시 상태를 선포하였다. 북한 총참모부는 확성기 방송을 중단하지 않으면 강력한 군사행동을 개시하겠다는 최후통첩까지 전달하였다. 남북 양측은 사태를 수습하기 위한 남북고위당국자 접촉을 8월 22일~23일 판문점에서 개최하였다. 북한은 지뢰도발에 대해 유감을 표명하였고, 한국은 비정상적인 사태가 발생되지 않는 한 확성기 방송을 중단한다는데 합의하였다. 양측은 9월 7일~8일 남북적십자 실무접촉을 열어 10월 20일~26일까지 금강산에서 이산가족 상봉행사를 할 수 있도록 하였다. 그러나 북한이 2016년 들어 2차례의 핵실험, 장거리 미사일과 무수단·노동·잠수함발사 탄도미사일 등을 발사하면서 국제사회의 대북 제재와 압박이 가중되었다. 한국은 국제사회의 대북제재에 공조하고, 한국 정부 차원의 대북제재를 이행하면서 남북회담은 개최되지 못하였다.[25]

---

24 앞의 책, pp. 210~213.
25 앞의 책, pp. 213~216.

제5절 **남북관계 발전과 군사적 신뢰구축에 대한 시사점**

1. 남북관계 발전에 대한 시사점

남북관계 발전을 위한 노력은 한반도에서 군사적 대립 및 충돌의 역사를 극복하고 공동의 번영과 평화를 추구하며, 평화를 달성하기 위한 기본적인 요건이다. 안보와 국방을 튼튼히 하는 방법은 군사력 증강 등 방위태세를 강화하여 달성힐 수 있을뿐만 아니라 군사적 적내관셰를 종식시키고 평화석 여건을 조성하여 달성할 수 있다. 현 남북관계를 고려한다면 어느 하나도 소홀히 해서는 안된다. 이러한 측면에서 남북관계 발전을 위한 노력은 아무리 강조해도 지나침이 없다.

한국의 남북관계 발전을 위한 노력과 남북대화의 역사를 살펴보면 다음과 같은 시사점을 준다. 첫째, 한반도에서 안정과 평화를 정착시키기 위해 남북은 많은 방안을 제안하였고 대화와 접촉, 협력을 지속적으로 실시하였다. 남북관계를 발전시키기 위한 시도와 노력은 냉전기나 탈냉전기에 관계없이 꾸준히 이루어지고 시도되었다. 비록 그 목적과 방법, 주장 내용은 차이가 많지만 남북이 상호 관계의 발전 필요성을 인식하고 노력하였다는 사실을 말해준다. 한국은 진보정권이나 보수정권이나 관계없이 북한과의 협력을 추진하고 군사적 긴장완화를 위한 노력을 기울였다.

둘째, 남북관계의 발전은 양측이 직면한 대내외적 안보적 여건이 이를 필요로 하고 요구하였거나 한국의 진보정권 하에서 실질적 성과를 달성하였다. 남북 간 주요 합의서인 1972년 7.4 남북공동성명, 1991년 남북기본합의서, 그리고 김대중 정부와 노무현 정부 기간 중 다양한 남북 간 합의서는 이러한 특성을 반영한다. 그럼에도 불구하고 7.4 남북공동성명과 1991년 남북기본합의서는 많은 기대에도 불구하고 실질적인 남북관계 발전을 위한 성과를 달성하지는 못하였다. 남북협력의 발전은 김대중 정부와 노무현 정부 기간인 2000년~2010년 사이에 주로 이루어졌다. 역사적인 제1, 2차 정상회담이 성공적으로 추진되었으며, 경제·사회·군사적 협력을 위한 많은 조치들이 이행되었다. 비록 보수정권 하에서도 이산가족 상봉 행사 등이 이루어졌으나 이러한 협력이 확산되지는 못하였다.

셋째, 남북협상은 남북의 국력차이가 반영될 수밖에 없으며, 한국의 북한에 대한 일정수준의 양보와 지원, 타협이 중요하였다. 북한은 1980년대 말 이후 체제생존에 대한 위험을 최우선적으로 중시하고 정권생존을 위협할 수 있는 어떤 협상도 거부하고자 한다. 예를 들면, 북한은 김대중 정부의 햇볕정책을 북한붕괴전략으로 초기에 인식하여 대화에 소극적이었다. 이명박 정부와 박근혜 정부의 대북정책은 이에 대한 북한의 불신으로 성과를 내지 못하였다. 한국은 상대적인 강자로서 북한을 협상장으로 유인하고 북한이 남북관계 발전 협상에 대해 안심하고 대응할 수 있도록 하는 것이 중요해졌다. 특히, 남북관계의 발전은 북한이 두려워하는 북한붕괴론과 관련될 수 있다는 인식을 벗어날 수 있어야 한다. 또한, 북한은 주체사상을 공식적 이념으로 삼고 있기 때문에 위상과 권위를 중시하는 특수한 정치체제라는 사실도 고려해야 한다. 북한체제의 특성과 위험 인식을 이해하지 않고는 북한과 협상하고 타협하기 어렵게 되었다.

넷째, 남북관계의 발전을 위한 경제·사회적 협력에도 불구하고 남북관계는 군사적 긴장완화를 위한 노력이 핵심적 이슈로 항상 작용하였다. 남북관계의 주요 이슈는 통일방안, 정전협정 체제, 한미동맹 등 안보·군사적 이슈가 핵심적 요인으로 작용하였다. 남북 간 경제·사회적 협력을 이행하고 촉진시키기 위해서는 군사적 안전보장 조치가 핵심적 요인이었다. 북한의 군사적 도발과 남북 간 군사적 충돌은 남북관계를 일시에 되돌리는 상황으로 작용하였다. 한반도 안보 여건의 특성 상 남북관계는 군사적 문제와 분리하여 생각할 수 없다. 따라서 남북관계의 발전을 위한 노력은 군사적 긴장완화와 신뢰구축 등을 위한 노력과 함께해야 한다.

다섯째, 북한 핵문제가 남북관계와 분리할 수 없는 상호작용하는 관계로 변화되었다. 1991년 남북기본합의서 체결이후 일시적으로 해빙기를 맞았던 남북관계는 북한의 핵무기 개발 의혹과 한미연합훈련에 따라 냉각기로 전환되었다. 김대중 정부 초기 남북관계는 북한의 대포동 미사일 발사 및 농축우라늄 시설 운용과 관련한 의혹으로 진전되지 못하였다. 북한의 1, 2차 핵실험과 장거리 미사일 발사 등에 따라 노무현 정부의 화해협력 정책은 그 성과를 확대하고 지속할 수 없게 되었다. 2010년 이후 북한의 핵·미사일 개발과 국제적 제재는 사실상 남북관계의 핵심적 변수로 작용하였다. 한국은 북한의 핵개발에 대한 국제적 제재를 이행하면서 동시에 북한이 필요로 하는 경제협력과 지원을 효과적으로 이행하기 어려운 상황에 직면하였다. 북한 비핵화 문제에 대한 타결이 남북관계의 발전을 위해 매우 중요함을 말해준다.

2. 군사적 신뢰구축에 대한 시사점

남북 간 군사대화는 한반도에서 군사적 긴장을 완화하고 상호 불신을 해소하기 위한 가장 중요한 매개체이다. 이러한 군사대화는 1991년 남북기본합의서 체결 이후 본격화되었으며, 2000년 이후에는 경제·사회적 협력을 지원하고 보장하며, 군사적 충돌과 긴장상황을 해소하기 위해 실시되었다. 남북 군사대화의 시사점은 다음과 같다.

첫째, 남북은 군사적 긴장완화 및 신뢰구축 조치에 대한 필요성을 공감하고 이를 위한 합의서를 서명하는 등 지속적으로 노력하였다. 남북 간 군사적 충돌과 북한의 군사도발이 1998년 이후 수차례 발생하였으나 남북은 이러한 충돌을 확전시키지 않았으며, 효과적으로 관리하여 안정을 회복시켰다. 특히, 2015년 8월 북한의 지뢰도발 사건에 따른 상호 대응은 군사적 긴장을 고조시켰으나 양측은 대화를 통해 안정을 회복시켰다. 남북은 우발적 충돌을 방지하기 위한 여러 가지 조치를 합의하고 이행하였다. 비록 이러한 합의사항 이행이 오래 지속되지는 못하였으나 군사적 긴장상태를 완화하고 해소하는 데 크게 기여하였다. 남북은 자신의 정치적 목적과 군사적 필요성 등에 따라 다양한 제안을 하였으며, 이와 관련한 회담을 실시하였다.

둘째, 남북 간 군사적 긴장완화 노력 합의는 북한의 정치적 관심도가 높은 분야, 그리고 남북 간 경제·사회적 협력을 지원하고 보장할 수 있는 노력과 연계된 분야에서 잘 이루어졌다. 1992년 북한은 정권생존에 대한 위험이 높은 상황에서 남북 불가침의 이행과 준수에 대한 합의서에 서명하였다. 2004년 6월 한국이 제기한 서해 해상에서의 우발적 충돌 방지 문제와 북한이 제기한 군사분계선 지역에서의 선전활동 수단 제거에 대한 합의도 당시 남북관계 복원을 필요로 한 북한의 정치적 필요성을 충족시켰다. 북한은 정전협정체제의 평화협정 체제로의 전환을 지속적으로 주장하였다. 또한 2000-2010년대 남북 간 경제·사회적 협력을 위한 군사적 협력과 이와 관련된 이행조치는 큰 문제없이 타협하여 해결되었다.

셋째, 그동안 남북이 제시한 군사적 긴장완화 및 신뢰구축 방안은 남북이 생각하고 고려하는 모든 이슈를 포함하고 있다. 이는 비무장 지대(DMZ), 서해 북방한계선, 한강하구 이용, 군사력 감축, 우발적 충돌방지, 한미동맹과 주한미군, 유엔사, 북한의 핵개발, 한미연합연습과 훈련 등 다양하다. 물론 이러한 이슈와 관련된 남북의 주장과 내용은 차이가 있으며, 한국의 제안도 정부에 따라 차이가 있다. 그럼에도 불구하고 각 측이 제안하는 군사적 긴장완화 및 신뢰구축 이슈와 방안은 상당히 일관성을 갖고 있다는 것을 알 수 있다. 이는 서로의 입장을 알 수 있도록 하기 때문에 협상 전략을 마련하고 성공을 달성하는 것을 용이하게 할 수 있다.

넷째, 남북 군사회담은 남북이 서로의 입장을 이해하고 확인하는데 중요하다. 군사적 충돌과 이에 따른 확전은 서로에 대한 불신과 이해의 부족에서 빈번히 발생한다. 남북 군사회담은 남북의 관련 당국자가 마주하여 자신들의 속내를 얘기하고 협상하며, 타협할 수 있는 자리를 마련한다. 협상의 성과에 관계없이 남북은 이러한 대화를 통해서 서로의 입장을 보다 잘 이해하고 군사문제에 대응할 수 있도록 한다. 1990년 대 이후 남북이 비록 대치하고 충돌하는 상황이 있었지만 이러한 협상의 경험은 군사적 충돌을 확전시키지 않고 관리하도록 기여하였다고 본다.

제3장

판문점선언과 평양공동선언의 주요 내용과 의미

제1절 판문점 선언의 주요 내용과 의미[26]

　　문재인 대통령과 김정은 위원장은 2018년 4월 27일 판문점 한국측 「평화의 집」에서 「2018 남북정상회담」을 개최하였다. 남북 정상은 '한반도 평화시대' 개막을 선언하고, ① 남북관계의 전면적·획기적 발전 ② 군사적 긴장완화와 상호 불가침 합의 ③ 한반도의 완전한 비핵화 및 평화체제 구축 등에 대해 허심탄회하게 협의하고 「판문점선언」에 합의하였다. 2018년 1월 초 김정은 위원장은 신년사를 통해서 남북화해와 협력을 희망하는 메시지를 보냈고, 한국이 초청한 평창동계올림픽에 북한고위급 대표단이 참석하면서 정상회담의 물꼬가 열렸다. 남북정상회담은 세 번째이지만 이번에는 북한 김정은 위원장이 군사분계선을 넘어와 한국 측 평화의 집에서 회담을 개최하였다는 것도 큰 의미가 있다.

　　남북 정상은 한반도에 전쟁이 없는 새로운 평화시대 개막을 천명하고 화해와 평화번영의 새로운 남북관계를 선언하였다. 남북 정상간 판문점 선언의 주요 내용은 다음과 같다. 첫째, 남과 북은 남북관계의 전면적·획기적인 개선과 발전을 이룩할 것임을 천명하였다. 둘째, 남과 북은 군사적 긴장완화와 전쟁위험 해소를 위해 공동 노력할 것을 합의하였다. 셋째, 남과 북은 항구적이고 공고한 평화체제 구축을 위해 적극 협력하기로 하였다.

　　특히, 판문점 선언은 남북의 적대적 관계를 해소하기 위한 많은 내용을 담고 있다. 무엇보다 양측은 ① 상대방에 대한 모든 적대행위를 전면 중지하고, 비무

---

26 통일부, "「판문점 선언」 이행을 위한 남북 고위급회담 결과 설명자료," 2018년 6월 1일 발표 자료를 참고하여 작성하였다.

장지대의 평화지대화를 만들기로 하였다. ② 서해 평화수역을 조성하기 위해 우발적 충돌 방지 대책을 마련하고 안전어로를 보장토록 하였다. ③ 국방부장관회담 등 군사당국자회담을 수시로 개최하고, 5월 장성급 군사회담을 개최하기로 하였다. 판문점 선언은 다음과 같이 합의하고 있다.

> 남과 북은 지상과 해상, 공중을 비롯한 모든 공간에서 군사적 긴장과 충돌의 근원으로 되는 상대방에 대한 일체의 적대행위를 전면 중지하기로 하였다.
> 당면하여 5월 1일부터 군사분계선 일대의 확성기 방송과 전단 살포를 비롯한 모든 적대행위들을 중지하고 그 수단을 철폐하며, 앞으로 비무장지대를 실질적인 평화지대로 만들어 나가기로 하였다.
> 남과 북은 서해 북방한계선 일대를 평화수역으로 만들어 우발적인 군사적 충돌을 방지하고 안전한 어로활동을 보장하기 위한 실제적인 대책을 세워 나가기로 하였다.

또한, 남북은 한반도에 항구적 평화체제 구축을 위해 ① 무력 불사용과 불가침 합의를 재확인하고 이를 엄격히 준수하며, ② 상호 군사적 신뢰의 실질적 구축에 따라 단계적으로 군축을 실현시키며, ③ 종전 선언을 실시하고 한반도의 완전한 비핵화 목표를 확인하였다. 판문점 선언의 합의사항은 아래와 같다.

> 남과 북은 그 어떤 형태의 무력도 서로 사용하지 않을 데 대한 불가침 합의를 재확인하고 엄격히 준수해 나가기로 하였다.
> 남과 북은 군사적 긴장이 해소되고 서로의 군사적 신뢰가 실질적으로 구축되는 데 따라 단계적으로 군축을 실현해 나가기로 하였다.

남북 정상은 과거 남북기본합의서에서 합의하였던 불가침 의무를 존중·이행할 것임을 공식화하여, 불가침 합의의 신뢰성과 이행력을 담보하였다.[27] 김정은 위원장은 우리측 특사단을 면담시, "북측은 핵무기는 물론 재래식 무기를 남측

---

27 남북기본합의서 제9조: "남과 북은 상대방에 대하여 무력을 사용하지 않으며 상대방을 무력으로 침략하지 아니한다."

을 향해 사용하지 않을 것"이라는 언급을 재확인하였다. 군축 문제는 과거 「남북기본합의서」에서 남북이 합의한 사항으로, 이번 정상회담을 통해 양 정상의 군사적 긴장해소 및 신뢰구축에 대한 의지를 재확인한 것이다.[28] 남북 간 실질적인 군사적 신뢰가 구축된 이후에 단계적으로 군축 문제를 협의할 것을 합의하여 군사적 신뢰구축 과정에서 안보적 문제가 발생하지 않도록 하였다. 특히, 북한이 핵무기 완성을 선언하였음에도 불구하고 김정은 위원장은 공식 문서를 통해 비핵화 목표를 합의하여 향후 북미 정상회담과 비핵화 협상을 위한 전기를 마련토록 하였다.

남북정상회담과 판문점 선언은 2010년 이후 경색되고 군사적 긴장이 높았던 한반도 안보 상황을 획기적으로 전환시키는 계기를 마련하였다. 북한의 군사도발과 여섯 차례에 걸친 핵실험은 남북관계뿐만 아니라 북한의 국제적 고립을 심화시켰다. 미국을 중심으로 한 국제사회는 유엔안보리제재를 강화하였으며, 남북교류와 협력은 매우 어려웠다. 북한은 2017년 11월 핵무기 개발 완성을 선언하였다. 김정은 위원장은 자신의 책상위에 핵단추가 놓여있다고 미국을 위협하였고, 트럼프 대통령도 이에 맞대응하는 상황이 발생하였다. 문재인 정부는 한반도 평화와 북한 핵문제 해결을 위해서는 북미관계 개선이 절실하다고 판단하고 북미정상 회담 개최를 추동하여 성사토록 하였다. 판문점 선언은 남북관계를 변화시켰을 뿐만 아니라 북미정상회담을 성공적으로 개최토록 하는데 기여하였다. 판문점 선언의 성과 및 의미는 다음과 같다.

무엇보다 지속 가능한 남북관계 발전을 위한 기틀을 확립하였다. 남북 간에 합의한 내용은 반드시 지킨다는 원칙을 확립하고, 이를 보장하기 위한 방안을 마련하였다. 대화와 협상을 통한 문제 해결의 중요성에 대해 공감대를 형성하고, 이를 위한 남북고위급회담 등 분야별 회담 개최에 합의하였으며, 이산가족 상봉을 재개토록 하였다.

둘째, 한반도에서 냉전을 종식시키고 항구적 평화정착의 전기를 마련하였으며, 한반도에 전쟁없는 새로운 평화시대를 개막하겠다는 의지를 대내외에 공포하였다. 남북은 항구적 평화체제 구축에 합의하고, 65년간 지속된 적대와 대결

---

28 남북기본합의서 제12조: "남과 북은 … 대량살상무기와 공격능력의 제거를 비롯한 단계적 군축 실현문제, 검증문제 등 군사적 신뢰조성과 군축을 실현하기 위한 문제를 협의·추진한다."

의 낡은 구조를 청산하고 평화공존과 공동번영을 실현하기 위한 기틀을 마련하였다. 또한 남북 간 우발적 무력충돌을 방지하기 위한 실천적 조치에도 합의하여, 군사적 긴장완화와 평화적 여건 조성에 기여하였다.

셋째, 남북관계 발전과 비핵화의 선순환을 위한 토대를 구축하였다. 판문점 선언은 한반도의 완전한 비핵화와 핵 없는 한반도를 구체적·명시적으로 확인하였다. 한반도 비핵화 목표를 확고하게 견지하면서, 모두의 입장을 고려한 현실적인 한반도 비핵화 프로세스를 개시토록 하였다. 특히, 북미정상회담의 성공적 개최를 뒷받침하였다.

넷째, 이외에도 분단 이후 북한 최고지도자의 첫 우리측 지역(판문점) 방문을 성사시켰으며, 차기 정상회담을 평양에서 개최하는데 합의하였고, 한반도 문제 당사자로서의 한국의 위상과 역할을 재확인하였으며, 문재인 정부의 한반도정책에 대한 국제사회의 확고한 지지를 확인하였다.

제2절 │ 평양공동선언의 주요 내용과 의미[29]

평양선언은 2018년 9월 18일-20일 간 평양 정상회담을 개최하여 합의되었다. 판문점 선언에서 문재인 대통령의 가을 평양방문이 합의되었다. 이를 위해 8월 13일 고위급 회담을 개최하고 9월 13일 대북특사단이 북한을 방문하여 3차 정상회담 개최를 합의하였다. 남북정상은 4.27 판문점 정상회담 이후 5월 27일 북한측 통일각에서 실용적인 정상회담을 다시 성공적으로 개최한 바 있다. 5.27회담은 예정되었던 북미정상회담이 무산되자 관련된 이슈를 논의하여 북미정상회담 개최를 성사시키고자 개최하였다. 김정은 위원장이 회담을 제의하여 하루 만에 실용적으로 이루어진 남북정상회담에서 문재인 대통령은 한미정상회담을 통해 확인한 트럼프 대통령의 의사를 분명하게 북한에 전달하고 설명하여 싱가포

---

29 2018 평양정상회담 준비위원회 "2018 평양정상회담 결과 설명자료", 2018년 9월 20일 발표 자료 참고하여 작성하였다.

르 북미정상회담 개최에 기여하였다.

평양공동선언에서 양 정상은 판문점 선언을 철저히 이행하여 남북관계를 새로운 높은 단계로 진전시켜 나가기 위한 제반 문제들과 실천적 대책들을 논의하고 이를 위한 행동방안을 합의하였다. 평양공동선언의 주요 내용은 다음과 같다.

첫째, 남북은 군사적 적대관계를 종식시키고 한반도의 전쟁위험을 제거하기로 하였다. 이를 위해 '판문점선언 군사분야 이행합의서'를 평양공동선언의 부속합의서로 채택하고 이를 준수하고 이행해 나가기로 합의하였다. 남북은 군사공동위원회를 조속히 가동하여 군사분야 합의서의 이행실태를 점검하고 우발적 충돌방지를 위한 소통과 협의를 진행하기로 하였다.

남과 북은 비무장 지대를 비롯한 대치지역에서의 군사적 적대관계 종식을 한반도 전 지역에서의 실질적인 전쟁위험 제거와 근본적인 적대관계 해소로 이어나가기로 하였다.
① 남과 북은 이번 평양정상회담을 계기로 체결한 「판문점선언 군사분야 이행합의서」를 평양공동선언의 부속합의서로 채택하고 이를 철저히 준수하고 성실히 이행하며, 한반도를 항구적인 평화지대로 만들기 위한 실천적 조치들을 적극 취해나가리라고 하였다.

둘째, 교류와 협력을 확대하고 민족경제 발전을 위한 실질적인 대책들을 강구해 나가기로 하였다. 남북은 금년 내 서해선 철도 및 도로 연결을 위한 착공식을 갖기로 하였다. 여건 조성시 남북은 개성공단과 금강산관광사업을 우선 정상화하기로 하였다. 남북 환경협력을 추진하고 우선적으로 산림분야 협력에서 성과를 내기로 하였다. 이외에도 방역, 보건·의료분야 협력을 강화하기로 하였다.

셋째, 이산가족 문제를 근본적으로 해결하기 위한 인도적 협력을 강화하기로 하였다. 금강산 지역의 이산가족 상설면회소를 빠른 시일 내에 개소하고, 면회시설을 조속히 복구하기로 하였다. 적십자회담을 통해 이산가족의 화상상봉과 영상편지 교환문제를 우선 해결하기로 하였다.

넷째, 다양한 분야의 협력과 교류를 적극 추진하기로 하였다. 평양예술단의 서울공연을 진행하고, 올림픽 경기대회에 공동으로 적극 진출하며 2032년 하계올림픽의 남북공동개최를 유치하는데 협력하기로 하였다.

다섯째, 한반도 비핵화를 실질적으로 진전시켜 나가기로 하였다. 북한은 동창리 엔진시험장과 미사일 발사대를 영구적으로 폐기토록 하였다. 미국의 상응 조치에 따라 영변 핵시설의 영구적 폐기와 같은 추가적인 조치를 취해나갈 용의가 있음을 표명하였다.

평양공동선언의 전반적인 남북관계 측면에서의 성과와 의미는 다음과 같다. 무엇보다 남북은 상호 관계를 '새로운 높은 단계'로 진전시켜 나가기 위한 실천적 조치들에 합의하였다. 남북 정상이 '판문점 선언' 이행성과를 함께 점검하고 지속 추진 의지를 직접 천명하여 지속 가능한 실천 동력을 마련하였다. 특히, 인도적 현안의 핵심적 사안인 이산가족 문제의 근본적 해결 진전, 국회회담 개최, 지자체 교류 활성화 등에 대한 합의는 매우 의미가 있었다.

둘째, 평화와 경제가 상호 추동하며 함께 나아갈 수 있는 여건을 조성하였다. 군사적 긴장완화와 비핵화의 진전을 바탕으로 분야별 남북교류 협력 사업 추진에 합의하였다.

셋째, 남북 정상간 소통을 한 차원 높게 도약시켜 상호 간 신뢰를 공고화하는데 기여하였다. 김정은 위원장이 가까운 시일 내에 서울을 방문하기로 합의하였으며, 남북 정상회담의 정례화 및 상시 소통의 기반을 구축하였다. 남북 정상은 두 차례 공식회담뿐만 아니라 오랜 시간을 함께할 수 있는 일정을 통해서 소통을 실시하였다.

넷째, 다양한 특별 수행원이 동행하여 남북 간 소통과 이해의 폭을 확대하였다. 우리 측은 분야별, 미래세대를 포함한 연령별 각계 각층의 특별수행원이 참여하여 우리 국민의 대북인식을 제고시켰다. 특별수행원들은 오·만찬, 백두산 방문 등 다양한 계기에 김정은 위원장과 격의 없이 어울리며 친교를 하였다.

북한 비핵화 측면의 성과와 의미는 북미대화 및 비핵화 프로세스를 본격화하기 위한 토대를 마련하였다는데 있다. 남북 정상 간 대화를 통해 북측의 비핵화 의지를 재확인하였고, 전문가의 참관 하에 동창리 엔진시험장과 미사일 발사대를 폐기하고 영변 핵시설을 영구히 폐기할 용의가 있음을 공식적으로 표명케 하였다. 영변 핵시설은 북한의 핵심적이고 종합적인 핵개발 단지로 이에 대한 비핵화 의지는 매우 중요한 의미를 갖는다. 이러한 북측의 공식적인 비핵화 의지 표명을 통해 폼페이오 미 국무부 장관이 재방북하고 북미 간 실무후속 협상이 진행되었으며, 더 나아가 제2차 북미정상회담의 추진 등 비핵화 과정을 본격화하도록 하였다. 아울러 남북관계가 북미관계 및 비핵화를 이끌어 나갈 수 있다는 점을 보여주었다.

평양공동선언이 군사적 긴장완화 측면에서 갖는 성과와 의미는 부속합의서로 9.19 군사합의서를 서명하였다는데서 보여주듯이 매우 중요하다. 평양공동선언은 남북 간 군사적 긴장완화 및 신뢰구축에 실질적인 기여를 할 수 있도록 하였다. 한반도에서 전쟁 위험을 실질적으로 해소하기 위한 계기를 마련하였다. 정전협정 체결 이후 65년 만에 최초로 비무장지대를 완전 비무장화하여 정전협정 취지를 구현할 수 있는 실제적 군사조치를 마련하였다. 또한, 이는 한반도 비핵화 및 남북관계 발전을 위한 추동력을 제공하였다. 향후 한반도 비핵화 및 항구적 평화정착을 견인하는 계기를 마련하였을 뿐만 아니라 다양한 분야에서 남북관계의 지속가능한 발전을 추진하기 위한 의미 있는 군사적 토대를 마련하였다.

제4장

9.19 군사분야 합의서의 배경 및 목적, 체결 경과

제1절 9.19 군사분야 합의서의 배경과 목적

현 한반도 안보여건은 과거 남북 간 정상회담과 군사합의를 하였던 시기와는 많은 차이가 있다. 이러한 안보여건은 각국이 자국 중심의 정책을 중시하고 강화에 나감에 따라 보다 많은 도전을 야기할 것이다. 북한문제를 어떻게 해결하느냐에 따라 한반도 안보상황은 크게 달라질 것이다. 우리는 한반도 및 남북문제에 대한 다양한 도전을 보다 주도적으로 돌파하고 어려움을 해결하여 새로운 안보여건을 조성해야 한다. 우리의 운명을 스스로 개척하지 못한다면 미래를 담보할 수 없는 시기가 도래하였다. 9.19 군사합의서는 이러한 안보적 도전 속에서 남북관계를 변화, 발전시키기 위한 가장 중요한 합의이다. 이는 남북 간의 군사적 긴장과 대치상태를 해소하여 한반도에 안정과 평화의 길을 열고, 정착시키기 위한 노력의 산물이다. 즉, 우리 대한민국이 한번 더 재도약하기 위해 최우선적으로 해결해야만 할 필수조건이다.

9.19 군사합의서는 평양공동선언의 부속합의서이면서 판문점 선언을 이행하여 남북 간 군사적 긴장을 해소하고 공동번영과 통일의 미래를 앞당겨 나가기 위한 조치들을 담고 있다. 1972년 7.4 남북공동성명 이후 남북 간에는 여러 차례 군사적 합의를 맺은 바 있으나, 그동안 여러 이유에 의해 지켜지지 못하였고, 유명 무실화를 반복해 왔다. 9.19 남북군사합의서는 이러한 현상의 반복을 막기 위해 노력하였다.

9.19 군사합의서는 역대 정부들의 대북정책과 군사합의들에서 다루었던 주요 이슈들을 보다 실질적이고 실천적으로 해결할 수 있도록 하고자 하였다. 과거

우리 정부는 남북의 분단지역인 비무장지대를 평화지대로 전환하고자 하였다. 군사적 긴장과 충돌이 가장 빈번하게 발생하였던 서해 NLL 일대를 평화수역으로 만들기 위한 노력을 지속하였다. 한강하구를 공동으로 개발하여 남북이 공동의 이익을 추구하고 신뢰를 회복시키고자 하였다. 또한, 남북 간 경제사회적 교류협력을 지원하기 위한 다각적인 군사적 지원방안도 협의하고 합의했었다.

무엇보다 비무장 지대의 평화적 이용을 위한 제안은 <표 Ⅱ-2>에서 보는 바와 같이 1971년부터 있어왔다. DMZ의 평화적 이용에 관한 구상은 DMZ를 평화적 지대로의 이용, 경제적 접근은 남북교류지구와 평화구역 건설, 남북의 철도와 도로 연결, 접경지역 주민들의 자원개발 허용, 생태적 접근은 생태자원의 보존과 생태관광추진 등에 주안점을 두었다. 노태우 대통령은 1988년 10월 유엔총회 연설을 통해 DMZ내에 평화시를 건설하여 이를 평화적으로 이용하자고 제안한바 있다. 남북은 1992년 '남북기본합의서'에서 남과 북이 불가침의 이행과 보장을 위하여 남북군사공동위원회를 구성·운영하고 남북군사공동위원회에서 '비무장지대의 평화적 이용문제' 등 군사적 신뢰조성과 군축을 실현하기 위한 문제를 협의·추진한다고 규정하였다. 1994년 김영삼 대통령도 북측에 'DMZ 세계평화공원'을 제안하였다.[30]

표 Ⅱ-2 | DMZ 평화적 이용의 주요 제안 사례(1971~2013)

시 기	제안주체	주요 내용
1971.6.	유엔군측 수석 대표 로저스 (F. M. Rogers)	• 전(全) DMZ의 비무장화로 확대 실시, 무장인원의 비무장지대 출입금지 등 4개항 제안
1971.7.	정전위 북한과 중국측	• 비무장 지대 내 군사시설 철수 및 파괴, 공동경비 구역 내 질서유지, 남북한 민간인들이 비무장지대를 월경하여 자유왕래 허용 등 7개항 제안
1972.2.	외무장관	• '로저스 4개항 제안'의 수락을 북한에 촉구
1972.6.	북한당국자	• DMZ 내 병력감축과 시설의 철수를 위해 협상할 용의 표명

---

30 윤황, 김난영, "박근혜 정부의 DMZ 세계평화공원 구상의 실현방안," OUGHTOPIA 29(2), 2014.11. pp. 97~126, pp. 101~103.

1982.2.	국토통일원장관	• '민족화합을 위한 20개항의 시범사업'과 관련해 서울·평양 간 도로를 연결·개통, 설악산과 금강산의 자유 관광지역 공동지역으로 개방, 판문점을 통한 외국인 자유왕래, 자유로운 남북 공동어획 구역 설정, 비무장지대 내 공동경기장건설, 비무장지대 내의 동식물 자연생태계 공동학술조사, 남북한 간 군사적 긴장완화를 위한 비무장지대 내 군사시설 완전 철거 등 비무장지대 관련 사업을 북한에 제의
1987.7.	북한당국	• '대규모적인 남북무력감축제안'을 통해, 남과 북은 무력축소기간과 그 이후의 있을 수 있는 무력 충돌의 위험성 방지와 평화유지를 위해 '군사분계선 비무장지대'를 '평화지대'로 만들고 여기에 '중립국감시군'의 배치하자고 남한에 제의
1988.10.	노태우 대통령	• 유엔총회 연설에서 DMZ 내에 '평화시'의 건설을 통해 이산가족상봉면회소, 민족문화관, 학술교류센타, 상품교역장 등의 설치와 이의 평화적 이용을 북한에 제의
1988.11.	북한당국	• 북한은 최고인민회의, 중앙인민위원회와 정무원 연합회의에서 자주적인 평화통일 촉진을 위하여 '포괄적 평화보장안'을 제시하고, 우선 단계적인 미군철수와 군축을 실현할 것을 전제로 DMZ의 평화지대화와 중립국 감시군 배치를 남한에 제안
1989.9.	노태우 대통령	• 국회 특별연설을 통해 '한민족공동체통일방안'을 제시하면서 비무장 지대 내에 '평화구역'을 만들어 공동사무처를 비롯한 남북연합기구와 시설을 설치하고 '평화구역'을 점차 '통일평화시'로 발전시키자는 구상을 발표
1990.5.	북한당국	• '한반도의 평화를 위한 4개조 10개항의 군축 제안'을 통해, '군사분계선의 비무장화와 평화지대화'(군사인원·장비 철수, 군사시설물해체, 민간인에 대한 개방·평화적 목적에 이용 등)를 남한에 제시
1990.5.	1차 남북고위급회담	• 남측은 기조발언 등을 통하여 DMZ의 진정한 비무장화를 실현하며, 이를 평화적 목적으로 이용할 것을 제의하였고, 이에 북측도 군사적 대결 해소를 위한 방안으로 DMZ를 평화지대로 만들어 나가자고 호응
1991.12.	5차 남북고위급회담	• 남측은 '남북기본합의서'의 남측 초안 12조 남북군사공동위원회 기능을 제안하면서 DMZ의 평화적 이용 등 군사적 신뢰를 구축하는 조치의 내용을 북측에 제의하였고, 북한도 최종적으로 '기본합의서 12조'에서 DMZ의 평화적 이용 문제 등의 협의·추진에 합의했음
1992.1.	노태우 대통령	• 연두기자회견에서 'DMZ 내 남북 공동출자의 합작공장 설치'를 북한에 제안
1994.3.	김영삼 대통령	• '민족발전 공동계획'에서 'DMZ의 자연공원화'를 북측에 제안

2000.7.	1차 남북장관급회담	• DMZ 내 경의선 철도의 끊어진 구간을 연결하기로 합의
2000.8.	2차 장관급회담	• DMZ 내 서울-신의주 사이의 철도 연결, 문산-개성사이의 도로 를 개설하기로 합의하고, 이를 위해 DMZ의 일부를 '평화회랑' 으로 개방하여 활용하고, 경의선과 동해선에 각각 250m와 100m 폭의 통로를 내기로 합의
2001.3.	김대중 대통령	• 넬슨 만델라 전 남아공 대통령과의 청와대 면담에서 'DMZ 평 화공원' 구상의 설명
2006.4.	18차 남북장관급회담	• 'DMZ 내 청소년우주체험센터' 설립을 북측에 제안
2007.10.	노무현 대통령	• 제2차 정상회담에서 DMZ의 '평화지대화' 및 '평화생태공원' 조 성 제안
2008.8.	이명박 대통령	• 8.15 광복절 경축사에서 DMZ의 '평화구역화' 방안, DMZ를 가 로 지르는 '남북경협평화공단/설치방안' 등 제안
2013.5.	박근혜 대통령	• 미국 상하원 합동회의 연설에서 'DMZ 내 세계평화공원' 조성 계획 발표
2013.8.	박근혜 대통령	• 광복절 68주년 경축사에서 'DMZ 세계평화공원'의 조성을 북한 에 제안

* 출처: 윤황과 김난영, 김정수(2010, 67-77); 김재홍(2005, 240-244); 김태영(2001, 164-190); 윤황(2013, 70); 통일부(2014, 41); 통일원(1992, 119-120, 129-131).

DMZ 세계평화공원 구상은 김대중 대통령이 2001년 3월 만델라 대통령과의 면담에서 처음으로 제시하였다. 김대중 정부는 '6.15 공동선언'을 실질적으로 이행하기 위해 북한과 합의하고 실질적인 조치들을 이행하였다. 철도와 도로를 연결하고 운행하는 등 DMZ를 평화적으로 이용하기 위한 조치들이 이루어졌다. 노무현 대통령은 2007년 2차 정상회담에서 DMZ 평화공원을 김정일 위원장에게 다시 제안하였다. 비무장 지대를 평화생태공원화하여 중무장한 무기들을 철수하고 GP도 철수하며 자연자원을 보호하고 협력하는 것이 큰 수입이 생기는 일이며, 남북이 협력하는 상징적인 시대를 만드는 것이라고 언급하였다. 박근혜 정부는 2013년 DMZ 내 '세계평화공원 구상'을 발표하고 정책으로 추진하였으나 성과를 내지는 못하였다.[31]

---

31 앞의 글, pp. 104~106.

NLL 수역에서 우발적 충돌을 방지하고, 해상항로를 평화적으로 이용하며, 공동어로 구역을 설정하는 서해지역 전체를 평화수역으로 전환시키기 위한 노력은 노무현 정부이후 적극 이루어져 왔다. 2002년 제2연평해전이 발생하면서 NLL 수역에서의 군사적 긴장완화는 남북의 주요한 협력의제였다. 2004년 5월 25일 금강산에서 개최된 1차 남북 장성급 회담에서 우리 측은 서해상에서의 우발적 충돌방지를 위한 구체적인 조치를 제안하였다. 2004년 6월 3일 설악산에서 개최된 2차 남북 장성급 회담에서 우리 측이 제안한 '서해문제'와 북측이 주장한 '선전문제'를 상호주의 차원에서 연계하여 일괄 타결하여 '서해상에서의 우발적 충돌방지와 군사분계선 지역에서의 선전활동 중지 및 선전수단 제거에 관한 합의서'에 서명하였다.

해운협력에 대한 필요성은 2001년 6월 2일~5일 북한 상선 3척이 제주해협을 무단 통과하는 사태가 발생하면서 등장하였다. 한국은 2001년 6월 4일 북측에 해운합의서 체결을 위한 해운회담을 제의하였고 남북해운협력 실무접촉을 실시하였으며, 2004년 5월 남북해운부속합의서를 서명하고, 6월에 남북 장관급 수석대표가 서명한 남북해운합의서 및 부속합의서를 교환했다. 이 합의서는 북측이 NLL을 통과하는 해주항로를 이용토록 허용하였다.

서해상 공동어장에 대해서는 북한이 2000년 12월 16일 4차 남북 장관급 회담에서 남북 당국자 간 어업협력 회담을, 그리고 2001년 5차 남북장관급 회담에서 동해어장의 일부를 공동으로 이용하는 문제를 협의할 것을 제안하여 논의가 시작되었다. 2005년 6월 당시 정동영 통일부 장관이 김정일 위원장을 만나 서해상 공동어로를 제안하였으며, 6월 21일-27일 개최된 장관급회담에서 남북은 수산협력 실무위원회를 개최키로 합의하였다. 남북은 협상을 통해서 2005년 7월 25일~27일 '남북수산협력에 대한 실무협의회 합의서'를 합의하였다. 이 합의서는 서해상의 공동어로, 중국 등 제3국의 불법어로 방지 상호협력 등을 합의하고 있다. 그러나 서해상 수산협력은 NLL이 관련된 문제이기 때문에 장성급 회담의 이슈가 되었으며, 양측의 이해 차이로 상호 간 이견을 해소하지 못하였다.

노무현 대통령은 2007년 김정일 위원장과 제2차 정상회담에서 10.4 선언을 채택하였다. 이는 남북 간 경제협력을 확대하고 발전시키기 위한 방안으로 '서해평화협력특별지대' 설치와 공동어로 수역설정을 주요 내용으로 포함한다. 서해

평화협력특별지대 구상은 남북 간 대립과 충돌이 벌어졌던 서해 NLL 인근뿐만 아니라 이 지역 해역전체를 평화수역으로 전환하겠다는 생각이다. 서해분쟁을 근본적으로 제거하고 이 해역에서 상호 신뢰를 구축하며, 공동의 번영을 추구하겠다는 접근방법이다. '서해평화협력특별지대'는 해주지역과 주변해역을 포괄하였으며, 공동어로구역과 평화수역을 설치하고 경제특구를 건설하며, 한강하구 공동이용 등을 적극 추진하는 것이다. 남북은 이 합의사항을 이행하기 위해 남북 국방장관회담과 장성급회담을 개최하였다. 특히, 2007년 11월 개최된 제1차 남북 총리회담에서 양측은 '서해평화협력특별지대' 설치를 구체화하기 위한 평화수역과 공동어로구역의 대상과 범위를 확정하여 2008년 상반기안으로 공동어로사업에 착수하고, 구체적인 사업 내용을 협의하기 위한 관련 위원회를 구성하기로 하였다. 그러나 10.4 공동선언은 2008년 이후 북한 핵개발에 대한 6자회담의 중단 및 남북관계의 악화에 따라 실제로 구체적인 이행 방안이 합의되지 못하였다.

한강하구공동이용에 대한 합의는 2006년 4월 제18차 남북 장관급 회담에서 우리 측이 정식으로 제안하여 원칙적 합의를 도출하였으며, 10.4 공동선언에서 이를 합의하였다. 한강하구는 한국전쟁 이후 남북의 군사적 대치로 인해 정상적인 이용과 활용이 불가능하였다. 한강하구는 정전협정 상 '쌍방의 민용선박의 항행에 개방'하도록 되어 있는 중립구역이나 그동안 활용과 개발이 이루어지지 못했다. 한강하구는 1990년대에 들어서 남북의 합의에 따라 간혹 선박과 물자의 이동이 이루어진 바 있다. 자유로 건설용 골재채취선이 1990-1991년 진입하였으며, 1997년 7월 유도 '평화의 소' 구출작전이 있었고, 1999년 8월에는 한강하구에 좌초한 준설선의 구조 및 예인을 실시하였으며, 2005년 5월에는 거북선이 한강하구를 통해 이동하였다. 10.4 공동선언이후 1차 남북총리급 회담에서 남북은 한강하구에서 2008년 안으로 골재채취사업에 착수하기로 하였으나 이행되지 못하였다. 이명박 정부는 한강하구의 퇴적지 일대에 인공섬인 나들섬을 조성하여 남북경제협력지구로 발전시켜 나간다는 계획을 세웠으나 남북관계의 악화로 북한과 협의조차 이루어지지 못했다.[32]

문재인 대통령과 김정은 위원장 간 '판문점선언'과 '평양공동선언'은 이제까지

---

32 김동성, 이성룡, "한강하구의 복원과 활용, 이슈&진단(342), 2018년 10월, pp. 1~9.

남북이 협의하고 합의하였던 교류협력을 촉진하고 군사적 긴장을 완화하며, 군사적 신뢰를 구축하기 위한 방안들을 모두 포함하고 있다. 또한, 이전의 합의들을 보완하면서도 현 안보상황을 고려한 정책적 방향을 현실성 있게 이행하기 위한 방안을 담고 있다.

판문점 선언은 이미 채택된 남북 선언들과 모든 합의들을 철저히 이행함으로써 관계개선과 발전의 전환적 국면을 열어나가기로 하였다. 남북은 상대방에 대한 일체의 적대행위를 전면 중지하고 군사분계선 일대에서 모든 적대행위를 중지하며, 비무장 지대를 평화지대로 만들기로 하였다. 또한, 서해 북방한계선 일대를 평화수역으로 만들며, 협력과 교류를 촉진하기 위한 군사적 보장대책을 강구하기로 하였다.

평양공동선언은 남북 대치지역에서의 군사적 적대관계 종식을 한반도 전 지역에서의 실질적인 전쟁위험 제거와 근본적인 적대관계 해소로 이어나가기로 하였다.

9.19 군사분야합의서는 이러한 남북 정상 간 합의들을 구체적으로 이행하기 위한 방안들을 포함하고 있다. 또한, 이 군사합의서가 담고 있는 대상들은 남북의 주요 안보·군사적 이슈로서 과거 남북이 협의하고 합의하였던 이슈를 많은 부분 포함하고 있으나, 새로운 이슈도 포함하고 있으며, 이에 대한 구체적인 내용과 접근방법은 차이가 있다. 9.19 군사합의는 판문점선언과 평양공동선언의 정신을 살려 군사적 긴장완화와 신뢰구축을 보다 적극적이며 구체적으로 이행하고 성과를 낼 수 있도록 하였다.[33]

제2절 군사분야 합의서 체결 경과[34]

2018년 남북정상회담과 4.27 판문점선언에서 남북은 ① DMZ 평화지대화, ② 서해해상 평화수역화, ③ 군사적 긴장완화 및 신뢰구축을 위한 실제적 조치를 합의하였다. 이에 따라 두 차례의 남북장성급군사회담, 남북 통신실무접촉,

---

33 국방부 대북정책실, "「판문점 선언 이행을 위한 군사분야 합의서」 해설자료," 2019년 9월 19일.
34 앞의 글.

남북군사실무회담을 개최하였다. 필자는 9.19 군사분야 합의서 협상을 위한 실무팀에게 다음과 같은 협상 지침을 주었다. 첫째, 일방적 양보는 없다. 꼭 상대적으로 하라. 둘째, 한번에 다하지 말고 점진적, 단계적으로 하라. 셋째, 과거회귀적으로 하지 말고 미래지향적으로 하라. 이러한 협상지침에 따라 실무진은 협상을 충실히 실시하였다. 또한, 북한은 9.19 남북군사합의는 과거 군사합의와는 다르게 잘 지키자는 의미에서 합의서의 정식 명칭에 '역사적인' 단어를 추가해달라는 요청을 해서 이를 수용하고 반영하였다. 이에 따라 9.19 남북군사합의서의 정식 명칭은 '역사적인 판문점선언 이행을 위한 군사분야 합의서'로 되었다.

6월 14일 판문점 통일각에서 개최된 제8차 남북장성급군사회담에서 양측은 '판문점선언'의 군사분야 합의사항에 대한 성실한 이행 의지를 확인하고 군통신선 복구와 서해해상 6.4 합의의 복원을 합의하였다. 또한, JSA 비무장화, DMZ 내 상호 시범적 GP 철수, 남북공동유해발굴, 서해 해상 적대행위 중지 조치 등 군사분야 합의사항 이행방안을 협의하였다.

6월 26일 경의선 남북출입사무소에서 개최된 남북 통신실무접촉에서 양측은 빠른 시일 안에 동·서해지구 군통신선을 정상화할 것을 합의하였다. 이에 따라 7월 16일부로 서해지구 군통신선이, 그리고 8월 15일부로 동해지구 군통신선이 완전히 복구되어 정상화되었다. 서해에서 남북 경비함정 간 국제상선공통망을 활용한 정기통신에 합의하였다. 양측은 2008년 5월 이후 중단되었던 국제상선공통망 교신을 7월 1일 부로 재개하여 정상 운용하였다.

제9차 남북장성급군사회담을 7월 31일 판문점 평화의 집에서 개최하였다. 제8차 장성급군사회담에서 이미 합의한 JSA 비무장화, 상호 시범적 GP 철수, 남북공동유해발굴, 지·해·공 적대행위 중지 조치 등에 대한 세부 추진방향을 협의하였다. 상호 의견을 일치시킨 협의사안을 중심으로 '포괄적 군사분야합의서' 체결과 관련한 합의를 하였다. 장성급군사회담 전후하여 8차례 문서교환(전통문)을 통해 사안별 상호의견을 교환하고 입장을 조율하였다.

9월 13일~14일 제40차 남북군사실무회담을 판문점 '통일각'에서 개최하여 장성급군사회담에서 논의해 온 사안을 중심으로 이행시기·방법 등을 담은 '군사분야 합의서' 체결과 관련한 실무적 협의를 진행하였다. 양측은 합의서에 포함될 사안에 대해 상호 최종 입장을 확인하고 문안을 조율하였다.

제5장

9.19 군사분야 합의서의 주요 내용과 의미[35]

제1절 군사합의서 전문과 내용구성

> 남과 북은 한반도에서 군사적 긴장 상태를 완화하고 신뢰를 구축하는 것이 항구적이며 공고한 평화를 보장하는 데 필수적이라는 공통된 인식으로부터 「한반도의 평화와 번영, 통일을 위한 판문점 선언」을 군사적으로 철저히 이행하기 위하여 다음과 같이 포괄적으로 합의하였다.

9.19 군사분야 합의서는 남북이 한반도에서 항구적이며 공고한 평화를 보장하기 위해서는 군사적 긴장상태를 완화하고 신뢰를 구축해야 한다는 공통된 인식에서 준비되고 서명되었다. 이는 군사적 긴장완화 및 전쟁위험 해소를 위한 사실상의 불가침 합의서이다.

군사분야 합의서는 효력발생 시기에 대한 부분을 제외하면 전문과 5개 조로 구성되었다. 제1조는 모든 공간에서의 상대방에 대한 일체의 적대행위를 전면중지하는 것이다. 제2조는 비무장 지대를 평화지대로 만들어 나가기 위한 군사적 대책을 강구하는 것이다. 제3조는 서해 북방한계선 일대에 평화수역을 조성하고 안전한 어로활동을 보장하는 것이다. 제4조는 다양한 분야의 교류협력 및 접촉·왕래 활성화에 필요한 군사적 보장대책을 추진하는 것이다. 제5조는 상호 군사적 신뢰구축을 위한 다양한 조치들을 강구하는 것이다.

특히, 남북은 2018년 11월 1일부로 지상, 해상, 공중에서의 모든 적대행위를 중지하고 새로운 작전절차를 적용하여 우발적 군사충돌을 방지하기로 하였다.

---

35 제5장은 국방부 대북정책실, "「판문점 선언 이행을 위한 군사분야 합의서」 해설자료"의 그림을 사용하였고, 국방부 보도자료 내용을 참고하였다.

9.19 군사합의는 포괄적이면서도 실현가능성을 높이기 위해 구체적이고 자세하도록 규정하였다. 이는 남북이 합의사항 이행과 관련된 다른 갈등과 충돌이 발생할 수 있는 상황을 예방할 수 있도록 한다.

주요 이견에 대한 의견

① 군사합의서가 군비통제의 기본원칙을 무시하였다는 비판이 있다. 그러나 이는 군비통제 개념과 한반도 안보상황을 잘못 이해하고, 남북이 미래에 협의와 합의를 통해서 달성해야 할 목표를 이야기하는 것이다. 9.19 군사합의는 남북 간 갈등과 대립의 군사적 긴장 상태가 매우 높고, 군사적 신뢰가 전혀 존재하지 않는 상황에서 이루어진 합의이다. 따라서, 이는 우리 안보의 최우선순위인 남북 간 우발적 군사적 충돌을 방지하고 군사적 긴장을 완화하기 위한 실천적 행동방안을 우선 마련토록 하였다. 남북서로 간 불신이 매우 높은 상황에서도 공동의 이해 속에서 합의하고 이행할 수 있는 분야를 다루고 있다. 이는 군비통제 협상의 가장 중요한 접근방법이다. 단 한 번의 합의서를 통해 우리가 원하는 모든 것을 얻을 수는 없다.

또한, 군사합의서의 모든 내용은 상대의 행동을 통해서 확인 및 검증이 가능한 것들이다. 예를 들면, 우발적 충돌과 적대적 행동을 방지하기 위한 행동은 서로가 항상 확인할 수 있다. 핵무기의 감축 및 제거, 비핵화 협상과는 매우 다르다. 서로의 군사행동을 서로가 항상 감시하고 확인하고 있는 현재의 남북 상황이 군사합의 내용에 대한 준수 여부를 서로가 확인토록 하는 검증 체제이다. 군사합의서는 남북 간 상호주의적 행동을 요구하기 때문에 양측 모두가 이를 준수할 때 효력을 가지며, 우리 측에만 준수를 요구하는 것을 아니다.

군사적 신뢰구축은 남북이 정치, 경제, 사회적 상호관계를 개선하고 증대하기 위한 기장 중요한 사안이다. 우리는 과거부터 정권에 관계없이 한반도의 안정과 평화를 증진시키기 위한 방안을 일관성 있게 주장하고 북한과 협의해 왔다. 특히, 남북 간 국력격차가 커지고 북한정권의 취약성이 증대하면서 우리의 주도적 역할과 행동이 보다 요구된다. 신뢰구축 조치는 서로가 합의하고 이익이 될 수 있는 분야에서 시작될 수 있다. 군사합의서는 남북이 현재의 처한 상황에서 협력의 필요성을 인정하고 서로의 긴장도발 행동을 제약토록 하고 있다. 이를 통해 남북이 신뢰구축 조치를 보다 폭 넓게 확대하는 군비통제 조치를 합의하고 이행할 수 있는 여건을 조성해야 한다. 이를 위해서는 무엇보다 작은 분야에서부터 신뢰를 축적하고 활용하는 것이 중요하다. 서로가 만나서 대화하고 협력하는 것이 적대하고 갈등하는 것보다 평화를 위해 바람직한 방안이다. 한마디로 정리한다면, 군비통제의 여러 단계중 초보적 조치를 보다 과감하게 이행토록 하고자 한다. 향후 군사적 신뢰구축조치를 확대하여 폭넓은 군비통제 방안을 이행하며, 군비축소로 진행할 수 있는 여건을 조성할 수 있어야 한다.

② 북한 비핵화 성과와 군사합의를 연계하여 군사합의를 비판하고, 비핵화 없는 군사합의는 즉각 폐기해야 한다는 주장이 있다. 북한은 20년이 넘는 기간을 국제적 제재와 압박에도 불구하고 핵개발을 지속하였고, 이제는 거의 핵능력을 완성하고 있다. 북한 핵위협에 대한 정확한 인식과 이에 대한 대비는 우리 안보의 최우선순위로서 무엇보다 중요하다. 판문점 선언과 9.19 군사합의는 북한 비핵화 협상이 실패하고 북한의 한국에 대한 핵위협이 지속하고 강화될 경우, 많은 어려움과 도전을 받을 수 있는 불확실성에 직면할 것이다.

　　그럼에도 불구하고 북한 비핵화는 북미협상 등 한국을 포함한 관련국들의 정치적 노력이 성과를 내기까지 인내를 갖고 기다려야 한다. 또한, 우리는 한미 연합방위체제, 미국의 확장억제 보장에 의해 북한 핵위협을 확실하게 억제하기 위한 능력과 방안을 구축하고 있다. 남북 군사합의는 북한 핵위협 억제능력을 약화시킬 수 있는 나쁜 조항을 담고 있지 않다. 남북 간 낮은 수준의 군사적 긴장완화 조치를 통해서 군사적 충돌이 빈번히 발생하는 군사분계선 상에서의 군사적 긴장을 완화시키자는 것이 주 목적이다. 북한이 핵무기를 보유하고 있는 상황에서 북한과 대화와 협상을 거부한다면 한반도 군사상황은 보다 악화될 수 있다. 북한 핵위협에 대한 확실한 억제체제를 갖추고 유지하여 대응하면서도 군사적 긴장완화 노력은 중단 없이 지속되어야 된다.

　　따라서, 북한 핵문제가 해결되지 않으면 군사합의와 같은 남북 간 신뢰구축 조치는 불필요하다는 주장은 합리적인 방안은 아니다. 우리는 북한 핵문제를 확실히 다루면서도 다른 한편에서는 신뢰구축을 위한 노력을 기울이는 유연성을 가져야 한다. 북한 핵문제와 같은 남북 간 협상이 어려운 문제를 현재는 다루지 못하고 있지만 낮은 수준의 문제를 해결하여 상호 간 불신을 제거하는 것은 한반도 안정과 평화를 위해서 중요한 조치이다.

제2절 상대방에 대한 일체의 적대행위 전면 중지

1. 무력 충돌 방지를 위한 다양한 대책 마련

① 쌍방은 지상과 해상, 공중을 비롯한 모든 공간에서 무력 충돌을 방지하기 위해 다양한 대책을 강구하였다.
쌍방은 군사적 충돌을 야기할 수 있는 모든 문제를 평화적 방법으로 협의·해결하며, 어떤 경우에도 무력을 사용하지 않기로 하였다.

쌍방은 어떠한 수단과 방법으로도 상대방의 관할구역을 침입 또는 공격하거나 점령하는 행위를 하지 않기로 하였다.

쌍방은 상대방을 겨냥한 대규모 군사훈련 및 무력증강 문제, 다양한 형태의 봉쇄·차단 및 항행방해 문제, 상대방에 대한 정찰행위 중지 문제 등에 대해 '남북군사공동위원회'를 가동하여 협의해 나가기로 하였다.

쌍방은 군사적 긴장 해소 및 신뢰구축에 따라 단계적 군축을 실현해 나가기로 합의한 「판문점선언」을 구현하기 위해 이와 관련된 다양한 실행 대책들을 계속 협의하기로 하였다.

남북 군사분야 합의서 제1조는 남북이 군사적 긴장과 충돌의 근원이 되는 일체의 모든 적대행위를 중지할 것을 선언한다. 이는 남북이 군사합의서를 통해 추구하는 정신과 목표, 정책 기조에 대한 공동 인식과 지향방향을 잘 제시한다. 제1조 1항은 이러한 정신과 목표, 기조를 추진하기 위한 구체적인 행동방안으로 지상과 해상, 공중의 모든 공간에서 무력충돌을 방지하기 위한 다양한 대책을 다음 네 가지로 제시한다.

첫째, 모든 문제를 평화적 방법으로 협의하여 해결하며 어떤 경우에도 무력을 사용하지 않는다. 둘째, 상대방의 관할구역을 침입 또는 공격하거나 점령하는 행위를 하지 않는다. 셋째, 쌍방은 상대방을 겨냥한 대규모 군사훈련 및 무력증강 문제, 다양한 형태의 봉쇄·차단 및 항행방해 문제, 상대방에 대한 정찰행위 중지 문제 등에 대해 '남북군사공동위원회'를 가동하여 협의해 나가기로 한다. 넷째, 단계적 군축을 실현해 나가기로 한 '판문점선언'을 구현하기 위해 다양한 실행 대책들을 계속 협의한다.

남북은 무력충돌 방지를 위한 행동 공간을 지상, 해상, 공중으로 정하였으며, 수중, 우주, 사이버 영역은 포함하지 않았다. 양측의 합의가 어렵고 과거 논의와 합의가 없었거나 합의가 어려운 분야인 대규모 군사훈련 및 무력증강 문제, 봉쇄·차단문제, 정찰 중지 문제 등은 향후 협의해 나갈 수 있는 협의체를 만드는 것으로 합의되었다. 이미 남북기본합의서에서 합의되었으나 한번도 가동되지 않았던 남북군사공동위가 구성되어 남북이 군사문제를 논의할 수 있다면 남북관계는 보다 진전될 수 있을 것이다. 합의된 이슈와 내용들은 남북의 모든 군사적 문제를 포함하는 포괄적 합의로서 항목별로 이행시한, 단계, 절차 등을 구체적으로 기술하여 문서의 실효성을 담보하였다. 특히, 이는 1992년 남북기본합의서와 2007년 남북 국방장관합의서의 이슈와 내용을 모두 포함하면서도 실질적 이행조치에 중점을 보다 두고 있다.

일체의 적대행위금지는 1992년 2월 발효된 남북 사이의 화해와 불가침 및 교류·협력에 관한 합의서(남북기본합의서)와 1992년 9월 합의한 남북기본합의서의 부속합의서 내용을 계승하고 있다. 남북기본합의서 2항은 남북불가침을 합의하고 이행하기 위한 조치들을 담고 있다. '상대방에 대하여 무력을 사용하지 않으며, 상대방을 무력으로 침략하지 않는다.' '분쟁문제들을 대화와 협상을 통하여 평화적으로 해결한다.' '남북은 불가침의 이행과 보장을 위해 남북 군사공동위원회를 구성·운영한다.' '단계적 군축실현 문제와 검증문제 등 군사적 신뢰조성과 군축을 실현하기 위한 문제를 협의·추진한다.' 또한, 부속합의서는 무력 불사용, 분쟁의 평화적 해결 및 우발적 무력충돌 방지, 불가침 경계선 및 구역, 군사직통전화의 설치·운영, 협의·이행 기구에 대한 구체적 이행방안을 제시한다.[36]

2000년 6월 제1차 남북국방장관회담에서 6.15 공동선언을 이행하기 위한 군사적 지원 및 보장방안을 주로 제시하면서도 동시에 군사적 긴장을 완화하기 위한 합의를 실시하였다. 2007년 11월 개최된 남북 국방장관회담합의서는 남북기본합의서에서 합의하였던 남북불가침과 관련한 내용을 재확인하고, 구체적으로 합의하였다. 2007년 국방장관회담합의서 제1조는 남북이 군사적 적대관계를 종식시키기 위해 평화적으로 분쟁을 처리하고, 모든 군사적 적대행위를 하지 않으며, 우발적 충돌 중지대책을 강구토록 하고 있다. 제2조는 전쟁을 반대하고 불가침 의무를 준수하기 위한 군사적 조치들로서 양측의 관할구역을 철저히 준수하며, 남북군사공동위원회를 구성해서 운영하기로 하고 있다.[37]

9.19 군사합의서의 적대행위 금지 조항은 한반도 안보의 가장 중요한 관심사이자 현안으로 우리가 주도적으로 해결해야 할 문제이다. 남북은 1992년 남북기본합의서 체결 당시부터 현재까지 이 문제를 지속적으로 협의하고 합의하였으며, 9.19 군사합의서도 이 정신을 그대로 반영하였다. 한반도와 같이 남북이 군사적으로 첨예하게 대치하고 있는 상황에서는 충돌을 야기할 수 있는 많은 문제

---

36 외교통상부, 「한반도 평화체제 관련 참고자료(Ⅰ)」 (서울, 2011), pp. 64. 80~83.
37 국방부, 「남북군사회담자료집」, p. 203.

들이 발생할 수 있다. 남북이 합의서에서 공식적으로 협의하지 않은 많은 상황들을 생각할 수 있다. 이러한 모든 문제에 있어서 남북이 군사력에 직접적으로 호소하지 않으며, 우발적인 군사적 충돌 상황도 예방하고 방지토록 하겠다는 공동인식은 매우 중요하다. 이는 남북 간 군사적 충돌 가능성을 획기적으로 낮추고 대화와 협력을 할 수 있는 여건을 조성한다.

또한, 남북군사공동위원회라는 제도적 장치를 만들어 남북이 서로 다양한 군사문제들을 협의해 나가기로 한 것은 협력의 장을 제도화한 조치이다. 남북은 이를 통해 군사훈련, 무력증강, 정찰행위 문제 등 군사합의서에서 합의하지 못하였던 문제들을 협의할 수도 있다. 남북 긴 불신을 해소하고 교류와 협력을 촉진시키기 위한 가장 중요한 요소가 군사적 이슈이다. 비록 시기를 달리하고 안보환경이 변화하였지만 남북은 서로 간에 적대관계를 종식시키고 무력충돌을 방지하며, 군사적 신뢰를 구축하기 위한 이슈를 최우선적으로 중시하고 합의하였다.

주요 이견에 대한 의견

③ 일부에서는 남북합의로 인해 우리 군의 전력증강이 제한을 받고, 한미 연합연습에 문제가 있을 것으로 주장한다. 그러나 이미 국방부가 발표하고 있듯이 우리는 국방비를 증대하고 계획대로 전력증강을 하고 있으며, 연합연습도 실시하고 있다. 위에서 언급하였듯이 남북이 합의가 어려운 중요한 문제는 향후 남북군사공동위원회를 구성하고 운영하여 협의해 나가기로 하였다. 남북이 실질적인 군사적 긴장완화 및 신뢰구축 조치를 통해서 한반도에 안정과 평화를 정착시켜 나가면서 상호 간 민감한 문제들이 논의될 수 있다.

그러나 역사적 경험은 이러한 협상을 위해서는 많은 도전을 극복해야 하며, 오랜 시간을 요구한다는 것을 말해준다. 우리 모두는 한국의 안보적 현실과 우려를 인식하고 북한과 협상하고 군사합의를 도출하였다는 사실을 이해할 필요가 있다. 서명 이후 삼지연에서 오찬시 2019년 이후 전력증강예산을 대폭 늘려 최신 무기체계 장비들을 확대하고자 한다고 북측 관계자들에게 언급하였다. 이는 북한을 겨냥해서 하는 전력증강이 아니고 한반도 주변 안보 정세의 변화에 대해 우리 대한민국이 능동적으로 대처해 나가야만 한다고 언급하였던 것이다.

④ 또한, 9.19 군사합의를 이행하는 과정에서 미측과 협의가 없이 이루어진 것이 아닌가 하는 우려가 있다. 우리 군은 남북군사회담 등 군사분야 합의서 체결을 위한 모든 과정에서 유엔사 등 미측과 긴밀하게 협의하여 진행하였다. 이러한 결과로 유엔사 측

은 군사합의서의 정상적 이행을 적극 지원한다는 입장을 공식적으로 수차례 표명하였다. 향후 군사합의서 이행을 위해서는 유엔사 등과 다층적이고 다각적인 협의와 협력을 지속 유지해야 한다.

2. 상대방을 겨냥한 군사연습 중지 및 비행금지구역 설정

② 쌍방은 2018년 11월 1일부터 군사분계선 일대에서 상대방을 겨냥한 각종 군사연습을 중지하기로 하였다.
지상에서는 군사분계선으로부터 5km 안에서 포병 사격훈련 및 연대급 이상 야외기동훈련을 전면 중지하기로 하였다.
해상에서는 서해 남측 덕적도 이북으로부터 북측 초도 이남까지의 수역, 동해 남측 속초 이북으로부터 북측 통천 이남까지의 수역에서 포사격 및 해상 기동훈련을 중지하고 해안포와 함포의 포구·포신 덮개 설치 및 포문폐쇄 조치를 취하기로 하였다.
공중에서는 군사분계선 동·서부 지역 상공에 설정된 비행 금지구역 내에서 고정익항공기의 공대지유도무기사격 등 실탄사격을 동반한 전술훈련을 금지하기로 하였다.
③ 쌍방은 2018년 11월 1일부터 군사분계선 상공에서 모든 기종들의 비행금지구역을 다음과 같이 설정하기로 하였다.

남북은 군사분계선 일대에서 상대방을 겨냥한 각종 군사연습을 중지하기로 하였다. 이는 과거에는 합의하지 못했던 새로운 합의사항으로 군사적 완충구역을 설치하자는 것이다. 따라서, 이에 대한 인식과 해석, 향후 영향과 효과 등에 대한 판단은 좀 더 시간을 갖고 성과를 지켜보아야 한다. 그렇지만 이는 남북이 서로 간 군사적 충돌의 위험성을 인식하고 우려하면서도 실질적인 행동조치가 미비하였다는 사실을 감안하면 이번 노력을 통해서 한반도 군사적 상황을 완전히 변화시킬 수 있도록 한 것이다. 남북은 지상, 해상, 공중에서 군사연습과 훈련을 중지하기 위한 구체적인 구역을 분명하게 명시함으로 양측이 지키고 준수해야 할 행동준칙을 마련하였다. 이는 우발적 군사충돌 가능성을 사전에 저지하고 군사적 긴장을 완화하기 위한 가장 중요한 일차적 신뢰구축 조치이다.

주요 이견에 대한 의견

⑤ 일부에서는 북한의 NLL 무실화 노력을 감안할 때 서해완충구역 설정으로 NLL을 포기한 것이 아닌가 하는 의혹을 제기하고 있다. 그러나 군사합의서 3조는 "남과 북은 서해 북방한계선 일대를 평화수역으로 만들어 …"라고 명시함으로 북한이 서해 북방한계선을 직간접적으로 인정하도록 하고 있다. 우리 정부는 북한과의 협상에서 NLL을 존중하고 준수토록 한다는 원칙을 확고히 유지하고 있다. 이는 북한과의 협상에서 변할 수 없는 정부의 기본 입장이다. 군사합의서는 이러한 원칙을 그대로 반영한다.

서해 완충구역은 남북 간 첨예한 군사적 대치를 해소하고 우발적 무력충돌을 선제적으로 예방하고 차단하기 위해 설정되었다. 서해 완충구역 설정 이후에도 북측 선박이 NLL 남측 지역으로 진입하는 것은 불기하며, NLL은 실질적인 해상경계선으로서 유효하다. 실제로 군사합의서 합의 이후 북한 함정의 NLL 진입은 없는 상태이다. 이는 북한이 이를 준수하고 있다는 사실을 반증해 준다. 우리 군도 NLL을 기준으로 한 방위태세를 확고히 유지하고 있다. NLL에 대한 어떠한 실질적인 군사적 변화 없이 현상을 안정적으로 잘 관리하고 있다.

가. 지상에서 적대행위 중지

남북은 지상에서 적대행위를 중지하기 위해서 군사분계선(MDL)으로부터 5km

그림 II-1 | 지상적대행위 중지 구역

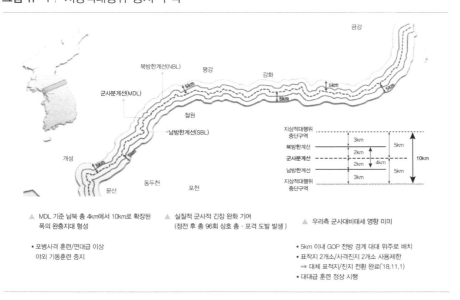

▲ MDL 기준 남북 총 4km에서 10km로 확장된 폭의 완충지대 형성

• 포병사격 훈련/연대급 이상 야외 기동훈련 중지

▲ 실질적 군사적 긴장 완화 기여 (정전 후 총 96회 상호 총·포격 도발 발생)

▲ 우리측 군사대비태세 영향 미미

• 5km 이내 GOP 전방 경계 대대 위주로 배치
• 표착지 2개소/사격진지 2개소 사용제한
  ⇒ 대체 표적지/진지 전환 완료('18.11.1)
• 대대급 훈련 정상 시행

안에서 포병 사격훈련 및 연대급 이상 야외기동훈련을 전면 중지하기로 하였다. 기존 비무장지대의 폭은 남북 각 2km, 총 4km의 폭을 가지고 있으며, 이를 확장하여 남북이 군사분계선으로부터 각각 5km, 총 10km의 폭에서 군사적 긴장을 야기하거나 서로가 오인할 수 있는 행동을 하지 않기로 하였다. <그림 II-1>은 이를 잘 보여준다.

남북이 설정한 총 10km 폭의 군사연습 중지 구역은 지상 완충지대를 형성하여 이곳에서 상대방을 겨냥한 적대행위를 전면 중지시켜 남북 간 상호 신뢰의 발판을 마련토록 한다. 남북은 우발적 충돌 위험을 근본적으로 제거하여 군사력이 밀집되고 집중되어 있는 MDL 상에서의 실질적인 군사적 긴장을 완화할 것이다.

주요 이견에 대한 의견

⑥ 지상 완충구역 설정이 한국군의 연습훈련과 대비태세를 약화시킨다는 비판이 있다. 그러나 완충구역은 한국의 군사적 대비태세를 약화시키지 않도록 준비되고 조치되었다. 군사합의는 연대급 이상의 야외기동훈련만을 대상으로 한다. MDL 5km 이내 지역에는 우리 군의 GOP 전담 경계대대 위주로 배치되어 있어 교육훈련에는 제한이 없다. 한국군 전방연대의 야외기동훈련은 이전에도 완충구역 이남에서 실시해왔으며, 전방연대 예비대대 위주로 진행하고 있기 때문에 영향을 받지 않는다. 대대급 이하의 야외기동 훈련은 종전과 같이 실시하고 있다. 한국군은 새로운 장비와 무기체계를 도입하고 과학화훈련장 사용 등 다양한 연습훈련 방법을 통해서 전비태세를 유지 및 강화토록 할 수 있다.

⑦ 또한, 한국은 군사분계선 5km 이내 한국군 포병 표적지 2개소 및 사격진지 2곳이 있으나 보완조치를 통해 포병부대 교육훈련에 제한사항이 없도록 하였다. 즉, 대체 표적 및 진지로 전환을 2018년 11월 1일부로 완료하였다. 언론에 중점 보도되었던 강원도 고성군 육군 마차진 대공무기 사격장은 MDL에서 11.5km 떨어져 있다. 따라서 포병 사격훈련 중지 구역은 아니나 동부지역 비행금지 구역 거리 15km 이내에 위치하고 있기 때문에 대공포 사격을 위해 필요한 무인 표적기를 지상에서 사용하기 어려운 문제가 있다. 그러나 마차진 사격장은 해안에 인접해 있기 때문에 무인기를 해상에서 운용하여 대공포 포병훈련을 할 수 있도록 하였다. 또한, 발칸포 대공 사격은 포의 특성상 조준 사격이라기보다는 표적을 향한 탄막사격이기 때문에 이에 대한 절차를 조정하여 숙달훈련을 실시하면 문제가 없다.

나. 서해 완충구역 설정

해상에서는 서해 NLL 기준 완충구역을 설정하여 이 수역에서 포사격 및 해상 기동훈련을 중지하고 해안포와 함포의 포구·포신 덮개 설치 및 포문 폐쇄 조치를 취하도록 하였다. 이러한 완충구역의 범위는 서해는 우리의 덕적도 이북으로부터 북측 초도 이남까지의 수역을, 그리고 동해에서는 우리의 속초 이북부터 북측 통천 이남까지의 수역이다. 거리로 환산하면 우리의 서해 연안 연평도 해역을 기준으로 볼 경우 덕적도 북쪽에서 NLL까지 32km이며, 백령도 해역은 이 선으로부터 NLL이 53km 북측에 있기 때문에 덕적도 북방 기준선으로부터는 85km이다. 북측은 백령도 서측 해역 기준시 NLL에서 초도까지가 50km이며, 연평도 수역을 기준시 총 103km이다. NLL 수역 완충구역의 범위는 <그림 II-2>에서 잘 보여준다.

서해 NLL 일대의 완충구역은 분쟁과 갈등의 바다를 평화와 협력의 바다로 전환하는 전기를 마련할 것이다. 평시에 군사적 위협을 자행할 수 있는 행동을 방지하기 위한 구체적 조치에 합의하여 상대에 대한 위협행동을 획기적으로 감소시키고 우발적 무력충돌 가능성을 근원적으로 제거하였다. 특히, 과거 남북 간 군사적 충돌이 발생했던 동·서해 해역을 포괄하는 넓은 완충구역을 설정함으로써 다시는 과거와 같은 우발적 충돌의 아픈 역사가 재발되지 않도록 하고자 하

그림 II-2 | 서해 해상적대행위 금지구역

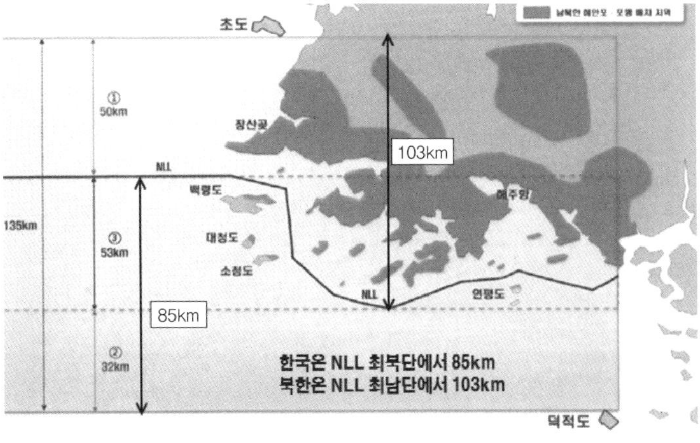

그림 II-3 | 동해 해상적대행위 금지구역

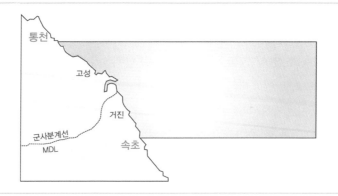

였다. 이러한 합의에도 불구하고 NLL 일대의 일상적인 경계작전, 어로보호지원작전 등은 현행 작전방식을 유지하여 안정적인 안보상황의 전환을 추진하였다.

주요 이견에 대한 의견

⑧ 일부에서 북한은 서해 NLL 기준 완충구역에서 북한은 50km에 불과하고 우리는 85km나 설정되어 우리가 35km를 더 양보한 것이라고 비판한다. 그러나 이것은 서해 NLL 최북단에서 비교시 그렇고 최남단을 기준으로 하면 북한으로 103km 뒤로 밀린 것이다. 한국 해군의 훈련구역은 덕적도 이남 해역으로 이번 합의에 영향을 받지 않으며, 대잠 초계기나 헬기의 운용에도 영향을 받지 않는다. 특히, 해군은 육군과 달리 선개념의 작전이 아니며 구역개념으로 임무를 수행한다는 것을 인식할 필요가 있다. 즉, NLL은 눈에 보이는 철책이나 장벽이 있는 것이 아니며, 해군 함정은 항상 기동하며 임무를 수행한다. 따라서 해군작전은 NLL 선을 방어하기 위한 임무에 주력하면서도 NLL 해역 전체를 통제하는 해역작전개념을 기본으로 한다. 우리의 월등한 해·공군력은 이러한 임무 목표를 달성토록 보장하고 있다.

⑨ 서북도서에 배치된 K-9 자주포 등 해병의 포병사격훈련에 대한 문제가 많이 제기되었었다. 우리는 해병의 포병사격훈련을 내륙지역 순환훈련 등으로 변경하여 실질적인 대비태세를 상시 유지토록 하였다. 물론 서북도서 전장에서의 직접적인 포 사격훈련이 중요하고, 이점도 크다. 그러나 내륙지역 순환훈련의 장점도 있다. 예를 들면, 서북도서에서의 훈련보다는 보다 체계적이고 과학적이며, 전문적인 포 사격훈련이 가능하다. 서북도서 고립지역에 배치되어 있던 장병들에게 포 사격훈련과 함께 제공될 수 있는 재충전 기간도 중요한 의미를 갖는다. 해병부대가 기동부대라는 특성을 고려할

때 이러한 순환배치 연습은 기동작전을 숙달하는데도 유리하다.

⑩ 일부에서는 북한 4군단 장사정포를 감안하지 않았다고 한다. 그러나 북한이 장사정포를 사용하여 함정을 공격하는 것은 위협적인 행동일 수 있을지 몰라도 함정과 같이 이동표적을 공격하기 위한 정확도는 없다. 현대전의 특성을 보면 장사정포로 함정을 공격하고자 하는 행동은 포탄만 낭비하는 매우 비효과적인 방법이다. 서해 완충구역에 배치된 해안포, 포병 전력 규모는 북측이 우리의 약 3~5배 수준이고 북한 서해함대의 70~80% 전력에 해당하기에 우리에게 위협의 감소효과가 더 크다.

특히, NLL 인근에서 임무하는 부대들의 포문을 폐쇄하는 것은 남북 간 가장 군사적 긴장도가 높은 이 해역의 여건을 변화시킬 것이다. 서해 NLL 수역에서 군사적 충돌 가능성을 크게 줄이고 남북 간 군사적 신뢰를 구축하며, 국민들이 보다 안심하고 생활할 수 있는 여건을 보장해 줄 것이다. 우리가 북한과 군사적 긴장완화 조치를 위해서는 우리가 많은 것을 얻으려고 하는 것뿐만 아니라 북한에게 일부를 양보하여 우리의 보다 큰 전략적 실익을 얻기 위한 방안도 고려하는 것이 중요하다.

다. 공중 완충구역 설정

③ 쌍방은 2018년 11월 1일부터 군사분계선 상공에서 모든 기종들의 비행금지구역을 다음과 같이 설정하기로 하였다.

고정익항공기는 군사분계선으로부터 동부지역(군사분계선표식물 제0646호부터 제1292호 까지의 구간)은 40km, 서부지역(군사 분계선표식물 제0001호부터 제0646호까지의 구간)은 20km를 적용하여 비행금지구역을 설정한다.

회전익항공기는 군사분계선으로부터 10km로, 무인기는 동부지역에서 15km, 서부지역에서 10km로, 기구는 25km로 적용한다.

다만, 산불 진화, 지·해상 조난 구조, 환자 후송, 기상 관측, 영농지원 등으로 비행기 운용이 필요한 경우에는 상대측에 사전 통보하고 비행할 수 있도록 한다. 민간 여객기(화물기 포함)에 대해서는 상기 비행금지구역을 적용하지 않는다.

공중에서는 남북이 MDL 동·서부 지역 상공에 비행금지구역을 설정하고, 이 구역 내에서 고정익 항공기의 공대지유도무기사격 등 실탄사격을 동반한 전술훈련을 금지하였다. 비행금지구역은 제3항에서 다음과 같이 합의하고 있다. 고정익 항공기는 MDL로부터 동부지역은 40km, 서부지역은 20km로 정하였다, 회전익항공기는 MDL로부터 10km, 무인기는 동부지역에서 15km, 서부지역에서 20km로 정하였다. 기구는 25km로 설정하였다. 동부에 비해서 서부의 비행금지구역을 축소하여 설정한 이유는 서울의 위치를 고려한 것이다.

다만, 산불진화, 조난구조, 환자 후송, 기상관측 등으로 비행기 운용이 필요한 경우에는 상대측에 사전 통보하고 비행할 수 있도록 하였다. 여객기에 대해서도 상기 비행금지구역을 적용하지 않기로 하였다. 이는 예외조항을 마련하여 '선진입, 후통보'가 가능함으로 상호 통보절차로 인한 영향요소를 없도록 하였다. 실제로 2018년 11월 1일 이후 산불 발생 및 긴급 환자 후송을 위해 헬기를 정상적으로 투입하여 운용하였다.

그림 II-4 | 공중 적대행위 금지구역

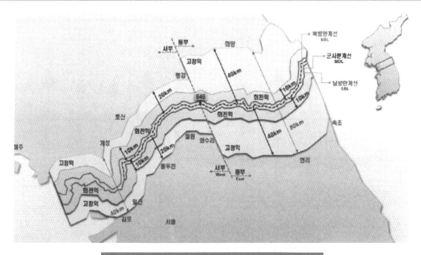

▲ '18. 11. 1. 부 MDL 상공 비행금지구역 설정

고정익	회전익	무인기	기 구
동부: 40km 서부: 20km	동서부: 10km	동부: 15km 서부: 10km	25km

● 주한미군 항공기 포함 모든 항공기
● 산불진화, 조난구조, 환자후송, 기상 관측, 영농 지원 제외
● 서부는 서울 위치고려 축소 설정
● 북 장사정포 감시 · 정찰 공백 미 발생

남북은 MDL을 중심으로 서부에서는 40km, 동부에서는 80km 폭의 공중 완충구역을 설정하여 양측 항공기들 간 우발적 충돌 가능성을 근원적으로 차단하였다. 남북이 직접 대치하는 짧은 종심의 한반도 지리적 특성과 항공기 무장 능력을 고려 시 비행금지구역 설정은 공중에서 서로에 대한 위협을 크게 감소시켜 한반도의 군사적 긴장을 완화하는 중요한 전기를 마련할 것이다. 특히, 접경 지역에서 상호 간의 근접비행으로 인한 대응소요를 감소하는 긍정적인 효과도 발생한다. 그러나 민간 여객기 및 산불진화 등의 위급상황에 영향을 주지 않도록 예외조항을 마련하여 문제가 없도록 하였다.

주요 이견에 대한 의견

⑪ 일부에서는 남북 간 비행금지구역 설정으로 우리의 대북 감시능력이 제약을 받아 북한의 도발을 감시하고 즉각 대응하는 것이 곤란하다고 비판한다. 그러나 한미가 운용 중인 정찰 자산의 성능 등을 고려시 비핵금지구역 설정이 정보·감시 태세에 미치는 영향은 크지 않다. 현재 한미 연합군은 인공위성, 고고도 유·무인 정찰기 등 다양한 기종의 감시·정찰 자산을 운용하고 있다. 한미 정보자산은 북한의 장사정포 등 주요 표적에 대한 중첩 감시, 원거리 감시정찰 임무를 수행하는 데는 전혀 지장이 없다. 한미의 대북감시능력과 정찰 자산은 북한에 비해 비대칭적 우위를 갖고 있다. 반면에 북한은 사실상 한국에 대한 감시·정찰 능력을 크게 제약받는 상황이 될 것이다. 즉, 북한의 무인기를 활용한 대남 정찰활동은 크게 제한을 받는다.

비행금지 구역의 설정은 남북의 비행횟수를 고려시 우리에게 일방적으로 불리하며, 비행금지구역 설정으로 우리 군 무인기 운용이 제한을 받는 것에 대한 우려가 있다. 비행금지구역은 MDL 일대 공중에서의 우발적 무력충돌을 방지하기 위한 목적으로 설정하여 운용한다. 우리 군은 비행금지구역 적용 후에도 공역 및 경로 조정 등을 통해 감시·정찰 및 CAS 등 기존 임무를 변함없이 수행한다. 공역 및 경로 조정 후에도 임무수행 간 비행횟수는 합의 이전 수준과 동일하게 유지한다.

그러나 비행금지구역 설정으로 군단에서 운용하는 무인정찰기 감시범위가 동부 접적지역에서 일부 제한이 발생하는 것은 사실이다. 이는 타 정찰자산을 보강하였기 때문에 실제 작전에 미치는 영향은 미미한 수준이다. 우리 군은 국방개혁 2.0에 의거 정찰용 무인항공체제 강화 등 북한 종심지역에 위치한 전략표적에 대해 24시간 감시가 가능하도록 영상정보 획득 능력을 구축하고 있다. 또한, 해양 공중영역을 활용하여 비행금지구역에 관계없이 고고도 정찰자산을 운용하여 감시를 항시 실시할 수 있다. 우리뿐만 아니라 미국 감시·정찰 자산 능력은 해양공간을 활용한 활동에 유리하다.

3. 우발적 충돌 방지를 위한 작전수행절차 적용

④ 쌍방은 지상과 해상, 공중을 비롯한 모든 공간에서 어떠한 경우에도 우발적인 무력충돌 상황이 발생하지 않도록 대책을 취하기로 하였다.
이를 위해 지상과 해상에서는 경고방송 → 2차 경고방송 → 경고사격 → 2차 경고사격 → 군사적 조치의 5개 단계로, 공중에서는 경고교신 및 신호 → 차단비행 → 경고사격 → 군사적 조치의 4개 단계의 절차를 적용하기로 하였다.
쌍방은 수정된 절차를 2018년 11월 1일부터 시행하기로 하였다.

한반도와 같이 남북이 군사적으로 대치하고 있는 상황에서는 일상적인 군사 임무를 수행 중에 우발적 충돌이 발생하고, 이러한 우발적 충돌이 확전으로 이어질 가능성이 높다. 따라서, 서로가 원하지 않는 우발적 군사충돌 방지 절차를 마련하여 제도화하고 일상화하는 것은 군사적 긴장완화를 위한 필수적인 요구사항이다. 남북은 제2차 연평해전 이후 2004년 9월 서해 상에서 우발적 충돌 방지를 위한 행동조치에 합의한 바가 있다. 이 합의는 비록 오래 지속되지 못하였지만 상당 기간 동안 서해에서 안정과 평화를 유지하는데 기여하였다. 북한은 현대적인 장비로 무장한 한국 해·공군력의 원거리 탐색 및 교전 능력을 두려워한다. 우리는 북한과의 우발적 충돌이 야기할 수 있는 많은 불안정 상황을 방지하길 원한다.

남북은 지상과 해상, 공중을 비롯한 모든 공간에서 우발적인 무력충돌이 발생하지 않도록 작전수행절차를 마련하고 적용하기로 하였다. 이를 위해 지상과 해상에서는 대응절차를 경고방송 → 2차 경고방송 → 경고사격 → 2차 경고사격 → 군사적 조치의 5단계로 정하였다. 공중에서는 경고교신 및 신호 → 차단비행 → 경고사격 → 군사적 조치의 4개 단계 절차를 적용하기로 하였다.[38] 또한, 양측은 우발적 충돌이 발생하지 않도록 상시 연락체계를 가동하며, 비정상적인 상황이 발생하는 경우 즉시 통보하는 등 군사적 문제를 평화적으로 해결하기로 하였다.

---

38 우리 측의 이전 교전규칙은 해상에서는 횟수에 상관없이 경고통신 → 경고사격 하겠다는 경고통신 후 경고사격(2~3회) → 경고사격 불응시 조준사격 절차였다. 지상에서의 교전규칙은 MDL과의 거리 및 MDL 침범 여부에 따라 1차 경고방송 → 2차 경고방송 → 3차 경고방송 및 경고사격 → 사살 또는 포획의 단계로 구분하였다. 공중에서의 교전규칙은 경고방송 → 퇴거조치 → 조준사격의 단계를 적용하였다.

이러한 절차의 마련은 우발적 충돌 위험을 근본적으로 차단하기 위하여 상호 공통된 절차를 적용함으로써 군사적 신뢰성을 증대하는 계기를 마련한다. 서로 대치하고 있는 전방에 있는 양측의 장병들이 서로 만나거나 부딪쳤을 때 상대가 어떠한 행동을 단계적으로 이행할 것인가를 알고 대치하기 때문에 서로의 행동에 대한 투명성을 높이고 자신의 행동을 절차대로 수행토록 한다.

이러한 작전수행절차는 DMZ와 NLL 등에서 현재 우리 군이 적용하고 있는 교전규칙 절차를 준용하여 마련하였다. 따라서 동 절차는 접적지역에서 상대측 도발의도를 확인하여 우발적 무력충돌을 예방하는 유용한 절차로 기능한다. 그러나 북측이 의도를 갖고 우리 측에 도발을 감행하는 경우에는 자위권적 차원에서 모든 수단을 동원하여 강력하게 대응할 것이다. 우리 군은 우발적 충돌을 방지하기 위한 조치를 적용하면서도 군사대비태세를 변함없이 유지할 수 있도록 한다.

제3절 | 비무장 지대의 평화 지대화

2. 남과 북은 비무장지대를 평화지대로 만들어 나가기 위한 실질적인 군사적 대책을 강구하기로 하였다.
   ① 쌍방은 비무장지대 안에 감시초소(GP)를 전부 철수하기 위한 시범적 조치로 상호 1km 이내 근접해 있는 남북 감시초소들을 완전히 철수하기로 하였다.(부록 7, 붙임 1)
   ② 쌍방은 판문점 공동경비구역을 비무장화하기로 하였다.(부록 7, 붙임 2)
   ③ 쌍방은 비무장지대내에서 시범적 남북공동유해발굴을 진행하기로 하였다.(부록 7, 붙임 3)
   ④ 쌍방은 비무장지대 안의 역사유적에 대한 공동조사 및 발굴과 관련한 군사적 보장대책을 계속 협의하기로 하였다.

남북은 비무장 지대를 평화지대로 만들기 위한 실질적인 군사적 대책을 강구하기로 하였다. 이를 위해 비무장지대 내 감시초소(GP) 상호 철수, 판문점 공동경비 구역 비무장화, 비무장지대내 남북공동유해발굴, 비무장지대내 역사유적 공동조사 및 발굴을 실시하기로 하였다. 비무장 지대에 대한 유엔사의 관할권을 고려하여 우리는 국방부 장관-유엔군사령관 간담회, 국방부-유엔사 국장급 수시 간담회와 전화통화를 통해 의제와 협의 사항에 대해 상호 협조 및 의견을 조율하였다. 유엔사 측은 비무장 지대의 평화지대화 관련 사안에 대해 전반적으로 공감한다는 입장을 유지하였다. 그러나 정전협정과 관련된 사안에 대해서는 유엔사측의 역할과 협력이 추가로 필요한 것이 사실이다.

1. 비무장지대 내 전방감시초소(GP) 상호 철수

남북은 비무장 지대 안의 전방감시초소(GP)를 전부 철수하기 위한 시범적 조치로 상호 1km 이내 근접해 있는 남북 감시초소를 완전히 철수하기로 하였다. 구체적으로 <그림 Ⅱ-5>에서 보는 바와 같이 비무장지대 안의 1km 거리 내에 있는 양측의 11개 감시초소를 시범적으로 철수하고, 이를 2018년 12월 31일까지 완료한다고 합의하였다. 감시초소의 완전 철수는 단계적으로 진행하기로 하였으며, 1단계는 모든 화기 및 장비 철수, 2단계는 근무 인원 철수, 3단계는 시설물 완전파괴, 4단계는 상호 검증 단계로 구분하였다.

비무장지대 내 모든 GP 철수를 추진하는 것은 '판문점선언'에 명시된 평화지대화'를 실현하기 위한 실질적 조치이다. 정전협정이 규정하고 있는 대로 남북이 MDL로부터 각각 2km씩 총 4km 이격될 경우, 우발적 군사충돌 위험을 근본적으로 감소시키는 획기적인 행동이다. 그동안 남북은 GP 간 80여 차례 무력충돌이 발생했었다. 우선 시범적 철수 조치는 군사적 충돌 가능성이 상대적으로 높은 상호 1km 거리 내 근접한 남북 각 11개 GP를 선정하였다. 서부지역 5개, 중부지역 3개, 동부지역 3개로 구성된다. 잔여 GP는 한국군이 60여개, 북한군이 160여개를 갖고 있기 때문에 북한군이 100여개를 더 폭파하도록 되어 있다.

남북은 2018년 10월 26일 판문점 북측지역 통일각에서 열린 10차 남북 장성급회담에서 연말까지 11개 GP 시범철수 일정에 합의했다. 양측은 시범철수하기로 합의한 11개 GP 가운데 10개는 11월 30일까지 완전 파괴하고 상호 보존하기로 합의한 GP 1개소씩은 철수하되 원형은 보존하였다.[39] 양측은 11월 30일

---

[39] 원형을 보존하는 한국 측 GP는 1953년 정전협정 체결 직후 최초 설치된 동부전선의 동해 GP이다. 북측

그림 II-5 | 남북 상호 GP 철수 지역 및 현황

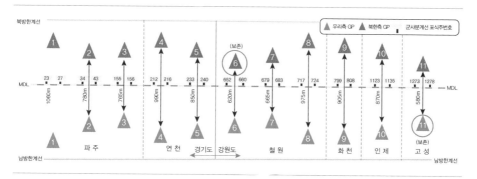

시범철수 대상인 GP 시설물에 대한 철거조치를 완료하고 관련 상호 검증을 2018년 12월 22일 완료하였다. 우리 측은 보존키로 한 고성 GP를 2019년 2월 13일 언론에 공개한바 있다.

우리의 감시능력을 고려할 때, GP가 철수하더라도 DMZ 경계작전에 미치는 영향은 크지 않을 것으로 평가한다. 한국은 GP 후방에 155마일 GOP 철책선을 따라 과학화 경계시스템을 구축하고 있다. 특히, 이 GOP는 2-3중의 철책선으로 구성되며 약 100여개 이상의 소대단위로 경제작전을 수행하고 있다. 또한, 2006년 이후 GOP에 무인 CCTV 등을 포함한 과학화 감시체계 설치 작업을 실시하여 2016년 10월 완료하였다. 이후 GOP 전 사단이 과학화 경계작전을 개시하였다. 시범적 GP 상호 철수는 향후 DMZ의 모든 GP를 철수해 나가기 위한 시발점으로 이를 통해 DMZ 내 군사적 충돌 가능성과 같은 위협을 해소시킬 수 있다. 반면에 북측은 GP 후방 북방한계선에 우리와 같은 경계부대 및 감시장비가 없어 GP 철수는 북한군 경계선을 후방으로 철수시키는 의미와 같은 효과를 달성한다. GP 철수에 대한 부담이 북측이 훨씬 크다고 봐야 한다.

2. 판문점 공동경비구역(JSA) 비무장화

남북은 판문점 공동경비구역을 비무장화하기로 하고 다음과 같은 조치사항을

은 김정은 국무위원장이 2013년 6월 방문했던 중부전선의 까칠봉 GP를 보존키로 했다.

합의하였다. "남·북·유엔사(3자)는 2018년 10월 1일부터 판문점 공동경비구역 내 지뢰를 20일 안에 제거한다". "3자는 지뢰제거가 완료된 때부터 5일 이내에 양측의 초소들과 인원 및 화력장비를 전부 철수한다". 또한, "불필요한 감시장비를 철수하고 협의를 통해 필요한 감시장비를 추가 설치"하며, "비무장 조치 완료 상태를 2일 간 공동으로 검증"한다. "3자는 비무장화 조치 완료 이후의 공동관리기구 구성 및 임무, 운영방식 등과 관련된 제반 사항들을 협의하여 결정한다." 또한, 비무장 조치 이후 경비근무는 양측 각각 35명 이하의 비무장 인원으로 수행하며, 판문점 공동경비구역 내에서 관광객 및 참관인원들의 자유왕래를 허용한다.

정전협정에 따라 판문점 공동경비구역을 완전 비무장화함으로써 정전협의 정신에 부합되는 평화와 화합의 장소로 전환하였다. 판문점 공동경비구역은 1953년 정전협정 체결 이후 정전협정 이행을 위한 군사정전위원회와 중립국감독위원회의 회담 지원을 위해 1953년 10월 19일 군정위 본회의에서 회담장 건물을 중심으로 직경 800미터의 타원형 모양으로 설치되었다. 공동경비구역은 말 그대로 유엔사측과 북측이 공동으로 경비하는 구역으로 1976년 8월 18일 북측 경비병들의 도끼만행사건 이전까지는 판문점에서 근무하는 양측 경비병들이 자유로이 이동할 수 있었으며, 유엔사측 초소도 북측에 위치했었다. 그러나 8.18 사건 이후 사건 발생을 예방하는 차원에서 쌍방 경비병들의 군사분계선 월선을 금지하였으며, 유엔사측에 위치한 북측 초소들도 모두 철거하였다.[40] 따라서, JSA의 비무장화는 정전협정 이행 및 준수를 위해 판문점 공동경비구역 설치의 본래 취지와 명분에 맞게 JSA 비무장화를 추진한 것이다.

JSA 비무장화를 위해 '남·북·유엔사 3자 협의체'를 구성하여 약 1개월 간 판문점 공동경비구역을 비무장화하기 위한 일련의 조치를 취하였다. JSA 비무장화 조치를 위해 2018년 10월 1일부터 JSA 내 지뢰제거 작업을 시작하였으며, 화기·탄약 및 초소 철야근무를 10월 25일 철수 완료하였다. 남북은 2018년 10월 26일~27일 2일 간 JSA 내 남북 모든 초소와 시설물 등을 대상으로 상호 공동검증절차를 진행하여 완료하였다.

---

40 합참정보본부, 「군사정전위원회편람 제5집」(서울: 2001년 12월, 합참 군정위단), p. 217.

그림 II-6 | JSA(공동경비구역) 비무장화 현황

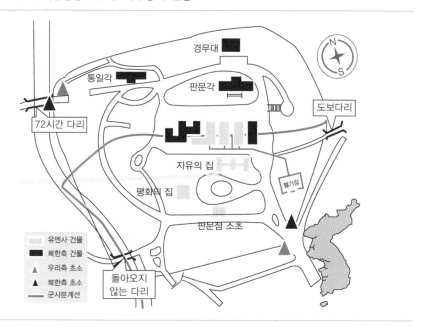

JSA 비무장화를 통해 정전협정에 합의한 대로 JSA 공동경비를 복원하였다. 2018년 4.24 남북정상회담과 2019년 6월 30일 판문점 북미정상회담 당시 문재인 대통령과 트럼프 대통령은 JSA의 MDL 북측 지역 땅을 밟는 행사를 하였다. JSA 비무장화를 통해 판문점을 방문하는 남북 및 외국인 관광객 및 참관 인사들이 자유로운 왕래를 보장할 수 있도록 하였다. 또한, JSA는 군사분계선을 넘나들며, 교류 및 접촉할 수 있는 '평화의 상징'으로 변모할 수 있는 기회를 갖게 되었다.

3. 비무장지대 내 남북공동유해 발굴

남북은 비무장 지대에서 시범적 남북공동유해발굴을 진행하기로 하였다. 그 내용은 다음과 같다. 시범적 공동유해발굴 지역은 강원도 철원지역 일대(MDL 표식물 489-497)에서 10월 1일부터 11월 30일까지 지뢰와 폭발물을 완전히 제거한다. 비무장지대 내 공동유해발굴의 원활한 추진을 위해 시범적 공동유해발굴지역 내에 남북 간 12m 폭의 도로를 12월 31일까지 건설한다. 시범적 공동유해발굴은 2019년 4월 1일부터 10월 31일까지 진행한다. 양측은 공동유해발굴단을 구성하여 운영하여 제기되는 실무적 문제들을 공동으로 협의하여 해결한다. 시범적 남북공동유해발굴 추진 지역은 한국전쟁사, 상호 접근성, 전사자 유해 예상 매장 구수 등을 고려하여 강원도 철원지역 화살머리 고지로 선정되었다. 이곳에는 우리 국군 전사자(실종자) 유해 200여구를 포함하여 미군과 프랑스군 등 총 300여구가 매장되어 있을 것으로 추정된다.

남북은 9.19 군사합의에 따라 10월 1일 JSA, DMZ내 남북공동유해발굴지역 지뢰제거 작업을 개시하였다. 지뢰제거 작업은 남북이 자기 측 지역에 대해 20일간 진행하도록 하였다. 공동유해발굴 지역 내 지뢰제거 작업과 DMZ 내 시범철수 GP 완전 파괴작업을 11월 30일 완료했다. 또한, 10월부터 철원 '화살머리고지' 일대에 남북연결도로 건설을 개시하여 11월 21일 남북연결도로를 개설하였으며, 이에 대한 작업을 12월 말까지 계속하였다. 그러나 남북공동유해발굴단

그림 II-7 | 비무장지대 내 공동유해발굴지역

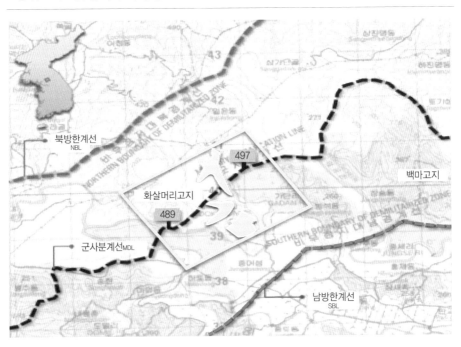

구성은 아직 이루어지지 않고 지연되고 있다. 우리 측은 2019년 2월 말까지 공동유해발굴단 구성을 완료하고 상호 통보하기로 합의하였다. 북측의 조치가 아직 없는 상황에서 우리는 단독으로 '화살머리고지' 우리 측 일대에서 유해 발굴 작업을 시작하였다.

한국전쟁 당시 격전지였던 비무장지대에서 아직까지 수습하지 못한 남북 전사자 유해를 최초로 남북이 공동발굴하기로 한 것은 매우 중요하다. 또한, 비무장지대 내 공동유해발굴은 'DMZ 평화지대화'의 실질적 조치로 '판문점선언'과 '센토사합의'를 동시에 이행한다는 측면에서 의미가 크다. 미북 간 6.12 센토사합의에서 양측은 "신원이 확인된 전쟁포로 및 전쟁실종자들의 유해를 즉각 송환하는 것을 포함해 유해 수습을 약속한다"고 합의하였다. 유해발굴 및 송환은 나라를 위해 희생한 국군에 대한 국가의 의무를 이행해 나가는 과정이며, 잊혀진 영웅과 장소를 새롭게 기억해 내는 계기가 된다. 또한, 한반도의 동, 서쪽에서는 남북이 연결되었으나, 중앙부는 접근조차 없었다. 이를 계기로 한반도 중앙부에도 도로가 연결되고, 더 나아가 철도를 연결시키는 계기를 마련하였다.

4. 비무장지대 내 역사유적 공동조사 및 발굴

남북은 비무장지대 안의 역사유적에 대한 공동조사 및 발굴과 관련한 군사적 보장대책을 계속 협의하기로 하였다. 우리 정부는 DMZ 내 역사유적을 민족정체성 회복의 공간으로 만들어 나가기 위해 민간 차원의 공동조사 및 발굴을 추진한다. 남북 군사당국은 이러한 남북 간 문화교류를 군사적으로 지원하기 위해 역사유적에 대한 공동조사 및 발굴과 관련한 지뢰제거, 출입 및 안전보장 등 군사적 대책을 마련해야 한다. 우선적인 조치로 DMZ내 '태봉국 철원성' 등 발굴사업 추진을 위해서는 남북군사당국 간 군사적 보장 합의가 먼저 이루어져야 할 필요가 있다. 남북 간 군사적 보장 합의를 통해 관련 당국에서 필요한 사업들을 추진할 수 있는 여건을 마련해야 한다. 이는 남북 공통의 역사유적을 복원하고 민족동질성을 회복하는데 크게 기여할 것이다.

비무장지대 내 역사유적 공동발굴은 남북이 민족의 역사를 바로보고 현재의 갈등을 넘어서며 미래를 함께 지향해 나가기 위한 중요한 조치이다. 2019년 4월 우리 문화재청은 비무장지대 유해발굴지역에서 문화재 분포와 현황을 파악하기 위한 조사를 시작하였다. 철원 화살머리고지에 지뢰가 제거된 구간과 개설도로 주변에 들어가 문화재를 종합적으로 파악하였다. 철원 유해발굴 지역인 화살머리고지는 DMZ 군사분계선에 있는 태봉 철원성에서 약 12km 떨어져 있다.[41] 인근에 태봉 철원성의 방어시설로 추정되는 중어성도 있다. DMZ내 문화재 종합조사를 실시하는 등 남북문화재 교류의 협력과 확대는 남북이 동질성을 확보하고 한국의 문화유산을 세계에 알릴 수 있다.

제4절 서해 해상 평화수역 조성

3. 남과 북은 서해 북방한계선 일대를 평화수역으로 만들어 우발적인 군사적 충돌을 방지하고 안전한 어로활동을 보장하기 위한 군사적 대책을 취해 나가기로 하였다.
   ① 쌍방은 2004년 6월 4일 제2차 남북장성급군사회담에서 서명한 '서해 해상에서의 우발적 충돌 방지' 관련 합의를 재확인하고, 전면적으로 복원·이행해 나가기로 하였다.
   ② 쌍방은 서해 해상에서 평화수역과 시범적 공동어로구역을 설정하기로 하였다.(부록 7, 붙임 4)
   ③ 쌍방은 평화수역과 시범적 공동어로구역에 출입하는 인원 및 선박에 대한 안전을 철저히 보장하기로 하였다.
   ④ 쌍방은 평화수역과 시범적 공동어로구역 내에서 불법어로 차단 및 남북 어민들의 안전한 어로활동 보장을 위하여 남북 공동순찰 방안을 마련하여 시행하기로 하였다.

남북은 서해 북방한계선 일대를 평화수역으로 만들어 우발적인 군사적 충돌을 방지하고, 평화수역과 시범적 공동어로구역을 설정하며, 이를 위한 남북 공동순찰 방안을 마련하여 시행하기로 하였다.

---

41 뉴시스, "DMZ 문화재 조사 착수, 철원 화살머리 고지부터," 2019년 4월 16일.

서해 NLL 일대를 평화수역으로 만들기 위한 노력은 2000년대 초 이후 지속적으로 이루어져 왔다. 2004년 6월 남북은 서해상에서의 우발적 충돌방지를 위한 합의서, 남북해운합의서를 체결하였으며, 2005년 7월 남북수산협력에 대한 실무협의회 합의서를 채택하였다. 2007년 제2차 남북정상회담의 7.4 선언은 '서해평화협력특별지대' 설치와 공동어로 수역설정, 한강하구 공동이용 등을 주요 내용으로 포함하고 있다. 9.19 군사합의서는 과거의 합의사항을 재복원하여 다시 이행할 수 있도록 하고 있을 뿐만 아니라 이들 합의서를 현실적 요구와 여건에 맞도록 수정 및 보완하여 실제로 이행될 수 있도록 하였다.

1. 2004년의 우발적 충돌 방지 관련 합의를 복원 및 이행

남북은 2004년 6월 4일 제2차 남북장성급군사회담에서 서명한 '서해 해상에서의 우발적 충돌 방지' 관련 합의를 재확인하고, 전면적으로 이를 복원 및 이행해 나가기로 하였다. 서해 해상에서의 우발적 충돌방지를 처음 합의하였던 '6.4 합의서'를 복원하고 이행하기로 남북이 재확인한 것은 중요하다. 비록 남북은 대내외적인 정치적 요인 등으로 합의사항을 제대로 이행하지 못한 전력은 갖고 있지만, 이에 대한 중요성을 남북이 함께 다시 인식하고 중시하며, 이행하고자 하는 의지를 보여주는 것은 매우 의미가 크다. 서해 NLL 일대는 '분쟁과 갈등, 충돌'의 바다였으나 이제는 '평화와 협력의 바다'로 전환될 수 있는 토대를 마련해야 한다는데 남북이 공감대를 형성하였다. 남북 간 해상에서의 적대행위 중지 합의와 함께 병행하여 추진함으로 서해에서 더 이상 분쟁이 일어나지 않도록 하겠다는 공동의 의지를 천명하고 있다. 남북군사당국은 이번 합의를 통해서 NLL에 대한 더 이상의 소모적 논쟁을 그만두고 NLL을 협력의 공간으로 전환시키자는데 공감대를 형성하였다.

특히, 이는 서해상에서의 군사적 적대행위 중지, 시범 공동어로구역 및 평화수역 설정과 함께 서해상 군사적 긴장완화와 신뢰구축을 위해 크게 기여할 수 있다. 서해 NLL 상에서 남북은 군사적 경비활동 뿐만 아니라 자신의 선박 및 어로활동의 안전을 보장하거나 제3국 어선의 조업 활동을 단속하는 과정에서 충돌이 발생하고 대치할 가능성이 빈번히 존재한다.

2004년 '6.4 합의서'는 우발적 충돌방지를 위해 다음과 같은 사항을 규정하였다. 첫째, 남북은 서해해상에서 함정(함선)이 서로 대치하지 않도록 철저히 통제한다. 둘째, 상대측 함정(함선)과 민간 선박에 대하여 부당한 물리적 행위를 하지 않는다. 셋째, 서로 간의 대치를 방지하고 상호 오해가 없도록 하기 위해 국제상선 공통망을 활용한다. 넷째, 필요한 보조수단으로 기류 및 발광신호를 제정하여 활용한다. 다섯째, 제3국 선박의 불법조업과 관련된 문제를 외교적 방법으로 해결하도록 하는데 상호 협력하며 불법 조업선박의 동향과 관련한 정보를 교환한다. 여섯째, 서로 간 의사교환을 위해 서해지구에 마련되어 있는 통신선로를 이용한다.

남북은 6.4 합의에서 ① 국제상선 공통망 운용, ② 제3국 불법조업 선박 정보교환, ③ 우발충돌 방지망 운용 등을 합의하였다. 국제상선공통망은 제8차 '남북장성급군사회담'을 통해 2018년 7월 1일부로 정상화되어 운용중이고 서해는 2018년 7월 16일부터, 동해는 2018년 8월 15일부터 전화, FAX 등이 운용중이다.

2. 평화수역 및 시범 공동어로구역 설정, 남북 공동순찰

남북은 서해 해상에서 평화수역과 시범적 공동어로구역을 설정하고, 이 구역에 출입하는 인원 및 선박에 대한 안전을 보장하며, 이 구역 내에서 남북 공동순찰 방안을 마련하여 시행하기로 하였다. 무엇보다 양측은 서해 해상에서 평화수역과 시범 공동어로구역을 설정하기로 합의하였다는 것이 중요하다. 평화수역의 범위는 남북의 관할 하에 있는 섬들의 지리적 위치, 선박들의 항해밀도, 고정항로 등을 고려하여 설정하되, 구체적인 경계선은 남북군사공동위에서 협의하여 확정하기로 하였다.

그러나 2007년 합의된 10.4 선언의 '서해평화협력특별지대'와 마찬가지로 구체적인 영역은 확정하지 못하였다는 문제점을 아직 안고 있는 것도 사실이다. 10.4 선언 제5조는 "해주지역과 주변해역을 포함하는 '서해평화협력특별지대'를 설치하고 공동어로구역과 평화수역 설정, 경제특구건설과 해주항 활용, 민간선박의 해주직항로 통과, 한강하구 공동이용 등을 적극 추진해 나가기로 합의하였다"고 명시했다. 여기서 표현된 '서해평화협력특별지대'와 관련된 남북협력사업의 범위는 해주항과 주변해역을 넓게 포함하고 있다는 사실을 말해준다.

9.19 군사합의서 평화수역 범위는 '서해평화협력특별지대'와는 달리 섬들의 위치, 항로, 공동어로구역만을 언급하고 있는 제한된 범위를 지칭하고 있다. 특히, 부속합의서에 포함하고 있는 평화수역의 출입 질서, 평화수역에서의 행동 질서, 평화수역에서 인도주의적 협력 문제, 평화수역의 활용에서 언급하고 있는 내용들은 평화수역의 범위를 NLL을 중심으로 한 군사적 대치 해역, 공동어로 구역, 해주항을 포함하는 주요 항로에 중점을 두고 있다. 그럼에도 불구하고 평화수역 출입절차, 평화수역 행동질서의 내용은 평화수역이 공동어로 구역을 의미하는 것으로 많은 부분을 시사한다.

평화구역은 남북의 비무장선박들만 출입하며 해군 함정들이 평화수역으로 불가피하게 진입하여야 할 필요성이 제기되는 경우에는 상대측에 사전 통보하고 승인 하에 출입한다. 평화수역 내에서 활동하는 선박 수는 양측이 협의하여 결정하고, 선박들의 평화수역 출입 및 활동 계획은 48시간 전에 상호 통보하며, 평화수역 출입시간은 주간 시간대로 한정하였다. 평화수역에서 우리 측 선박은 북 경계선을, 북측 선박은 남 경계선을 넘지 않으며, 평화적 활동으로만 한정한다. 이는 평화수역의 범위를 공동어로구역 중심으로 남북이 공감하고 합의할 수 있는 범위에서 우선적으로 시작하여 향후 필요에 따라 확장될 수 있는 확장성을 갖고 있는 개념이다.

시범공동어로구역의 범위는 남측 백령도와 북측 장산곶 사이에 설정하되 구체적인 경계선은 남북군사공동위원회에서 협의하여 확정하기로 하였다. 또한, 시범 공동어로구역 운영질서에 이 구역에 진입하기 위한 절차와 방법을 정하고, 공동어로구역 내 최대 체류기간을 5일로 정하였다. 또한, 출입하는 어선들은 양측의 어업지도선 통제를 받도록 하였다.

불법어선 차단 및 안전한 어로활동 보장을 위한 공동순찰을 위해 남북은 해경정(경비정)으로 '남북공동순찰대'를 조직하며, 공동순찰정은 250톤급 이하로 정하였다. 공동순찰을 실시하는 순찰정은 양측이 각각 3척(총 6척)으로 하며 합의에 따라 척수를 조정할 수 있게 하였다. 양측은 남북공동순찰대의 임무와 운용방식을 구체적으로 합의함으로써 시범공동어로구역이 지정되면 실제로 공동어로 활동을 신속히 지원하고 보장할 수 있도록 체제를 마련하였다.

평화수역 및 시범공동어로구역 설정은 판문점선언에서 명시된 바와 같이 북방한계선 일대를 평화수역으로 만들기 위한 실제적인 대책이다. 우발적인 군사적 충돌을 방지하고 안전한 어로활동을 보장하여 안정적이고 평화적인 여건을 조성할 수 있다. 출입, 행동, 운용질서, 인도주의적 문제 발생시 해결방안 등을 함께 협의함으로써 양측 어민들이 수역 설정 이후 실질적으로 이를 이용해 나갈 수 있는 여건을 마련하였다. 평화수역 및 시범공동어로구역의 구체적인 범위를 남북군사공동위원회에서 협의하여 확정하기로 하였기 때문에 아직도 어려운 도전은 남아 있는 셈이다.

남북은 2000년 이후 동·서해에 공동어로구역을 설정하고 추진하였으나 성공하지 못하였다. 동해 공동어로구역은 북측이 2000년 2월 NLL 남측을 포함하는 동해 북부어장을 임의로 설정하여 발표하였으며, 2000년 12월 남북장관회담에서 이 문제에 대해 협의하기로 합의하였다. 2007년 12월 4일~6일 간 개최된 '남북경제협력공동위원회'에서 우리 어선이 '북측 동해의 일정한 수역에서 입어 및 어로를 협의 추진'하기로 합의하였다. 그러나 이는 실제로 이행되지는 못하였다. 서해 공동어로구역은 2002년 대통령 대선공약으로 제시되었으며, 우리는 2005년 '서해 평화정착방안'에 대한 정부 기본방침을 마련하였다. 이후 우리는 서해 상 평화정착을 위한 방안으로 공동어로 등 수산협력 문제를 제의하고 남북은 수산협력 실무회의 등을 통해 이를 협의하였다. 2006년~2007년 간 3차-7차 남북장성급회담에서 공동어로구역 설정에 대해 협의하였으나 서로 간에 입장 차이로 타결을 보지 못하였다. 남북은 공동어로구역 범위 설정에 있어 NLL 인정, 이를 기준으로 한 등면적·등거리 원칙을 어떻게 적용할 것인가에 대한 이견을 해소하지 못하였다. 향후 남북 간 공동어로구역 설정에 많은 도전이 있다는 사실을 말해준다. 또한, 이를 협의하기 위한 제도적 장치인 남북군사공동위원회는 1992년 남북기본합의서에서도 개최하기로 합의하였으나 아직 한번도 개최되지 않았다는 어려움도 있다.

그럼에도 불구하고 향후 평화수역과 시범 공동어로구역이 설정된다면, 분쟁과 갈등의 서해바다를 평화와 협력의 바다로 전환시키고 남북 어민들이 안전한 어로 활동과 공동 이익을 창출하는 것이 가능하다. 양측이 오랫동안 바라던 꿈을 실현할 수 있는 기회를 제공할 것이다. 우리 정부는 평화수역과 시범 공동어로구역 NLL을 존중하고 준수하는 가운데 등면적 원칙으로 적용해야 한다는 입장을 견지해 왔으나 보다 효과적이고 실천 가능한 방안을 다시 검토할 수도 있을 것이다.

특히, 남북공동순찰대의 조직, 임무, 운용 등이 포함된 구체적인 공동순찰 방안에 합의함으로써 평화수역과 시범 공동어로구역 설정 시 이를 즉각적으로 이행할 수 있는 여건을 마련하였다. 남북이 공동으로 제3국 불법조업선박을 차단, 단속할 수 있는 계기를 마련함으로써 서해상 어족자원 보호를 통해 남북 어민들의 공동이익 증대에 기여하였다. 또한, 남북공동순찰대는 비무장 선박으로 구성되고 공동순찰간 6.4 합의서를 준용하여 상대측 자극 발언 및 행동을 금지하는 등 행동준칙을 명문화함으로써 우발적 충돌 가능성을 방지하였다.

제5절 남북교류협력의 군사적 보장

4. 남과 북은 교류협력 및 접촉·왕래 활성화에 필요한 군사적 보장대책을 강구하기로 하였다.
   ① 쌍방은 남북관리구역에서의 통행·통신·통관(3통)을 군사적으로 보장하기 위한 대책을 마련하기로 하였다.
   ② 쌍방은 동·서해선 철도·도로 연결과 현대화를 위한 군사적 보장대책을 강구하기로 하였다.
   ③ 쌍방은 북측 선박들의 해주직항로 이용과 제주해협 통과 문제 등을 남북군사공동위에서 협의하여 대책을 마련하기로 하였다.
   ④ 쌍방은 한강(임진강) 하구 공동이용을 위한 군사적 보장 대책을 강구하기로 하였다.(부록 7, 붙임 5)

남북은 판문점 선언에서 합의한 대로 교류협력 및 접촉·왕래 활성화에 필요한 군사적 보장대책을 강구하기로 하였다. 이를 위해 양측은 협력과 대책이 필요한 부분을 4개 영역으로 식별하고 필요한 군사적 보장 대책과 협의 등을 실시하기로 하였다. 대부분 과거 남북이 합의하고 이행하기로 하였던 이슈들을 포함하고 있기 때문에 남북의 여건과 정책적 의지에 따라 이행될 수 있는 사안들이다.

1. 남북관리구역 3통의 군사적 보장

남북은 남북관리구역에서의 통행·통신·통관(3통)을 군사적으로 보장하기 위한 대책을 마련하기로 하였다. 이는 판문점선언에서 남북이 교류·협력을 활성화하기 위한 군사적 보장대책을 마련하기 위한 중요한 조치이다.

양측은 판문점선언을 이행하기 위해 개최된 2018년 6월 14일 제8차 남북 장성급회담에서 동·서해지구 군 통신선을 완전히 복구하는데 합의했다. 이에 따라 실무회담을 개최하여 실무적 업무 진행절차 등을 협의하였다. 복구가 필요한 군 통신선은 동·서해지구 통신선, 해군의 평택 2함대와 북한군의 남포 서해함대사령부 간 통신망이다. 서해지구 군 통신망은 2016년 개성공단 폐쇄와 함께 단절됐다가 2018년 1월 9일 복원되었으나 음성통화만 가능하고 팩스 등을 주고받기 위한 광케이블을 복구해야 했다. 동해지구 통신선은 2010년 11월 28일 산불로 인해 완전히 소실되었다. 서해지구 군 통신망은 7월 16일 완전 복구하여 정상화하였으며, 동해지구 군 통신선은 2018년 8월 15일 완전 복구하였다. 우리 측은 군 통신망 복구를 위해 광케이블 전송장비 구성품 및 문서교환용 팩스 등을 북측에 제공하였으며, 이 물품에 대해서는 유엔안보리 및 미국과 협의를 거쳤다.

남북은 복구된 군통신선을 기반으로 교류협력을 활성화하는데 필요한 남북관리구역에서의 통행·통관을 군사적으로 보장하기 위한 대책을 마련하고 있다.

2. 철도·도로 협력의 군사적 보장

남북은 동·서해선 철도·도로 연결과 현대화를 위한 군사적 보장대책을 강구하기로 하였다. 동·서해선 철도·도로 연결 및 현대화 관련 사업은 판문점선언 이행 차원에서 추진하고 있는 사업들로, 국제사회의 대북제재에 저촉되지 않도록 유관국 및 관계기관 등과 긴밀히 협력하여 추진한다. 남북 군사당국은 향후 관련 사업이 추진될 경우, 군사적 보장 대책을 마련하여 사업의 안전한 이행을 보장해 나가고자 한다.

남북은 2018년 12월 26일 경의선 북측 판문역에서 철도·도로 연결 및 현대화 사업 착공식을 개최하였다. 또한, 남북은 2018년 8월 13일부터 8일 동안 경의선 개성-평양 고속도로 구간을 현지 공동 조사하였다. 도로 161km, 교량 89개, 터널 18개에 해당하는 부분이다. 또한, 11월 30일부터 18일 동안 경의선과 동해선의 북측 구간을 공동 조사했다. 2007년 남측이 경의선 북측 구간을 현지 조사한 적은 있지만 동해선 북측 구간을 남측 열차로 달린 것은 이번이 처음이다. 남북 철도·도로 조사 관련 보고서에 따르면 북측의 경의선·동해선은 노반과 궤도, 구조물과 전철·전력이 전반적으로 노후 되었으며, 교량과 터널도 노후화가 진행된 상태이다. 철도의 경우, 개성-사리원 구간 속도는 10~20km에 불과하였으며, 전반적으로 시속 30-50km/h 수준이었다.[42]

3. 해주직항로 이용 및 제주해협 통과

남북은 북측 선박들의 해주직항로 이용과 제주해협 통과 문제 등을 남북군사공동위원회에서 협의하여 대책을 마련하기로 하였다. 판문점선언에서 남북이 합의한 왕래와 접촉을 활성화해 나가기 위한 여건 조성 시 남북군사공동위원회에서 해주직항로 이용과 제주해협 통과문제 등을 해결하기 위한 공동 노력을 하기로 합의하였다. 남북은 과거 2004년 5월 28일 '남북해운합의서', 그리고 2005년 8월 10일 '부속합의서 수정·보충합의서'를 체결하여 남북 해상항로대 및 제주해협을 이용한 경험을 갖고 있다. 남북이 NLL해역을 평화수역화하여 총성이 멈추고 공동의 이익을 함께 추구할 수 있는 여건이 조성된다면 해주직항로와 제주해협 통과 문제는 해결될 수 있을 것이다.

4. 한강(임진강) 하구 공동이용

남북은 한강(임진강) 하구 공동이용을 위한 군사적 보장대책을 강구하기로 하였다. 공동이용수역에 대한 현장조사는 2018년 12월 말까지 공동으로 진행하기로 하였다. 이에 따라 남북은 2018년 11월 5일-12월 9일까지 총 35일간 남북 공동수로 조사를 실시하여 총 수로측량기간 650km에 대한 조사를 완료하였다.

---

42 오마이뉴스, "남북 철도·도로 연결, 첫삽 뜰수 있을까…" '정밀조사 필요', 2019년 3월 29일.

그림 II-8 | 한강하구 공동이용 군사적 보장 지역

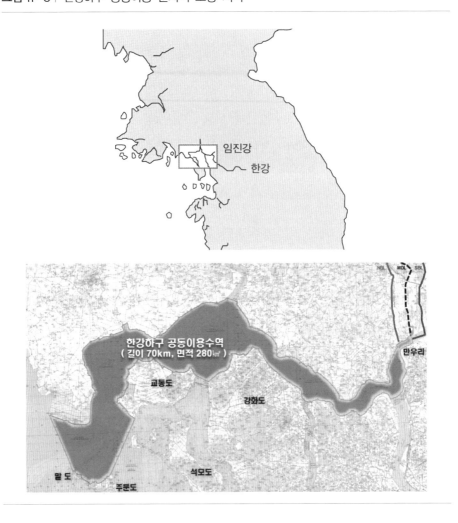

이는 1953년 정전협정 이후 처음으로 이루어진 의미 있는 조치로서 남북 수로
전문가 10명이 우리 조사선 6척에 같이 탑승하여 수로측량을 실시하고, 선박이
항해할 수 있는 물길을 찾아냈다. 현장조사를 통해 확보된 수로측량 및 조석 관
측자료는 종합적인 분석을 통해 항해에 이용할 수 있는 해도로 제작하였다.[43]
우리는 제작 완료된 해도를 2019년 1월 30일 북측에 전달하였다.

43 국방부 보도자료, "한강하구남북 공동수로조사 완료, '물, 길이되다.'" 2018년 12월 9일.

한강하구 구역은 현재 민정경찰을 운용하여 안전을 유지하고 있다. 이미 언급하였듯이 1990년 이후 골재채취선, 준설선, 거북선 등 총 다섯 차례 출입한 적이 있다. 정전협정 제1조 5항에 따라 한강하구는 남북 민간선박의 자유로운 항행이 보장되는 수역이다.[44] 실제로는 한강하구 출입은 UNC 군정위 등록 후 UNC에서 북측과 협조아래 출입한다. 군정위에 등록 후 항행하며, 야간 항행은 금지하고 타방 경계선 100m 이내 접근을 금지하고 있다. 북측과 근접한 곳으로 군사적 긴장도가 높고 한강하구의 조류 이용시 적 침투 및 민간인 귀순이 용이한 군 작전상 취약한 지역으로 판단되고 있기도 하다.

한강하구는 한국전쟁 이후 남북 간의 군사적 대치로 인해 정상적인 이용과 활용을 할 수 없었다. 서해와 한강을 연결하는 한강하구는 교통로와 수송로의 기능을 상실했고, 서울을 관통하는 한강은 바다로 나가는 하구의 이용이 봉쇄된 반쪽자리 강으로 쇠락했다. 그러나 한강하구를 활용할 경우, 남북 모두에게 상당한 이득을 줄 수 있는 지역이다. 한강하구의 준설은 한강을 비롯한 남북한 관련 수계의 홍수 조절 예방을 돕고, 모래와 골재 등을 채취하여 건설산업 부양에 기여할 수 있다. 한강하구 골재 부존량은 10억 8,000만㎥에 달하는 것으로 평가된다. 남북은 이러한 자원 활용뿐만 아니라 한강 하구 뱃길을 개방 및 운영하고, 한강하구의 광활한 습지, 다양한 식생, 희귀조류 및 어류 등 천연자연과 생태계의 보전과 보호, 그리고 한강하구 일대에 산재한 역사문화유적의 발굴과 복원도 용이하다. 무엇보다 한강하구의 공동활용은 서부접경지역의 군사적 긴장을 완화하고 남북한의 평화협력과 한반도 통일기반 조성에 기여한다.[45]

남북은 2007년 10월 남북정상회담에서 합의한 '서해평화협력특별지대'의 부속사업으로 한강하구의 남북 공동 이용을 논의하였다. 이명박 정부들어 나들섬 사업과 같은 한강하구 문제가 재강조되기는 했으나 남북관계의 경색으로 한강하구 공동 활용에 대한 논의는 중단되었다. 문재인 정부의 '한반도 신경제지도 구상'에서 제기한 한반도 서해안 일대 남북경제협력은 한강하구의 복원과 남북 공동 활용의 필요성을 부각하고 있다.[46]

---

44 한강하구 수역은 총 연장 약 70km, 면적 약 280km², 폭 약 1-10km, 평균 수심은 2~4m, 최대수심은 약 14m인 수역이다.
45 김동성, 이성룡, "한강하구의 복원과 활용," 이슈&진단(342), 경기연구원, 2018년 10월, pp. 2~3.

남북이 합의한 한강하구 공동이용을 위한 군사적 보장대책은 남북이 경제적 이득을 취하면서 군사적 긴장을 해소할 수 있는 중요한 기제이다. 남북은 금강산관광 사업을 진행하면서 북한의 최전방 해군기지인 장전항을 폐쇄하고 이전시킨 사례가 있다. 남북 해군이 첨예하게 대치하고 있는 최전방 해역의 해군항구를 이전하는 것은 쉽지 않은 결정이나 북측은 이를 이행하였다. 한강하구 공동이용 문제도 사업을 신속히 진전시키고 많은 성과를 달성할 수 있는 주요한 대상이다. 남북의 군사적 긴장관계로 인해 서로가 자유롭게 접근하지 못하고 활용하지 못하였던 한강 하구를 개방하여 공동으로 이용하여 평화를 진전시킬 뿐만 아니라 경제적 실익도 확보할 수 있는 기회가 크다. 남북은 이 공간을 공동으로 활용하기 위한 군사적 보장대책 수립에 합의함으로써 또 하나의 평화공간을 복원할 수 있을 것이다.

주요 이견에 대한 의견

⑫ 한강하구 공동이용이 북한의 침투와 대규모 기습공격작전에 이용될 수 있다는 일부의 우려가 있다. 그러나 이는 우리의 안보 및 군사대비 태세를 너무 낮게 평가한 판단이다. 과거 북한은 한강 하구를 이용하여 무장 간첩을 침투시켰다. 또한, 이 지역은 북한이 대규모 군사기습 공격을 감행할 수 있는 통로로도 이용될 수 있다. 그러나 우리는 이러한 지역적 취약성을 알고 있기 때문에 이에 대한 보완대책을 철저히 강구하였다. 특히, 우리의 과학화 경계 장비 등은 북한의 은밀 침투를 차단할 수 있도록 지원하고 있다.

예를 들어, 한강하구로 귀순하는 북한 군인, 민간인을 사전식별한 후 안전하게 유도하여 귀순시킨 사례가 수차례 있었다. 또한, 우리의 감시정찰 장비는 북한의 군사 이동을 조기에 파악하여 확인하고 대비할 수 있는 경보를 할 수 있다. 한강 하구 공동이용은 북한이 이 지역을 통한 군사도발을 자제토록 하는 요인으로 작용한다는 것도 중요할 것이다. 한강하구 공동이용을 추진한다면 이와 관련하여 발생될 수 있는 군사적 취약점을 보완하고 방지하기 위한 노력도 동시에 강구될 것이다.

---

46 앞의 글, pp. 4~5.

제6절 군사적 신뢰구축

> 5. 남과 북은 상호 군사적 신뢰구축을 위한 다양한 조치들을 강구해 나가기로 하였다.
>   ① 쌍방은 남북군사당국자사이에 직통전화 설치 및 운영 문제를 계속 협의해 나가기로 하였다.
>   ② 쌍방은 남북군사공동위원회 구성 및 운영과 관련한 문제를 구체적으로 협의·해결해 나가기로 하였다.
>   ③ 쌍방은 남북군사당국간 채택한 모든 합의들을 철저히 이행하며, 그 이행상태를 정기적으로 점검·평가해 나가기로 하였다.

남북은 상호 군사적 신뢰구축을 위한 다양한 조치들을 강구해 나가기로 하였다. 서로 간 신뢰구축을 위한 조치들로 남북은 직통전화 설치 및 운영, 남북군사공동위원회 구성 및 운영, 합의 사항의 이행상태에 대한 정기적인 점검 및 평가를 하기로 선택하고 합의하였다.

남북이 오랜 적대적 관계를 청산하고 한반도에서 군사적 긴장을 완화하며 군사적 신뢰를 구축하는 것은 매우 중요하다. 그러나 이는 오랜 시간의 지속적인 노력을 요구하며 많은 도전들을 극복할 수 있어야 한다. 우리는 국방에 대한 자신감을 바탕으로 북측과 군사적 신뢰구축 방안을 적극적으로 이행할 수 있도록 노력해야 한다.

남북 군사당국자 간 직통전화 설치 및 운영은 1992년 9월 '남북불가침 부속합의서'에서 이미 합의하였던 사항이다. 불가침 부속합의서 제12조는 "남과 북은 우발적 무력충돌과 확대를 방지하기 위하여 남측 국방부장관과 북측 인민무력부장 사이에 군사직통전화를 설치·운영한다"고 규정하였다. 따라서 이는 기존의 합의사항을 실제로 이행할 것을 서로가 재확인하여 활성화하는 측면이 강하다. 남북은 직통전화 설치의 시기, 대상, 방법 등을 후속 군사회담 등을 통해 구체화해야 한다. 직통전화 설치 대상은 국방장관–인민무력상, 합참의장–총참모장 등으로 다양한 방안을 북측과 협의할 수 있다. 남북 주요 군사 직위자 간 군사직통전화가 설치될 경우, 양측 간 제기되는 군사 현안문제를 지체 없이 협의하고 해결할 수 있는 소통채널로 활용이 가능하다. 이를 통해 우발적 군사충돌의 위험성을 현저히 감소시키고, 군사위기를 관리하며, 상호 군사적 신뢰구축도 더욱 심화시켜나갈 수 있다.

남북군사공동위원회의 구성 및 운영은 남북 군사합의서에서 합의되었으나 서로 간 입장 차이가 있는 문제들에 대해 지속적으로 협의 및 합의를 실시하고 문제들을 해결하기 위한 중요한 제도적 장치이다. 남북은 1992년 '남북기본합의서'에서 남북군사공동위원회의 구성 및 운영에 합의하고, 1992년 5월 '남북군사공동위원회 구성·운영에 관한 합의서'를 별도로 체결한 바가 있다.

1992년 남북 군사공동위원회의 합의안은 다음과 같다. 군사공동위 편성은 각 측은 차관·부부장급 위원장, 부위원장 1명, 위원 5명으로 구성한다. 기능은 불가침의 이행과 준수 및 보장을 위한 구체적 실천대책을 협의하고 군사적 대결상태를 해소하기 위한 합의사항을 실천한다. 운영은 분기 1회 또는 필요시 수시회의를 개최하며, 회의 장소는 판문점과 서울, 평양 또는 양측이 합의하는 다른 장소에서 개최할 수 있도록 하였다.

또한, 남북군사당국은 2007년 11월 2차 국방장관회담 합의문을 통해 남북군사공동위원회를 구성하고 운영하기로 하였다. 합의문 2조 1항은 "쌍방은 해상불가침경계선 문제와 군사적 신뢰구축조치를 남북군사공동위원회를 구성·운영해 나가기로 하였다." 제6조 2항은 "남북군사공동위원회는 구성되는 데에 따라 제1차 회의를 조속히 개최하기로 하였다."고 서로가 합의하였다.

따라서, 이번 9.19 군사합의는 이러한 과거의 합의사항을 반복적으로 강조하고 이행을 촉구하는 것이다. 남북군사당국은 과거 협의했던 방안에 기초하여 조속한 시간 내에 남북군사공동위원회를 구성하고 운영해야 한다는 원칙에 합의하였다. 남북군사공동위원회는 군사적 신뢰구축 및 단계적 군축문제 등 다양한 사안들을 협의하여 해결해 나갈 수 있을 것이다.

제6장

남북 군사분야 합의서의 성과와 과제

남북 군사합의서가 체결된 지 이제 1년이 겨우 넘은 상태이기 때문에 아직 이에 대한 성과를 평가하기는 빠를 수 있다. 많은 국민들은 북한이 과거의 행태를 반복할지 모른다고 걱정한다. 북한은 과거 우리와 많은 합의를 했지만 이를 지키지 않았기 때문에 이번에도 이러한 행동을 반복하지 않을 것이라고 장담할 수는 없다. 그렇지만 현재 북한 김정은 정권은 체제생존을 위해 변화가 필요하며, 변화해야 한다는 사실을 절박하게 인식하고 있다. 문재인 정부는 이러한 기회를 활용하여 한반도 안보여건을 변화시키기 위해 노력하였으며, 많은 성과를 거두었다. 남북 군사분야 합의서는 북한의 변화, 남북관계의 변화를 위한 핵심적인 사안이다. 다음은 이 합의서가 어떠한 성과를 달성하였으며, 어떠한 역사적 의미를 갖고 있는 가를 보여준다.

첫째, 남북 정상 간 판문점선언과 평양공동선언의 정신을 군사적으로 뒷받침하기 위한 조치들을 합의하고 이행토록 하였다. 남북과 같이 민족 간 체제경쟁과 전쟁, 군사적 충돌과 대립을 겪으면서 쌓여졌던 깊은 불신과 적대적 관계를 일시에 단기간에 해소하고 극복하기는 매우 어렵다. 우리는 북한문제를 대할 때 이러한 도전과 장애요인을 인식하고 북한문제에 접근해야 한다. 과거 우리의 대북 강경정책과 우호정책 모두 큰 성과를 거두지 못하였던 이유도 여기에 있다. 남북과 같은 특수한 안보상황에서는 정상 간 회담을 통해서 문제와 해결방안에 대한 인식을 공유하고, 공동의 행동을 취할 것을 합의하는 것이 중요하다. 남북은 판문점선언과 평양공동선언을 통해 이러한 공감대를 형성하였고, 한반도 안보여건을 변화시킬 것을 합의하였다. 판문점선언 전문은 양 정상이 한반도에 더이상 전쟁은 없을 것이며 새로운 평화의 시대가 열렸음을 천명한다고 명시하고 있다. 남북은 군사합의서를 통해 서로 간 충돌과 대립의 관계를 점차 완화하고 해소하며, 종국적으로는 전쟁상태를 끝내고 평화의 시대로 전환하고자 하는 정신을 군사적으로 이행하기 위한 행동방안들을 합의하였다.

둘째, 남북 간 첨예한 군사적 긴장상태를 방지하기 위한 우발적 충돌 방지 방안 등 새롭고, 실질적인 군사적 신뢰구축 조치들을 합의하였다. 남북은 지상, 해상, 공중에서 군사적 충돌과 대치상황을 해소하기 위한 군사적 조치들을 합의하였다. 지상, 해상, 공중의 상호 접적지역에 완충지대를 설정하여 서로에 오인과 오판을 야기할 수 있는 군사적 행동을 금지하도록 하였다. 특히, 남북 간 군사적 대치와 충돌이 빈번히 발생하였던 서해 NLL 지역을 평화수역화하고 비무장지대를 실질적으로 비무장화하고자 하는 행동조치를 합의하고 이행토록 한 것은 매우 중요하다. 이는 남북이 정전협정을 존중하고 준수하며, 군사상황을 안정적으로 관리할 수 있도록 해준다.

셋째, 군사분야 합의서 체결 이후 합의사항 이행을 위한 신속한 조치를 통해서 접적지역의 군사적 긴장상태를 완화하고 평화적 여건을 조성하였다. 2018년 이전 남북은 첨예한 군사적 대치상태를 유지하고 있었다. 그러나 판문점선언 및 9.19 군사분야 합의서 체결 이후 접적지역에서 남북 간 총성이 멈추었고, 군사상황은 변화되었다. 북한 함정의 서해 NLL 월선 및 도발이 중지되었으며, 북한의 비무장 지대에서의 도발도 없었다. 남북은 지상 및 공중 완충지대에서 서로를 겨냥한 적대적 군사행동을 실제로 중단하였다. 남북은 군사분야 합의서 이행을 위해 비무장지대 시범적 감시초소를 파괴하고 검증하였으며, 판문점공동경비구역을 비무장화하였다. 한강하구 공동이용을 위한 남북 공동수로조사를 완료하였다. 또한, 철원 '화살머리고지' 일대에 공동유해발굴 지역의 지뢰제거작업을 실시하고, 남북연결도로를 개설하였다. 군사분야 합의서 체결 이후 남북 양측의 신속한 조치들로 인해 군사적 긴장완화의 가시적 성과를 우리는 실제로 확인할 수 있게 되었다.

넷째, 한반도 비핵화 및 남북관계 발전을 위한 동력을 제공하였다. 9.19 군사분야 합의서는 북한 비핵화 협상과 함께 협의되고 진행되었다. 군사분야 합의서가 북한 비핵화 협상을 추동하는 견인차 역할을 하는 데는 많은 제한점이 있지만 남북 간 협력과 화해의 분위기는 북한 비핵화 협상에 유리한 여건을 조성한다. 남북이 대치하고 대립하는 상황 하에서 북한은 자신의 체제 안전에 대한 우려로 비핵화 협상에 소극적일 것이다. 북한은 한국의 우호적인 대북정책, 남북관계의 변화에 따라 자신의 체제에 대한 자신감을 갖고 비핵화 협상에 임할 수 있다. 나아가 군사합의서는 남북관계 발전을 지원하기 위한 군사적 보장조치를 제공토록 하고 있다. 특히, 남북 간 군사적 긴장완화 조치 자체가 남북관계 발전을 위한 순기능을 담당한다는 데는 이의를 제기하기 어려울 것이다.

다섯째, 과거 남북 간 합의를 다시 복원하여 합의하고 이행토록 함으로써 남북 간 합의문서의 연속성과 지속성을 담보토록 하는 길을 열었다. 이번 군사합의의 많은 내용들은 과거에 남북이 합의하였던 내용들을 현재 여건에 맞게 반영하고 있다. 물론 이들은 합의 이후 실제로 이행되지 못하였던 것과 일시적으로 이행되었던 것 모두를 포함한다. 이번 남북 군사합의서는 이러한 과거의 합의들을 다시 확인 및 협의하고 합의하여 이행토록 하였다. 이는 매우 중요한 의미를 갖는다. 통상적으로 우리는 남북 간 합의가 이행되지 못하면 사장되는 것으로 치부한다. 9.19 군사합의는 남북 간 합의사항이 지속적으로 유효하며 효과적으로 적용될 수 있음을 말해준다. 남북 간 군사적 긴장완화 및 신뢰구축 조치를 위한 방안과 접근방법은 시간의 변화에도 불구하고 큰 차이를 갖지 않는다. 이는 가능한 남북이 마주앉아 군사문제 해결방안을 협의하고 합의하는 것이 매우 중요하다는 사실을 말해준다. 남북간 협의는 안보여건이나 남북의 입장차이로 합의를 못하거나 합의를 하였어도 실제 이행을 못하는 경우가 대부분이다. 그럼에도 불구하고 남북이 이슈를 식별하고 협의 및 합의한 사안들이 이행될 수 있도록 지속적으로 논의 및 협의하는 것은 한반도에 평화를 진전시키고 정착시키기 위해 매우 중요하다.

제2절 향후 과제

9.19 군사합의서의 성과에도 불구하고 향후 우리가 중시하고 고려해야 할 다음과 같은 많은 과제들도 있다. 첫째, 합의사항을 지속적으로 이행하고 준수할 수 있는 지속성 보장을 위해 북한을 설득하고 여건을 조성해야 한다. 북한이 스스로 군사도발을 자제하고 합의들을 지키도록 유인하는 것이 중요하다. 북한이 왜 군사도발을 선택하고 한국에 대한 적대적 행동을 하는지를 파악하고 이에 따른 전략적 행동을 선택해야 한다. 북한의 과거 행태를 보면 군사도발은 다음과 같은 이유와 관련되어 있다. 북한은 자국이 주장하는 서해 해상경계선에 대한 정당성을 확보하기 위해 서해 NLL을 침범하여 도발한다. 북한은 자국의 체제 안정 및 정권에 대한 주민들의 충성심을 강요하기 위해서 우리에 대한 군사도발 실시한다. 한국의 대북 강경정책이나 행동들에 영향을 주어 자국에 유리한 여건을 조성하기 위해 군사도발을 선택하기도 한다. 특히, 한국 정부, 사회단체, 국민들 간 이견을 조성하여 자국에 유리한 여건을 만들고자 한다. 북한은 한미동맹을 약화시키고 분리시키며, 중국 등 동맹국의 지원을 확보하기 위해 한반도에 군사적 긴장을 조성하곤 한다. 특히, 북한은 한미 대규모 군사연습 등에 대응하기 위한 도발을 실시한다. 북한 김정은 정권은 경제발전 전략을 선택하고 있기 때문에 한국과의 새로운 관계가 자국의 국가전략인 경제발전 정책에 도움이 된다고 판단할 경우, 협력을 선택할 것이다. 한국은 북한의 행동에 대한 자제 및 유인 요인들을 식별하여 북한을 관리하고 북한이 군사합의를 지속적으로 이행할 수 있도록 해야 한다.

둘째, 남북군사공동위원회를 구성하고 운영하여 남북이 합의하지 못한 사안들을 추가 협의하여 합의하고, 남북 군사문제를 논의하는 상설 제도적 장치로서 유지토록 해야 한다. 군사합의서는 평화수역 및 공동어로구역 설정, 해주 직항로 및 제주해협이용, 남북 군사적 신뢰구축을 위한 추가적인 조치 등에 대한 협의는 남북군사공동위원회를 구성하여 운영함으로 해결토록 미루어 두었다. 그러나 남북군사공동위는 1992년 남북기본합의서에도 명시되었으나 아직 구성된 적이 없다. 현재 남북 간 군사대화창구인 장성급 회담과 실무자급 회담만이 이루어져 왔다. 남북이 남북관계 개선을 위한 보다 적극적이고, 복합적인 이슈를 협의하기 위해서는 관련 부처의 고위급 인사가 모두 참여하는 남북군사공동위원회의 구성과 운용이 필요하다. 특히, 남북의 주요한 군사이슈는 정치적 이슈이기 때문에 정치적 이슈를 함께 협의하고 논의할 수 있는 협의체로서 남북군사공동위가 중요하다,

셋째, 북한 비핵화 협상의 성과를 달성하여 핵위협을 해소할 수 있어야 한다. 남북관계는 북한 비핵화 협상이 성과를 내지 못하면 진전되기가 어려운 한계점을 갖고 있다. 북한과의 교류·협력, 북한에 대한 지원은 유엔안보리와 미국의 대북제재로 인해 크게 제한을 받고 있다. 북한은 비핵화 협상이 성공적으로 타결되지 않을 경우, 한반도에 군사적 긴장을 조성하여 이를 타개하고자 하는 벼랑끝 전술을 사용할 가능성도 있다. 따라서, 북한 비핵화 협상은 남북 간 군사합의서를 지속적으로 이행할 수 있는 여건을 조성하는데 매우 중요하다. 나아가 북한의 핵위협은 남북 군사관계에 대한 커다란 장애요인이며 도전요인이다. 만약 비핵화 협상이 성공하지 못한다면 북한은 한미에 대한 자신의 재래식 군사력 열세를 극복하고, 군사강국 위상을 과시하기 위해 핵능력을 적극 활용하고자 할 수 있다. 북한의 핵능력 과시나 핵위협은 한국사회에 안보에 대한 불안감과 공포를 증폭시키고, 이에 대한 대응행동을 요구할 것이다. 이는 남북 간 작용-반작용의 안보딜레마를 심화시키고, 군사적 긴장을 증대시킬 것이다.

넷째, 군사적 신뢰구축 조치를 한 단계 높게 협의 및 합의하고 이행할 수 있도록 항시 노력해야 한다. 남북 군사합의서는 과거의 합의보다 상당히 진전된 군사적 긴장완화 조치를 담고 있다. 그럼에도 불구하고 아직 남북 간 적대적 관계를 해소하고 신뢰를 증대시키기 위해서는 보다 많은 분야에서의 군사적 긴장완화 및 신뢰구축 조치가 필요하다. 예를 들면, 한국은 북한의 전방배치 장사정포를 걱정한다. 북한의 화생무기를 포함한 대규모 전방배치 군사력의 기습공격능력을 우려한다. 반면에 북한은 한미 연합연습, 한국의 첨단군사력 증강을 우려한다. 남북이 처한 여건과 입장이 다르기 때문에 이러한 민감한 이슈에 대한 군비통제 조치, 신뢰구축 조치를 합의하고 이행하기는 매우 어렵다. 따라서, 우리는 단계적, 점진적인 신뢰구축 조치 방안을 마련하고 이를 적극 이행할 수 있어야 한다. 만약 남북이 전쟁상태를 종식시키고 평화체제를 발전시킨다면 많은

부분에서 적극적인 신뢰구축 조치가 이루어질 수 있다.

　다섯째, 평화를 정착시키고 동시에 안보를 튼튼히 하기 위해 노력한다는 것을 북한과 우리 국민이 같이 인식할 수 있도록 군사 대비태세를 완벽하게 유지해야 한다. 군비통제 조약과 신뢰구축 조치는 군사적 긴장과 충돌을 완화하고 평화를 증진하기 위한 노력이다. 그러나 일부에서는 남북 간 합의가 우리의 안보태세를 약화시킨다고 비판한다. 한국과 같은 안보여건에서는 북한의 전쟁 도발 가능성에 대한 우려와 두려움이 하루아침에 사라지기를 기대해서는 안된다. 특히, 우리 국민은 한국전쟁의 트라우마, 북한의 호전적 발언과 잦은 군사도발에 따른 깊은 우려를 갖고 있다. 또한, 한국경제는 안정적인 안보여건을 기반으로 하기 때문에 안정과 평화에 대한 요구가 매우 높다. 따라서, 남북 간 군사합의는 한반도에 안정과 평화를 정착시키고 증대하기 위한 노력이라는 사실을 국민들이 공감하고 이를 지원토록 할 수 있어야 한다. 이를 위해서는 우리 군이 완벽하고 튼튼한 군사대비태세, 확실한 억제력을 갖출 수 있도록 하고 이를 국민들에게 잘 전달할 수 있어야 한다. 또한, 남북 간 적대적 갈등과 대치가 지속되는 상황에서는 우리의 안보노력, 군사력 증강에도 불구하고 안보에 대한 위험이 증대된다는 안보적 딜레마를 이해시킬 수 있어야 한다.

2018. 4. 27., 남북정상회담, 판문점

2018. 4. 27., 남북정상회담, 판문점

2018. 9. 19., 남북정상회담, 평양 백화원

2018. 9. 19., 남북군사합의 서명식, 평양 백화원

2018. 9. 19., 남북군사합의서 교환, 평양 백화원

2018. 9. 19., 남북군사합의서 공개, 평양 백화원

2017. 10. 27., 한미국방장관 JSA 방문, 판문점

2017. 10. 27., 한미국방장관 JSA 방문, 판문점

제 .3.부

3

군사안보지원사 창설

제1장

국군기무사 연혁 및 정치 개입 사례 분석

국군기무사 개략 연혁

1991년 1월 1일에 창설된 국군기무사령부(약칭: 기무사)는 대한민국 국방부 직할부대로 군사 보안 및 방첩, 군 범죄 수사를 주 임무로 하는 수사정보기관이었다. 기무사의 모체는 1948년 5월 27일에 조선경비대 정보처 내에 설치된 '특별조사과'가 모체이며 정부 수립 후 1948년 11월에 육군본부 정보국 '특별조사대'로, 1949년 10월에 육군본부 정보국 '방첩대'로 개편되었다. 6.25 전쟁 발발 후 1950년 10월에 육군본부 직할의 '특무부대'로 독립하였으며 1953년 해군 '방첩대'와 1954년 공군 '특수수사대'가 각각 창설되었다. 이후 1960년 9월, 육군 '특무부대'는 '방첩부대'로 개칭되었고 1968년 9월에 육군 '보안사령부'로 개칭되었다. 1977년 9월, 육군 보안사령부를 중심으로 해군 '방첩대'와 공군 '특수수사대'가 통합되어 '국군보안사령부'로 확대 개편되었는데 1990년 11월, 윤 이병의 보안사 민간인 사찰 폭로 사건 이후, 1991년 1월 1일부로 '국군기무사령부'로 개칭되었다.

기무사의 정치 개입 사례

과거 군사정권시절부터 보안사의 정치개입은 공공연하였지만, 1991년 보안사의 윤 이병 양심선언 이후, 기무사로 개편하면서 정치개입은 법으로 금지되었다. 그러나, 2012년과 2017년 대통령 선거, 탄핵 및 대선 정치에 개입한 흔적이 지속되었음을 보여준다. 여기에서는 구체적 사례 보다 기무사 개혁 필요성을 이해할 정도로 개략적으로 축약해서 최근 사례만을 기술한다.

1. 2009~2013년간 정치 개입 사례

기무사의 정치개입은 2009년부터 2013년까지 진행된 사이버 정치 댓글 공작, 인터넷 매체 운영을 통한 사이버 대응 활동 강화, 정부 해외 홍보활동 주도, 또한, 이권을 매개로 보수세력 결집을 시도, '안보협의회'를 창설해 보수결집과 선거개입, 정치관여 증거 인멸 시도, 참여정부 인사 및 반협조 세력에 대한 인사조치 개입, 정부 비판 계정에 대한 집중적 모니터링 및 관리·대응, 조직적인 민간인 불법사찰 및 해킹 시도 등 다양하고 광범위한 형태로 나타났다.

한 두가지 사례를 들어보면, '안보협의회'[1]를 보궐선거 개입에 활용한 사례가 있었다. 당시 보궐선거가 예상되는 곳에서 선거법에 저촉되지 않는 수준으로 안보협의회가 활동을 하였으며 안보협의회 지원근거를 마련하여 안보강연을 선거운동에 활용하였다. 또한, 각종 시위 첩보를 제공하여 대응집회를 지원하는 등 안보단체 관리를 통해 정부 지원 기반으로 활용하기도 하였다. 특히, 광우병 사태(2008년 5월)를 계기로 사이버 공간에서의 조직적인 사이버 정치 댓글 공작을 실시하였고 '쌍용자동차집회' 관련 민간인 불법사찰 등 지속적으로 민간인들을 사찰하였다.

2. 2012년 제18대 대통령선거 개입 사례

2012년 제18대 대통령선거 개입 시에는 '박근혜 캠프'에 유리한 여건조성을 위해 2012년 7월 27일 기획문서를 작성하여 하달하였고 「軍 파급영향과 대비방향」을 작성하였다. 주요 내용은 네 가지로 다음과 같다.

첫째, 새누리당 군 관련 총선공약에 대한 구체적 실천방안 요구에 대비, 가용

---

1 2009년 후반기 기무사 주관으로 지자체장 및 군경 안보단체 등으로 구성되어 운영되었던 한시적 협의체.

예산 및 추진계획 등을 심층 검토하였고, 둘째, 차기 18대 대통령 재임기간 내 반드시 전력화·현대화가 필요한 사항을 선별, 공약소재로 전략적으로 제공하였다. 또한, ○○포럼·○○연구소 등 예비역 중심 박근혜 외곽후원조직을 활용하거나 교류 필요성을 검토하였다. 셋째, 전 국민적 파급효과가 큰 장병 복지·병무·예비군 분야 등에서 공약으로 발전시킬 수 있는 아이디어를 제공하였으며 넷째, 야당(민주당) 캠프 군 출신 참여자를 식별·분석하는 등의 활동을 하였다.

또한, 인터넷 댓글 작성으로 당시 문재인 후보의 이미지를 왜곡 및 폄훼하였고 대선 관련 '안보후원세력' 관리를 통해 보수세력 결집 시도를 하였으며 관리단체가 176개, 900여만 명이었다. 더불어, '담쟁이 포럼'에 참여한 예비역 장성 4명 사찰, 안보후원세력 활동 전반 모니터링, 당정과의 가교 역할 등을 하였다.

3. 2017년 탄핵 및 대선 관련 정치 개입 사례

2017년 탄핵 국면에서는 '전시 계엄 및 합수 업무수행방안'을 작성하였다. '촛불집회' 상황을 진보(종북)-보수세력 간 대립으로 평가하고 탄핵심판결과에 불복한 대규모 시위대의 불법집회, 시위를 예상하여 초기에는 위수령을 발령하고 상황악화 시 계엄(경비 → 비상) 시행을 검토하였다. 전 세계가 '유례없는 민주집회'로 평가하던 시기에 국민을 진보·보수로 구분하고, 특히 진보세력을 종북으로 표현, 탄핵심판결과에 불복한 대규모 시위를 기정사실화하여 계엄령을 작성하였는데 이러한 사례가 어느 군 부대에서 작성한다면, 이를 추적·확보하고 감시해야 할 기무사가 스스로 작성했다는 것이 큰 문제였다.

2017년 대선에서 문재인 대통령 당선 후에도 개인 명예훼손과 정부 폄훼 활동을 지속하였다. 대통령 당선 이후인 2017년 5월에 국방부 영내에 있는 ○○회관에서 문재인 대통령을 폄훼하고 현 정부를 종북좌파세력으로 정의하는 등의 모임을 지속적으로 시행하는 것이 식별되었다. ○○회관에 모이는 다수의 예비역 장성, 기무사 예비역, 그리고 당시 기무사령관도 참석하였으나 해당 모임이 장관에게는 보고되지 않고 다른 계통을 통해서 장관이 인지하게 되었다. 구체적인 사례는 다음과 같다.

① 기무사 출신 모 장성은 2018년 1월 12일 ○○회관에서 기무사 출신 예비역 친목모임에서 체제전복을 조장하는 발언을 다음과 같이 하였고, 이 내용을 당시 기무사령관이 인지했음에도 장관에게 보고하지 않았다. "문재인은 황제 대통령으로 쑈통을 하는…임종석 실장이 다하고 있는…문재인 정부는 지난 좌파 정권보다 훨씬 심하여 도를 넘어선…"

② 민주당을 지지했던 기무사 출신 장군, 대령 모임인 '○○○ 포럼'에 대해 반역활동으로 규정하고 2017년 4월 13일 긴급대책회의를 하였으며 규탄성명서를 카카오톡으로 2017년 4월 17일 전파하였다.

③ 제18대 대선활동 기간 중 국정원으로부터 기무사 예비역 단체인 ○○회에 금품을 제공한 정황이 식별되었으나 확인할 수 없었다.

특히, 정권을 인수한 문재인 대통령 취임 이후에도 조직적으로 이러한 행태를 보이는 기무사의 구태는 국군통수권자에 대한 군 출신 예비역으로서 있을 수 없는 사례였다. 따라서, 이런 사례들을 볼 때 장관은 기무사는 정치에 깊숙이 개입한 군 부대였으므로 헌법, 국군조직법, 국군인사법 등 모든 법률을 비추어볼 때 완전 개편하지 않으면 안되겠다고 판단하였다.

제 2 장

국군기무사 해체 및 군사안보지원사 창설

제1절 | 기무사 개혁 방향

기무사 개혁을 위해 '① 군의 정치개입 금지를 위해 기무사의 정치개입을 차단하여야만 하고, ② 평시 군이 민간인 통제와 감시를 금지시키기 위해 민간인 사찰을 금지하며, ③ 군의 계급과 지휘권을 문란케 하는 기무사 활동을 제한하기 위해 특권의식을 배제해야 한다'라는 3가지 기본원칙을 수립하였다.

첫째, 정치개입 금지를 위해 60 단위부대를 해체하고 정치개입 혐의가 있는 기무요원을 원대로 복귀시킴으로써 구조조정과 기능을 개편한다. 둘째, 민간인 사찰 금지를 위해 정치 동향을 점검, 보고, 인터넷 댓글 작성, 정부비판 계정 관리, 민간인 해킹 등의 여론 왜곡을 못하도록 기무사의 중복된 업무와 기능을 제거하고 방첩 외 인원은 대폭 축소함으로써 방첩에 대해서만 전문화한다. 셋째, 특권의식 배제를 위해 감시와 통제 위주의 동향파악, 기무요원에 대한 과도한 예우 등을 폐지함으로써 탈권위적 근무의식을 견지토록 한다.

이를 토대로, 구체적 지침을 다음과 같이 세분화하였다.

첫째, 적법하고 개방된 통수권 보좌기능을 보장한다.

기무사 역할을 확대해석하지 않고 본래 영역인 방첩업무에만 전념토록 하고, 軍 통수권 보호 차원에서는 대통령이 임명한 지휘관과 필요한 지휘관을 대상으로 지휘·주목 확인 수행한다.

둘째, 월권행위의 소지를 제거하기 위한 권한을 분산한다.

범죄 수사는 헌병대, 감사업무는 감사관실 또는 감찰실, 사이버 보안 업무는 사이버사령부, 인사업무는 인사사령부, 기소업무는 군 검찰, 정보업무는 정보사

표 III-1 | 기무사 개혁 방향

분야	기존	⇒	개혁 후
정치개입	• 보수세력 관리 및 확대 • 민간인 사찰 • 군납, 방산 등 이권 개입 * 정치 개입 ⇒ 정치개입 차단	⇒	• 60 단위부대 해체 • 정치개입 혐의 기무요원 원대복귀
민간인 사찰	• 정치 동향 점검 및 보고 • 인터넷 댓글 작성 • 정부비판 계정(아이디) 관리 • 민간인 해킹 등 * 민간인 사찰 ⇒ 민간인 사찰 금지	⇒	• 중복된 업무와 기능 제거 통한 구조조정 및 기능 개편 • 방첩 이외 인원 대폭 축소 통한 방첩전문화
특권의식	• 감시와 통제위주의 동향파악 • 기무요원 과도한 예우 등 * 특권의식 팽배 ⇒ 특권의식 배제	⇒	• 근무평정 제도 도입 • 과도한 예우 폐지

령부로 정상적으로 이관시키고 기무사령부는 방첩업무만 실시한다.

셋째, 정치개입의 창구 역할을 맡았던 60 기무부대를 해체한다.

기무사의 정치개입 시 60 단위부대는 전국 각 지역에 산재해, 기무사령부의 세포조직의 역할을 하고 있는 바, 이 부대를 해체하고 지역 내 통합방위협의회, 안보협의회 등의 회의에는 책임지역 일선 지휘관(혹은 참모)이 참석한다.

넷째, 방첩업무와 관련 없는 요원들은 원대 복귀한다.

댓글을 작성한 간부 500여명은 원대 복귀시키고 근지단 병력 1,300명을 대폭 축소시키는 등의 구조조정을 실시하며 방첩과 무관한 행정·교육·미군부대 예하 기무부대를 축소시킨다.

다섯째, 탈권위주의적 문화를 위한 기무요원의 도덕성을 확립한다.

기무사령부 소속 인원들을 야전 간부 및 장병들과 동일한 처우로 동등하게 개선하고 '야전지휘관이 기무요원을 관찰하고 평가하는 제도'를 도입한다.

여섯째, 민간 전문인력을 적극 활용한다.

현역 위주 조직에서 탈피, 군무원 등 민간 인력 활용 직위를 확대하고 역할에 비해 상향된 계급을 국방개혁과 연계하여 정원을 축소시킨다.

일곱째, 기무사 역할을 방첩업무로 명확히 하여 대통령령에 반영한다.

국군기무사령부령(대통령령 제28266호)을 개정, 방첩 외 업무는 제3조 직무조항에서 배제하여 기무사의 역할을 명확히 한다.

제 2 절 기무사 개혁 위원회 편성 및 운영 결과

1. 기무사 개혁 위원회 편성 및 운영 결과

민간인, 예비역, 현역 군인들이 포함된 '기무사 개혁 위원회'를 구성하여 기무사 개혁 방향을 정리하여 최종 국방부에서 개혁 원칙과 지침을 하달하였고 그 결과를 보고 받았다.

기무사 개혁 위원회는 다음과 같이 3개안을 보고하였다. 1안은 '사령부 체제 유지 하 조직과 기능 정비'로 행위개선, 기능조정, 조직 통폐합, 인적쇄신에 중점을 두는 안이다. 2안은 '국방부 본부 체제로 변경'하여 본부장은 장관의 참모이면서 예하부대 지휘관으로 하는 안이다. 3안은 '기무사 해체, 외청 형태의 정부 조직으로 창설'로 방사청이나 병무청과 유사한 조직 안이다. 이에 대한 국방부 검토 결과는 현 사령부 체제를 유지하는 1안을 선택하였다. 이는, 기존 조직의 장점을 최대한 유지하면서 개혁의 추동력 확보에 유리하다. 특히, 인적쇄신, 정치개입 및 민간사찰 방지를 위한 제도 정비가 시급하였다. 또한, 기무사의 정치개입, 민간인 사찰 등이 사령부 체제라서 비롯된 것은 아님과 동시에 군사보안, 방첩기능 등 임무수행능력 보장에 유리한 것으로 평가하였다.

'기무사 개혁 위원회' 운영기간은 2018년 5월 25일(금)부터 8월 2일(목)이었으며 기간 중 15회 전체회의 및 10회 실무토의를 통해 위원회에서 개혁방안을 건의하였고 이를 토대로 최종적으로 국방부에서 기무사 개혁 추진 방안을 작성하였다.

약 25회 회의를 거쳐서 운영위원회는 국방부 장관에게 결과를 보고하였고 이를 국방부에서 최종검토하여 기무사 개혁 추진방안을 확정하였다. 그리하여 최종적으로 국군기무사령부를 해체하고 군사안보지원사령부를 창설하는 결론을 얻었다.

2. 기무사 개혁 위원회 세부 운영 결과

기무사 개혁 위원회 운영 당시 기무사 개혁에 대한 국민여론이 확산되었다. 예를 들어, 기무사 존폐에 대한 국민여론(2018년 7월 11일, 리얼미터)은 해편은 79%(전면폐지: 34.7%, 전면개혁: 44.3%), 현행유지는 11.3%, 잘 모름 9.7%였다. 이러한 국민여론을 반영하여 기무사 개혁 위원회는 다음과 같은 기무사 개혁 추진 원칙과 추진 방향을 장관지침과 유사하게 보고하였다.

가. 추진 원칙
'① 정치개입 차단, ② 민간사찰 금지, ③ 특권의식 배제'를 장관지침과 동일하게 설정하였다.

나. 추진 지침
① 합법적이고 투명한 부대 운영을 통해 대통령의 군 통수 이념을 적극 구현한다.

　이는 대통령이 임명한 지휘관 및 기타 주요 지휘관의 동향을 파악하는 것이 아니라 지휘능력과 전투유지, 부대운영 등 능력 위주의 지휘 역량을 주목하는 것이다.

② 문민통제 확립을 위한 조직으로 탈바꿈한다.

　국방부, 병무청, 방사청, 방산업체, 민영 국직기관에 군무원 위주로 배치하고 기무사 장교, 부사관, 병은 군부대만 배치한다.

③ 군의 정치개입을 근본적으로 차단하기 위해 훈령을 개정한다.

　예비역 단체 지원, 군 예비역 장성관리, 기무출신 예비역 단체 연결고리 등을 차단한다.

④ 군의 민간인 사찰을 범죄행위로 정립한다.

　　방첩관련 민간인 수사 필요시에는 경찰, 국정원에 공조제도를 확립하고 민간인 사찰은 범죄행위로 명문화한다.
⑤ 군 지휘관이 엄정한 군기확립 기회로 정착한다.

　　지휘참고자료 배포를 폐지(국방정책 전반에 대한 지휘조언은 월권행위)하고 군 내 활동시에는 군복 착용, 계급에 상응하는 행동과 처우를 정착한다.
⑥ 방첩·보안기능에 집중토록 보강한다.

　　국정원, 경찰, 헌병과 공조체제를 규정화하고 군내 이적행위 등과 관련 된 인원, 자료 유입을 차단한다.
⑦ 주변의 눈치를 살피지 않고 지휘관을 주목하는 군인을 양성한다.

　　대전복정보, 불법비리 파악은 유지하되, 법적 한계를 검토 및 명문화한 다. 개인 사생활, 성향 등의 사찰은 금지한다.
⑧ 기무사 개혁에 대한 국민의 기대에 부응하는 수준의 특단의 조치를 취한다.

　　인적쇄신, 특정군 출신 위주 폐쇄적 문화 등을 타파한다.

3. 기무사 세부 개혁 추진내용

이와 같은 추진 원칙 및 추진 지침에 따른 기무사 세부 개혁 추진내용은 다음과 같다.

가. 인적 쇄신 및 폐쇄적 인사관리 개선

인적쇄신 및 폐쇄적 인사관리 개선을 위해 세월호 유가족 사찰 및 사이버 댓글 작성, 그리고 계엄령 문건 작성 등 정치개입 관련 인원 약 670여명을 과감하게 방출조치한다. 또한, 개방형 순환인사 관리로 전환한다. 현재, 기무사는 대위 때 선발하여 20년 이상을 기무사에만 근무, 과도하게 폐쇄적인 조직문화가 형성되어 있다. 이러한 조직문화는 기무사 예비역 단체인 'ㅇㅇ회'와의 부적절한 연결고리로 작용하고 있고 기무사 예비역 단체 회원 대부분은 정치적으로 과도하게 편향(극우)되어 있으며 폐쇄적 조직문화 특성상 현역 기무사 인원들에게도 많은 영향을 미치고 있음에 따라 연결고리를 차단할 필요가 있다. 더불어, 현역은 군부대, 군무원은 외부기관 조직 대상으로 인력을 배치 및 운영한다. 자체 진급권을 폐지하고 각 군 총장의 인사권을 보장한다.

나. 임무·기능 조정

기무사의 임무·기능 조정으로 먼저, 임무·기능을 명확히 하기 위하여 조직의 목적을 '보안, 방첩'으로 한정하고 군 방첩의 개념 및 첩보 수집 활동 범위를 구체화한다. 또한, 대전복정보, 불법비리 파악 대상을 대령 이상 지휘관으로 한정하고, 사적인 영역 관찰은 금지하며 관찰 결과에 대한 본인 확인 절차를 마련한다. 통수권 강화 차원의 신원조사(동향관찰)의 대상, 시기, 내용을 합목적적으로 한정한다. 즉, 특수목적성 활동으로서 일반 신원조사와 분리하여 관련 근거 및 규정을 훈령에 명시하고 통수권자가 임명하는 장관급 장교와 장관급 장교 진급 대상자로 한정한다. 수사권 분야에서 민간사찰 방지를 위해 기무사가 보유한 10대 수사권[2] 중 집회, 시위, 남북교류 관련 수사권을 폐지한다. 보안감사 관련, 사단급 이하 중앙보안감사는 폐지(각 군 이관)하고 기무사는 보안업무발전, 컨설팅 기능에 집중한다.

다. 조직개편 및 인력감축

조직개편 및 인력감축으로 인력감축은 기능조정, 예하부대 통폐합, 행정조직 슬림화 등을 통해 기무사 인력의 계급별 약 30% 이상을 감축한다.

사령부 본부의 경우 정치개입 논란 부서(융합정보실, 예비역 지원과 등)를 해체, 축소하고 인사·조직·예산 등 행정지원 인력을 감축하며 미래 대비 보안·방첩 부서 인력을 재배치한다. 예하부대는 민간사찰 의혹이 제기되는 지역부대(60단위)와 지역 내 사단 등 지원부대 간 통폐합한다. 영외 민간지역에 위치한 부대는 영내

표 Ⅲ-2 | 기무사 정원 조정(안)

구 분	계	장군	대령	중령	소령	위관	준사관	부사관	병	군무원
증감	−1,251	−3	−16	−53	−82	−73	−105	−401	−392	−126

---

2 10대 수사권은 내란·외환(형법), 반란·이적·군사기밀누설·암호부정사용(군형법), 국가보안법, 군사기밀보호법, 남북교류협력에 관한 법률, 집회 및 시위에 관한 법률.

로 이전하고 위장명칭 사용을 폐지한다. 사단급 지원부대(50단위)는 해체하고 군단급 지원부대(30단위)가 통합 운영한다. 더불어, 국방부, 방위사업청, 병무청, 방산업체 등 정부기관에 대해서는 문민통제 원칙 하 군무원을 보직한다.

라. 업무수행체계 개선

업무수행체계 개선으로 특정군, 특정학교 출신 위주 핵심보직 장악의 '순혈주의'를 타파하기 위해 순환보직을 확대한다. 이를 위해 기무사 내 공통보직을 지정하여 각 군 야전장교간 순환보직을 확대하고 육:해:공군의 공통직위 비율은 1:1:1을 적용하여 특정군 위주의 편향된 의사결정을 방지하며 기무사 요원들도 야전 필수직위 이수를 통해 특권의식을 배제한다. 또한, 민간인력, 법무, 각 군 감찰인력 등을 활용한 감시, 견제 시스템을 도입한다. 감찰실장에 민간인 또는 각 군 감찰장교 등 외부인을 영입하여 활용하고 대전복정보, 불법비리 파악 등 특수목적성 활동의 적절성 심의를 위한 '심의위원회(사령관 직속 또는 국방부 소속)'를 설치하며 기무요원의 부조리에 대한 신고 접수, 조사를 법무에서 수행하고 제대별 법무참모부에 공익제보시스템(Help Call)을 구축하여 정치개입, 비리, 군 지휘권 훼손, 부당한 지시 등을 고발하도록 한다. 마지막으로 외부인력을 충원 확대한다. 기무학교에 민간 교관인력을 확대하여 충직한 조직원 양성에서 선진 시민의식을 갖춘 인력 양성으로 교육개념을 전환하고 작전부대 지휘관 계급을 고려한 장교 위주로 배치(준·부사관 축소)한다.

제 3 절 | 군사안보지원사령부 창설[3]

국방부는 2018년 8월 6일, 군사안보지원사령부(약칭: 군사안보지원사) 창설준비단을 출범시켜 8월 21일, 군사안보지원사령부령(부록 8 참고)을 제정하고 9월 1일 군사안보지원사령부령을 공포(대통령령 제29114호)하여 군사안보지원사령부를 창설

---

3 군사안보지원사령부 홈페이지, http://www.dssc.mil.kr.

(국, 일반명령 2018-283호)하였다.

군사안보지원사의 부대임무는 군사안보지원사령부령에 의거 군 보안업무, 군 방첩, 군 관련 정보의 수집·작성 및 처리, 군사법원법 제44조 2호에 따른 범죄의 수사 등에 관한 업무를 수행하고 있다.

군 보안 업무는 군사보안에 관련된 인원의 신원조사, 군사보안대상의 보안측정 및 보안사고 조사, 군 보안대책 및 군 관련 보안대책의 수립·개선 지원, 그밖에 군인·군무원, 시설, 문서 및 정보통신 등에 대한 보안 업무를 수행하는 것이다.

군 방첩 업무는 군 관련 방첩업무, 군 및 방위산업체 등을 대상으로 한 외국·북한의 정보활동 대응 및 군사기밀 유출 방지, 군 방첩대책 및 군 관련 방첩대책의 수립·개선을 지원하는 것이다.

군 관련 정보의 수집·작성처리는 국내외의 군사 및 방위산업에 관한 정보, 대국가전복, 대테러 및 대간첩 작전에 관한 정보, 방위산업체 및 전문연구기관, 국방과학연구소 등에 관한 정보, 군인 및 군무원, 「군인사법」에 따른 장교·부사관 임용예정자 및 「군무원인사법」에 따른 군무원 임용예정자에 관한 불법·비리 정보 등을 수집·작성하고 처리하는 것이다.

군 범죄 수사는 군사법원법 제44조 2호에 따라 군형법, 국가보안법, 군사기밀보호법 등의 범죄 수사를 담당하는 것이다.

기타 군사안보 지원 업무는 정보작전 방호태세 및 정보전 지원, 국방분야 주요정보통신기반시설의 보호 지원, 방위사업청에 대한 방위사업 관련 군사보안업무 지원, 군사보안 연구·지원 업무를 수행하는 것이다.

군사보안지원사의 부대비전은 "국민과 군에 헌신, 군사안보의 중심"이며 부대지표는 "정예, 충성, 헌신"이다. 이는, 끊임없이 변화하는 안보환경과 첨단기술 발전에 발 맞춰 고도의 전문성과 직무 능력을 갖추고 오직 국민과 군에 헌신하는 최정예 부대원으로 변화·발전하고자 함이다. 또한, 국민 기대에 부응하며 국방 발전에 기여하는 합리적이고 전문화된 조직으로 국익증진, 선진국방 지원을 통해 군사안보의 중심으로 도약하겠다는 의지의 표현으로 국민에게 신뢰받고 국가안보 수호에 앞장서는 정예 군 보안방첩기관을 목표로 하는 것이다.

2018. 9. 1., 군사안보지원사령부 창설식, 과천

2018. 9. 1., 군사안보지원사령부 창설식, 과천

2018. 9. 1., 군사안보지원사령부 부대기 수여, 과천

2018. 9. 1., 군사안보지원사령부 장병 격려, 과천

◢ 책을 마무리하며

　책 제목에 대해서 많은 사람과 논의했습니다.

　「가고 싶은 군대, 믿음직스런 군」, 「국민의 군, 국민의 국방」 등등 몇몇 제목을 숙고해본 결과, 결국 그런 제목들도 「선진 민주국군을 향해」로 결집된다는 결론을 얻었습니다.

　우리 대한민국은 2차대전 종료 후 탄생된 민주국가로서 세계에 자랑할 만한 역사를 만들어냈다고 합니다. 책머리에 간단히 언급하였듯이 2차대전시 자유민주국가였던 미국, 영국, 프랑스와 추축국가였던 독일, 일본, 이탈리아 등 6개국만이 30-50 Club에 속해있었습니다. 그런데 식민지였던 우리 대한민국은 2차대전 후 미 군정, 한국전쟁, 군사쿠데타 등 험난한 역사를 딛고서 경제적으로 선진국 대열인 30-50 Club에 2018년 진입하였습니다. 세계 일곱 번째 국가입니다. 기존 6개국의 군사적 측면을 볼 때 국가의 군사의사결정, 작전운영, 전력건설, 인사관리 등 모든 면에서 자국의 정체성을 가지고 군사력을 운용하고 있습니다. 즉 선진 민주국가 답게 군을 관리하고 운용하며 세계를 이끌어 가고 있습니다. 이에 우리 국군도 이끌리는 국가의 군이 아니라 우리의 정체성을 가지고 이끌어 가는 그룹에 참여할 수 있는 국군으로 발전해야 할 것입니다.

　현재 우리 대한민국 국군은 세계 10위권 이내 군사력을 보유한 국군으로 평가 받고 있습니다. 군사력 순위에서 30-50 Club 국가들 중에 2~3개국이 빠지고, 구 공산권 국가나 제3세계 국가 중에서 몇 개국이 우리 국군보다 앞자리를 차지하고 있습니다.

　"그런데 우리 국군이 선진 민주국가의 군 체계를 유지하고 있는가?"

　"세계 10위권 이내 위상의 군으로 대접받기에 부끄러움이 없는가?"

　라는 질문에 선뜻 자신 있게 대답하기가 어렵습니다.

　이러한 질문에 국민들이 보내고 싶은 군대, 믿음직스런 군으로 변모하여 모든 국민이나 군인들이 당당하고 자랑스럽게 대답할 수 있는 국군으로 발전해야 할 것입니다.

과거의 역사는 현재를 낳게 하고 미래의 거울이라 했습니다. 우리 대한민국이 해방 이후 정치적 격변기와 6.25 전쟁을 치르면서 국군은 그 중심에 있었습니다. 또한 그 이후에도 헌법을 유린하는 군사 정변에 참여했었습니다. 그리하여 국군은 창군기부터 민주화 이전까지 국민들에게 부정적 인식을 갖게 하는 역사적 멍에를 가지게 되었습니다. 그러나, 6.25 전쟁시 죽음을 다해 나라를 지켰으며 끊임없는 북한의 도발을 막아내면서 눈부신 국가 발전을 이루게 하는 원동력을 제공한 것도 우리 국군이었습니다. 그러한 부정, 긍정 측면을 꺼내어서 시시비비를 가리는 논쟁은 모두 뒤로 하고, 이제는 진정으로 국가를 수호하고 국민에게 희생, 봉사하는 군 본연의 국군으로 발전해야 할 것입니다.

이렇게 발전된 국군이야말로 국민의 군이자 선진 민주국가에 걸맞는 선진 민주국군의 모습이라 할 것입니다.

다음은 9.19 남북군사합의 분야를 말씀드리고자 합니다.

본문에도 언급하였듯이 본 합의는 판문점, 평양선언으로만 만든 것이 아니고, 지금까지 역대 모든 진보, 보수정권에서 체결한 남북합의를 참고하였고, 그를 배경으로 합의하였다는 것입니다. 9.19 남북군사합의가 지금까지의 어떤 군사합의보다 진일보하였고 실행계획을 담아 남북 공히 실행하였으며 또한 실행중에 있다고 말씀드립니다. 일부에서는 "무엇이 안되었다." "무엇이 잘못되었다." "북에게 다 내주고 우리는 무장해제했다."는 식으로 폄훼하지만 그러한 사안들은 군사공동위원회를 창설하여 논의해 나갈 때, 그 의제로 삼아 해결해야 할 사안입니다.

또한, 상대가 있는 합의인데 모든 것을 한번으로 해결할 수 없다는 것도 이해하리라 믿습니다. 이미 언론에서 보도하였듯이, 본인이 내린 군사합의 기본지침은 "① 모든 합의사안을 일방적으로 양보하지 말고 상대적으로 하라 ② 과거를 참고하여 미래지향적으로 하라 ③ 한번에 모든 것을 다하려고 하지 말고 점진적, 단계적으로 하라"였습니다. 대령급, 장성급 모든 협상 참가자들은 기본지침에 충실하였고 비교적 짧은 시간내에 성공적으로 합의를 이루어내었습니다.

남북간에는 우선 긴장완화 → 신뢰구축 → 군비검증 → 군비축소의 진행과정이 필요하다고 판단합니다. 현재는 긴장완화 단계의 끝부분에서 신뢰구축으로 옮겨가야 하는데 그렇게 이행되지 못하고 있는 상태라고 봅니다. 남북관계, 북미관계 등이 좋아진다면 9.19 남북군사합의는 다시 조명을 받을 것이고, 더욱 진전되어 군사공동위원회가 창설되면 일부에서 폄훼하였던 문제들을 그 위원회에서 차곡차곡 해결해 나갈 것으로 기대합니다.

다시 말씀을 드린다면 남북군사합의가 잘 이행되는 것은 지금까지 모든 남북합의가 그랬듯이 남북관계의 발전에 따르는 것이지, 합의 자체가 잘못된 것이 아니라는 점을 이해해 주실 것을 당부 드립니다. 그런면에서 남북, 북미관계가 잘 풀리기를 기대합니다. 또한 협상한 모든 대표들에게 수고 많았다는 말씀을 전합니다.

다음은 국군기무사령부 해체와 군사안보지원사령부 창설에 대해 간단히 말씀 드리고자 합니다.

선진 민주국군이 되기 위해서는 군의 정치개입, 민간인 사찰은 절대적으로 하지 말아야 할 중요한 사안입니다. 이러한 사안은 국민 모두 이해하실 것이고 군인 모두가 지켜야만 할 법령입니다. 또한 지휘관이나 부대의 동향을 파악하는 사안에 있어서도 부정부패나 만행을 저지르는 행위를 예방한다는 긍정적 측면도 있지만, 군인 본연의 임무를 충실히 이행하지만 기무요원과의 친소관계로 인해 불이익을 받는다는 부정적 측면도 있었습니다. 그러므로 장교들이 불평과 불만이 많았습니다.

그리하여 선진 민주국군을 지향하기 위해서는 기무사 요원들의 활동범위를 ① 정치개입을 금지하고, ② 민간인 사찰을 금지하며, ③ 동향파악 등 특권의식을 배제시켜야만 했습니다.

어떤 기무사 장교나 부사관 등 군인들은 소명의식과 사명감으로 열심히 복무했는데 그에 대한 대가가 이런 것인가! 하고 억울해 한 요원이 있다고 들었습니다. 그러나 또 다른 장교나 부사관 등 군인들은 이제야 떳떳이 군복입고 군인으로 보람찬 업무를 수행한다는 자부심을 느끼는 요원들도 있다고 들었습니다.

본인은 군인, 즉 군복입은 신분은 국가와 국민에게 충성해야 하지, 어느 정권이나 개인에게 충성해서는 안된다고 생각합니다. 그래서 많은 사례와 수사결과가 있었지만 개혁에 필요한 사실들만 간략하게 기술했음을 이해해 주시기 바랍니다.

그리하여 새로 태어난 군사안보지원사령부의 모든 요원들은 방첩과 보안업무에 전념하여 국가를 보위하고 국군의 보안을 책임진다는 사명감과 자부심으로 근무하기 바랍니다. 그리하여 국민과 군인들에게 박수 받기를 기대합니다.

부록

부록 1. 국방개혁에 관한 법률[1]

[시행 2007. 3. 29] [법률 제8097호, 2006. 12. 28, 제정]

제1장 총칙

제1조【목적】 이 법은 지속적인 국방개혁을 통하여 우리 군이 북한의 핵실험 등 안보환경 및 국내외 여건 변화와 과학기술의 발전에 따른 전쟁양상의 변화에 능동적으로 대처할 수 있도록 국방운영체제, 군구조 개편 및 병영문화의 발전 등에 관한 기본적인 사항을 정함으로써 선진 정예 강군을 육성하는 것을 목적으로 한다.

제2조【기본이념】 국방개혁은 다음 각 호의 사항을 추진함으로써 국민과 함께하는 국민의 군대를 육성하여 국가안보를 튼튼히 하고 나아가 국제평화에 기여하는 것을 기본이념으로 한다.

1. 국방정책을 추진함에 있어서 문민기반의 확대
2. 미래전의 양상을 고려한 합동참모본부의 기능 강화 및 육군·해군·공군의 균형있는 발전
3. 군구조의 기술집약형으로의 개선
4. 저비용·고효율의 국방관리체제로의 혁신
5. 사회변화에 부합하는 새로운 병영문화의 정착

제3조【정의】 이 법에서 사용하는 용어의 정의는 다음과 같다.

1. "국방개혁"이라 함은 정보·과학 기술을 토대로 국군조직의 능률성·경제성·미래지향성을 강화해 나가는 지속적인 과정으로서 전반적인 국방운영체제를 개선·발전시켜 나가는 것을 말한다.
2. "국방운영체제"라 함은 군을 비롯하여 국방에 관련된 모든 조직을 관리·운영하는 법적·제도적 장치를 말한다.
3. "군구조"라 함은 국방 및 군사임무 수행에 관련되는 전반적인 군사력의 조직 및 구성관계로서 육군·해군·공군이 상호 관련되는 체계를 말한다.
4. "문민기반의 확대"라 함은 국방부가 효율적으로 군을 관리·지원하여야 한다는 원칙에 따라 국가의 국방정책을 군사적 측면에서 구현하고, 민간관료와 군인의 특수성·전문성이 상호균형과 조화를 이루는 가운데 국방정책결정 과정에 민간참여를 확대하는 것을 말한다.

---

1 출처: 국가법령정보센터(http://www.law.go.kr).

5. "전력체계"라 함은 전쟁을 수행할 목적과 기능을 갖는 무력 또는 군사력으로서 국방인력, 군사무기 체계, 장비, 전술교리, 군사훈련체계 및 기반시설 등이 통합된 전체 구조를 말한다.

6. "합동성"이라 함은 첨단 과학기술이 동원되는 미래전쟁의 양상에 따라 총체적인 전투력의 상승효과를 극대화하기 위하여 육군·해군·공군의 전력을 효과적으로 통합·발전시키는 것을 말한다.

제4조【정부의 기본의무】 ① 정부는 국방개혁이 지속적이고 일관성 있게 추진될 수 있도록 기반과 환경을 조성하여야 한다.

② 정부는 제1항의 규정에 따른 국방개혁의 기반과 환경을 조성하기 위하여 국방개혁에 소요되는 재원을 안정적으로 확보하도록 노력하여야 하며 필요한 인적자원에 대하여 최적화 수준을 유지하도록 충원·관리하여야 한다.

제2장 국방개혁의 추진

제5조【국방개혁기본계획의 수립】 ① 국방부장관은 국방개혁을 효율적으로 추진하기 위하여 국방운영체제의 혁신, 군구조개편 및 병영문화의 개선 등에 관한 국방개혁기본계획을 대통령의 승인을 얻어 수립하여야 한다.

② 국방개혁기본계획에는 다음 각 호의 사항이 포함되어야 한다.

1. 국방개혁의 목표

2. 국방개혁의 분야별·과제별 추진계획

3. 국방개혁의 추진과 관련된 국방운영체제 및 재원에 관한 사항

4. 그 밖에 국방개혁을 추진하기 위하여 필요한 주요사항

③ 국방부장관은 국방개혁기본계획을 추진함에 있어서 5년 단위의 국방개혁추진계획을 수립·시행하되, 매 5년의 중간 및 기간 만료시점에 한미동맹 발전, 남북군사관계 변화추이 등 국내외 안보정세 및 국방개혁 추진 실적을 분석·평가하여 그 결과를 국방개혁기본계획에 반영하여야 한다.

④ 제3항의 규정에 따른 국방개혁추진계획의 수립에 관하여 필요한 사항은 대통령령으로 정한다.

제6조【국방개혁위원회】 지속적이고 일관된 국방개혁을 추진하고 국방개혁과 관련된 중요 정책사항을 심의하기 위하여 국방부장관 소속하에 국방개혁위원회(이하 "위원회"라 한다)를 둔다.

제7조【위원회의 기능】 위원회는 다음 각 호의 사항을 심의한다.

1. 국방개혁을 위한 국내외 안보정세의 평가

2. 제6조의 규정에 따른 국방개혁기본계획 및 국방개혁추진계획의 수립에 관한 사항

3. 국방개혁과 관련하여 소요되는 예산에 관한 사항

4. 국방개혁과 관련된 법령의 제·개정에 관한 사항

5. 상비병력 및 예비병력의 조정에 관한 사항

6. 그 밖에 국방개혁의 추진과 관련하여 위원장이 부의하는 사항

제8조【위원회의 구성】① 위원회는 위원장 1인을 포함한 20인 이내의 위원으로 구성한다.

② 위원회의 위원장은 국방부장관이 되고, 위원은 관계중앙행정기관의 차관급 이상 공무원 중에서 위원장이 위촉하되, 필요한 때에는 국방·안보 관련 전문가를 포함할 수 있다.

③ 위원회의 운영 등에 관하여 필요한 사항은 대통령령으로 정한다.

제9조【보고 등】① 국방부장관은 매년 대통령 및 국회에 전년도 국방개혁의 추진실적 및 향후계획 등 국방개혁과 관련된 제반사항을 보고하여야 한다.

② 국방부장관은 국방개혁을 추진함에 있어서 범정부적인 협조와 지원을 위한 의사결정이 필요한 경우에는 국무회의 또는 국가안전보장회의에 이를 보고할 수 있다.

제3장 국방운영체제의 선진화

제10조【문민기반의 조성】국방운영체제의 인력운영구조는 국가안보환경의 변화에 능동적으로 대처할 수 있도록 민간인력과 군인의 전문성 및 특수성이 상호 보완되도록 발전시켜야 한다.

제11조【국방부 소속 공무원의 구성】① 국방부장관은 현역군인의 전문성이 요구되는 직위를 제외한 국방부 직위에 군인이 아닌 공무원의 비율이 연차적으로 확대될 수 있도록 인사관리를 하여야 한다.

② 제1항의 규정에 따른 국방부 소속 공무원의 구성비율에 따라 군인이 아닌 공무원을 연도별·직급별로 충원하기 위하여 필요한 사항은 대통령령으로 정한다.

제12조【합동참모의장의 인사 청문】대통령이 합동참모의장을 임명하는 때에는 국회의 인사 청문을 거쳐야 한다.

제13조【민간인력의 활용확대】① 국군의 부대와 기관은 국방 관련 업무의 전문성·연속성을 높이기 위하여 군무원 등을 포함한 민간인력의 활용을 확대하여야 한다.

② 국군의 부대와 기관에서 분야별·직급별 민간인력의 활용을 확대하기 위하여 필요한 사항은 대통령령으로 정한다.

제14조【국방인력 운용구조의 발전방향】국가는 미래 안보환경에 부응할 수 있도록 군구조를 기술집약형으로 개편하고, 기술집약형 군대의 원활한 운영 및 관리를 도모하며, 병

역자원의 양적·질적 변화에 능동적으로 대처하기 위하여 국방인력 운영구조를 개선·발전시켜야 한다.

제15조【우수한 군 인력의 확보 및 전문성 향상】① 국방부장관은 우수한 군 인력을 확보하고, 군 인력의 전문성을 높이기 위한 인력양성 및 교육·훈련체계를 발전시켜야 한다.

② 국방부장관은 전문분야 또는 특수한 기술분야의 복무능력을 보유하거나, 격지·오지 또는 도서지역 등 특수한 지역에서 복무할 수 있는 지원병 모집을 확대하여야 한다.

③ 국방부장관은 우수한 숙련병을 확보하기 위하여 유급지원병제를 시행할 수 있다.

④ 제3항의 규정에 따른 유급지원병제의 시행 및 운영에 관하여 구체적인 사항은 따로 법률로 정한다.

제16조【여군 인력의 활용확대】① 국방부장관은 여성인력의 활용을 확대하고 우수한 여군 인력을 활용함으로써 전력을 강화하기 위하여 2020년까지 연차적으로 장교 정원의 100분의 7까지, 부사관 정원의 100분의 5까지 여군 인력을 확충하여야 한다.

② 여군 인력을 활용함에 있어서 각 군별·연도별 여군 인력의 비율확대를 위하여 필요한 사항은 대통령령으로 정한다.

제17조【책임운영기관 등의 확대】① 국방부장관은 국방업무의 전문성 및 효율성을 향상시키기 위하여 전투근무지원 분야의 업무를 분야별·기능별로 구분하여 책임운영기관으로 지정·운영하거나, 민간부문에 위탁하여 수행하게 할 수 있다.

② 제1항의 규정에 따른 전투근무지원 분야의 책임운영기관 지정·운영 및 업무위탁에 관하여 필요한 사항은 따로 법률로 정한다.

제18조【장교의 진급】① 장교의 진급에 대한 임용권자의 권한은 합리적인 절차에 따라 공정하게 행사되어야 한다.

② 국방부장관은 장교의 진급인원을 선발할 때에는 개인의 자질과 능력 및 군 기여도에 따라 선발하되, 장교 양성과정별 인력운영의 사정을 고려하여 균형있는 진급기회가 보장되고 안정적인 장교수급이 이루어지도록 노력하여야 한다.

제19조【국방부, 합동참모본부 등의 장교 보직】① 국방부, 합동참모본부 및 연합·합동부대에서 근무하는 장교의 직위에는 합동성 및 전문성 등 그 직위에 필요한 요건을 갖춘 장교가 보직되도록 하여야 한다.

② 국방부장관은 합동참모본부 및 연합·합동부대의 장교 직위 중 합동성·전문성 등이 요구되는 직위에 대하여 합동참모의장의 요청을 받아 합동직위로 지정한다.

③ 각군 참모총장은 제1항의 규정에 따른 요건을 갖춘 장교에 대하여 우선적으로 합동직위에 근무할 수 있는 합동특기 등의 전문자격을 부여하여야 한다.

제20조【참모총장 등에 대한 보직 추천】국방부장관은 각군 참모총장 또는 참모차장의 직위에 다양한 분야의 경력을 갖춘 장교가 임명될 수 있도록 병과·특기 등을 균형 있게 고

려하여 추천 또는 제청하여야 한다.

제21조【중장 이상 장교의 보직관리】중장 이상 장관급 장교는 정원의 한도 안에서 보직되어야 하고, 정원으로 정한 직위에서 해임 또는 면직되거나 보직 기간이 종료된 후 동일 계급 이상의 다른 직위에 보직되지 아니하는 경우에는 「군인사법」 제44조제2항의 규정에 불구하고 현역에서 전역된다.

제4장 군구조·전력체계 및 각 군의 균형 발전

제22조【발전방향】국가는 병력 규모 위주의 양적·재래식 군사력 구조를 독자적인 정보 수집·관리, 첨단기술 및 현대화된 장비위주의 질적·기술집약형 군사력 구조로 개선하여 다양한 위협에 효율적으로 대응할 수 있도록 발전시켜야 한다.

제23조【군구조의 개선】① 국방부, 합동참모본부, 육군·해군·공군본부 등 군 상부 조직은 문민기반 위에서 통합전력이 최대한 발휘될 수 있도록 그 기능 및 조직을 개선·발전시켜야 한다.

② 국방부장관은 합동참모본부의 방위기획 및 작전수행 능력을 배양하고 합동성을 향상시킬 수 있도록 그 기능 및 조직을 보강·발전시켜야 한다.

③ 합동참모의장은 합동작전능력 및 이와 관련된 합동군사 교육체계 등을 개발·발전시키고, 합동작전 지원분야에 있어서 각군 참모총장과 원활한 협의체계를 수립하여야 한다. 이 경우 필요한 때에는 국방부장관에게 합동작전 지원분야에 관하여 의견을 제시하고 이에 따른 육군·해군·공군의 기능 및 합동성에 관하여 조정을 건의할 수 있다.

④ 각군 참모총장은 각 군 고유의 전문성을 유지·발전시키되 합동성의 강화를 위하여 그 기능 및 조직을 정비하고, 중간 지휘제대의 단계를 점진적으로 축소·조정하여 단위 부대의 전투능력과 작전의 효율성을 증대시켜야 한다.

제24조【무기 및 장비분야 전력체계 발전】주요 무기 및 장비 등의 전력화는 단계별 추진계획에 따라 전략개념 및 군구조 개편과 연계하여 동시에 추진하여야 한다.

제25조【상비병력 규모의 조정】① 국군의 상비병력 규모는 군구조의 개편과 연계하여 2020년까지 50만 명 수준을 목표로 한다.

② 제1항의 목표 수준을 달성하기 위한 단계별 목표수준을 정할 때에는 북한의 대량살상무기와 재래식 전력의 위협평가, 남북간 군사적 신뢰구축 및 평화상태의 진전 상황 등을 감안하여야 하고, 이를 매 3년 단위로 국방개혁기본계획에 반영한다.

③ 제1항의 규정에 따른 상비병력은 각 군별로 최고의 전력체계를 유지하고, 육군·해군·공군의 균형적인 발전을 통하여 합동성을 극대화할 수 있는 적정수준의 구성비율을 유지하여야 한다.

④ 국가는 군구조 개편에 따라 전역하게 되는 장교·준사관 및 부사관에 대하여 적정한 보상을 시행하고 생활안정대책을 마련하도록 노력하여야 한다.

⑤ 제1항 및 제3항의 규정에 따른 연도별 상비병력의 규모, 각 군별 구성비율에 관하여 필요한 사항은 대통령령으로 정한다.

제26조【적정 간부비율의 유지】 ① 국군의 장교·준사관 및 부사관 등 간부의 규모는 2020년까지 기술집약형 군구조 개편과 연계하여 연차적으로 각 군별 상비병력의 100분의 40이상 수준으로 편성하여야 한다.

② 제1항의 규정에 따른 장교·준사관 및 부사관 등 간부비율의 개편을 위한 군별·연도별 추진목표 등에 관하여 필요한 사항은 대통령령으로 정한다.

제27조【예비전력규모의 조정 및 정예화】 ① 국가는 예비군 조직을 정비하고 훈련체계를 개선하며, 무기·장비 및 전투 예비물자를 현대화하여 상비병력을 대체할 수 있는 정예화된 예비전력으로 발전시켜야 한다.

② 예비전력규모는 2020년까지 상비병력규모와 연동하여 개편·조정하여야 한다.

③ 연도별 예비전력의 규모 및 예비전력 발전에 관하여 필요한 사항은 대통령령으로 정한다.

제28조【해안 등에 대한 경계임무의 전환】 ① 군이 수행하고 있는 해안·항만·공항·국가시설 및 특정경비지역 등의 경계임무는 치안기관 또는 당해 시설을 관리·운영하는 기관으로 전환할 수 있도록 연차적으로 제도개편을 추진하여야 한다.

② 제1항의 규정에 따른 경계임무의 전환 등에 관하여 필요한 사항은 대통령령으로 정한다.

제29조【합동참모본부의 균형편성 등】 ① 합동참모본부의 각 군 인력은 균형편성 및 순환보직을 통하여 합동성 및 통합전력이 극대화될 수 있도록 하여야 한다.

② 합동참모의장과 합동참모차장은 각각 군을 달리하여 보직하되, 그 중 1인은 육군 소속 군인으로 보한다.

③ 합동참모본부에 두는 군인의 공통직위는 해군 및 공군은 같은 비율로, 육군은 해군 또는 공군의 2배수의 비율로 보하며, 장관급 장교로 보직되는 공통직위는 각 군간 순환하여 보직하는 것을 원칙으로 한다.

④ 제1항의 규정에 따른 합동성 및 통합전력의 극대화를 위하여 합동참모본부에 두는 필수직위 및 공통직위의 지정과 공통직위의 보직에 관하여 필요한 사항은 대통령령으로 정한다.

제30조【국방부 직할부대 등의 균형편성】 ① 장관급 장교가 지휘하는 국방부 직할부대 및 기관, 합동부대 지휘관은 해군 및 공군은 같은 수로, 육군은 해군 또는 공군의 3배수의 비율로 하여 순환보직함을 원칙으로 한다.

② 순환보직 등에 관하여 필요한 사항은 대통령령으로 정한다.

제5장 병영문화의 개선·발전

제31조【발전방향】국방부장관은 군에서 복무하는 장병에 대하여 기본권을 보장하고 군복무와 관련된 문화적 갈등요인을 최소화함으로써 군 복무에 대한 자긍심을 높이며, 군인으로서의 임무수행을 충실히 수행할 수 있도록 병영문화를 개선·발전시켜야 한다.

제32조【장병 기본권 등의 보장】① 국방부장관은 장병의 기본권이 보장될 수 있도록 군인의 복무에 관련된 제반 환경을 개선·발전시켜야 한다.

② 국방부장관은 장병이 민주시민으로서 건전한 가치관을 정립하고, 자기계발의 기회를 향유하며 군 복무에 대한 사회적 명예를 고양시킬 수 있는 제반 정책을 수립·시행하여야 한다.

③ 국방부장관은 장병이 군인으로서의 임무를 충실히 수행할 수 있도록 부대관리 체계를 발전시키고 복지수준을 향상시키기 위하여 종합적인 계획을 수립·시행하여야 한다.

④ 장병 기본권의 보장 및 복지수준의 향상을 위하여 필요한 사항은 따로 법률로 정한다.

부칙 〈제8097호, 2006. 12. 28.〉

① (시행일) 이 법은 공포 후 3개월이 경과한 날부터 시행한다.
② (중장 이상 보직관리에 관한 적용례) 제21조의 규정에 따른 중장 이상 보직관리는 이 법 시행 후 최초로 중장 이상으로 진급하는 자부터 적용한다.

부록 2. 국방개혁에 관한 법률 시행령[2]

[시행 2007. 3. 29] [대통령령 제19961호, 2007. 3. 27, 제정]

제1조【목적】 이 영은 「국방개혁에 관한 법률」에서 위임된 사항과 그 시행에 관하여 필요한 사항을 규정함을 목적으로 한다.

제2조【국방개혁기본계획의 변경】 국방부장관은 「국방개혁에 관한 법률」(이하 "법"이라 한다) 제5조제3항에 따라 국방개혁 추진 실적 등의 분석·평가 결과를 국방개혁기본계획에 반영하여 변경하고자 할 때는 당해 연도 12월 31일까지 법 제6조에 따른 국방개혁위원회(이하 "위원회"라 한다)의 심의를 거쳐야 한다.

제3조【국방개혁추진계획의 수립】 ① 법 제5조제3항에 따른 국방개혁추진계획(이하 "추진계획"이라 한다)은 국방정책 및 운영혁신 추진계획과 군구조 개편 추진계획으로 구분하여 수립하되, 다음 각 호의 사항이 포함되어야 한다.

1. 추진 목표
2. 세부 추진과제
3. 추진과제별 소요재원
4. 추진 일정
5. 과제별 추진 주관부서 및 관련부서
6. 그 밖에 국방개혁의 추진에 필요한 중요 사항

② 국방부장관은 추진계획을 수립하고자 할 때에는 위원회의 심의를 거쳐야 한다.

제4조【국방개혁위원회의 구성】 ① 법 제8조제2항에 따른 관계 중앙행정기관의 차관급 이상 공무원은 다음 각 호의 자로 한다.

1. 재정경제부차관
2. 교육인적자원부차관
3. 과학기술부차관
4. 통일부차관
5. 외교통상부차관
6. 국방부차관
7. 행정자치부차관
8. 산업자원부차관

---

2 출처: 국가법령정보센터(http://www.law.go.kr).

9. 정보통신부차관

10. 건설교통부차관

11. 해양수산부차관

12. 기획예산처차관

13. 국무조정실 기획차장

14. 국가보훈처차장

15. 경찰청장

16. 해양경찰청장

② 법 제8조제2항에 따라 국방·안보 관련 전문가를 위원회의 위원으로 위촉하는 경우 그 위원의 수는 3인 이내로 한다.

③ 제2항에 따라 위촉된 위원의 임기는 3년으로 하되, 1차에 한하여 연임할 수 있다.

제5조【위원회의 운영】 ① 위원회의 위원장(이하 "위원장"이라 한다)은 위원회를 대표하며, 위원회의 업무를 통할한다.

② 위원회의 부위원장은 국방부차관이 되며, 위원장이 부득이한 사유로 그 직무를 수행할 수 없을 때에는 그 직무를 대행한다.

③ 위원장은 위원회의 회의를 소집하고 그 의장이 된다.

④ 위원장이 위원회를 소집하고자 할 때에는 회의의 일시·장소 및 심의 안건을 정하여 회의 개최일 7일 전까지 각 위원에게 서면으로 통지하여야 한다. 다만, 긴급한 경우에는 7일 이내에 구두로 통보할 수 있다.

⑤ 위원회의 회의는 위원장을 포함한 재적위원 과반수의 출석으로 개의하고, 출석위원 과반수의 찬성으로 의결한다.

⑥ 위원회의 사무를 처리하기 위하여 간사 1인을 두되, 간사는 위원장이 지명하는 고위공무원단 소속 공무원 또는 장관급 장교가 된다.

⑦ 위원회는 직무를 수행하기 위하여 필요하다고 인정하는 경우에는 관계 행정기관의 장·연구기관·단체 등에 대하여 자료 또는 의견의 제출 등을 요구할 수 있으며, 관계 공무원 또는 전문가를 참석하게 하여 의견을 들을 수 있다.

⑧ 위원회의 회의에 출석하는 위원 또는 전문가 등에게는 예산의 범위 안에서 수당과 여비를 지급할 수 있다. 다만, 공무원인 위원 또는 관계 공무원이 그 소관업무와 직접 관련하여 출석하는 경우에는 그러하지 아니하다.

⑨ 이 영에서 규정한 것 외에 위원회 운영에 필요한 사항은 위원회의 의결을 거쳐 위원장이 정한다.

제6조【국방개혁의 추진 실적 등의 보고】 국방부장관은 법 제9조에 따른 국방개혁의 추진 실적 및 향후계획을 위원회의 심의를 거쳐 2월 말일까지 대통령 및 국회에 보고하여야

한다.

제7조【군인이 아닌 국방부 소속 공무원의 충원확대】 ① 국방부장관은 법 제11조에 따라 군인이 아닌 국방부 소속 공무원의 비율을 연차적으로 확대하며, 2009년까지 직급별로 각각 해당 국방부정원(국방부 소속기관의 정원을 제외한다)의 100분의 70이상을 목표로 한다. 직제의 개편에 따라 정원이 증가하거나 감소하는 경우에도 또한 같다.

② 제1항에 따른 직급은 국장급, 팀장급 및 담당자급으로 구분하되, 그 범위는 국방부장관이 정한다.

③ 국방개혁 추진 담당기구에 대하여는 제1항 및 제2항을 적용하지 아니한다.

④ 국방부장관은 군인이 아닌 공무원의 충원확대를 위한 세부방안을 추진계획에 반영하되, 국방 및 안보분야 등에 대한 전문성을 갖춘 자가 충원될 수 있도록 필요한 조치를 강구하여야 한다.

제8조【민간인력의 활용확대 조치】 ① 국방부장관은 법 제13조에 따라 국군의 부대와 기관의 민간인력 활용확대를 위하여 군무원의 비율을 연차적으로 확대하여 2020년까지 군인 총 정원의 100분의 6 수준이 되도록 한다.

② 제1항에 따른 민간인력의 활용확대 대상은 원칙적으로 국군의 부대와 기관의 군수(軍需)·행정 및 교육훈련 분야로 한다.

③ 국방부장관은 민간인력의 활용확대를 위하여 필요한 세부계획을 수립하여 시행하여야 한다.

④ 제3항에 따른 세부계획에는 다음 각 호의 사항이 포함되어야 한다.

1. 연도별·직급별 확대 목표

2. 소요재원

3. 추진 일정

4. 그 밖에 민간인력의 확대에 필요한 사항

제9조【각 군별·연도별 여군 인력 확충】 ① 국방부장관은 법 제16조에 따라 여군(女軍) 인력을 연차적으로 확충하며, 2010년 및 2015년까지 유지하여야 하는 여군 인력 비율 목표는 다음 각 호와 같다.

1. 2010년까지의 여군 인력 비율

　　가. 여군 장교: 장교 정원의 1,000분의 44

　　나. 여군 부사관: 부사관 정원의 1,000분의 29

2. 2015년까지의 여군 인력 비율

　　가. 여군 장교: 장교 정원의 1,000분의 57

　　나. 여군 부사관: 부사관 정원의 1,000분의 41

② 국방부장관은 여군(女軍) 인력의 비율을 확대하기 위하여 필요한 세부계획을 수립

하여 시행하여야 한다.

③ 제2항에 따른 세부계획에는 다음 각 호의 사항이 포함되어야 한다.

1. 각 군별·연도별 여군인력 확충 비율

2. 여군 보직 직위 소요 파악

3. 각 군별·연도별 여군 인력 확충 일정

4. 그 밖에 여군인력의 확대에 필요한 사항

제10조【합동직위의 지정 등】① 법 제19조제2항에 따른 합동성·전문성 등이 요구되는 직위는 다음 각 호와 같다.

1. 육군·해군 및 공군 중 2개 군 이상이 관련된 통합전력발전 및 직전수행 직위

2. 연합·합동작전 관련 지원임무와 연관된 직위

3. 그 밖에 군의 합동성 강화를 위하여 국방부장관이 필요하다고 인정하는 직위

② 법 제19조제3항에 따른 합동특기 등의 전문자격은 다음 각 호의 어느 하나에 해당하는 장교에 대하여 부여한다.

1. 합동직위에 1년 6개월 이상 근무한 자

2. 합동참모대학에 설치된 기본과정 및 이에 상응하는 국외군사과정 이수자 중 합동직위에 근무한 자

3. 그 밖에 각 군 참모총장이 제1호 또는 제2호에 준하는 요건을 갖추었다고 인정하는 자

③ 각 군 참모총장은 제2항에 따라 합동특기 등의 전문자격을 부여받은 장교를 합동직위에 우선 보직되도록 하여야 한다.

④ 그 밖에 합동직위의 운영 등에 관하여 필요한 사항은 국방부장관이 정한다.

제11조【합동성위원회의 운영 등】① 법 제23조제3항에 따른 합동작전능력의 개발·발전과 합동작전 지원분야의 원활한 협의 등을 위하여 합동참모의장의 소속하에 합동성위원회를 둔다.

② 합동성위원회는 다음 각 호의 사항을 심의한다.

1. 합동전투발전에 관한 사항

2. 합동작전 지원 관련 협의 및 조정에 관한 사항

3. 무기 및 비무기 체계의 상호 운용에 관한 사항

4. 합동군사교육체계의 개발·발전에 관한 사항

5. 그 밖에 위원장이 부의하는 사항

③ 합동성위원회는 위원장 1인을 포함한 9인의 위원으로 구성한다.

④ 위원장은 합동참모차장으로 하고, 위원은 다음 각 호의 자가 된다.

1. 각 군 참모차장

2. 합동참모본부 본부장

3. 해병대 부사령관

⑤ 이 영에 규정한 것 외에 합동성위원회 운영에 필요한 사항은 위원회의 의결을 거쳐 위원장이 정한다.

⑥ 합동참모의장은 합동성위원회의 심의를 거친 사항 중 법 제23조제3항 후단에 따라 국방부장관에게 조정을 건의한 사항에 대하여는 그 조정결과에 따라 필요한 조치를 하여야 한다.

제12조【합동작전능력의 강화 등】 ① 합동참모의장은 법 제23조제3항에 따른 합동작전능력 개발을 위하여 육군·해군 및 공군의 전투력을 효과적으로 통합·발전시킬 수 있도록 합동개념을 발전시키고, 합동전투발전업무의 강화에 필요한 조치를 강구하여야 한다.

② 각 군 참모총장은 합동개념을 적용하여 각 군의 작전수행능력을 향상시킬 수 있도록 무기체계·장비 소요제기 및 교육훈련 실시 등 필요한 조치를 강구하여야 한다.

제13조【무기 및 장비의 전력화 추진계획 등】 ① 법 제24조에 따른 주요무기 및 장비의 전력화에 대한 단계별 추진계획을 수립하고자 할 때에는 안보환경 및 군작전·전투능력 등을 고려하여야 한다.

② 국방부장관은 주요 무기 및 장비의 전력화 수준 등을 고려하여 법 제23조에 따른 군구조의 개편 시기를 조정할 수 있다.

제14조【연도별 상비병력 규모 및 군별 구성비율】 ① 국방부장관은 법 제25조제1항에 따라 2020년까지 국군의 상비병력 규모를 50만 명 수준으로 유지하기 위하여 그 상비병력 규모를 연차적으로 감축하여 2010년까지 64만 명 수준, 2015년까지 56만 명 수준이 되도록 하여야 한다.

② 2020년까지 유지하여야 하는 법 제25조에 따른 각 군별 구성비율은 다음과 같다.

1. 육군: 1,000분의 742

2. 해군: 1,000분의 82

3. 해병대: 1,000분의 46

4. 공군: 1,000분의 130

③ 법 제25조제5항에 따른 연도별 상비병력 규모 및 각 군별 구성비율은 국방개혁기본계획에 명시하여야 한다. 이 경우 제1항 및 제2항에 따른 목표를 달성할 수 있도록 적정한 수준으로 안분하되, 안보환경, 무기·장비의 전력화 수준, 각 군의 병력소요, 작전·전투 능력 및 군구조 개편 정도 등을 고려하여야 한다.

제15조【간부비율의 개편】 ① 국방부장관은 법 제26조에 따라 간부비율의 개편을 위하여 3년 단위로 세부계획을 수립하여 시행한다.

② 제1항에 따른 세부계획에는 다음 각 호의 사항이 포함되어야 한다.

1. 연도별 추진 목표

2. 소요재원

3. 추진 일정

4. 그 밖에 간부비율의 개편에 필요한 사항

제16조【예비전력 규모의 조정 및 정예화】 ① 법 제27조에 따른 연도별 예비전력 규모는 안보환경, 군구조 개편 정도, 상비병력의 연차적 조정 규모 및 향토방위 전력 소요 등을 고려하여 국방개혁기본계획에 명시하여야 한다.

② 국방부장관은 예비군 전투력 향상에 필요한 무기·장비·전투예비물자를 2020년까지 확보하도록 필요한 조치를 강구하여야 한다.

③ 「향토예비군설치법 시행령」 제8조제1항에 따른 수임군부대의 장은 전·평시 동원자원의 관리·집행 및 예비군 훈련 기구 등(이하 "예비전력관리기구"라 한다)의 운영 등에 필요한 협조를 당해 지방자치단체의 장에게 요청할 수 있다.

④ 국방부장관은 예비전력관리기구의 운영을 위하여 지휘관과 이를 보좌하는 인력을 관계 법령에 따라 일반계약군무원으로 충원하도록 필요한 조치를 강구하여야 한다.

제17조【해안 등에 대한 경계임무의 전환시기 등】 ① 법 제28조에 따라 군이 수행하고 있는 해안 및 항만 등에 대한 경계임무의 전환완료 시기는 2012년을 목표로 한다. 다만, 국립현충원, 국방과학연구소의 경우에는 2010년을 목표로 한다.

② 해안에 대한 경계임무는 시범기간을 거쳐 단계별로 해양경찰청으로 전환하며, 항만·인천공항·특정경비지역·특정경비해역에 대한 경계임무는 치안기관 또는 당해 시설을 관리·운영하는 기관으로 전환한다.

③ 제1항 및 제2항에 따른 경계임무 전환의 대상·시기·방법·절차 등에 관하여는 국방부장관이 군구조 개편 추진 일정 및 경계임무 인수기관의 인력·장비확보 등을 고려하여 관계 기관(행정자치부·기획예산처·경찰청·해양경찰청을 말한다. 이하 같다)과의 협의를 거쳐 정한다. 이 경우 관계 기관은 이에 지원·협력하여야 한다.

④ 국방부장관과 관계 기관의 장은 경계임무에 관하여 협의가 이루어진 사항에 관하여 합의서를 작성한다.

제18조【합동참모본부에 두는 군인의 직위지정 및 순환보직】 ① 법 제29조제4항에 따라 합동참모본부에 두는 공통직위 및 필수직위는 합동참모의장의 건의에 따라 국방부장관이 지정한다.

② 제1항에 따라 공통직위 및 필수직위를 지정할 때에는 각 군의 균형발전·합동성 및 통합전력의 극대화를 위하여 각 군 장교가 공통으로 보직될 수 있는 직위를 공통직위로 정하고, 임무 수행상 특정군 장교가 보직되는 것이 효율적인 직위는 필수직위로 정하되, 필수직위의 지정을 최소화하여야 한다.

③ 장관급 장교로 보직되는 합동참모본부의 공통직위는 같은 군 소속의 장교가 동일 공통

직위에 3회 이상 연속하여 보직될 수 없다. 다만, 국방부장관은 안보상황 및 군 인력운영 상 필요하다고 인정하는 경우에는 합동참모의장 및 합동참모차장 직위를 제외할 수 있다.

제19조【국방부 직할부대 등의 지휘관 순환보직 등】 ① 국방부장관은 법 제30조에 따라 다음 각 호의 부대 또는 기관의 지휘관에 대하여 각 군간 순환하여 보직하되, 같은 군 소속의 장교를 3회 이상 연속하여 동일 직위에 보하여서는 아니 된다. 다만, 그 직위의 전문성 및 특수성과 군 인력운영 여건상 필요하다고 인정하는 경우에는 그러하지 아니하다.

1. 국방정보본부장
2. 국방대학교총장
3. 국군기무사령관
4. 국군의무사령관
5. 정보사령관
6. 3275부대장
7. 국방부조사본부장
8. 국방시설본부장
9. 국방부근무지원단장
10. 고등군사법원장
11. 국군체육부대장
12. 계룡대근무지원단장
13. 국군수송사령관
14. 국군지휘통신사령관
15. 국군화생방방호사령관

② 장관급 장교가 지휘하는 국방부 직할부대 및 기관, 합동부대의 지휘관과 부지휘관(부지휘관을 두지 아니한 경우에는 참모장으로 한다)은 군 인력운영상 필요하다고 인정하는 경우를 제외하고는 각각 군을 달리하여 보하되, 그 중 1인은 육군으로 보하여야 한다.

부칙 〈제19961호, 2007. 3. 27.〉

① (시행일) 이 영은 2007년 3월 29일부터 시행한다.
② (순환보직 등에 관한 적용례) 제18조제3항 및 제19조제1항은 이 영 시행 후 최초로 보직되는 자부터 적용한다.
③ (균형편성에 관한 특례) 국방부장관은 제19조제2항에 따른 지휘관 및 부지휘관에 대한 각 군의 균형편성을 2010년 12월 31일까지 연차적(연차적)으로 시행할 수 있다.

부록 3. 2019~2023 국방 중기계획[3]

□ 국방부는 문재인 정부의 강력한 국방개혁 의지를 토대로 '평화와 번영의 대한민국을 힘으로 뒷받침하는 강한 군대'를 조기에 구현하기 위해,

ㅇ 향후 5년간 국방비의 연평균 증가율을 최근 10년간 국방예산 연평균 증가율인 4.9%를 훨씬 상회하는 7.5%로 산정하였습니다.

최근 10년간 국방예산 증가율

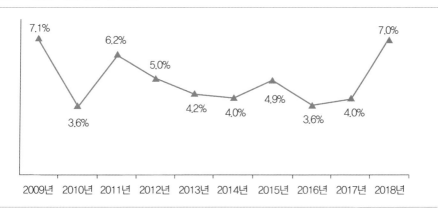

□ 이번 2019~2023 국방중기재원은 불확실한 안보환경에서 어떠한 위협에도 효과적으로 대응 가능한 강력한 국방력 건설을 위한 「국방개혁 2.0」 소요를 포함하여,

ㅇ 5년간 총 270.7조원의 규모로 방위력개선비는 94.1조원, 전력운영비는 176.6조원을 반영하였습니다.

---

3 국방부 보도자료, 2019년 1월 10일.

구 분	2018년	대상기간					중기 계
		2019년	2020년	2021년	2022년	2023년	
▷국방비	43.2	46.7	50.3	54.1	57.8	61.8	270.7
(증가율)	(7.0)	(8.2)	(7.8)	(7.5)	(6.8)	(7.0)	(7.5)
▸방위력개선비	13.5	15.4	17.0	18.7	20.5	22.5	94.1
(증가율)	(10.8)	(13.7)	(10.8)	(9.8)	(9.8)	(9.8)	(10.8)
▸전력운영비	29.6	31.3	33.3	35.4	37.3	39.3	176.6
(증가율)	(5.3)	(5.7)	(6.3)	(6.3)	(5.3)	(5.4)	(5.8)

▫ 2019～2023년 중기간 소요재원의 주요 특징은 다음과 같습니다.

ㅇ 국방인력구조 재설계 및 국방운영 효율화 등을 통해 인건비를 포함한 전력운영비를 합리적으로 조정하고,

ㅇ 자주적 방위역량 강화를 위한 기반을 구축하기 위해 방위력개선비에 재원을 집중 투자하였습니다.

ㅇ 이에 따라 2019～2023년간 방위력개선비 증가율(연평균 10.8%)은 국방비 전체 증가율(연평균 7.5%)을 상회하고, 방위력개선비 점유율은 2019년 현재 32.9%에서 2023년 36.5%로 높아질 전망입니다.

방위력 개선비 점유율 변화

□ 2019∼2023년 중기계획의 분야별 작성중점은 다음과 같습니다.

 ○ 방위력개선분야는 총 94.1조원(연평균 증가율 10.8%)으로, 전방위 안보위협에 대비할 수 있는 군사력을 건설하는 데 목표를 두고 재원을 배분하였습니다.

  • 핵·WMD 위협대응, 전작권 전환을 위한 한국군 핵심 군사능력 확보, 군구조 개편 필수전력 확보 등 포괄적 위협에 대응하는 전략적 억제능력 구현을 위해 65.6조원을 배분하였습니다.

   − 핵·WMD 위협에 대응하기 위해 군정찰위성, 중·고고도 정찰용무인항공기, 장거리공대지유도탄 등 '전략표적 타격 능력', 탄도탄조기경보레이더, 탄도탄작전통제소 성능개량, 철매-Ⅱ 성능개량 등 '한국형미사일방어 능력', 고위력 미사일, 대형수송헬기 성능개량 등 '압도적 대응능력'을 지속적으로 확보 및 보강해 나가겠습니다.

   − 연합 방위 주도를 위한 한국군 핵심군사능력은 지속 보강해 나갈 것입니다. 대포병탐지레이더-Ⅱ, 230mm급 다련장 전력화로 대화력전 수행 능력을 2배 가량 향상시키고 정밀유도무기 소요 대비 확보 수준을 현재 60%에서 85%까지 끌어 올리며, 데이터 통신 능력을 보강하여 지휘통신 능력을 보강해 나갈 것입니다.

   − 또한 국방개혁에 따른 군구조 개편 추진 여건을 보장하기 위해 차륜형장갑차, 한국형구축함(KDDX), 상륙기동헬기, 한국형전투기(KF-X) 등 전장기능별 필수전력을 지속적으로 강화해 나가겠습니다.

  • 국가과학기술을 선도하기 위해 국방비 대비 국방 R&D 비율을 2019년 6.9%에서 2023년 8.5%까지 확대하고, 4차 산업혁명을 이끌어 나갈 수 있는 무기체계 및 기술 개발에 재원을 집중 투자해 나갈 것입니다. 이를 위해 21.9조원의 재원을 배분하였습니다.

   − 국방 R&D 정책 구현을 위한 창조적인 연구개발 여건 보장을 위해 국방 R&D 연구개발 체계 재편 및 각종 실험·시험시설 인프라 보강사업을 추진해 나갈 것입니다.

  • 테러, 재해·재난 등 다양한 초국가적·비군사적 위협 대응 및 재외국민 보호를 위한 능력을 보강하는 데 1.1조원을 반영하였습니다.

─ 굴절총, 양안형야간투시경, 폭발물 탐지 및 제거로봇 등을 확보함으로써 대테러부대의 특수타격 및 주·야간 감시능력과 폭발물 원격탐지 및 원격 제거능력을 보강해 나갈 것입니다.

─ 또한 의무후송전용헬기, 대형수송함 등이 전력화될 예정으로 재해·재난 시 구호활동 및 재외국민 보호능력이 강화될 것입니다.

• 국내 방위산업의 경쟁력을 강화하고 수출형 산업구조로 전환하기 위해 국내 투자 비중을 2019년 72%에서 2023년 80%까지 점진적으로 확대해 나갈 것입니다.

─ 이를 위해 국방벤처기업 육성, 수출 지원 투자 확대 등에 재원을 배분하였습니다.

ㅇ 전력운영분야는 병력집약적 구조 유지를 위한 소모성 예산에서 탈피하여 전투능력 발휘에 효율적인 국방운영 체계로 개선하고, 사회변화에 부응하면서 국가책임 이행을 강화하는 데 중점을 두고 총 176.6조원(연평균 증가율 5.8%)을 배분하였습니다.

• 전쟁지속능력 확충과 교육훈련 강화 등을 통한 현존전력 발휘 보장에 33.6조원을 반영하였습니다.

─ 전투긴요 수리부속을 확보하고, 탄약저장시설을 현대화하는 등 장비가동률 및 탄약성능을 보장(5조 3,437억)하고,

─ 과학화 훈련장 조성, 소대급 마일즈 장비 보급 등을 통해 전투임무 위주의 과학화 교육훈련을 강화(3,464억)하는데 필요한 재원을 적극 반영하였습니다.

• 상비병력 감축 및 병 복무기간 단축과 연계하여 전투능력 발휘에 효율적인 인력구조로 개편하기 위해 68.8조원을 반영하였습니다.

─ 전투부대 간부 비율을 높이고 비전투부대에는 민간인력 활용을 확대하며, 간부 중간계급 비중 확대로 숙련된 전투력을 확보하는 등 국방인력구조를 재설계하고(4조 694억),

─ 예비군 훈련을 과학화하고 훈련장의 물자·장비를 보강하며, 동원예비군 보상비를 단계적으로 인상하여 예비군의 사기를 진작시키는 등 예비전력 정예화(7,982억)에 재원을 투자할 계획입니다.

- 국민의 편익과 재산권을 보장하고, 4차 산업혁명 첨단기술을 적용하여 투명하고 효율적인 국방운영체계를 확립하는데 4.6조를 반영하였습니다.
  - 국민의 안전을 위협하고 재산권을 제약하는 해·강안 경계철책, 유휴(遊休) 군 시설, 군 무단사용 사·공유지 등을 작전에 지장이 없는 범위 내에서 정리하는 등 지역사회와 상생하는 군사시설을 조성하는데 필요한 재원(1조 6,814억)을 반영하였으며,
  - AI, 사물인터넷, 가상·증강현실 등 4차 산업혁명 첨단기술을 국방운영에 적용하여 재래식 전력을 스마트 군(軍)으로 전환히기 위해 스마트 비행단 및 육군 훈련소 스마트 병영체계 구축, 개인전투체계(워리어 플랫폼) 확보 등에 재원(8,410억)을 배분하였습니다.
- 또한, 국민의 기대와 사회 수준에 부합되도록 장병의 인권과 복지, 근무여건을 획기적으로 개선하여 국민으로부터 신뢰받는 군으로 거듭나기 위해 33.9조원을 반영하였습니다.
  - 군 내 사고·범죄 피해 장병에게 국선변호사를 지원하고, 군 사망사고 진상규명위원회 활동을 지원하는 등 장병 인권보호 활동을 지원하며(240억),
  - 장병 복지 및 처우개선을 위해 '22년까지 2017년 최저임금의 50% 수준까지 병 봉급 인상(10조 1,374억), 전투복 품질 및 급식의 질 향상, 병영생활관 현대화 등을 통한 장병 의식주 전반의 획기적 개선(9조 5,117억), 군 의료시스템 개편(8,911억) 및 제대군인 지원(780억) 등의 재원을 반영하였습니다.
  - 또한, 제초·청소 등 장병 사역 대체 민간인력 확대(4,008억), 군 어린이집 확대 등 여군 근무여건 개선(2,706억),직업군인 주거 지원제도 발전(1조 2,331억) 등에 재원을 투자할 계획입니다.
□ 「국방개혁 2.0」의 성공적 추진을 위해서는 국방비의 안정적 확보가 필수적인 만큼, 국방부는 재정당국과의 긴밀한 협의를 통해 중기간 계획된 재원이 매년 국방예산 편성에 차질없이 반영될 수 있도록 노력할 것입니다.

부록 4. 2020~2024 국방 중기계획[4]

□ 국방부는 향후 5년 동안의 군사력 건설과 운영 계획을 담은 2020~2024 국방중기계획을 수립하였습니다.

□ 이번 「2020~2024 국방중기계획」은 「2019~2033 국방기본정책서」와 「국방개혁2.0 기본계획」에서 제시하고 있는 우리 군의 미래모습인

① 전방위 안보위협에 주도적 대응이 가능한 軍

② 첨단과학기술 기반의 정예화된 軍

③ 선진화된 국가에 걸맞게 운영되는 軍을 구현하는 것에 중점을 두었습니다.

□ 2020~2024 중기간 소요되는 재원은 총 290.5조원(연평균 증가율 7.1%)으로 분야별 중점과 재원배분은 다음과 같습니다.

  ○ 방위력개선분야는 전방위 안보위협에 대비해 첨단전력을 증강합니다.
    다양한 위협에 대비한 전략적 억제 및 작전적 대응능력 구현, 초국가적·비군사적 위협 대응능력 확보, 국방 연구개발 재원 확대를 통한 자주국방과 방위산업 육성정책 구현에 중점을 두고 총 103.8조원(연평균 증가율 10.3%)을 배분하였습니다.

  ○ 전력운영분야는 국민에게 신뢰받는 스마트한 국방운영으로 도약합니다.
    군 전력의 적정 가동률 보장 및 숙련도 확보, 첨단기술 기반의 스마트 국방운영, 사회와 단절 없는 생산적 병영생활문화 구현, 장병 안전·지자체 상생가치 실현으로 국민의 신뢰 회복에 중점을 두고 총 186.7조원(연평균 증가율 5.3%)을 배분하였습니다.

  ○ 부대계획분야는 작전 전투중심의 인력·부대구조로 전환합니다.
    숙련된 간부 확보를 위한 인력구조 재설계, 현행작전부대 보강으로 군사대비태세 강화, 군 구조 개편 및 무기체계 전력화에 따른 소요인력 반영에 중점을 두었습니다.

---

4 국방부 보도자료, 2019년 8월 14일.

□ 방위력개선 분야 중점을 반영한 상세 내용은 다음과 같습니다.

ㅇ 핵·WMD 위협 대응 등 전략적 억제 능력 확보를 위해 34.1조원을 반영하였습니다.

• 한반도 전구 감시정찰 능력을 획기적으로 개선합니다.

– 군 정찰위성, 중·고고도 무인 정찰기 등 정찰 자산, 신호정보 수집 능력이 향상된 백두체계 등을 신규 전력화하고, 실시간 정보 융합·전파 체계를 구축하여 한국군 독자적인 감시정찰 능력을 완비해 나가겠습니다.

• 전략표적 타격을 위한 유도탄 전력은 더욱 고도화됩니다.

– 현재도 단거리 미사일은 북한과 대비하여 수적·질적으로 우수하지만,

– 현무, 해성, 장거리공대지유도탄 등 지상, 함정, 잠수함, 전투기에서 발사 가능한 정밀 유도탄을 확충하고, 정전탄, 전자기펄스탄 등 비살상 무기체계도 개발하여 배치해 나갈 예정입니다.

• 미사일방어 체계는 방어지역이 확대되고 요격 능력이 더욱 향상됩니다.

– [탄도탄] 조기경보 레이더, 이지스 구축함 레이더를 추가 확보하여 전 방향 미사일 탐지능력을 확보하고,

– 패트리엇과 철매-II를 성능개량하여 배치함과 동시에 L-SAM 연구개발을 완료하여 다층·다중 방어 능력을 구축함으로써 최근 북한이 발사한 신형 단거리 탄도 미사일 등에 대한 충분한 요격 능력을 확보할 것입니다.

– 또한, 탄도탄작전통제소 성능개량을 통해 동시 처리 표적을 현재보다 8배 이상 향상시키고, 다른 탐지·요격 무기체계와의 연동 능력도 2배 이상 향상시키겠습니다.

ㅇ 국방개혁 군 구조 개편과 연계하여 한국군 핵심 군사 능력과 작전적 대응 능력을 구비하기 위해 56.6조원을 배분하였습니다.

• 병력 감축과 부대수 감소에 따른 전투력 보강을 위해 지상군의 재래식 무기체계를 첨단 무기체계로 대체해 나가겠습니다.

– 지상전력은 대포병탐지레이더-II, 230mm 다련장, 전술 지대지 유도무기 등을 전력화하여 적 방사포, 장사정포 등에 대응하기 위한 대화력

전 수행 능력을 보강하고 국내 개발한 신형전차, 소형전술차량, 차륜형장갑차, 소형 무장헬기 등을 신규 배치하여 지상작전의 기동성을 획기적으로 강화시키겠습니다.

- 특히, 4차 산업혁명 기술을 적용한 워리어플랫폼 사업을 통해 개인 전투원의 전장인식·방호·공격 능력을 극대화해 나가겠습니다.
- '드론'과 '로봇'의 합성어인 '드론봇 체계 사업'을 통해 현재는 제대별 무인기에 의한 감시정찰 능력만 보유하고 있지만 타격용, 통신 중계용, 수송용 등 다양한 기능을 보유한 드론을 확보해 나가겠습니다.
- 또한 무인전투차량, 정찰로봇 등 무인전투체계를 국내기술로 개발하여 유·무인 복합체계의 전투수행 개념을 구현해 나가겠습니다.

• 한반도 주변과 원해 해양권익 보호를 위해 전투함, 잠수함의 대형화·첨단화와 해상 초계 능력을 확충해 나가겠습니다.

- 이지스 구축함을 추가 확보하고 3,000톤급 잠수함을 건조하여 배치하겠습니다.
- 또한, 다목적 대형수송함을 추가로 확보함으로써 상륙작전 지원뿐만 아니라 원해 해상기동작전 능력을 획기적으로 개선하게 됩니다. 특히, 단거리 이·착륙 전투기의 탑재 능력을 고려하여 국내 건조를 목표로 2020년부터 선행연구를 통해 개념설계에 착수할 계획입니다.
- 해상 초계 전력 강화를 위해 최신 해상 초계기와 해상 작전 헬기를 추가 확보해 나가겠습니다.

• 장기운용 전투기를 최신 전투기로 대체하고, 공중 수송 능력을 신장시키고 우주작전 수행 능력을 점진적으로 확보할 것입니다.

- F-4, F-5 전투기는 점진적으로 퇴역시키고, F-35A 전투기 등 최신 전투기로 대체함과 동시에 한국형전투기 사업(KF-X)의 성공적인 추진을 위해 집중 투자하겠습니다.
- 대형 수송기를 추가 확보하여 전시 항공 수송 능력을 보강하고 동시에 평시 재해·재난 지원 등 재외국민보호 및 국제적 국익증진 임무에 운용할 계획입니다.
- 전 세계적으로 우주작전의 중요성이 부각되고 있어 우리 군도 그 능

력을 점진적으로 확대해 나가겠습니다.

- 이번 중기계획에서는 위성 감시·추적체계 등을 반영하였습니다.

ㅇ 민간의 우수한 4차 산업혁명 기술의 신속한 군사적 활용을 위해 2.5조원
을 반영하였습니다.

• 국방 전 분야에 4차 산업혁명 기술을 도입해 투명성과 효율성을 강화하
는 스마트 국방혁신을 추진합니다.

  * 「4차 산업 혁명 스마트 국방혁신 추진단」을 통해 국방운영/기술·기반/전
  력체계 3대 분야에 8대 과제 61개 사업 선정하여 추진 중

  - 빅데이터, 인공지능, 사물인터넷과 같은 첨단 기술을 적합한 분야에
  적기에 도입하여 국방운영 혁신을 도모하겠습니다.

  - 국방 모바일 환경 구축, 주파수 공유 기술 등 기술·기반 혁신 사업을
  통해 첨단기술이 지속적으로 국방 분야에 접목될 수 있도록 인프라를
  조성하겠습니다.

• '신개념 기술 시범 사업(ACTD)' 등을 통해 민간의 우수한 제품을 즉시 구
매하여 시범 운용하고 그 효용성이 입증되면 신속히 현장에 배치하여 진
화적으로 성능을 개선해 나가겠습니다. 이를 통해 빠르게 발전하는 첨단
기술을 지체 없이 무기체계에 적용할 수 있도록 하겠습니다.

  예 하이브리드(레이더/광학/드론) 감시정찰 체계, 무인 수상정, 소형 통신중
  계 드론, 비행기지 경계 드론 등

ㅇ 해상 감시·경계 체계 개선 등 현행 작전 보강 소요를 반영하였습니다.

• 해안 감시·경계 체계 개선을 위해 우선 현재 배치되어 있는 장비의 운
용성을 극대화함과 동시에 신형 해상 감시 레이더와 최신 열영상 감시
장비(TOD-III) 등을 배치하고 민간의 우수 기술을 적용한 새로운 장비를
신속 배치할 계획입니다.

• 확장된 방공식별구역(KADIZ) 감시 공백 해소를 위해 국내 연구개발로 장
거리 레이더를 확보하고 이동형 장거리 레이더를 신규 배치하겠습니다.

ㅇ 국방 연구개발에는 국가 과학기술을 선도하고 4차 산업혁명 첨단 기술 확
보를 위해 23.3조원의 재원을 반영하였습니다.

• 첨단 무기체계를 선도할 국방전략기술 8대 분야 등

기초·핵심기술 개발에 11.2조원을 반영하고, 무기체계 핵심 부품의 국내 조달을 위한 부품 국산화 개발 재원도 확대하였습니다.

* 국방전략기술 8대 분야: ① 자율·인공지능 기반 감시정찰, ② 초연결 지능형 지휘통제, ③ 초고속·고위력 정밀타격, ④ 미래형 추진 및 스텔스 기반 플랫폼, ⑤ 유·무인 복합 전투수행, ⑥ 첨단 기술 기반 개인전투체계, ⑦ 사이버 능동대응 및 미래형 방호, ⑧ 미래형 첨단 신기술

○ 국내 방위산업 경쟁력을 강화하고 수출형 산업구조로 전환하기 위해 4,700억원의 재원을 반영하였습니다.

• 기술력이 우수한 중소 벤처 기업을 적극적으로 육성하고 수출용 무기체계 개조개발 및 군 시범운용 지원 등 수출 기업을 실질적으로 지원하겠습니다.

□ 전력운영분야 중점을 반영한 상세 내용은 다음과 같습니다.

○ 현 전력의 역량발휘를 보장하는데 7.1조원을 반영하였습니다.

• 완벽한 후속군수지원으로 첨단무기 가동률 향상 및 전쟁지속능력을 강화하겠습니다.

– 성과기반군수지원(PBL), 수명주기지원(LTS) 적용을 확대하여 장비 가동률 및 성능발휘를 극대화합니다.

* PBL도입성과: F-15K가동률(83% → 96%), T-50가동률(83% → 87%)

– 개전 초 핵심 전투장비 능력발휘를 위해 신규 전력화 장비에 부합한 전투긴요 수리부속을 추가 확보할 계획입니다.

* 전투긴요 수리부속 확보율: 2019년 64.5% → 2024년 96.5%

• 과학화 교육훈련체계를 구축하여 훈련장 제한요소를 극복하고 단기간에 숙련도를 확보하겠습니다.

– 중·소대급 마일즈 장비 보급과 실전적 과학화 훈련장 조성을 확대하여 실전적 기동훈련 여건을 보장합니다.

* 신형 소대급 마일즈 장비보급: 2019년 9식 → 2023년 42식

* 군 ·사단급 과학화 훈련장 조성: 2019년 3개소 → 2024년 9개소

– AR/VR기반의 가상모의훈련체계를 도입하여 시·공간의 제약 없는 훈

련을 통해 전투력을 강화하겠습니다.

> * 육군: 소부대 과학화 전술훈련체계, 해군: 손상통제 모의훈련체계,
> 공군: 조종사 생환훈련체계, 해병대: 과학화 상륙전 훈련체계 등

- 과학화 예비군 훈련장 구축, 스마트 예비군 훈련관리체계 도입으로 실전적 예비군 훈련을 시행하겠습니다.

> * 202개 예비군 훈련장 → 40개 과학화 예비군 훈련대 통합(2023년)

○ 사회와 단절 없는 생산적 병영문화를 구현하는데 30.2조원을 반영하였습니다.

- 병영생활의 기본요소인 의·식·주를 속도감 있게 개선하겠습니다.
  - 간부숙소 조기확보로 초급간부 주거문제를 완전해소하고 군 관사 전세대부 제한지역을 해제하여 직업군인이 안정적으로 복무할 수 있는 여건을 조성하겠습니다.

> * 노후간부숙소 개선완료(90,658실, ~2023년)
>
> * 전세대부 대상/지원액: 부양가족 있는 무주택군인/중위전세가(2.2억)내

  - 또한 개인용품 현금 지급액 현실화, 급식질 향상과 병영시설 유지보수 예산 확대로 병영생활 만족도를 높이겠습니다.

> * 병 개인용품 현금/현품지급액: 1인 8,338원/월(2019년) → 14,814원/월(2024년)

- 군 복무에 대한 합리적 보상과 생산적 군 복무 지원을 위한 재원을 반영하였습니다.
  - 2022년까지 2017년 최저임금의 50% 수준(병장기준 67만 6,100원)으로 병 봉급인상을 지속 추진하겠습니다.
  - 학습교재·자격증 응시료를 지원하고 장병사역임무를 경감해 자기개발 활동 여건을 보장할 계획입니다.

> * 대학 원격강좌 수강료 지원 확대: 6,000명 → 7,500명

- 국민 눈높이에 맞도록 군의료체계를 개선하겠습니다.
  - 병사 단체 실손보험 도입(2021년)하고 민간병원 진료승인 절차를 간소화해 장병진료여건을 증진시키겠습니다.
  - 군 병원은 선택과 집중에 따라 특성화·효율화 하겠습니다.

* 수술집중병원(수도·대전·양주) 외 나머지 군병원은 요양·외래·검진 등으로 기능조정 및 의료인력 재배치
* 외상환자 치료를 위한 국군외상센터 운영(2020년)
- 응급환자는 소방 등 범부처 협력에 기반하여 골든타임 내, 최적의 의료기관으로 후송·치료하겠습니다.
* 의무후송전용헬기 운영(8대, 20년)
* 민·관·군 응급후송헬기 공동 활용을 통한 응급환자 후송

○ 유해환경으로부터 장병을 보호하고 지역사회와 상생하는 군사시설을 조성하는데 2.1조원을 반영하였습니다.
  • 미세먼지, 폭염과 같은 자연재난에 대비하고 유해환경을 개선하겠습니다.
    - 미세먼지 방지마스크와 공기청정기, 친환경차, 폭염대비물자 보급을 확대할 계획입니다.
    - 석면 건축물 철거 등 유해환경을 개선하여 보다 안전하고 쾌적한 환경을 장병에게 제공하겠습니다.
    * 2023년까지 석면 함유 다중이용시설 개선 완료
  • 군사시설 주변지역 규제완화 및 군 유휴시설 철거로 지역사회와의 상생을 도모하겠습니다.

□ 부대계획 분야 중점을 반영한 상세 내용은 다음과 같습니다.
  ○ 병력과 부대 수는 줄어들지만, 전투력은 오히려 강화됩니다.
    • 병역자원 수급전망 및 부대개편 계획과 연계하여 상비병력은 57만 9천 명(2019년 말)에서 50만 명(2022년 말)으로 감축됩니다.
    • 「국방개혁 2.0」에 따라 육군은 2개 군단과 4개 사단을 해체하나, 1개 사단 신규창설 및 숙련된 간부 증원과 전력보강 등을 통해 전투력은 강화되며, 해군은 6항공전단을 항공사령부로, 공군은 정찰비행전대를 정찰비행단으로, 해병대는 항공대대를 항공단으로 확대 개편하여 항공 및 정찰 기능을 보강합니다.
  ○ 숙련 간부 중심의 인력구조로 전환하여 군을 고효율화 하겠습니다.
    • 2020년대 이후 병역자원의 급감으로 인해 초임 간부 충원의 어려움이 예상될 뿐만 아니라 첨단 무기체계를 운용할 숙련된 인력이 군에 필요한

국방인력구조 설계안

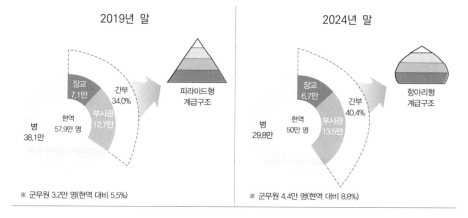

2019년 말

장교 7.1만
간부 34.0%
현역 57.9만 명
부사관 12.7만
병 38.1만

피라미드형 계급구조

※ 군무원 3.2만 명(현역 대비 5.5%)

2024년 말

장교 6.7만
간부 40.4%
현역 50만 명
부사관 13.5만
병 29.8만

항아리형 계급구조

※ 군무원 4.4만 명(현역 대비 8.8%)

실정입니다.

- 이에 따라 현재의 '대량 획득-단기 활용'의 피라미드형 계급구조에서, '소수획득-장기 활용'이 가능한 항아리형 계급구조로 전환하여 숙련 간부의 전투력과 전문성을 장기간 활용함으로써 병력감축으로 인한 전투력 저하를 방지하겠습니다.

○ 현행작전부대의 기본 임무 수행 능력을 획기적으로 보강하였습니다.

- 24시간 상황유지, 감시·정찰, 초동조치 등 완벽한 현행작전 수행이 가능하도록 인력(1,379명)을 보강할 계획입니다.

  * '19년 육군 전투부대 지휘통제실 및 해안레이다기지 운용요원, 각 군 TOD운용반 등 긴급소요 보강

- 해군 조기경보전대, 공군 비행단의 운항관제대대 등을 3교대에서 4교대로 보강(394명)하여 24시간 상황조치토록 하였고, 해군 전투함정 상황실 근무여건 개선 및 공군 MCRC 관제사 보강 등을 통해 감시 및 정찰기능을 강화(559명)하였으며, 각 군 EOD반 및 육군 과학화 감시장비 정비인력을 반영하여 초동조치 및 감시장비(426명) 분야를 보강하겠습니다.

□ 국방부는 2020~2024 국방중기계획이 성공적으로 추진될 수 있도록 재정당국과 지속적으로 협조해 나가겠습니다.

1 핵·WMD 위협 대응 등 전략적 억제전력

- 신규사업: 전자기펄스탄, 장거리 공중감시체계, 장보고-Ⅱ 성능개량, 합동화력 함, 함대공유도탄-Ⅱ 등
- 계속사업: 군정찰위성, 중·고고도 정찰용 무인기, 백두체계 능력보강, 다출처 영상융합체계, 현무, 해성, 장거리공대지유도탄, 정전탄, 장보고-Ⅲ Batch-Ⅰ· Ⅱ·Ⅲ, 광개토-Ⅲ Batch-Ⅱ, F-35A, 탄도탄 조기경보 레이더-Ⅱ, 패트리어트 성능개량, 철매-Ⅱ 성능개량, 장거리 지대공 유도무기, 탄도탄 작전통제소 성 능개량 등

2 한국군 핵심군사능력 및 작전적 대응능력

- 신규사업: K1E1 성능개량, 소형무장헬기 공대지유도탄, 공중중계무인기, 소형 정찰로봇, 대형수송함-Ⅱ, Lynx 성능개량, 무인수상정, 해안감시레이더-Ⅱ, F-15K 성능개량, 대형수송기 2차, 레이저대공무기, 고출력 레이저 위성추적체 계 등
- 계속사업: K2전차, 차륜형장갑차, 한국형 기동헬기, 230mm 다련장, 대포병탐 지레이더-Ⅱ, 전술지대지유도무기, 소형무장헬기, 개인전투체계, 무인경전투차 량, 근거리정찰드론, 폭발물 탐지 및 제거 로봇, 한국형구축함(KDDX), 해상초계기- Ⅱ, 해상작전헬기, 상륙기동헬기, 해상감시레이더-Ⅱ, 열상감시장비, 장거리레이 더, 이동형 장거리레이더, 한국형전투기(KF-X), 우주기상 예·경보 체계 등

부록 5. 한반도의 평화와 번영, 통일을 위한 판문점선언

　　대한민국 문재인 대통령과 조선민주주의인민공화국 김정은 국무위원장은 평화와 번영, 통일을 염원하는 온 겨레의 한결같은 지향을 담아 한반도에서 역사적인 전환이 일어나고 있는 뜻 깊은 시기에 2018년 4월 27일 판문점「평화의 집」에서 남북정상회담을 진행하였다.

　　양 정상은 한반도에 더 이상 전쟁은 없을 것이며 새로운 평화의 시대가 열리었음을 8천만 우리 겨레와 전 세계에 엄숙히 천명하였다.

　　양 정상은 냉전의 산물인 오랜 분단과 대결을 하루 빨리 종식시키고 민족적 화해와 평화번영의 새로운 시대를 과감하게 열어나가며 남북관계를 보다 적극적으로 개선하고 발전시켜 나가야 한다는 확고한 의지를 담아 역사의 땅 판문점에서 다음과 같이 선언하였다.

1. 남과 북은 남북관계의 전면적이며 획기적인 개선과 발전을 이룩함으로써 끊어진 민족의 혈맥을 잇고 공동번영과 자주통일의 미래를 앞당겨나갈 것이다.

　　남북관계를 개선하고 발전시키는 것은 온 겨레의 한결같은 소망이며 더 이상 미룰 수 없는 시대의 절박한 요구이다.

① 남과 북은 우리 민족의 운명은 우리 스스로 결정한다는 민족자주의 원칙을 확인하였으며 이미 채택된 남북 선언들과 모든 합의들을 철저히 이행함으로써 관계개선과 발전의 전환적 국면을 열어나가기로 하였다.

② 남과 북은 고위급회담을 비롯한 각 분야의 대화와 협상을 빠른 시일안에 개최하여 정상회담에서 합의된 문제들을 실천하기 위한 적극적인 대책을 세워나가기로 하였다.

③ 남과 북은 당국간 협의를 긴밀히 하고 민간교류와 협력을 원만히 보장하기 위하여 쌍방 당국자가 상주하는 남북공동연락사무소를 개성지역에 설치하기로 하였다.

④ 남과 북은 민족적 화해와 단합의 분위기를 고조시켜 나가기 위하여 각계각층의 다방면적인 협력과 교류, 왕래와 접촉을 활성화하기로 하였다.

　　안으로는 6.15를 비롯하여 남과 북에 다같이 의의가 있는 날들을 계기로 당국과 국회, 정당, 지방자치단체, 민간단체 등 각계각층이 참가하는 민족공동행사를 적극 추진하여 화해와 협력의 분위기를 고조시키며, 밖으로는 2018년 아시아경기대회를 비롯한 국제경기들에 공동으로 진출하여 민족의 슬기와 재능, 단합된 모습을 전 세계에 과시하기로 하였다.

⑤ 남과 북은 민족 분단으로 발생된 인도적 문제를 시급히 해결하기 위하여 노력하며, 남북적십자회담을 개최하여 이산가족·친척 상봉을 비롯한 제반 문제들을 협의 해결해나가기로 하였다. 당면하여 오는 8.15를 계기로 이산가족·친척 상봉을 진행하기로 하였다.

⑥ 남과 북은 민족경제의 균형적 발전과 공동번영을 이룩하기 위하여 10.4 선언에서 합의된 사업들을 적극 추진해나가며, 1차적으로 동해선 및 경의선 철도와 도로들을 연결하고 현대화하여 활용하기 위한 실천적 대책들을 취해 나가기로 하였다.

2. 남과 북은 한반도에서 첨예한 군사적 긴장상태를 완화하고 전쟁 위험을 실질적으로 해소하기 위하여 공동으로 노력해나갈 것이다.

한반도의 군사적 긴장상태를 완화하고 전쟁위험을 해소하는 것은 민족의 운명과 관련되는 매우 중대한 문제이며 우리 겨레의 평화롭고 안정된 삶을 보장하기 위한 관건적인 문제이다.

① 남과 북은 지상과 해상, 공중을 비롯한 모든 공간에서 군사적 긴장과 충돌의 근원으로 되는 상대방에 대한 일체의 적대행위를 전면 중지하기로 하였다.

당면하여 5월 1일부터 군사분계선 일대에서 확성기 방송과 전단살포를 비롯한 모든 적대행위들을 중지하고 그 수단을 철폐하며, 앞으로 비무장지대를 실질적인 평화지대로 만들어 나가기로 하였다.

② 남과 북은 서해 북방한계선 일대를 평화수역으로 만들어 우발적인 군사적 충돌을 방지하고 안전한 어로활동을 보장하기 위한 실제적인 대책을 세워나가기로 하였다.

③ 남과 북은 상호 협력과 교류, 왕래와 접촉이 활성화되는 데 따른 여러 가지 군사적 보장대책을 취하기로 하였다.

남과 북은 쌍방 사이에 제기되는 군사적 문제를 지체없이 협의 해결하기 위하여 국방부장관회담을 비롯한 군사당국자회담을 자주 개최하며 5월중에 먼저 장성급 군사회담을 열기로 하였다.

3. 남과 북은 한반도의 항구적이며 공고한 평화체제 구축을 위하여 적극 협력해 나갈 것이다.

한반도에서 비정상적인 현재의 정전상태를 종식시키고 확고한 평화체제를 수립하는 것은 더 이상 미룰 수 없는 역사적 과제이다.

① 남과 북은 그 어떤 형태의 무력도 서로 사용하지 않을 데 대한 불가침 합의를 재확인하고 엄격히 준수해 나가기로 하였다.

② 남과 북은 군사적 긴장이 해소되고 서로의 군사적 신뢰가 실질적으로 구축되는 데 따라 단계적으로 군축을 실현해 나가기로 하였다.

③ 남과 북은 정전협정체결 65년이 되는 올해에 종전을 선언하고 정전협정을 평화협정

으로 전환하며 항구적이고 공고한 평화체제 구축을 위한 남·북·미 3자 또는 남·북·미·중 4자회담 개최를 적극 추진해 나가기로 하였다.

④ 남과 북은 완전한 비핵화를 통해 핵 없는 한반도를 실현한다는 공동의 목표를 확인하였다.

남과 북은 북측이 취하고 있는 주동적인 조치들이 한반도 비핵화를 위해 대단히 의의 있고 중대한 조치라는데 인식을 같이하고 앞으로 각기 자기의 책임과 역할을 다하기로 하였다.

남과 북은 한반도 비핵화를 위한 국제사회의 지지와 협력을 위해 적극 노력해 나가기로 하였다.

양 정상은 정기적인 회담과 직통전화를 통하여 민족의 중대사를 수시로 진지하게 논의하고 신뢰를 군건히 하며, 남북관계의 지속적인 발전과 한반도의 평화와 번영, 통일을 향한 좋은 흐름을 더욱 확대해 나가기 위하여 함께 노력하기로 하였다.

당면하여 문재인 대통령은 올해 가을 평양을 방문하기로 하였다.

2018년 4월 27일

판 문 점

대 한 민 국   조선민주주의인민공화국
대 통 령   국무위원회 위원장
문 재 인   **김 정 은**

부록 6. 평양공동선언

    대한민국 문재인 대통령과 조선민주주의인민공화국 김정은 국무위원장은 2018년 9월 18일부터 20일까지 평양에서 남북정상회담을 진행하였다.

    양 정상은 역사적인 판문점선언 이후 남북 당국간 긴밀한 대화와 소통, 다방면적 민간교류와 협력이 진행되고, 군사적 긴장완화를 위한 획기적인 조치들이 취해지는 등 훌륭한 성과들이 있었다고 평가하였다.

    양 정상은 민족자주와 민족자결의 원칙을 재확인하고, 남북관계를 민족적 화해와 협력, 확고한 평화와 공동번영을 위해 일관되고 지속적으로 발전시켜 나가기로 하였으며, 현재의 남북관계 발전을 통일로 이어갈 것을 바라는 온 겨레의 지향과 여망을 정책적으로 실현하기 위하여 노력해 나가기로 하였다.

    양 정상은 판문점선언을 철저히 이행하여 남북관계를 새로운 높은 단계로 진전시켜 나가기 위한 제반 문제들과 실천적 대책들을 허심탄회하고 심도있게 논의하였으며, 이번 평양정상회담이 중요한 역사적 전기가 될 것이라는 데 인식을 같이 하고 다음과 같이 선언하였다.

1. 남과 북은 비무장지대를 비롯한 대치지역에서의 군사적 적대관계 종식을 한반도 전 지역에서의 실질적인 전쟁위험 제거와 근본적인 적대관계 해소로 이어나가기로 하였다.

    ① 남과 북은 이번 평양정상회담을 계기로 체결한 「판문점선언 군사분야 이행합의서」를 평양공동선언의 부속합의서로 채택하고 이를 철저히 준수하고 성실히 이행하며, 한반도를 항구적인 평화지대로 만들기 위한 실천적 조치들을 적극 취해나가기로 하였다.

    ② 남과 북은 남북군사공동위원회를 조속히 가동하여 군사분야 합의서의 이행실태를 점검하고 우발적 무력충돌 방지를 위한 상시적 소통과 긴밀한 협의를 진행하기로 하였다.

2. 남과 북은 상호호혜와 공리공영의 바탕위에서 교류와 협력을 더욱 증대시키고, 민족경제를 균형적으로 발전시키기 위한 실질적인 대책들을 강구해나가기로 하였다.

    ① 남과 북은 금년내 동, 서해선 철도 및 도로 연결을 위한 착공식을 갖기로 하였다.

    ② 남과 북은 조건이 마련되는 데 따라 개성공단과 금강산관광 사업을 우선 정상화하고, 서해경제공동특구 및 동해관광공동특구를 조성하는 문제를 협의해나가기로 하였다.

    ③ 남과 북은 자연생태계의 보호 및 복원을 위한 남북 환경협력을 적극 추진하기로 하였으며, 우선적으로 현재 진행 중인 산림분야 협력의 실천적 성과를 위해 노력하기로 하였다.

    ④ 남과 북은 전염성 질병의 유입 및 확산 방지를 위한 긴급조치를 비롯한 방역 및 보건·의료 분야의 협력을 강화하기로 하였다.

3. 남과 북은 이산가족 문제를 근본적으로 해결하기 위한 인도적 협력을 더욱 강화해나가기로 하였다.

    ① 남과 북은 금강산 지역의 이산가족 상설면회소를 빠른 시일내에 개소하기로 하였으며, 이를 위해 면회소 시설을 조속히 복구하기로 하였다.

    ② 남과 북은 적십자 회담을 통해 이산가족의 화상상봉과 영상편지 교환 문제를 우선적으로 해결해나가기로 하였다.

4. 남과 북은 화해와 단합의 분위기를 고조시키고 우리 민족의 기개를 내외에 과시하기 위해 다양한 분야의 협력과 교류를 적극 추진하기로 하였다.

    ① 남과 북은 문화 및 예술분야의 교류를 더욱 증진시켜 나가기로 하였으며, 우선적으로 10월 중에 평양예술단이 서울공연을 진행하기로 하였다.

    ② 남과 북은 2020년 하계올림픽경기대회를 비롯한 국제경기들에 공동으로 적극 진출하며, 2032년 하계올림픽의 남북공동개최를 유치하는 데 협력하기로 하였다.

    ③ 남과 북은 10.4선언 11주년을 뜻깊게 기념하기 위한 행사들을 의의있게 개최하며, 3.1운동 100주년을 남북이 공동으로 기념하기로 하고, 그를 위한 실무적인 방안을 협의해나가기로 하였다.

5. 남과 북은 한반도를 핵무기와 핵위협이 없는 평화의 터전으로 만들어 나가야 하며 이를 위해 필요한 실질적인 진전을 조속히 이루어나가야 한다는 데 인식을 같이 하였다.

    ① 북측은 동창리 엔진시험장과 미사일 발사대를 유관국 전문가들의 참관 하에 우선 영구적으로 폐기하기로 하였다.

    ② 북측은 미국이 6.12 북미공동성명의 정신에 따라 상응조치를 취하면 영변 핵시설의 영구적 폐기와 같은 추가적인 조치를 계속 취해나갈 용의가 있음을 표명하였다.

    ③ 남과 북은 한반도의 완전한 비핵화를 추진해나가는 과정에서 함께 긴밀히 협력해 나가기로 하였다.

6. 김정은 국무위원장은 문재인 대통령의 초청에 따라 가까운 시일 내로 서울을 방문하기로 하였다.

2018년 9월 19일

대　한　민　국　　　　　　　　조선민주주의인민공화국
대　　통　　령　　　　　　　　국무위원회 위원장
문 재 인　　　　　　　　　　**김 정 은**

부록 7. 역사적인 「판문점선언」 이행을 위한 군사분야 합의서

남과 북은 한반도에서 군사적 긴장 상태를 완화하고 신뢰를 구축하는 것이 항구적이며 공고한 평화를 보장하는 데 필수적 이라는 공통된 인식으로부터 「한반도의 평화와 번영, 통일을 위한 판문점선언」을 군사적으로 철저히 이행하기 위하여 다음과 같이 포괄적으로 합의하였다.

1. 남과 북은 지상과 해상, 공중을 비롯한 모든 공간에서 군사적 긴장과 충돌의 근원으로 되는 상대방에 대한 일체의 적대행위를 전면 중지하기로 하였다.

   ① 쌍방은 지상과 해상, 공중을 비롯한 모든 공간에서 무력 충돌을 방지하기 위해 다양한 대책을 강구하였다.

   쌍방은 군사적 충돌을 야기할 수 있는 모든 문제를 평화적 방법으로 협의·해결하며, 어떤 경우에도 무력을 사용하지 않기로 하였다.

   쌍방은 어떠한 수단과 방법으로도 상대방의 관할구역을 침입 또는 공격하거나 점령하는 행위를 하지 않기로 하였다.

   쌍방은 상대방을 겨냥한 대규모 군사훈련 및 무력증강 문제, 다양한 형태의 봉쇄·차단 및 항행방해 문제, 상대방에 대한 정찰행위 중지 문제 등에 대해 '남북군사공동위원회'를 가동하여 협의해 나가기로 하였다.

   쌍방은 군사적 긴장 해소 및 신뢰구축에 따라 단계적 군축을 실현해 나가기로 합의한 「판문점선언」을 구현하기 위해 이와 관련된 다양한 실행 대책들을 계속 협의하기로 하였다.

   ② 쌍방은 2018년 11월 1일부터 군사분계선 일대에서 상대방을 겨냥한 각종 군사연습을 중지하기로 하였다.

   지상에서는 군사분계선으로부터 5km 안에서 포병 사격훈련 및 연대급 이상 야외기동훈련을 전면 중지하기로 하였다.

   해상에서는 서해 남측 덕적도 이북으로부터 북측 초도 이남까지의 수역, 동해 남측 속초 이북으로부터 북측 통천 이남까지의 수역에서 포사격 및 해상 기동훈련을 중지하고 해안포와 함포의 포구·포신 덮개 설치 및 포문폐쇄 조치를 취하기로 하였다.

   공중에서는 군사분계선 동·서부 지역 상공에 설정된 비행 금지구역 내서 고정익 항공기의 공대지유도무기사격 등 실탄사격을 동반한 전술훈련을 금지하기로 하였다.

③ 쌍방은 2018년 11월 1일부터 군사분계선 상공에서 모든 기종들의 비행금지구역을 다음과 같이 설정하기로 하였다.

　　고정익항공기는 군사분계선으로부터 동부지역(군사분계선표식물 제0646호부터 제1292호 까지의 구간)은 40km, 서부지역(군사 분계선표식물 제0001호부터 제0646호까지의 구간)은 20km를 적용하여 비행금지구역을 설정한다.

　　회전익항공기는 군사분계선으로부터 10km로, 무인기는 동부지역에서 15km, 서부지역에서 10km로, 기구는 25km로 적용한다.

　　나민, 산불 진화, 지·해상 조난 구조, 환자 후송, 기상 관측, 영농지원 등으로 비행기 운용이 필요한 경우에는 상대측에 사전 통보하고 비행할 수 있도록 한다. 민간 여객기(화물기 포함)에 대해서는 상기 비행금지구역을 적용하지 않는다.

④ 쌍방은 지상과 해상, 공중을 비롯한 모든 공간에서 어떠한 경우에도 우발적인 무력충돌 상황이 발생하지 않도록 대책을 취하기로 하였다.

　　이를 위해 지상과 해상에서는 경고방송 → 2차 경고방송 → 경고사격 → 2차 경고사격 → 군사적 조치의 5개 단계로, 공중에서는 경고교신 및 신호 → 차단비행 → 경고사격 → 군사적 조치의 4개 단계의 절차를 적용하기로 하였다.

　　쌍방은 수정된 절차를 2018년 11월 1일부터 시행하기로 하였다.

⑤ 쌍방은 지상과 해상, 공중을 비롯한 모든 공간에서 어떠한 경우에도 우발적 충돌이 발생하지 않도록 상시 연락체계를 가동하며, 비정상적인 상황이 발생하는 경우 즉시 통보하는 등 모든 군사적 문제를 평화적으로 협의하여 해결하기로 하였다.

2. 남과 북은 비무장지대를 평화지대로 만들어 나가기 위한 실질적인 군사적 대책을 강구하기로 하였다.

① 쌍방은 비무장지대 안에 감시초소(GP)를 전부 철수하기 위한 시범적 조치로 상호 1km 이내 근접해 있는 남북 감시초소 들을 완전히 철수하기로 하였다.

② 쌍방은 판문점 공동경비구역을 비무장화하기로 하였다.

③ 쌍방은 비무장지대내에서 시범적 남북공동유해발굴을 진행하기로 하였다.

④ 쌍방은 비무장지대 안의 역사유적에 대한 공동조사 및 발굴과 관련한 군사적 보장대책을 계속 협의하기로 하였다.

3. 남과 북은 서해 북방한계선 일대를 평화수역으로 만들어 우발적인 군사적 충돌을 방지하고 안전한 어로활동을 보장하기 위한 군사적 대책을 취해 나가기로 하였다.

① 쌍방은 2004년 6월 4일 제2차 남북장성급군사회담에서 서명한 '서해 해상에서의 우발적 충돌 방지' 관련 합의를 재확인하고, 전면적으로 복원·이행해 나가기로 하였다.

② 쌍방은 서해 해상에서 평화수역과 시범적 공동어로구역을 설정하기로 하였다.

③ 쌍방은 평화수역과 시범적 공동어로구역에 출입하는 인원 및 선박에 대한 안전을 철저히 보장하기로 하였다.

④ 쌍방은 평화수역과 시범적 공동어로구역 내에서 불법어로 차단 및 남북 어민들의 안전한 어로활동 보장을 위하여 남북 공동순찰 방안을 마련하여 시행하기로 하였다.

4. 남과 북은 교류협력 및 접촉·왕래 활성화에 필요한 군사적 보장대책을 강구하기로 하였다.

① 쌍방은 남북관리구역에서의 통행·통신·통관(3통)을 군사적으로 보장하기 위한 대책을 마련하기로 하였다.

② 쌍방은 동·서해선 철도·도로 연결과 현대화를 위한 군사적 보장대책을 강구하기로 하였다.

③ 쌍방은 북측 선박들의 해주직항로 이용과 제주해협 통과 문제 등을 남북군사공동위에서 협의하여 대책을 마련하기로 하였다.

④ 쌍방은 한강(임진강) 하구 공동이용을 위한 군사적 보장 대책을 강구하기로 하였다.

5. 남과 북은 상호 군사적 신뢰구축을 위한 다양한 조치들을 강구해 나가기로 하였다.

① 쌍방은 남북군사당국자사이에 직통전화 설치 및 운영 문제를 계속 협의해 나가기로 하였다.

② 쌍방은 남북군사공동위원회 구성 및 운영과 관련한 문제를 구체적으로 협의·해결해 나가기로 하였다.

③ 쌍방은 남북군사당국간 채택한 모든 합의들을 철저히 이행 하며, 그 이행상태를 정기적으로 점검·평가해 나가기로 하였다.

6. 이 합의서는 쌍방이 서명하고 각기 발효에 필요한 절차를 거쳐 그 문본을 교환한 날부터 효력을 발생한다.

① 합의서는 쌍방의 합의에 따라 수정 및 보충할 수 있다.

② 합의서는 2부 작성되었으며, 같은 효력을 가진다.

2018년 9월 19일

대 한 민 국
국방부장관
송 영 무

조선민주주의인민공화국
인민무력상
조선인민군 대장 노광철

【붙임 1】
비무장지대내 상호 감시초소(GP) 철수

1. 비무장지대내 모든 감시초소를 완전히 철수하기로 합의하고, 다음과 같은 단계로 나누어
   진행한다.
   ① 1단계: 모든 화기 및 장비 철수
   ② 2단계: 근무인원 철수
   ③ 3단계: 시설물 완전파괴
   ④ 4단계: 상호 검증

2. 비무장지대내 모든 감시초소 철수를 위한 제반 조치들은 상호 긴밀히 협조하여 진행한다.

3. 비무장지대 안에서 역사적 의미를 가지는 사적물과 유적, 유물들은 민족공동의 재산으로
   원래 상태를 보존하여 관리한다.

4. 비무장지대 안의 1km 거리내에 근접해 있는 양측의 11개 감시초소를 시범적으로 철수
   한다.
   ① 지역별로 철수할 양측 감시초소들은 다음과 같다.
      －동부지역
        ○ 군사분계선표식물 제 1273호와 제 1278호사이의 쌍방초소
        ○ 군사분계선표식물 제 1123호와 제 1135호사이의 쌍방초소
        ○ 군사분계선표식물 제 0799호와 제 0808호사이의 쌍방초소
      －중부지역
        ○ 군사분계선표식물 제 0652호와 제 0660호사이의 쌍방초소
        ○ 군사분계선표식물 제 0679호와 제 0683호사이의 쌍방초소
        ○ 군사분계선표식물 제 0717호와 제 0724호사이의 쌍방초소
      －서부지역
        ○ 군사분계선표식물 제 0023호와 제 0027호사이의 쌍방초소
        ○ 군사분계선표식물 제 0034호와 제 0043호사이의 쌍방초소
        ○ 군사분계선표식물 제 0155호와 제 0166호사이의 쌍방초소
        ○ 군사분계선표식물 제 0212호와 제 0216호사이의 쌍방초소
        ○ 군사분계선표식물 제 0233호와 제 0240호사이의 쌍방초소
   ② 양측의 11개 감시초소들에 대한 철수는 2018년 12월 31일까지 완료한다.

【붙임 2】

'판문점 공동경비구역'의 비무장화

1. 첫 단계로 남·북·유엔사 3자 협의체를 구성하여 판문점 공동경비구역의 비무장화 조치 방안을 협의·이행한다.

   ① 남·북·유엔사(이하 3자로 표기)는 2018년 10월 1일부터 판문점 공동경비구역내 지뢰를 20일 안에 제거한다.

   ② 3자는 판문점 공동경비구역의 지뢰제거가 완료된 때로부터 5일 내에 쌍방초소들과 인원 및 화력장비를 전부 철수한다.

   ③ 3자는 판문점 공동경비구역 안에 불필요한 감시장비를 철수하고, 협의를 통해 필요한 감시장비를 추가 설치하며, 관련 정보를 상호 공유한다.

   ④ 3자는 판문점 공동경비구역의 비무장화 조치 완료 상태를 2일간 공동으로 검증한다.

   ⑤ 3자는 판문점 공동경비구역 비무장화 조치 완료 이후의 공동관리기구 구성 및 임무, 공동관리기구 운영 방식 등과 관련한 제반 사항들을 협의하여 결정한다.

2. 비무장화 조치 이후 판문점 공동경비구역 관리운영은 다음과 같이 한다.

   ① 경비근무조직 및 초소 설치

   − 경비근무는 양측이 각각 35명 이하의 비무장 인원으로 수행한다.

   − 경비근무 인원의 교대 및 순찰과 관련한 사항은 쌍방이 각자 규정하고 상호 통보한다.

   − 양측 경비근무 인원들은 노란색 바탕에 파란색으로 「판문점 민사경찰」이라고 쓴 너비 15cm의 완장을 왼팔에 착용한다.

   − 공동경비구역 북측지역 「판문점 다리」 끝점에 남측 초소를, 남측지역 진입초소 일대에 북측 초소를 새로 설치하며, 남과 북이 근접하여 근무한다.

   ② 건물 관리

   − 판문점 공동경비구역 내 자기측 건물들은 각측이 관리한다.

   − 판문점 공동경비구역 내 건물을 보수 또는 새로 건설해야 할 경우, 공동관리기구의 승인하에 진행한다.

   ③ 참 관(방문)

   − 판문점 공동경비구역에 대한 참관은 09시부터 17시까지의 사이에 진행한다.

   − 판문점 공동경비구역 내에서 관광객들과 참관 인원들의 자유왕래를 허용한다.

【붙임 3】

비무장지대 시범적 남북공동유해발굴

1. 시범적 공동유해발굴지역 설정과 지뢰제거
   ① 시범적 공동유해발굴지역 설정
      − 시범적 공동유해발굴지역은 강원도 철원지역 비무장지대의 군사분계선 표식물 제
        0489호~제0497호 구간에서 군사분계선을 기준으로 설정한다.
        시범적 공동유해발굴지역의 끝점좌표는 다음과 같다.
         ○ 북측: ㄱ) 북위 38° 17′ 35″   동경 127° 05′ 22″
                 ㄴ) 북위 38° 18′ 23″   동경 127° 06′ 52″
         ○ 남측: ㄷ) 북위 38° 16′ 38″   동경 127° 06′ 04″
                 ㄹ) 북위 38° 17′ 26″   동경 127° 07′ 33″
      − 공동유해발굴지역에 있는 양측의 감시초소와 장애물들은 전부 철수한다.
   ② 지뢰제거
      − 시범적 공동유해발굴지역의 지뢰와 폭발물은 2018년 10월 1일부터 11월 30일까지
        완전히 제거한다.
      − 쌍방은 비무장지대 자기측 경계선으로부터 군사분계선 방향으로 지뢰제거 작업
        을 진행한다.
      − 쌍방은 지뢰제거 작업을 10시부터 12시까지, 15시부터 17시까지 총 4시간 진행하
        며, 경우에 따라 작업시간을 단축 또는 연장한다.
      − 쌍방은 시범 공동유해발굴지역내 지뢰가 제거된 구역의 외곽선을 따라 일정한
        간격으로 표식물을 설치하며, 그에 대하여 상대측에 통보한다.
      − 지뢰제거에 필요한 장비와 자재 이용은 상호 협조한다.
      − 지뢰제거 과정에서 발굴되는 유해들은 수습하여 공동으로 감식, 협의, 처리한다.

2. 공동유해발굴지역내 남북도로 개설
   ① 비무장지대 공동유해발굴의 원활한 추진을 위하여 시범적 공동유해발굴지역내에
      남북간 12m 폭의 도로를 개설한다.
   ② 도로는 각각 비무장지대 각측 경계선으로부터 군사분계선 방향으로 나가면서 지
      뢰제거 작업을 선행한 후 개설하며, 군사분계선상에서 연결한다.
   ③ 굴착기를 비롯하여 도로건설에 필요한 자재와 장비 이용에 대해 상호 협조한다.
   ④ 도로개설 작업 인원과 장비들의 수량과 식별표식, 작업시간은 각기 편리하게 정하
      며 이를 상대측에 통보한다.

⑤ 도로연결과 관련하여 일방의 인원이나 차량들이 군사 분계선을 통과해야 할 경우에는 상대측에 사전에 통보한다.

⑥ 도로개설은 2018년 12월 31일까지 완료한다.

3. 공동유해발굴단 구성과 운영

① 공동유해발굴단의 구성

– 쌍방은 대령급을 책임자로 하여 각각 5명씩의 유해발굴 공동조사 및 현장지휘조를 구성한다.

– 유해발굴단은 쌍방에서 각각 80~100명 정도로 구성한다.

– 쌍방은 2019년 2월말까지 공동유해발굴단 구성을 완료하여 상호 통보한다.

② 공동유해발굴단의 운영

– 유해발굴 공동조사 및 현장지휘조는 비무장지대의 시범적 공동유해발굴과 관련하여 제기되는 실무적 문제들을 공동으로 협의하여 해결한다.

– 시범적 공동유해발굴지역에서의 공동유해발굴은 2019년 4월 1일부터 10월 31일까지의 기간동안 진행한다.

– 시범적 공동유해발굴지역에서의 유해발굴 작업 시간은 계절 특성을 고려하여 9시부터 12시까지, 15시부터 18시까지로 하며, 필요한 경우 쌍방이 합의하여 단축 또는 연장한다.

4. 안전보장 및 공동관리

① 공동유해발굴 과정에서 상대측 인원들의 신변안전을 침해하는 일체 행위를 금지한다.

② 공동유해발굴지역에 무기, 폭발물 등 신변안전을 위협하는 물자 및 장비의 반입을 불허한다.

③ 공동유해발굴지역에서 상대측을 자극하는 행위를 금지한다.

④ 공동유해발굴지역에서 자연재해가 발생하는 경우, 피해복구 대책을 수립하여 상호 협력한다.

⑤ 공동유해발굴이 완료된 후 중앙군사분계선으로부터 자기측 경계선까지의 지역과 도로에 대해서는 각측이 책임지고 관리하며, 도로이용과 관련한 문제는 추후에 협의하여 결정한다.

【붙임 4】

서해 해상에서 우발적 충돌방지 및 평화수역 설정, 안전한 어로활동 보장

1. 평화수역 설정

1) 평화수역 범위

평화수역 범위는 쌍방의 관할하에 있는 섬들의 지리적 위치, 선박들의 항해밀도, 고정항로 등을 고려하여 설정하되, 구체적인 경계선은 남북군사공동위에서 협의하여 확정하기로 하였다.

2) 평화수역 출입 질서

① 평화수역에는 쌍방의 비무장선박들만 출입한다. 해군 함정들이 평화수역으로 불가피하게 진입하여야 할 필요성이 제기되는 경우에는 상대측에 사전 통보하고 승인하에 출입한다.

② 평화수역 내에서 활동하는 선박 수는 쌍방이 협의하여 결정한다. 선박들의 평화수역 출입 및 활동 계획은 48시간 전에 상호 통보한다.

③ 평화수역 출입시간은 4월부터 9월까지는 7시부터 18시, 10월부터 3월까지는 8시부터 17시까지로 하며, 필요한 경우 상호 협의하여 변경할 수 있다.

3) 평화수역에서의 행동 질서

① 평화수역에서 남측 선박은 평화수역 북경계선을, 북측선박은 평화수역 남경계선을 넘지 않으며, 평화적 활동으로만 한정한다. 평화수역을 벗어나 상대측 수역에서 상대측에 대한 적대행위를 하는 선박들에 대해서는, 적대행위를 즉시 제지시키고 상대측에 통보한 후 남과 북이 협의하여 처리한다.

② 평화수역에서 쌍방 선박들은 식별을 위하여 가로 900mm×세로 600mm 크기의 한반도기를 남측 선박은 마스트 좌현 기류줄에, 북측 선박은 마스트 우현 기류줄에 게양한다.

③ 평화수역에서 심리전행위를 비롯하여 상대측을 자극하는 일체 언행을 하지 않는다.

④ 평화수역에서 민간선박들 사이에 우발적인 충돌이 발생하는 경우 즉시 자기측의 모든 선박 등을 평화수역 밖으로 철수시키고, 남북군통신선 혹은 남북군사실무회담을 통하여 사태를 수습하며 재발방지 대책을 철저히 세운다.

4) 평화수역에서 인도주의적 협력 문제

개별 인원과 선박, 함정, 항공기 등이 기관고장, 조난, 기상악화로 인한 항로미실 등 불가피한 상황으로 평화수역에 들어가는 경우 상대측에 연락 수단을 통해 즉시 통보한다.

평화수역 안에서 상기와 같은 긴급한 상황이 발생할 경우 상호 협력하여 필요한 조치를 취한다.

5) 평화수역 활용

쌍방은 서해 평화수역을 군사적 긴장완화·신뢰구축 및 공영· 공리 원칙에 맞게 해양측량·공동조사, 민간선박 운항 등 평화적으로 활용하기 위한 방안을 계속 협의하기로 하였다.

2. 시범 공동어로구역 설정

1) 시범 공동어로구역 범위

시범 공동어로구역 범위는 남측 백령도와 북측 장산곶 사이에 설정하되, 구체적인 경계선은 남북군사공동위원회에서 협의하여 확정하기로 하였다.

2) 시범 공동어로구역 운용질서

① 시범 공동어로구역에서 조업하고자 하는 어선들은 기관(소속) 명칭, 선장(대표자), 선원명단, 어선명, 출입경로, 조업일자 등이 기록된 출입신청 문건을 출입예정 2일(48시간) 전까지 상대측에 제출한다.

② 쌍방 해당기관은 어선의 출항예정 1일(24시간) 전까지 출입 신청서 검토 결과 (동의 여부)를 상대측에 통보하되, 출입이 허가되지 않는 선박에 대해서는 타당한 사유와 함께 통보한다.

③ 쌍방 해당기관은 시범 공동어로구역 내에서 일정 기간 연속조업을 신청한 어선들에 대하여 최대 5일간까지 공동어로구역내 체류를 허가한다.

④ 시범 공동어로구역에 출입하는 어선들은 상호 승인한 경로를 이용하며 쌍방 어업지도선의 통제를 받도록 한다.

⑤ 향후 평화수역 내에 공동어로구역을 확대하여 설정하는 경우, 남북 어선들의 공동어로구역 출입질서와 관련한 사항은 상호 협의하여 시행한다.

3. 불법어선 차단 및 안전한 어로활동 보장을 위한 공동순찰

1) 남북공동순찰대 조직

① 쌍방은 해경정(경비정)으로 '남북공동순찰대'를 조직한다. 공동순찰정은 250톤

급 이하로 한다.

② 공동순찰을 실시하는 순찰정은 쌍방이 각각 3척(총 6척)으로 하며 합의에 따라 척수를 조정할 수 있다.

③ 남북공동순찰대의 순찰정들은 가로 900mm×세로 600mm 크기의 황색 깃발을 선박 마스트 상단 부분에 게양한다.

2) 남북공동순찰대의 임무

① 서해 해상의 시범 공동어로구역을 통하여 평화수역에 진입 하는 제3국 불법어선들을 차단하며, 상호 긴밀하게 협조히여 단속·처리한다.

② 시범 공동어로구역에 출입하는 남북 어선들과 어업지도선 들의 항행질서를 통제한다.

③ 기관고장, 조난, 기상악화 등으로 표류하는 쌍방의 선박들을 구조하고 인도주의적 원칙에 따라 돌려 보낸다.

3) 남북공동순찰대의 운용

① 남북공동순찰대의 순찰정들은 공동어로구역 내로 진입을 금지한다. 다만, 공동어로구역내 조난, 인명구조 등 긴급한 상황 발생시에는 상대측에 통보 후 진입할 수 있다.

② 공동순찰은 조업 일정과 제3국 불법조업선박 차단 등과 연계하여 필요에 따라 쌍방이 합의한 날짜에 진행한다.

③ 공동순찰은 주간(4월부터 9월까지는 8시부터 18시까지, 10월부터 3월까지는 9시부터 17시까지)에 진행하는 것을 원칙으로 하며 자기측 공동순찰대의 순찰계획은 24시간 전에 상대측에 통보한다.

야간에 발생하는 상황은 쌍방이 협의하여 처리한다.

④ 공동순찰은 공동어로구역 외곽선을 따라 순방향 또는 역방향으로 상호 합의하여 기동한다.

⑤ 남북공동순찰대는 각기 자기측 상부의 지휘에 따라 행동하며, 쌍방 순찰정간 교신, 호출부호 등은 2004년 「6.4합의서」를 준용하여 적용한다.

⑥ 공동순찰 과정에서 상대측을 자극하는 발언이나 행동을 하지 않으며, 상황 발생시 즉시 순찰정을 격리시키고 상호 협의를 통해 문제를 해결한다.

【붙임 5】

한강(임진강) 하구 공동이용의 군사적 보장

1. 공동이용수역 설정
   ① 남측의 김포반도 동북쪽 끝점으로부터 교동도 서남쪽 끝점까지, 북측의 개성시 판
      문군 임한리로부터 황해남도 연안군 해남리까지 70km에 이르는 한강(임진강) 하
      구 수역을 공동이용수역으로 설정한다.
   ② 공동이용수역 안에서 제기되는 모든 군사 실무적 문제들은 쌍방이 협의하여 처리
      한다.

2. 공동조사
   ① 공동이용수역에 대한 현장조사는 2018년 12월말까지 공동으로 진행한다.
   ② 공동조사단은 쌍방에서 해당 전문가를 포함하여 각각 10여명의 인원들로 구성한다.
   ③ 공동조사에 필요한 장비, 기재, 선박 이용 문제는 상호 협조한다.
   ④ 현장조사 인원들은 상대측을 자극하는 발언이나 행동을 금지하며, 폭발물 및 각종
      무기, 총탄 등을 휴대하지 않는다.
   ⑤ 공동조사중 자연재해 등 긴급상황이 발생하는 경우 가까운 상대측 지역에 정박할
      수 있으며 상대측 인원들의 신변 안전과 편의를 보장한다.

3. 공동이용수역에서의 군사적 보장 대책
   ① 공동이용수역에 출입하는 인원 및 선박(선박의 형태, 길이 및 톤수, 출입목적, 탑승인원
      수, 적재화물)에 대한 관련 내용을 작성하여 서해지구 남북 군통신선을 통해 1일전
      에 상호 통보한다.
   ② 공동이용수역내 쌍방이 합의한 위치에 각측 통행검사소를 설치하고 출입인원과
      선박들에 대한 통행검사를 진행한다.
   ③ 공동이용수역에 항행하는 선박들은 상대측 경계선으로부터 100m 이내에 접근하
      지 못한다.
   ④ 공동이용수역에서 선박들의 통행시간은 육안으로 관측이 가능한 계절적 특성을
      고려하여 4월 1일부터 9월 30일까지는 7시부터 19시까지, 10월 1일부터 3월 31일
      까지는 8시부터 18시까지로 한다.
   ⑤ 공동이용수역에서 항행하는 인원 및 선박들은 정찰 및 감시 장비, 폭발물 및 각종
      무기, 총탄 등을 일체 휴대하지 않는다.
   ⑥ 공동이용수역에서 상대측을 자극하는 발언이나 행동을 하지 않는다.
   ⑦ 쌍방 선박은 상호 충돌을 피하기 위한 항행신호 교환을 제외하고 상대측 선박과

연락 및 통신을 할 수 없다.

⑧ 공동이용수역 내에서 선박이나 인원이 표류하거나 기타 요인에 의하여 긴급한 상황이 발생하는 경우 인도주의 원칙에서 상호 협력한다.

4. 공동이용수역에서의 남북 교류협력 관련 군사적 보장 대책은 쌍방 협의를 통해 마련해 나간다.

부록 8. 군사안보지원사령부령[5]

[시행 2018. 9. 1] [대통령령 제29114호, 2018. 8. 21, 제정]

제1조【목적】 이 영은 「국군조직법」 제2조제3항에 따라 군사보안, 군 방첩(防諜) 및 군에 관한 정보의 수집·처리 등에 관한 업무를 수행하기 위하여 군사안보지원사령부를 설치하고, 그 조직·운영 및 직무 범위에 관한 사항을 규정함을 목적으로 한다.

제2조【설치】 군사안보지원사령부(이하 "사령부"라 한다)는 국방부장관 소속으로 설치한다.

제3조【기본원칙】 ① 사령부 소속의 모든 군인 및 군무원 등(이하 "군인등"이라 한다)은 직무를 수행할 때 국민 전체에 대한 봉사자로서 관련 법령 및 정치적 중립을 지켜야 한다.

② 사령부 소속의 모든 군인등은 직무를 수행할 때 다음 각 호의 행위를 해서는 아니 된다.

1. 정당 또는 정치단체에 가입하거나 정치활동에 관여하는 모든 행위

2. 이 영에서 정하는 직무 범위를 벗어나서 하는 민간인에 대한 정보 수집 및 수사, 기관 출입 등의 모든 행위

3. 군인등에 대하여 직무 수행을 이유로 권한을 오용·남용하는 모든 행위

4. 이 영에 따른 권한을 부당하게 확대 해석·적용하거나 헌법상 보장된 국민(군인 및 군무원을 포함한다)의 기본적 인권을 부당하게 침해하는 모든 행위

제4조【직무】 ① 사령부는 다음 각 호의 직무를 수행한다.

1. 다음 각 목에 따른 군 보안 업무

　가. 「보안업무규정」 제45조제1항 단서에 따라 국방부장관에게 위탁되는 군사보안에 관련된 인원의 신원조사

　나. 「보안업무규정」 제45조제2항 단서에 따라 국방부장관에게 위탁되는 군사보안 대상의 보안측정 및 보안사고 조사

　다. 군 보안대책 및 군 관련 보안대책의 수립·개선 지원

　라. 그 밖에 국방부장관이 정하는 군인·군무원, 시설, 문서 및 정보통신 등에 대한 보안 업무

2. 다음 각 목에 따른 군 방첩 업무

　가. 「방첩업무 규정」 중 군 관련 방첩업무

---

5 출처: 국가법령정보센터(http://www.law.go.kr).

나. 군 및 「방위사업법」에 따른 방위산업체 등을 대상으로 한 외국·북한의 정보활
동 대응 및 군사기밀 유출 방지

다. 군 방첩대책 및 군 관련 방첩대책의 수립·개선 지원

3. 다음 각 목에 따른 군 관련 정보의 수집·작성 및 처리 업무

가. 국내외의 군사 및 방위산업에 관한 정보

나. 대(對)국가전복, 대테러 및 대간첩 작전에 관한 정보

다. 「방위사업법」에 따른 방위산업체 및 전문연구기관, 「국방과학연구소법」에 따른 국
방과학연구소 등 국방부장관의 조정·감독을 받는 기관 및 단체에 관한 정보

라. 군인 및 군무원, 「군인사법」에 따른 장교·부사관 임용예정자 및 「군무원인사법」에
따른 군무원 임용예정자에 관한 불법·비리 정보

4. 「군사법원법」 제44조제2호에 따른 범죄의 수사에 관한 사항

5. 다음 각 목에 따른 지원 업무

가. 정보작전 방호태세 및 정보전(情報戰) 지원

나. 「정보통신기반 보호법」 제8조에 따라 지정된 주요정보통신 기반시설 중 국방
분야 주요정보통신기반시설의 보호 지원

다. 방위사업청에 대한 방위사업 관련 군사보안 업무 지원

라. 군사보안에 관한 연구·지원

② 제1항제5호다목에 따른 방위사업 관련 군사보안 업무 지원의 범위 및 절차는 국방
부장관이 국가정보원장 또는 방위사업청장과 협의하여 정한다.

③ 제1항제5호라목에 따른 군사보안에 관한 연구·지원의 범위는 국방부장관이 국가정
보원장과 협의하여 정한다.

제5조【직무 수행 시 이의제기 등】 사령부 소속의 모든 군인등은 상관 또는 사령부 소속의
다른 군인등으로부터 제3조제2항 각 호에 해당하는 행위를 하도록 지시 또는 요구를
받은 경우 국방부장관이 정하는 절차에 따라 이의를 제기할 수 있다. 이 경우 지시 또
는 요구가 시정되지 아니하면 그 직무의 집행을 거부할 수 있다.

제6조【조직】 ① 사령부에 사령관 1명, 참모장 1명 및 감찰실장 1명을 둔다.

② 사령부에 사령관의 업무를 보좌하기 위하여 참모부서를 두고, 사령관 소속으로 다
음 각 호의 부대 및 기관을 둔다.

1. 국방부 본부 및 국방부 직할부대·기관의 군사안보지원부대

2. 합동참모본부 및 각 군 본부의 군사안보지원부대

3. 국방부장관이 정하는 부대의 군사안보지원부대. 다만, 지방 행정조직 단위로 별도의
군사안보지원부대를 둘 수 없다.

4. 정보보호부대

5. 군사안보지원학교

6. 방위사업청의 군사안보지원부대

7. 국방보안연구소

③ 제2항에 따른 참모부서, 소속 부대 및 기관의 조직과 업무 분장에 관한 사항은 국방부장관이 정한다.

제7조【사령관 등의 임명】 ① 사령관 및 참모장은 장성급(將星級) 장교로 보(補)한다.

② 감찰실장은 2급 이상 군무원, 검사 또는 고위감사공무원으로 보한다.

③ 국방부장관은 감찰실의 업무를 수행하게 하기 위하여 법무부장관 또는 감사원장에게 공무원의 파견을 요청할 수 있다.

제8조【사령관 등의 임무】 ① 사령관은 국방부장관의 명을 받아 사령부의 업무를 총괄하고, 소속 부대 및 기관을 지휘·감독한다.

② 참모장은 사령관을 보좌하고, 참모 업무를 조정·통제하며, 사령관이 부득이한 사유로 직무를 수행할 수 없을 때에는 그 직무를 대행한다.

③ 감찰실장은 사령부 소속 군인등에 대한 다음 각 호의 업무를 분장한다.

1. 감사·검열 및 직무감찰

2. 비위사항의 조사·처리

3. 민원 및 진정사건의 처리

④ 사령부 소속 부대장 및 기관장은 사령관의 명을 받아 소관 업무를 처리하며, 소속 부대원 및 기관원을 지휘·감독한다.

제9조【정원】 ① 사령부에 두는 군인과 군무원의 정원은 국방부장관이 정한다.

② 사령부에 두는 군인의 비율은 제1항에 따른 정원의 10분의 7을 초과해서는 아니 된다. 다만, 비율을 산정할 때 병(兵)의 정원은 제외한다.

제10조【무기 휴대 및 사용】 ① 사령관은 소속 부대원 및 기관원에게 직무 수행을 할 때 필요한 무기를 휴대하게 할 수 있다.

② 제1항에 따라 무기를 휴대하는 사람의 무기 사용에 대해서는 「헌병무기사용령」 제3조부터 제5조까지의 규정을 준용한다. 이 경우 "헌병"은 "소속 부대원 및 기관원"으로, "헌병사령관"은 "사령관"으로 본다.

제11조【위장 명칭의 사용 금지】 제6조에 따른 사령부 소속 부대 및 기관은 위장 명칭을 사용할 수 없다.

부칙 〈제29114호, 2018. 8. 21.〉

제1조【시행일】 이 영은 2018년 9월 1일부터 시행한다.

제2조【군인의 비율에 관한 특례】국방부장관은 제9조제2항에도 불구하고 2020년 8월 31일까지 사령부에 두는 군인의 비율을 단계적으로 줄여야 하며, 2020년 9월 1일부터 사령부에 두는 군인의 비율이 10분의 7을 초과하지 아니하도록 하여야 한다.

제3조【다른 법령의 개정】① 국민보호와 공공안전을 위한 테러방지법 시행령 일부를 다음과 같이 개정한다.

제12조제2항제3호 중 "기무부대"를 "군사안보지원부대"로 한다.

제13조제2항제1호 중 "국군기무사령부"를 "군사안보지원사령부"로 한다.

② 국방개혁에 관한 법률 시행령 일부를 다음과 같이 개정한다.

제19조제1항제3호를 다음과 같이 한다.

3. 군사안보지원사령관

③ 군사기밀 보호법 시행령 일부를 다음과 같이 개정한다.

제4조제1항제5호 중 "국군기무사령관"을 "군사안보지원사령관"으로 한다.

별표 1 제3호 바목 및 사목 중 "기무부대"를 각각 "군사안보지원부대"로 한다.

④ 군인사법 시행령 일부를 다음과 같이 개정한다.

제13조제1항제2호가목 중 "국군기무사령관"을 "군사안보지원사령관"으로 한다.

별표 1 직위란 중 "국군기무사령관"을 "군사안보지원사령관"으로, "국군기무사령부"를 각각 "군사안보지원사령부"로 한다.

⑤ 대외무역법 시행령 일부를 다음과 같이 개정한다.

제47조제5항제5호를 다음과 같이 한다.

5. 군사안보지원사령부

⑥ 방위산업기술 보호법 시행령 일부를 다음과 같이 개정한다.

제5조제2항제5호를 다음과 같이 한다.

5. 군사안보지원사령부

⑦ 방첩업무 규정 일부를 다음과 같이 개정한다.

제2조제3호라목을 다음과 같이 한다

라. 군사안보지원사령부

제10조제3항제3호를 다음과 같이 한다.

3. 국방정보본부장 및 군사안보지원사령관

⑧ 북한이탈주민의 보호 및 정착지원에 관한 법률 시행령 일부를 다음과 같이 개정한다.

제2조제1호 중 "국군기무사령부"를 "군사안보지원사령부"로 한다.

⑨ 통합방위법 시행령 일부를 다음과 같이 개정한다.

제8조제1항제2호 중 "국군 기무부대"를 "군사안보지원부대"로 한다.

제4조【다른 법령과의 관계】이 법 시행 당시 다른 법령에서 "기무부대"를 인용하는 경우에는 "군사안보지원부대"를 인용한 것으로 본다.

참고문헌

[국문]

국방부 군사편찬연구소. (2016). 「국방정책변천사: 1988-2003」 서울: 국방부.

국방부 국방개혁실. (2018). 「국방개혁 2.0 추진계획」 시울: 국방부.

국방부 국방개혁실. (2018). "국방개혁 2.0 보도자료: 문제인 정부의 「국방개혁 2.0」 평화와 번영의 대한민국을 책임지는 '강한 군대', '책임국방' 구현," 2018년 7월 27일.

국방부 보도자료. (2018). "한강하구남북 공동수로조사 완료, '물, 길이 되다,'" 2018년 12월 9일.

국방부 대북정책실. (2019). "「판문점 선언 이행을 위한 군사분야 합의서」 해설자료," 2019년 9월 19일.

국방부. (2018). 「2018 국방백서」 서울: 국방부.

국방부. (2017). 「남북군사회담자료집」 서울: 국방부.

기획재정부 보도자료, "2019년 총지출은 정부안 대비 0.9조원 감액된 469.6조원," 2018년 12월 8일.

김갑식 외. (2018). 「한반도 비핵/평화 프로세스와 남북한 군비통제 추진전략」, 통일연구원, 경제·사회인문 연구회 협동연구 총서 18-38-01.

김동성, 이성룡. (2018). "한강하구의 복원과 활용," 이슈&진단(342), 경기연구원.

김재홍. (2011). 「운용적 군비통제 비교 연구: 유럽, 중동, 한반도 사례를 중심으로」, 경남대학교 대학원 박사 학위 논문, 2011년 6월.

「뉴시스」. "DMZ 문화재 조사 착수, 철원 화살머리 고지부터," 2019년 4월 16일.

박창권, 김명진. (2004). 「최근 전쟁사례를 중심으로 한 해군력의 역할 분석」, 연구보고서, 안04-2049, 서울: 국방연구원.

송병규 외. (2018). 「방위력개선분야 국방중기계획 전력화지원요소 표준화 연구」 서울: 국방연구원.

「오마이뉴스」. "남북 철도·도로 연결, 첫삽 뜰수 있을까…" '정밀조사 필요'", 2019년 3월 29일.

외교통상부. (2011). 「한반도 평화체제 관련 참고문서(Ⅰ)」 서울: 외교통상부.

윤황, 김난영. (2014). "박근혜 정부의 DMZ 세계평화공원 구상의 실현방안," OUGHTOPIA 29(2), 2014.11.

이현지. (2019). "인구감소에 따른 국방인력 구조 및 제도 개선방향," 서울: 국방인력발전 세미나 발표자료, 2019년 9월 4일.

최수동 외. (2016). 「선진 국방경영을 위한 획득 및 운영유지 연계 제고 방안」 서울: 국방연구원.

최수동 외. (2017). 「국방개혁 2.0 중장기 소요재원 판단 및 합리적 배분체계 구축 방안」 서울: 국방연구원.

통일부(남북회담본부). (2007). 남북합의서 II(2000년 이후). 서울: 통일부.

합참. (2019). "국민의 명령, 시대적 소명, 국방개혁 2.0 총론," 『합참』, 제81호, 2019년 가을호.

합참정보본부. (2001). 「군사정전위원회 편람」 2001년 4월. 서울: 합참.

합참정보본부. (2001). 「군사정전위원회편람 제5집」 서울: 합참 군정위단.

[영문]

Ford, David N. and COL Dillard, John USA(Ret.). (2009). "Modeling the Performance and Risks of Evolutionary Acquisition", The U.S. Defense Acquisition University, July.

[인터넷]

국가법령정보센터, http://www.law.go.kr

군사안보지원사령부 홈페이지, http://www.dssc.mil.kr

찾아보기

송영무(宋永武)

송영무 장관은 대한민국 제45대 국방부장관이자 문재인 정부의 초대 국방부장관을 역임하였다.

주요 무공으로는 소령으로 구축함 포술장 재직 시 남해 간첩선 격침 작전에 참여하여 대통령 표창을, 준장으로 전투전단장 재직 시 제1연평해전에 참여하여 충무무공훈장을 수훈하였다.

주요업무 공로로 합동참모본부 전략본부장 재직 시 국방개혁 2020 계획을 수립하는 데 참여하였으며 해군참모총장 재직시에는 해군개혁을 계획하고 실행하였다. 또한 해군의 중요 사업인 제주해군기지 착공, 해군작전사령부 부산 이전, 제3함대사령부 목포 이전 등 기지 사업과 이지스구축함 세종대왕함, 대형수송함 독도함, 고속유도탄함 윤영하함 등을 진수시켰다.

해군 근무 40년간 공로훈장으로 통일장, 천수장, 미 정부 The Legion of Merit, 터키정부로부터 터키 해군 최고훈장 등을 수훈하였다.

국방개혁 2.0은 2006년 국방개혁 2020 계획, 2007년 해군개혁 계획 수립 경험을 바탕으로 기획하여 완성시켰다.

선진 민주국군을 향해

초판발행	2020년 1월 10일
초판2쇄 발행	2020년 2월 10일
지은이	송영무
펴낸이	안종만·안상준
편 집	한두희
기획/마케팅	박세기
표지디자인	이미연
제 작	우인도·고철민
펴낸곳	(주) **박영시**
	서울특별시 종로구 새문안로3길 36, 1601
	등록 1959. 3. 11. 제300-1959-1호(倫)
전 화	02)733-6771
f a x	02)736-4818
e-mail	pys@pybook.co.kr
homepage	www.pybook.co.kr
ISBN	979-11-303-0921-7 93340

정 가   30,000원